2002 西安统计年鉴

XI'AN STATISTICAL YEARBOOK

总第10期

西安市统计局 编

(京)新登字 041 号

图书在版编目(CIP)数据
西安统计年鉴—2002/西安市统计局编 .—北京:中国统计出版社 .2002·7

Ⅰ. 西…
Ⅱ. 西…
Ⅲ. 社会经济统计—统计资料—西安市—2002—年鉴
Ⅳ. C832.411—54
中国版本图书馆 CIP 数据核字(2002)第 034179 号

西安统计年鉴—2002

作　　者 / 西安市统计局
责任编辑 / 蔡启新
E — mail / yearbook@stats.gov.cn
责任校对 / 西安市统计局
封面设计 / 师爱平
出版发行 / 中国统计出版社
通信地址 / 北京市西城区三里河月坛南街 75 号　中国统计出版社
电　　话 / (010)63262295
印　　刷 / 西安合鑫统计资料印刷厂
经　　销 / 新华书店
开　　本 / 880×1230 毫米 1/16 开本
字　　数 / 1000/千字
印　　张 / 40 印张
印　　数 / 1200 册
版　　别 / 2002 年 8 月第一版
版　　次 / 2002 年 8 月第一次印刷
书　　号 / ISBN 7-5037-3803-0/F·1368
定　　价 / 200 元

《西安统计年鉴—2002》编委会

主　　任:袁华表

副 主 任:李建军　　李海南　　王文权

编　　委:(按姓氏笔画为序)

王巨章	王明珠	王晓光	叱干兴民
付俊安	刘　青	朱　强	师爱平
陈瑾瑜	陈晓祺	陈立民	何秋和
吴建萍	谷晓春	张　鲁	张民伟
张果然	张玉纯	张　敏	金　渝
赵群洁	罗朝辉	秦来生	党　军
桂颂新	阎建民	常友琴	焦卫冬

《西安统计年鉴—2002》编辑部

编 辑 说 明

一、《西安统计年鉴》由西安市统计局编辑、中国统计出版社出版，是全面系统综合反映西安国民经济、社会和科技发展基本状况的大型工具书，它同《中国统计年鉴》和全国各省、市（自治区）、副省级城市年鉴形成配套系列，向国内外发行。该书具有资料信息量大、覆盖面广的特点，融权威性、实用性于一身，它不仅向各级党政领导提供决策依据，而且还及时向社会公众提供经济信息，同时也是向世界宣传西安，让世界了解西安，实现市委、市政府"创西部最佳、建经济强市"的重大决策，使西安走向世界的一本宣传材料。

二、《西安统计年鉴—2002》资料主要对专业统计年报及行业统计资料加工而成，也收录了市级有关部门的统计数据。

三、全书共分十八部分，主要包括：1. 综合；2. 人口；3. 从业人员和职工工资；4. 固定资产投资；5. 工业企业能源购进、消费及库存；6. 农、林、牧、渔业及农村经济；7. 工业；8. 建筑业；9. 交通运输、邮电通信业；10. 城市公用事业及环境卫生；11. 批发、零售、贸易和餐饮业；12. 对外经济贸易和国际旅游业；13. 财政、金融；14. 教育、科技和文化事业；15. 体育、卫生、社会福利和其他；16. 人民生活；17. 物价；18. 企业调查。

四、为保证年鉴资料的连续性和一致性，《西安统计年鉴—2002》基本上与近几年西安统计年鉴版本体系相近。本年鉴数据以 2001 年为主，主要指标列示了建国以来重点年份和就近连续年份的统计资料，并对个别年份的历史资料进行了修正。

五、为方便读者查阅比较及使用方便，本年鉴在内容上又有充实：一是特载了国家和陕西省 2001 年国民经济和社会发展统计公报；二是结尾附有主要统计指标解释；二是增加了区、县和大中型企业等微观统计资料。

六、本年鉴中符号使用说明："－"表示无经济活动；"…"表示数据不足本表最小单位数；"空格"表示该项统计指标数据不详；"#"表示基本的主要项。

七、《西安统计年鉴》从 1993 年由中国统计出版社正式出版以来，得到全市各部门和驻市各单位的热情支持，谨向这些部门和单位表示衷心感谢。

篇 目 索 引

目 录

工业企业能源购进、消费及库存

农、林、牧、渔业及农村经济

工　业

体育、卫生、社会福利和其他

人民生活

物　价

企业调查

政府工作报告

——2002年4月13日在西安市第十三届人民代表大会第一次会议上

西安市代市长　孙清云

各位代表：

现在，我代表西安市人民政府向大会作工作报告，请予审议，并请市政协委员和其他列席人员提出意见。

一、过去五年政府工作的回顾

市十二届人民政府自1997年5月组成以来，在省委、省政府和市委的正确领导下，高举邓小平理论伟大旗帜，认真实践“三个代表”重要思想，紧紧抓住西部大开发的历史机遇，坚持以经济建设为中心，坚持两个文明一起抓，全市改革开放和经济社会发展取得了显著成就，为新世纪西安大发展奠定了良好的基础。

——*经济总量快速增长，综合经济实力跃上新台阶*。全市国内生产总值由1996年的410亿元增长到2001年的734亿元；人均国内生产总值由6322元提高到10616元；地方财政收入由23.8亿元增长到55.9亿元。“十五”计划开局良好。

——*积极发展新兴产业，经济结构调整取得明显成效*。五年来，以高新技术产业和旅游业为主导，带动了产业优化升级和结构调整。2001年全市社会商品零售总额达到366亿元，旅游总收入113亿元，其中外汇收入2.9亿美元。高新区和经济技术开发区等一批新区建设取得显著成绩，高新技术产业产值占到全市工业总产值的38%，科技进步对经济增长贡献率达到43%。农村多种经营迅速发展，初步形成城郊型农业经济的新格局。大力发展非公有制经济，所有制结构调整取得了新的进展。

——*城市基础设施和生态环境建设步伐加快，人居环境和城市面貌发生显著变化*。全社会固定资产投资由1996年的114亿元增长到2001年的288亿元，五年累计完成投资989亿元，完成重点建设项目115项。西蓝、西阎高速公路和绕城高速北段等相继建成，西户高速、沿秦岭北麓旅游公路等正加紧建设，“米”字型公路交通枢纽框架基本形成。配合国家完成了西康铁路建设。黑河引水、城市天然气气化、城市道路建设和改造、集中供热及供排水、污水处理、城乡电网改造、通讯及城域宽带网等一批重点工程建设步伐加快。水资源保护和大气污染治理、城市广场建设、园林绿化等取得明显成效，城市环境质量有所改善。

——*经济体制改革不断深化，对外开放进一步扩大*。认真落实省委、省政府两个《决定》，90%的国有中小企业完成了改制，国有大型企业通过“三改一加强”，增强了市场竞争力。以养老、失业、基本医疗保险和最低生活保障为主要内容的社会保障体系不断完善，城镇医药卫生体制改革稳步推进，农村卫生改革开始起步。取消、合并了516项审批核准项目，清理了57件与世贸组织规则不相适应的法规、规章及文件。加大市场经济秩序治理力度，投资环境有所改善，实际利用外资累计达到9.2亿美元，一批国际知名企业落户西安。扩大了国际间的交流合作，与国外友好城市交往日益密切。

——*精神文明和民主法制建设不断加强，各项社会事业有了新的发展*。群众性精神文明建设活动深入开展，先后荣获“中国优秀旅游城市”、“全国创建文明城市先进城市”称号，连续四次被评为“全国双拥模范城”。文化、教育事业蓬勃发展，“两基”成果巩固提高，相继建成了一大批文化体育卫生设施，一批优秀作品获全国“五个一工程”奖。社区建设健康发展。城乡人民收入增加，生活质量不断提高，城镇居民人均可支配收入和农民人均纯收入由1996年的5023元和1586元增加到2001年的6705元和2489元，人均居住面积有所增加。就业和再就业工作力度加大，扶贫开发工作成效显著。人口自然增长率下降到4.65‰，民族、宗教、侨务、扶残助残以及国防后备力量建设等工作取得了新的成绩。积极推进民主法制建设，社会治安综合治理不断加强，维护了全市社会政治稳定。

五年来，市政府认真执行人大及其常委会的决议，自觉接受监督，积极办理人大代表建议、批评、意见和政协委员提案，不断加强政府法制工作，共提交市人大常委会审议通过地方性法规23件，制定、修订行政规章103件。

各位代表！五年来，我市经济社会发展取得的成绩来之不易。这是全市人民在党中央和省、市委的正确领导下，齐心协力、团结拼搏的结果。在此，我代表市人民政府，向辛勤工作在各行各业的广大人民群众，向给予政府工作积极支持的人大代表和政协委员，向各民主党派、工商联和各界人士，向西安驻军、武警官兵和公安干警，向所有关心、支持西安建设的港澳台同胞、海外侨胞和国际友人，表示崇高的敬意和衷心的感谢！

各位代表！我市现代化建设虽然取得了令人鼓舞的成就，但发展中仍然面临许多困难和问题，主要是：经济体制和经济结构的深层次问题尚未解决，经济实力和综合竞争力还比较弱，特别是具有市场竞争力的大企业、大集团和名牌产品很少；思想解放不够，改革步子不够大，开放程度较低，外向牵动不足，政府职能转变还没有到位，制约发展的体制、机制障碍还较严重，使比较优势不能充分发挥，外向型和民营经济比重偏低，投资环境还有待于进一步改善；就业和再就业压力增大，城乡低收入群体生活比较困难；基础设施建设融资渠道比较单一，经营和管理城市的水平不高；少数政府工作人员执政为民的意识淡薄，工作责任心不强，作风不实，效率不高，极少数人甚至以权谋私，违法乱纪，严重影响了人民政府的形象。对这些问题，我们一定要高度重视，采取有效措施，切实加以解决。

二、今后五年政府工作的总体要求和基本思路

今后五年，是我市经济和社会发展极为重要的时期，是向市第十次党代会提出的“建设西部经济强市”和“中国西安·西部最佳”奋斗目标迈进的关键五年。今后五年市人民政府工作的总体要求是：高举邓小平理论伟大旗帜，以江泽民同志“三个代表”重要思想总揽全局，深入学习贯彻党的十六大精神，紧紧抓住加入世贸组织和西部大开发的历史机遇，坚持以经济建设为中心，加强精神文明建设和民主法制建设，建设廉洁、勤政、务实、高效的政府，团结和带领全市人民，为实现“十五”计划，建设城市功能完备、生态环境优美、经济快速发展、科教文化发达、社会文明进步、人民生活富裕的社会主义外向型城市和西部经济强市而努力奋斗。

迎接考验，战胜挑战，在日趋激烈的竞争中实现西安的新跨越，是全市人民的共同愿望，是我们应担负起的重大使命。今后五年，市政府要把富民强市作为根本任务，把坚持发展、加快发展作为主旋律，把抓住机遇、用好机遇，全面提

升城市综合竞争力作为施政方略，把忧民之所忧、乐民之所乐，让全市人民生活得更方便、更舒心、更幸福作为第一要务。这是我代表市政府向各位代表和全市人民的庄严承诺！

为此，在工作中，我们要努力做到“六个坚持”：

——坚持解放思想，与时俱进，开拓创新。解放思想是加快发展的先导。解放思想是适应新形势、与时俱进的过程，永无止境。对我们在思想解放方面存在的差距和由此派生出来的种种制约因素，一定要有清醒认识。实现西部经济强市和“中国西安·西部最佳”的目标，全市上下必须来一次新的思想大解放。我们要从对昔日辉煌的沉湎和陶醉中解放出来，要从安于现状、容易满足、不敢竞争的小生产思想的束缚中解放出来，要从习惯于旧体制、老思路、老办法的定势思维中解放出来。进一步树立开放意识、市场意识和创新意识。用开放的眼光审视现实，按市场经济规律深化改革、促进发展，以与时俱进的勇气摈弃守旧，大胆开拓。通过思想解放、观念更新，带动体制创新、制度创新和管理创新。

——坚持以经济建设为中心，增强紧迫感，千方百计保持经济持续快速健康发展。江泽民总书记前不久在我省视察时指出：“要认真贯彻发展是硬道理的思想，在西部大开发中加快经济发展。解决西部问题的根本途径在于加快发展”。西安具有加快发展的良好基础、比较优势和大好机遇。我们要始终坚持以发展为主题，把思想统一到发展上，把精力用在发展上，把力量凝聚到发展上，在全市形成昂扬向上、团结奋进、加快发展的浓厚氛围。要用足用活国家关于西部大开发的政策，运用好世贸组织的规则，坚持扩大和培育内需的方针，进一步改善投资环境，加大外引内联力度，形成消费和投资的双重拉动，继续使我市经济保持两位数的增长速度。要大力推进经济结构战略性调整，优化调整第一产业，做大做强第二产业，大力发展第三产业，重点扶持优势产业和特色产业，全面提升我市经济质量和效益。

——坚持积极探索发展的新思路，突破发展中的“瓶颈”制约。在市场经济条件下，加快发展必须要有新思路。一要积极探索“经营城市”的新路子。树立“经营城市”的理念，在城市发展模式上创新，运用市场机制，整合、盘活、优化配置城市各类资源，把城市资源转变为城市资本，做到城市建设市场化、资源利用商品化、资金筹措多元化、基础设施建设社会化、经济社会效益最大化。二要积极探索区县经济发展的新路子。充分发挥中心城市的辐射带动作用，赋予城乡一体化战略以新的内涵，增强区县经济的发展活力和造血功能。三要积极探索城市建设和管理的新路子。按照科学规划、科学建设、科学管理的原则，充分考虑历史，立足现实，着眼未来，努力使城市现代化建设与历史文化遗产浑然一体、交相辉映，向世界展示西安这座历史文化名城的独特风采。从理顺体制、明确责任入手，形成科学、规范、高效的市场化的管理运行机制，努力提高城市管理水平和文明程度。四要积极探索多元化发展的新路子。用硬措施改善软环境，形成招商引资的环境优势，吸引更多的投资者到西安创业发展。进一步发展混合所有制经济和集体经济，放手发展私营、个体经济。对非国有经济加大政策扶持、依法保护的力度，实行市场准入平等、税费平等、融资平等，为其创造公平竞争的发展环境。鼓励非国有制企业收购、兼并或参股国有企业。充分发挥非国有经济在扩大就业、活跃经济、增加税收等方面的重要作用。

——坚持依法治市，遵循市场经济规律，增强依法行政意识。要把整顿和规范市场经济秩序、正确引导市场经济发展、提高城市综合竞争力，作为政府调控和管理经济的主要任务。严格依法行政，努力实现行政行为程序化、规范化、法制化。充分发挥市场配置资源的基础性作用，强化企业的市场主体地位。通过实行政企分开、政事分开，把政府职能转到经济调节、市场监管、社会管理和公共服务上来。

——*坚持维护社会稳定大局，为改革开放和现代化建设创造良好环境。*要始终把保持社会稳定作为压倒一切的大事来抓，正确处理人民内部矛盾，及时处置突发和群体性事件，化解和消除不稳定因素，把影响稳定的因素消除在萌芽状态。坚持标本兼治，搞好社会治安综合治理，切实增强人民群众的安全感，营造社会繁荣安定、人民安居乐业的良好局面。

——*坚持把维护群众利益和关心群众生活作为政府工作的根本出发点。*要把增加城乡居民收入、扩大就业、完善社会保障制度、改善人民生活作为政府工作的主要任务，特别要把增加中低收入居民家庭的收入作为工作重点，广泛开展扶贫帮困活动，改善弱势群体的生活状况。要坚持群众路线，尊重群众的首创精神，总结群众创造的经验，带领、引导和依靠人民群众克服改革发展过程中的各种困难。把群众满意不满意、赞成不赞成、高兴不高兴，作为衡量政府工作的根本标准。

三、突出重点，狠抓落实，努力做好今年各项工作

今年是我们党和国家历史上具有重要意义的一年，党的十六大将隆重 召开。做好今年的各项工作十分重要，任务也非常艰巨。我们必须按照“稳定、安全、灵活、多元”的思路，为建设西部经济强市，实现“中国西安·西部最佳”的目标迈出稳健的一步。为确保实现今年12.5%的经济增长和其他各项目标任务，要重点抓好以下九项工作：

（一）把握好加入世贸组织带来的发展机遇，进一步整顿市场经济秩序，改善投资环境，扩大对外开放

按照法制统一、非歧视、公开透明的原则，抓紧做好市政府涉外经济规章的制定、修订、废除和有关规范性文件的清理工作，并及时向社会公布。配合市人大常委会做好地方性法规的立、改、废工作。广泛普及世贸组织知识，加快培养一大批通晓世贸组织规则的国际型人才，提高各级政府机关和工作人员按国际通行规则行政和办事的能力。对加入世贸后可能出现的负面影响，要及早研究应对方案，趋利避害。

进一步推进全方位、多层次、宽领域的对外开放，加大招商引资力度，积极推动和参与区域经济合作，采取出让股权、境外直接融资、租赁和特许权项目（BOT）等多种形式，鼓励外商参与道路交通、公用设施和生态环境建设。注重各类招商活动的实际效果，切实抓好已签约项目的落实，提高资金到位率。

积极实施市场多元化、出口主体多元化战略，综合运用出口信贷、退税等各种政策手段，千方百计地扩大外贸出口。搞好外贸出口基地建设，培育出口骨干企业，优化出口商品结构，突出抓好高新技术产品和农特产品出口。精心组织劳务输出，支持和鼓励优势企业到境外投资和承包工程，发展跨国经营。

继续加大整顿和规范市场经济秩序工作力度，重点抓好五项整顿和两类专项治理，严厉打击各种制售假冒伪劣商品行为，重点打击制售危害人民生命健康的食品、药品等制假售假行为。积极倡导诚信守法，营造良好的市场信用环境。继续搞好投资环境整治，对破坏投资环境、损害西安形象的人和事要严肃查处，决不放过。

（二）按照经营城市的思路，加快城市基础设施和生态环境建设

要将经营意识贯穿于城市规划、设计、建设、管理的全过程，对整个城市资源进行市场化运营，更多地采用资本运作的方式，广泛引入竞争机制，积极推动各类投资主体参与城市发展。

以国有土地使用制度改革为经营城市的突破口，尽快建立国有土地储备制度，由政府严格控制土地一级市场。实行土地供应公示制度，对经营性项目用地实行市场化出让，推行国有土地使用权招标、拍卖、挂牌交易，并通过立法和加强监督，规范管理土地市场。

对经营性的市政公用设施，实行经营权、股权拍卖出让。对政府出资建成的大型文化、体育、会展等设施，逐步通过公开拍卖、出让股权或经营管理权等形式交由企业来经营。打破部门行业垄断，引入竞争机制，通过对公交线路运营权、城市空间和街道的广告经营权以及城市公共设施的冠名权等无形资产的有形化运作，实现市场化经营。积极利用资本市场和证券市场，利用“收益抵押”贷款及国外通行的融资合作方式，推进城市基础设施及生态环境重大项目的建设。

运用市场机制推动城市基础设施建设。今年要全面完成黑河枢纽配套工程及城市配水管网扩建工程，使城市供水状况得到根本性改善；完成西大街等16条共计30多公里的道路拓宽改造工程，使市区道路状况得到明显改善；加快建设高架快速干道工程，实现全市东西向过境交通的畅通；加快天然气城市气化二期工程建设；抓好西郊和北郊集中供热工程、城市电网改造等项目建设。特别要把二环路东站立交工程作为重中之重，确保在今年5月全面开工，确保二环路在明年年底前全线贯通。继续抓好经济适用房建设，开放房产二级市场，推进全市住宅建设和房地产开发。

进一步加强环境保护，有效控制和削减污染物排放总量。继续下大力气抓好大气环境治理，巩固和扩大无煤区和改煤区成果，重点查处燃煤设施烟尘超标排放的违法行为，进一步降低市区二次扬尘污染，强化机动车尾气治理力度。全面推广清洁燃料和天然气汽车。切实搞好水资源特别是黑河水源地的保护，加强城市污水和垃圾无害化处理，加快兴庆湖综合治理和第三、第四污水处理厂、北石桥污水处理回用、江村沟垃圾填埋二期等重点工程建设。坚决取缔“十五小”污染企业，提高工业污染防治水平。

搞好生态环境综合治理、天然林保护、野生资源保护区工程建设，扩大退耕还林还草规模，加大宜林荒山荒地造林和绿色通道工程建设步伐。搞好城市绿化、美化，建造一批能够提升城市品位的广场雕塑、建筑艺术品和标志性建筑，进一步搞好点亮工程。大力推行“绿荫”工程，在保持原有植被和绿地的基础上，在道路、河道两旁，广场、社区周边等所有适合植树的地方大量植树造林，经过不懈努力，建立起绿色的生态屏障，实现创建园林化城市的目标。

（三）加快区县经济发展，增强区县经济活力和发展后劲

区县经济在我市经济中具有重要地位，没有区县经济的快速发展，就没有全市经济的大发展。要增强紧迫感，把加快区县经济发展作为增强我市综合竞争力、缩小与发达地区差距的战略任务来抓，努力增加区县经济在全市经济中的比重。

要把农业、农村、农民问题放在重要位置，以市场为导向，加大农村经济结构调整力度，大力发展城郊型农业和特色经济，千方百计增加农民收入。重视发展品牌农业，扩大果品、蔬菜、食用菌和花卉、苗木生产，发展以奶牛养殖为主的畜牧业，建设一批名优农产品生产基地和规模较大的现代农业示范园区。积极推进农业产业化进程，重点扶持一批龙头企业，鼓励和引导城市大中型工商企业参与农业开发。积极实施科教兴农战略，推进传统农业向现代农业转变，提高农业的市场化、信息化、组织化、规模化程度。搞好农业综合开发，大力发展生态农业、特色农业、节水农业、观光农业和创汇农业，扩大“绿色”和无公害农产品生产。加强农业基础设施建设，继续实施节水工程、农田水利工程和人畜饮水工程。积极稳妥地推进农村税费改革，坚持多予、少取、放活，努力拓宽农民增收渠道，进一步减轻农民负担。

各区县要发挥比较优势，依托城市，面向市场，加快各自科技、工业、旅游、现代农业园区等新区建设，努力培育和壮大新的经济增长点，形成各具特色的区域经济和主导产业，大力发展非公有制经济和乡镇企业，促进区县工业上规模、上档次、上水平。积极推进以县城为重点的城镇化建设，加快城市化进程，引导农村人口向城镇转移，乡镇企业向城镇、向园区集中。提倡城市中心区和远郊区县按照互惠互利的原则，不受行政区划的限制，进行多种形式的经济合作，为中心区拓宽发展空间，为远郊区县提供资金、项目和技术支持，实现共同发展。

进一步加大对区县发展的支持力度。按照责权利统一的原则，区县能干的事放手让区县去干。区县要自觉服从全市发展的总体规划，正确处理局部利益和全局利益的关系。市政府各部门要大力支持区县加快供气、供水和农村电网改造、县乡公路等工程项目建设，使各区县基础设施条件得到改善。引导城市工业向郊县转移和城市服务业网络向郊县延伸，有计划地在郊县安排一批对县域经济发展起带动作用的项目，继续加大向困难区县的财政转移支付力度。清理对农民进城务工不合理的限制和乱收费。进一步做好农村扶贫工作，继续实施贫困山区移民工程和解决农村特困户住房问题的“广厦工程”。

（四）加快发展高新技术产业，改造提高优势传统工业

以选育重大项目、培育龙头企业、建设孵化基地、完善服务体系为重点，全面推进科技创新体系建设，促进科技与经济的紧密结合，促进科技成果的就地转化和科技优势的充分发挥。抓好西安高新区、经济技术开发区的“二次创业”，全力支持阎良飞机城建设。高新区要加快“十园一基地”建设，全面启动三期开发。经济技术开发区要以良好的投资环境吸引国外大公司入区。为民营科技企业发展排忧解难，扶持民营科技发展壮大。实施“青年科技人才创业计划”，继续扶持优秀青年科技人才以自有技术和项目创办企业，重点支持和吸引海外留学人员来我市创业。

推进国民经济和社会信息化，以信息化带动工业化。重点加快新一代移动通讯设备、数字化产品、网络技术及设备、计算机软件、集成电路设计和光电子材料与器件的产业化步伐。抓好西安信息港和电子政务等信息化工程建设，提高城域宽带网的覆盖率。推广普及信息化知识，拓宽信息服务领域。

加快用高新技术和先进实用技术对我市优势传统产业改造的步伐，提高传统产品的技术含量，增加产品附加值。在做好技改项目研究论证的基础上，抓好企业技术改造重点项目、国债重点技改项目及国家“双高一优”项目的实施。对有市场、有效益、符合国家产业政策的技术改造项目，给予贷款贴息支持。继续实施名牌战略，不断扩大名牌产品的生产规模，大力培育和发展一批具有自主知识产权和市场竞争力的名牌产品。

以资本为纽带，以产品为龙头，以骨干企业为核心，充分利用市场机制和国家政策，培育一批具有国际竞争力的优势企业及企业集团，支持具有市场竞争力的企业的发展。对已完成公司制改制的国有大中型企业，要完善法人治理结构，进一步转换经营机制，同时进行期权、年薪制和员工持股试点，建立对企业经营者有效的激励和约束机制。对中小企业，坚持放开与扶持相结合，通过健全服务体系，帮助其解决融资难问题。继续做好国企扭亏增盈工作，巩固扭亏脱困成果。

（五）大力发展旅游业和以商贸流通业为重

点的服务业，进一步做好财税、金融工作

按照统一规划、综合开发、依法保护和科学配置的原则，加强旅游规划和项目管理，保障旅游业有序发展。继续完善旅游基础设施，改善旅游交通条件。在做好文物保护工作的基础上，积极开发以文物古迹为主体、人文景观与自然景观互补、观光与休闲度假互补的现代旅游产品，促进旅游产品结构的优化升级。以创建“中国最佳旅游城市”为契机，突出抓好旅游市场秩序、旅游环境、旅游质量的整治。要加强旅游行业标准化管理，促进旅游产业素质的提高。加大旅游宣传促销力度，不断拓展国际、国内旅游市场，吸引更多游客。

要按照扩大内需和繁荣市场的要求，加快发展商贸流通业的连锁经营、特许经营、物流配送、多式联运、电子商务等多种营销方式，优化和调整零售商业业态结构。培育和发展辐射中西部地区及全国的专业批发市场。大力开拓农村市场。积极发展和完善各种生产要素市场。

逐步建立商品流通信息网络系统，实现流通方式的根本转变。提高我市传统餐饮业、服务业的设施档次和服务水平。大力发展社区服务、农业服务，积极发展会展经济，不断开拓服务消费的新领域。积极发展和规范会计、咨询、法律服务等中介组织，扩大金融、保险、电信、商业、外贸、卫生等服务业的对外开放，全面提高服务业的市场化程度。

按照建立公共财政框架的要求，加大财政支出结构调整力度。增加对农业、社会保障、科技、教育、卫生、扶贫、生态环境保护等方面的投入，坚决压缩一般性支出。继续贯彻落实中央积极的财政政策，切实管好用好国债资金。继续强化税收征管，加大稽查力度，坚决打击偷、逃、抗、骗税行为。加快税收属地征管试点步伐，坚持制止擅自减、免、缓税行为。加强预算外资金管理，认真落实“收支两条线”的规定，扩大部门预算试点范围，推行政府统一采购和国库集中收付制度。

支持各金融、证券机构调整信贷结构，优化信贷投向，加强信贷监管，抵御金融风险。继续加大对国债项目配套贷款的信贷支持，支持国有企业的改革发展和非公有制企业参与国有企业资产重组、改组，支持科技型中小企业的发展。加大金融对农业产业化的支持力度，大力发展个人消费信贷和农户小额生产信贷。

（六）加强城市管理，努力改善城市环境

市政府将用更大的精力抓城市管理。以“中国西安·西部最佳”为目标，学习借鉴先进经验，采取得力措施，全面提高城市的科学化、规范化、市场化管理水平。

要不断完善城市管理的法律、法规体系，加大城市管理执法力度，通过简政放权、将城市管理重心向区、街转移等措施，进一步改革和理顺城市管理体制，逐步建立科学、规范的城市管理模式和事权清晰、责任明确、奖惩分明的工作责任制。

加大城市的规划管理和国务院批准的西安总体规划的实施力度，以规划为龙头，充分发挥城市规划对经济社会的宏观指导作用。要加快分区规划、详细规划的编制与审定，确立详细规划在建设项目立项管理中的先决地位。在规划审批管理中，要依据强制性指标加强宏观管理。要加大对违章建筑的清理力度。继续整顿建筑市场，严格规范和执行招投标制度。

今年要把整治市容环境和市内交通秩序作为城市管理的重点。市容环境整治要明确管理职能，落实管理责任，建立长效管理机制。逐步完善市容环境卫生基础设施，加快生活垃圾收集清运密闭化，提高道路保洁水平。坚决取缔马路市场和占道经营，制止回潮。规范户外广告设置，打击破坏市政设施的行为。抓紧进行城区旧村改造试点，整治市区沿街建筑立面，改善街容街貌。

交通秩序整治继续以“治乱缓堵”为重点，坚持管理措施和工程措施并举。管理措施以严格管理和科学管理为主要内容；工程措施以完善城市交通功能为目标。经过努力，使交通管理水平和城市道路通行能力有大的提高，交通拥堵现象得到明显改善。

大力推进社区建设，拓展社区服务，繁荣社区文化，美化社区环境，强化社区治安，充分发挥社区在城市管理中的基础作用。

（七）进一步完善城镇社会保障体系，积极扩大就业，努力改善人民生活

把“两个确保”和“低保”工作摆在更加重要的位置。千方百计确保国有企业下岗人员基本生活费按时足额发放，确保国有企业离退休人员基本养老金按时足额发放，任何地方不得发生新的拖欠。凡家庭人均收入低于城市最低生活保障线的困难家庭，要全部纳入低保范围，切实做到“应保尽保”。

积极扩大就业渠道，增加就业岗位。要搞好就业服务，加强职业培训和再就业培训。进一步培育和发展劳动力市场和劳务中介组织，在市区四郊分别建立外来劳动力市场，规范现有劳务市场，逐步形成市场导向的就业机制。认真落实扶持下岗职工再就业的各项优惠政策，为下岗失业人员进行政策、信息、职业技能、生活保障等方面的援助活动。引导下岗职工转变就业观念，鼓励和扶持下岗职工、失业人员通过创办生产自救型经济实体自谋职业。

继续加大财政支持力度，多方筹集资金，加快建立独立于企事业单位之外、资金来源多元化、保障制度规范化、管理服务社会化的社会保障体系和稳定可靠的资金筹措、管理和发放监督机制。进一步扩大失业、养老、医疗保险的覆盖面。尽快建立全市参保单位和个人的参保登记制度。积极探索建立多层次的医疗保险体系，鼓励有条件的企业建立补充医疗保险，启动实施工伤保险和女工生育保险。大力兴办社会福利和慈善事业，推进社会福利、社会救济、优抚安置等保障事业的不断发展。切实保护困难和弱势群体的合法权益，办好与群众生活密切相关的“十件事”。落实“星光计划”，造福老龄人口。

认真解决城区拆迁安置中的遗留问题。据统计，目前我市仍有 6000 多户被拆迁居民未能及时安置，时间最长的已达 14 年之久，给群众生活和工作造成了很大困难，也成为近年来群众集体上访的热点问题。对此，政府要高度重视，决心用两到三年时间，彻底解决城市拆迁安置中的遗留问题，使没有按期回迁的群众得到妥善安置。今后所有涉及拆迁安置的开发项目，都要坚持“谁批准、谁负责”的原则，落实监控责任和措施，决不允许再发生置群众利益于不顾的开发行为，如再发生延期安置回迁，要一并追究开发商和监控部门的责任。

（八）加强精神文明建设和民主法制建设，促进各项社会事业的全面发展

树立良好的城市形象，形成良好的道德风尚，是建设西部经济强市，实现“中国西安·西部最佳”的内在要求。要认真落实《公民道德建设实施纲要》，在全社会倡导“爱国守法、明礼诚信、团结友爱、勤俭自强、敬业奉献”的基本道德规范。积极组织开展以社会公德、职业道德、家庭美德为主要内容的群众性道德实践活动和精神文明创建活动，广泛开展创建文明城市、文明社区、文明村镇、文明行业、文明家庭活动，重视青少年的道德教育，推动全社会的文明进步。强化对新闻出版、国民教育、社会文化、休闲娱乐等各种思想文化阵地的建设和管理，始终坚持正确的舆论导向，逐步形成以社区为核心的精神文明建设网络。加强全民国防教育，继续做好民兵、预备役和“双拥”工作，增强军政军民团结。

以实施素质教育为核心，继续提高九年义务教育水平，积极普及高中阶段教育。合理调整教育布局结构，整合重组教育资源，促进基础教育、职业教育、成人教育协调发展。要继续抓好中小学危房改造。加强教师队伍建设，积极支持高等院校后勤社会化改革。鼓励、支持社会力量办学，发展和规范多层次、多形式的民办教育。

坚持“二为”方向和“双百”方针，树立精品意识，推出一批优秀文艺作品。加大文化产业开发力度，继续开展创建文化先进县活动。开工建设新城剧场、青年秦腔艺术团剧场，完成易俗大剧院改建工程。坚持开展全民健身运动，提高竞技体育水平，多层次开发体育产业。继续扩大城市公共场所无障碍设施建设的覆盖面，完善市和区县残疾人综合服务中心，迎接全国第三届特奥会在我市举行。继续深化医疗卫生体制改革，健全城乡医疗卫生服务网络，加大卫生执法力度，加强预防保健工作。坚持计划生育基本国策，继续做好以农村和城市流动人口为重点的计划生育工作。深入持久地开展“扫黄打非”斗争，依法加强对书刊、音像等出版物市场的有效监管。依法管理宗教事务，加强民族团结。

大力加强政府法制建设，积极推进依法治市进程。加快地方立法，完善地方法规和行政规章。在市级行政执法机关全面实行执法公示制、行政执法责任制和评议考核制，强化行政执法监督，努力搞好行政复议和行政应诉。抓好“四五”普法工作。按照《村民委员会组织法》的要求，认真搞好村民委员会换届选举工作。各级政府都要自觉接受人大及其常委会和政协的监督，高度重视和认真办理人大代表、政协委员的建议和提案。

深入开展以“打黑除恶”为重点的严打整治斗争，扫除“黄赌毒”等丑恶现象。坚持打防结合，预防为主，积极构建社会治安防控体系，把社会治安综合治理各项措施落到实处，进一步增强群众的安全感。高度警惕和打击国内外敌对势力和“法轮功”邪教组织的破坏活动。认真做好人民群众来信来访工作，及时化解各种不稳定因素，确保社会政治安定。高度重视安全生产，落实安全责任制，加大督促检查力度，切实保证人民群众生命财产安全。

（九）按照“三个代表”要求，切实加强政府自身建设

以建设“廉洁、勤政、务实、高效”的政府为目标，全面推进政府管理体制创新和职能转变，着重解决政府工作“越位、错位、不到位”的问题，增强公仆意识，树立“管理就是服务，在服务中管理”的新理念。

按照“精简、统一、效能”的原则，认真搞好市、区县、乡镇政府机构改革。继续深化行政审批制度改革，减少审批事项，建立健全严密的内部监督制约措施和规范的运行机制。切实纠正政府工作中存在的推诿扯皮、敷衍塞责和消极应付现象。改变政府管理经济的方式，努力学会运用法律手段、经济手段管理经济和社会事务，形成有利于抓落实的工作机制和制度，不断提高政务管理水平。各级政府及其工作人员，要进一步增强法制观念和法律意识，带头学法、守法、用法。坚持从严治政，严肃政治纪律、组织纪律和工作纪律，反对各自为政，做到令行禁止，确保政令畅通。

今年是“调查研究年”、“转变作风年”。我们要大兴调查研究之风，坚持深入实际，深入基层，深入群众，倾听群众呼声，关心群众疾苦，深怀爱民之心，恪守为民之责，善谋富民之策，多办利民之事。坚决克服官僚主义、形式主义，狠刹懒散之风、奢侈之风、玩乐之风、虚假之风、衙门之风。市政府要为下级做出样子，简化公务接待，改进会风文风，从文山会海和繁杂的应酬中摆脱出来，集中精力解决改革发展稳定中的突出问题和关系人民群众切身利益的实际问

题。

深入开展反腐败斗争，切实加强廉政建设。要认真落实廉政建设责任制，突出抓好政府及部门领导干部廉洁自律、查处违法违纪案件、纠正部门和行业不正之风等重点工作，强化领导干部任期经济责任审计，加大从源头上预防和治理腐败的力度。各级政府和所有干部都必须做到清正廉明，奉公守法，对那些违法乱纪、以权谋私、贪污腐化和侵犯群众权益的人，要依法依纪严厉惩处，以廉政建设和反腐败斗争的实际成果取信于民。

各位代表！在本次代表大会上将选举产生西安市新一届人民政府。新一届市人民政府一定要继承和发扬历届市人民政府的优良传统和作风，决不辜负党和人民的重托，努力建设一个勇于创新的政府、勤政务实的政府、廉洁为民的政府，使我们的政府真正成为人民群众所信赖的政府。市政府组成人员一定要树立正确的权力观，牢记全心全意为人民服务的宗旨，尽职尽责，为人民掌好权，用好权，始终保持与人民群众的血肉联系，始终维护和发展好人民群众的根本利益，任何时候都不能忘记政府前面的“人民”二字。

各位代表！今后五年，我们的任务艰巨、繁重而光荣，既面临挑战，更充满希望。让我们更加紧密地团结在以江泽民同志为核心的党中央周围，高举邓小平理论伟大旗帜，在省委、省政府和市委的领导下，认真贯彻党的十六大精神，努力实践“三个代表”重要思想，坚定信心，脚踏实地，埋头苦干，以更加昂扬的斗志和奋发有为的精神状态，开拓进取，为实现建设西部经济强市和“中国西安·西部最佳”的宏伟目标而努力奋斗！

西安市2001年国民经济和社会发展统计公报

西安市统计局

2002年3月15日

2001年是新世纪的第一年，也是我国现代化建设第三步战略目标的起步之年和“十五”计划的开局之年，全市人民在市委、市政府的正确领导下，高举邓小平理论伟大旗帜，认真实践“三个代表”重要思想，努力克服复杂多变的国际经济环境的不利影响，坚持以党的十五届五中、六中全会精神为指导，全面落实中央关于扩大内需、调整结构等一系列政策措施，加快经济结构调整，深化改革，扩大开放，国民经济运行质量和效益不断改善，城乡人民生活水平继续提高，全市改革和发展的主要预期目标基本实现。

一、综合

国民经济持续、快速、健康发展。初步统计，2001年全市国内生产总值734亿元，按可比价格计算，比上年增长13.1%。其中第一产业增加值45亿元，增长2.5%，第二产业增加值330亿元，增长15.7%，第三产业增加值359亿元，增长12.1%。

2001年全市财政总收入83亿元，比上年增长20.3%。其中地方财政收入55.9亿元，比上年增长19.1%。地方财政收入占国内生产总值的比重为7.6%，比上年提高0.8个百分点。地方财政支出57.3亿元，比上年增长10.5%。

市场价格保持稳定。全年居民消费价格总指数98.7，构成居民消费价格指数的8大类商品中，食品价格指数97.5、衣着98.7、家庭设备用品及维修服务93.2、医疗保健98.9、交通和通讯工具98.8，烟酒及用品101.2、娱乐教育文化用品及服务104.5、居住100.6，工业品出厂价格下降0.7%，原材料、燃料、动力购进价格上升1.0%。商品零售价格总指数97.3，农产品成交价格指数99.2。

劳动就业工作进一步加强。2001年年末全市社会从业人员389.1万人，与上年基本持平，其中城镇从业人员177万人，增长0.3%。2001年全市单位从业人员113.9万人，比上年增长1.3%。2001年年末国有企业下岗职工10.9万人，比上年末增加1.1万人。全年通过多种途径使4821人实现了再就业。年末城镇登记失业率为3.2%。

国民经济和社会发展中存在的主要问题是：农村消费和民间投资增长较慢；产业升级和内部结构调整任重道远；外贸出口下滑；国有企业下岗职工增加，就业及再就业的压力进一步加大；部分国有企业生产经营困难，亏损面较大的问题仍较严重。

二、农业

农业生产平稳发展。2001年全市实现农业总产值76.8亿元，比上年增长2.8%。

受调整播种面积和干旱气候的影响，粮食产量略有下降，经济作物产量有增有减。全年粮食总产量197.1万吨，比上年下降2.4%。其中夏粮98.2万吨，增长6.0%，秋粮98.9万吨，下降9.0%；油料总产量1.2万吨，下降10.2%；蔬菜总产量152.8万吨，下降5.8%；水果总产量33.9万吨，下降1.3%；棉花播种面积1937公顷，总产量1742吨，分别比上年增长17.8%和27.4%。

林业生产在调整中健康发展。全市造林面积18.0千公顷，比上年下降1.6%，四旁植树792万株，增长8.3%。村及村以下采伐量1.1万立方米，下降32.1%。

畜牧业生产平稳。猪、羊年末存栏增加，大牲畜、家禽年末存栏下降，肉、奶产量比上年有不同程度的增长，蛋产量下降。

2001年主要畜禽产品产量和畜禽存栏情况：

产品名称	计量单位	绝对数	比上年增长%
肉类总产量	万吨	15.7	6.6
#猪肉	万吨	11.3	6.9
禽肉	万吨	2.1	-13.9
奶类总产量	万吨	25.5	3.9
#牛奶	万吨	18.0	2.1
禽蛋产量	万吨	13.2	-4.3
肉猪出栏头数	万头	144.1	5.4
大牲畜年末存栏	万头	24.7	-5.1
#牛	万头	24.4	-4.8
猪年末存栏	万头	133.6	4.0
羊年末存栏	万只	43.0	2.2
家禽年末存栏	万只	1573.4	-3.1

渔业生产稳定发展。全年水产品养殖面积2112公顷，比上年下降5.5%；水产品产量12480吨，比上年增长9.6%。

农业生产条件继续改善。全市拥有农业机械总动力202.1万千瓦，比上年增长0.8%；有效灌溉面积223.3千公顷，与上年持平；全年农用化肥施用量（按折纯量计算）19.3万吨，下降1.5%；农村用电量10.4亿千瓦小时，下降11.5%。

三、工业及建筑业

工业在深化改革、调整结构中继续保持较快增长。全年实现工业增加值262亿元，增长15.5%。实现工业总产值930亿元，较上年增长16.4%，其中规模以上工业企业实现总产值578.5亿元，增长18.8%。在规模以上工业总产值中，国有及国有控股企业工业总产值452.4亿元，增长22.8%。受扩大内需效应的拉动，重工业生产增长速度较快，全市规模以上工业总产值中，重工业产值405.5亿元，增长21.2%，占全部规模以上工业总产值的70.1%。产品结构调整步子较大。规模以上工业总产值中新产品产值75.7亿元，较上年增长42.4%，占全部规模以上工业总产值的13.1%。

2001年主要工业产品产量情况：

产品名称	计量单位	绝对数	比上年增长%
方便类食品	吨	31650	16.5
乳制品	吨	16362	17.8
饮料酒	万吨	29.2	58.8
#啤酒	万吨	29.1	59.2
机制纸	吨	67631	17.6
原油加工	万吨	106.0	45.3
化学原料药	吨	1653	10.9
水泥	万吨	124.1	11.4
建筑用金属品	吨	456.4	202.0
数控机床	台	18	20.0
汽车	辆	10029	14.7
交流电动机	万千瓦	120.1	17.0
电力电缆	公里	140	337.5
通讯电缆	公里	25953	17.5
绝缘制品	吨	12110	42.3
彩色显象管	万只	463	22.4
光学仪器	台	8549	30.5

工业生产产销衔接较好，全年规模以上工业产品产销率96.8%。规模以上工业全年实现利润总额18.2亿元，比上年增长24.3%；利税总额40.4亿元，增长16.8%；工业产品销售收入471.4亿元，增长11.1%。全年规模以上工业经济效益综合指数为95.5，比上年增加2.7个百分点。全市建筑行业全年实现增加值68亿元，比

上年增长16.8%。

四、固定资产投资

2001年，全市全社会固定资产投资287.7亿元，比上年增长23.8%。其中基本建设投资124.9亿元，增长29.7%；更新改造投资53.7亿元，比上年略有下降；房地产开发投资67.4亿元，增长30%。在全市固定资产投资中，制造业完成39.8亿元，比上年增长25.8%；电力、煤气及水生产和供应业完成固定资产投资20.5亿元，增长2.9%；交通运输、仓储及邮电通讯业完成固定资产投资47.4亿元，增长31.3%；社会服务业完成固定资产投资13亿元，增长41.5%；教育、文化艺术和广播影视行业完成固定资产投资18.5亿元，增长49.9%。

2001年，全市新增固定资产176.8亿元，较上年增长17.7%。其中房地产开发新增固定资产50.8亿元，增长32.3%；基本建设新增固定资产78.3亿元，增长15.8%；更新改造新增固定资产32亿元，比上年略有下降。全年完成土地开发面积380.6万平方米。

2001年，全市施工房屋面积1767.1万平方米，比上年增长3.8%；竣工房屋面积692.6万平方米，房屋竣工率39.2%；本年施工项目850个，投产项目333个，项目投产率39.2%。

五、国内贸易

2001年，随着国民经济的发展和国家扩大内需政策的拉动，消费者信心有所增强，加之“假日经济”和精彩纷呈的市场促销手段刺激，全市消费品市场呈现稳中见旺的局面。全年实现社会消费品零售总额365.9亿元，比上年增长11.4%。按行业分，批发零售贸易业零售额231.2亿元，增长12.4%；餐饮业零售额42.6亿元，增长16.4%；制造业零售额31.9亿元，增长10.9%；其他零售额5.9亿元，增长8.0%；农民对城镇居民零售54.3亿元，增长4.7%。按销售地区分，城市的零售额323.4亿元，增长11.9%；县的零售额19.1亿元，增长8.7%；县以下零售额23.4亿元，增长7.2%。

市场交易体系趋于完善，零售商业和批发市场继续发展。全年集贸市场成交额232.3亿元，比上年增长9.3%。年成交额上亿元的商品交易市场有22个，我市作为西北地区商贸中心城市的辐射作用日益增强。

六、对外开放

对外开放力度继续加大。2001年共批准利用外资项目129个，合同投资额6.1亿美元，比上年增长12.0%；实际利用外资1.8亿美元，增长13.0%。截止2001年底，全市累计批准外商投资企业1736家。2001年，全市外贸进出口总额17亿美元，比上年下降2.2%。其中，出口8.8亿美元，下降17%，进口8.2亿美元，增长21.2%。市属自营进出口总额4.7亿美元，比上年增长7.8%。其中出口2.8亿美元，增长0.2%；进口1.9亿美元，增长20.9%。对外交流取得新进展，进一步加强了与我市建立友好关系的16个外国城市的交往和合作。

七、交通、邮电和旅游

交通、邮电业保持较好的发展势头。2001年，我市交通运输、邮电通信业实现增加值73.6亿元，比上年增长15.5%。

交通运输事业全面发展。2001年末，全市拥有民用汽车17.2万辆。全年货运量7610万吨，货物周转量421.4亿吨公里。其中公路货运量4208万吨，公路货物周转量39.8亿吨公里。全年旅客发送量9082万人，旅客周转量260.4亿人公里。

邮电通信事业快速发展，服务领域不断拓展。2001年，全市邮电业务总收入36.1亿元，比上年增长18.6%。年末全市电话交换机总容量245万门，增长6.5%。全市电话用户171.2万户，增长21.3%；年末移动电话用户127.7万户。全年发行报刊累计1.2亿份。

旅游业保持较快增长。春节、“五一”、“十一”三个“黄金周”拉动作用明显。2001年全市共接待国内外游客1752万人次，比上年增长7.7%。其中接待海外游客67万人次，增长3.4%；接待国内游客1685万人次，增长12.2%。全年旅游业总收入113亿元，增长7.2%。其中，旅游外汇收入2.9亿美元，增长7.4%。

八、金融、证券和保险业

金融体制改革进一步深化，金融秩序稳定。2001年末，全市金融机构存款余额1629.7亿元，比年初增长22.1%；金融机构贷款余额1186亿元，比年初增长22.0%。全年金融机构现金收入32.5亿元，现金支出30.7亿元，现金净回笼1.8亿元。

投融资方式趋向多元化，证券市场在规范中发展。全市年末证券营业部达40家，证券投资者80.7万人。全年证券交易额900亿元。保险事业发展壮大。全年保费收入16.5亿元，支付各类赔款及给付6.2亿元。

九、科学技术和教育

2001年，全市组织实施科技计划项目488项。其中国家级91项，获得资助6171万元；市级各类计划项目397项，投入科技三项费3200万元。全年新认定高新技术企业121家。2001年年末全市有各类专业技术人员37.3万人，比上年增长1.3%。

以实施素质教育为核心，教育事业在改革中加快发展。2001年末，全市中小学校（含职业中学）2832所，在校学生130万人，专任教师6万人。学龄儿童入学率99.8%，小学毕业生升学率97.3%。全市共有普通高等学校32所，在校学生25.4万人。

十、文化、卫生和体育

艺术创作丰富多彩，群众文化繁荣活跃，文化产业健康发展。2001年，我市9个市属专业表演团体共演出1911场，观众200万人次。年末全市有公共图书馆15个，群众艺术馆1个，文化馆13个。

卫生事业不断进步。年末全市共有各类卫生机构2965个。其中医院、卫生院639个。卫生技术人员4.2万人，其中医生1.9万人。各类卫生机构总床位3.2万张，其中医院床位2.6万张。全年总诊疗1070.8万人次。

认真实施“全民健身计划纲要”和“奥运争光计划”，培育体育市场，发展体育产业，开创了我市体育事业新局面。2001年成功举办了西安市第十二届运动会，有一人一次打破一项省成年射击纪录，有5人达到国家一级运动员标准。我市运动员参加全国单项比赛，在田径、游泳、射击、柔道、摔跤等12个项目比赛中获6个第一名；在省级比赛中，参加田径、游泳、射击、柔道、摔跤等15个项目的比赛，获90个第一名。

十一、城市建设、公用事业和环境保护

城市建设和管理力度加大，城市容貌进一步改观。天然气城市气化一期工程基本竣工，二期工程已部分开工建设；黑河枢纽工程主体竣工，城市供水能力基本满足需求；环城南路、长乐东路、太华路南段、经七路等道路拓宽改造工程于年底前竣工，缓解了城市交通拥堵状况。完成新城广场、太华路、桃园路等多处道路、广场的绿化美化及环城公园绿化整治工程。全年完成人行道路整治200万平方米。经过下大力气清除马路

市场、占道经营和拆除违章建筑等措施，市容市貌得以整顿。新建室内市场109个、健身广场50个、社区服务中心21个。

2001年城市日供水能力158万吨。城市使用液化石油气、天然气、煤气的总户数达到77万户，气化率85.4%。全年供应液化石油气总量80643吨，比上年增长86%；供应天然气总量16712万立方米，增长45%；供应煤气总量1670万立方米，比上年下降23%。全年实际售电量79.5亿千瓦时，增长8.5%。全年新增供热面积138万平方米，累计供热面积达到991万平方米，比上年增长16%。年末市区公交运营线路网长度380公里；共有标准营运的公共汽车、电车2740标台，出租汽车10430辆。市区年末实有铺装道路总长度989公里，比上年增长1.4%。

环境保护工作取得新进展。环境监测网络覆盖全市。环境质量稳定，全年空气质量良好，空气污染指数为“良”的有212天，占全年总天数的58.1%。交通干线噪声平均值68分贝；饮用水源水质达标率99.8%。全年工业“三废”治理项目118个，污染治理项目投资2995.6万元，其中治理废水项目52个，投资1766.7万元。全市园林绿化投资6655万元。全市建成区绿化覆盖率34.2%。人均公共绿地面积达5.2平方米。

十二、人民生活和社会保障

城乡居民收入继续提高。2001年，全市在岗职工平均工资10786元，比上年增长17.5%；城市居民人均可支配收入6704.9元，增长5.4%；农村居民人均可支配收入2357元，增长5.9%；农村居民人均纯收入2489元，增长6.2%。城镇居民人均住房建筑面积10.9平方米；农村居民人均居住面积30.5平方米。年末城乡居民储蓄存款余额800.9亿元，比年初增长18.5%。

2001年末，每百户城市居民家庭高档耐用消费品拥有量：彩色电视机123.7台、组合音响19.3套、家用电脑15.7台、空调54.3台、电冰箱89.3台、影碟机42台、移动电话19.3部。每百户农村居民家庭主要耐用消费品拥有量：彩色电视机78.2台、黑白电视机41.6台、摩托车23.6辆、电风扇144.8台、洗衣机75.5台、电冰箱19.5台。

社会保障事业进一步巩固提高。2001年末市级机关、事业单位参加养老保险的有：退休职工15127人、在岗职工43384人。

社会福利事业继续发展。2001年末全市51个社会福利机构拥有床位1811张，收养1350人。各种社区服务设施1421个，共有13.4万城乡居民得到最低生活保障救济。

十三、人口

2001年末，全市户籍人口694.8万人，比上年末增加6.8万人。在总人口中，男性人口358.8万人，占51.6%，女性人口336万人，占48.4%。非农业人口292.6万人，占总人口的42.1%，农业人口402.2万人，占总人口的57.9%。全年人口自然增长率4.7‰，全市计划生育率97.6%。

注：1、本公报数为初步统计数。

2、规模以上工业企业指全部国有工业企业和年销售收入500万元及以上的非国有工业企业。

3、人口数为公安局户籍年报数。

4、国内生产总值、各行业总产值、增加值的绝对数均按现行价格计算，增长速度按可比价格计算。

中华人民共和国2001年国民经济和社会发展统计公报

中华人民共和国国家统计局

2002年2月28日

2001年，全国各族人民在党中央、国务院的正确领导下，认真贯彻“三个代表”重要思想，努力克服复杂多变的国际政治经济环境的不利影响，坚持扩大内需的方针，继续实施积极的财政政策和稳健的货币政策，加快经济结构调整，积极稳妥地推进各项改革，不断扩大对外开放，大力整顿和规范市场经济秩序，经济运行总体质量和效益不断改善，国民经济继续保持持续健康发展，教育、科技和各项社会事业全面进步，城乡人民生活水平继续提高，实现了“十五”计划和现代化建设第三步战略部署的良好开局。

一、综合

国民经济持续较快增长。初步统计，全年国内生产总值为95933亿元，按可比价格计算，比上年增长7.3%。其中第一产业增加值14610亿元，增长2.8%；第二产业增加值49069亿元，增长8.7%；第三产业增加值32254亿元，增长7.4%。

市场价格保持稳定。全年居民消费价格总水平比上年上涨0.7%。其中，城市上涨0.7%，农村上涨0.8%；食品价格持平（其中，粮食下降0.7%，肉禽及制品、鲜菜分别上涨1.6%和1.4%，蛋上涨6.0%），烟酒、衣着价格分别下降0.3%和1.9%，家庭设备、交通通信价格分别下降2.3%和1.0%，娱乐教育文化价格上涨6.6%，居住价格上涨1.2%。工业品出厂价格下降1.3%；原材料、燃料、动力购进价格下降0.2%；固定资产投资价格上涨0.4%。

就业规模继续扩大。年末全国就业人员73025万人，比上年末增加940万人。其中城镇就业人员23940万人，增加789万人。年末国有企业下岗职工为515万人，比上年末减少142万人。全年通过多种途径使227万人实现了再就业。年末城镇登记失业率为3.6%。

国际收支状况良好。全年对外贸易顺差225亿美元，比上年减少16亿美元。实际使用外商直接投资468亿美元，比上年增长14.9%。年末国家外汇储备达到2122亿美元，比上年末增加466亿美元。人民币汇率保持稳定，年末汇率1美元兑8.2766元人民币，人民币比上年末升值15个基本点。

经济结构调整取得了新进展，经济运行总体质量和效益不断改善。农业以市场需求为导向，大力推进品种、品质和布局的优化，主要农作物逐步向优势产区集中。高新技术产业保持较快增长，传统工业技术改造力度加大，一些行业淘汰落后和压缩过剩生产能力取得新的成效。西部地区投资力度有所加大。全年全部国有及年产品销售收入500万元以上的非国有工业经济效益综合指数为122.1，比上年提高3.4点；实现利润4657亿元，增长8.1%。

国民经济和社会发展中存在的主要问题是：经济结构性矛盾和经济体制深层次问题依然比较突出；就业压力增大，农民收入增长仍比较缓慢，部分群众生活还比较困难；企业自主创新能力和市场适应能力不强，部分企业生产经营还相当困难；重大安全事故时有发生，地方保护主义造成的国内市场分割局面尚未完全改变，市场经济秩序仍比较混乱。

二、农业

种植业结构继续调整。全年粮食播种面积比上年减少，棉花面积扩大76万公顷，糖料面积扩大约17万公顷，蔬菜面积扩大约115万公顷，油料面积减少约70万公顷，优质专用小麦面积扩大130多万公顷，优质稻种植面积的比重达50%以上，优质油菜籽面积扩大较多。

粮食有所减产。受调减播种面积和严重干旱的影响，全年粮食产量45262万吨，比上年减产2.1%。其中夏粮产量10188万吨，减产4.6%；早稻产量3396万吨，减产9.5%；秋粮产量31678万吨，减产0.3%。

棉花、糖料增产，油料减产。全年棉花产量532万吨，比上年增长20.4%；糖料产量8790万吨，增长15.1%；油料产量2872万吨，减少2.8%。蔬菜生产在精细品种增加的基础上继续保持较快增长。

畜牧业、渔业生产稳步发展。全年肉类总产量达6340万吨，比上年增长3.5%；全年水产品产量达4375万吨，增长2.3%。

林业水利建设取得新进展。全年完成造林面积530万公顷，比上年增长3.8%。其中退耕还林工程完成退耕还林40万公顷。长江干堤断面达标已占设计的80%，黄河下游大堤加高累计完成544公里。全年新增有效灌溉面积100多万公顷，新增节水灌溉面积130多万公顷，综合治理水土流失面积500多万公顷。

三、工业和建筑业

工业生产增长较快。全年全部工业增加值42607亿元，比上年增长8.9%。全部国有及年产品销售收入500万元以上的非国有工业企业增加值26950亿元，增长9.9%。其中，国有及国有控股企业增加值15198亿元，增长8.1%；集体企业3141亿元，增长7.2%；股份制企业8086亿元，增长10.4%；外商及港澳台投资企业6622亿元，增长11.9%。重工业增加值16301亿元，增长11.1%；轻工业增加值10649亿元，增长8.6%。全年工业企业产品销售率为97.7%，比上年略有提高。

高新技术产品产量保持较快增长，一些行业淘汰落后和压缩过剩生产能力取得新的进展。全年工业新产品产值比上年增长15.7%。微波通信设备、光通信设备、移动电话机、电子计算机等电子及通信设备产品产量增长28.9%至87.5%；轿车、数控机床等技术含量和附加值高的产品也保持了快速增长。原煤产量增长10.9%，原油增长1.3%，发电量增长9.0%；钢材增长19.8%，十种有色金属增长10.5%。全年关闭各类小煤矿10944处，关停小钢厂12户，淘汰落后小水泥生产能力1520万吨、小玻璃生产能力263万重量箱，关停小火电机组230万千瓦。

建筑业生产增长较快。全年全社会建筑业完成增加值6462亿元，比上年增长7.4%。全国四级及四级以上建筑企业实现利润226亿元，增长17.6%；税金总额441亿元，增长13.9%。施工工程个数83万个，其中投标承包工程35万个，占全部施工工程个数的42.2%；施工面积178758万平方米，比上年增加18616万平方米；房屋竣工面积82542万平方米，增加1828万平方米。

国有企业改革继续深化。现代企业制度建设加快，股份制企业的规范工作取得新的进展，着重培养了一批市场竞争力较强、拥有自主知识产权和一定国际竞争优势的大公司和企业集团。小型企业改制工作取得明显成效，一批资源枯竭的矿山和严重资不抵债、扭亏无望的企业，通过关闭破产退出市场。国有工业企业效益仍然保持较高水平，全年实现利润总额2330亿元。煤炭行业扭转了多年整体亏损的局面，冶金、汽车等行业实现利润快速增长。

四、固定资产投资

固定资产投资较快增长。全年全社会固定资产投资36898亿元，比上年增长12.1%。其中，国有及其他经济类型投资26401亿元，增长12.8%；城乡集体经济投资5189亿元，增长8.1%；城乡居民个人投资5308亿元，增长12.7%。基本建设投资14567亿元，增长8.5%；更新改造投资5889亿元，增长15.3%；房地产开发投资6245亿元，增长25.3%；其他投资10197亿元，增长8.5%。

投资结构继续改善。全年第一产业投资888亿元，与上年基本持平；第二产业投资8633亿元，增长7.8%，其中，原材料工业投资增长17.0%，机械电子工业投资增长21.7%，轻纺工业投资增长23.9%；第三产业投资18306亿元，增长17.6%，其中，运输邮电通信业投资增长13.7%，房地产公用服务咨询业投资增长24.1%。农村电网改造、公路国道主干线、重大水利工程等在建重点基础设施工程的建设继续加快。

西部地区投资保持较快增长。全年东部地区投资15883亿元，比上年增长13.3%；中部地区投资6316亿元，增长16.3%；西部地区投资4704亿元，增长19.3%，明显高于东、中部地区投资增长。青藏铁路、西电东送等一批重大建设工程相继开工。

全国基本建设投资新增主要生产能力有：原煤开采1081万吨，天然原油开采1898万吨，天然气开采21亿立方米；大中型发电机组容量1498万千瓦，11万伏及以上变电设备5347万千伏安；新建铁路主线正线交付运营里程1210公里，增建铁路复线交付运营里程1443公里，新建公路29278公里，其中高速公路3017公里，新扩建万吨级港口泊位年吞吐能力5790万吨；新增局用交换机容量3100万门，新增光缆线路长度25万公里，新增数字蜂窝移动电话交换机容量8000万户。

五、国内贸易

消费品市场销售稳定增长。全年社会消费品零售总额37595亿元，比上年增长10.1%。其中，城市消费品零售额23543亿元，增长11.5%；县及县以下消费品零售额14052亿元，增长7.7%。批发零售贸易业零售额25511亿元，增长10.7%；餐饮业零售额4369亿元，增长16.4%；其他行业零售额7716亿元，增长4.9%。

生产资料市场销售平稳增长。全国限额以上批发零售贸易业生产资料销售总额16449亿元，比上年增长4.0%。

限额以上批发零售贸易企业销售保持增长，但经济效益下降。1－11月份实现商品销售收入净额24601亿元，比上年同期增长4.5%，其中批发业增长3.0%，零售业增长12.0%；毛利率7.8%，其中批发业6.7%，零售业12.8%；费用率8.0%，其中批发业6.7%，零售业14.0%；实现利润总额245亿元，比上年同期下降9.1%，其中批发业下降12.0%，零售业增长11.6%。

六、对外经济

进出口保持增长。全年进出口总额达5098亿美元，比上年增长7.5%。其中出口总额2662亿美元，增长6.8%；进口总额2436亿美元，增长8.2%。在出口额中，一般贸易出口1119亿美元，增长6.4%；加工贸易出口1475亿美元，增长7.1%。机电产品和高新技术产品出口增长较快，其中机电产品出口1188亿美元，增长12.8%，占出口总额的比重为44.6%，比上年提高2.3个百分点；高新技术产品出口465亿美元，增长25.4%，占出口总额的比重为17.5%，提高2.6个百分点。

全年对美国出口543亿美元，比上年增长4.2%；对香港地区出口465亿美元，增长4.6%；对日本出口450亿美元，增长7.9%；对欧盟出口409亿美元，增长7.1%；对东盟出口184亿美元，增长6.0%；对韩国出口125亿美元，增长10.9%；对俄罗斯出口27亿美元，增长21.4%；对拉丁美洲出口82亿美元，增长14.6%；对非洲出口60亿美元，增长19.1%。

外商直接投资增长较快。全年批准设立外商投资企业26139个，比上年增长16.0%；合同外资金额692亿美元，增长10.4%；实际使用外商直接投资468亿美元，增长14.9%。

国外经济合作业务继续保持增长。全年完成营业额121亿美元，比上年增长7.2%；新签合同额165亿美元，增长10.1%。

七、交通、邮电和旅游

交通运输和邮电通信业保持稳定增长，全年完成增加值5222亿元，比上年增长6.5%。

全年各种运输方式完成货物运输周转量46304亿吨公里，比上年增长4.8% 。其中，铁路14575亿吨公里，增长6.7%；公路6180亿吨公里，增长0.8%；水运24860亿吨公里，增长4.7%；民航44亿吨公里，增长3.8%。全年各种运输方式完成旅客运输周转量13000亿人公里，比上年增长6.0%。其中，铁路4767亿人公里，增长5.2%；公路7047亿人公里，增长5.8%；水运95亿人公里，下降5.6%；民航1091亿人公里，增长12.5%。全国港口完成货物吞吐量24亿吨，比上年增长8.8%，其中外贸货物吞吐量达6亿吨，增长13.6%。

邮电通信业全年完成邮电业务总量4370亿元，比上年增长24.0%。年末局用交换机总容量为2亿门；固定电话用户达到17900万户，其中城市电话用户11100万户，乡村电话用户6800万户；移动电话用户达到14480万户，已成为全球移动电话用户规模最大的国家；电话普及率为26部/百人；年末互联网用户超过3000万户。

国内国际旅游持续发展。全年国内出游78366万人次，比上年增长5.3%；国内旅游收入3522亿元，增长10.9%。全年境外入境人数8901万人次，比上年增长6.7%。其中外国人1123万人次，增长10.5%；香港、澳门和台湾同胞7778万人次，增长6.2%。在入境旅游者中，过夜人数3316万人次，增长6.2%。国际旅游外汇收入178亿美元，增长9.7%。全年大陆出境人数1213万人次，比上年增长15.9%，其中因私出境人数695万人次，增长23.4%。

八、金融、证券和保险

货币供应量适度增长。年末广义货币供应量（M2）余额为158302亿元，比上年末增长14.4%；狭义货币供应量（M1）余额为59872亿元，增长12.7%；流通中现金（M0）余额为15689亿元，增长7.1%。

金融机构存贷款稳定增加。全部金融机构各项存款余额143617亿元，增长16.0%。其中，企业存款余额51547亿元，增长16.9%；城乡居民储蓄存款余额73762亿元，增长14.7%。全部金融机构各项贷款余额112314亿元，按可比口径计算，增长11.6%。其中，短期贷款余额67327亿元，增长7.7%；中长期贷款余额34273亿元，增长15.2%。贷款结构继续改善。全国农村信用社贷款余额11971亿元，增加1395亿元。消费贷款余额6990亿元，增加2755亿元，其中个人住房贷款余额5598亿元，增加2282亿元。与国债资金相配套的基础建设贷款得到及时安排。

证券市场继续发展。全年在上海、深圳证券交易所发行A股（包括增发）84只，配股126只，共筹资1098亿元，比上年减少401亿元；发行B股、H股共9只，筹资70亿元，减少507亿元；全年通过发行、配售股票共筹集资金1168亿元，减少935亿元。年末境内上市公司（A、B股）数量由上年末的1088家增加到1160家，市价总值43522亿元，比上年末下降9.5%。全年国家共发行内债4884亿元，比上年增加227亿元。

保险事业快速发展。全年内外资保险机构保费收入2109亿元，比上年增长32.2%。其中财产险保费收入685亿元，寿险保费收入1288亿元，健康险和意外伤害险保费收入136亿元。支付各类赔款及给付598亿元，其中财产险和短期人身险赔款395亿元，寿险给付203亿元。

九、教育和科学技术

各级各类教育全面发展。全国普通高等学校招生268万人，比上年增招48万人，在校生719万人；成人高等学校招生196万人，在校生456万人。全国研究生培养单位招生17万人，增招4万人，在学研究生39万人。全国普通高中招生558万人，在校生1405万人。各类中等职业技术教育学校招生398万人，在校生1164万人。全国初中学校招生2288万人，在校生6514万人。普通小学招生1944万人，在校生12543万人。特殊教育学校招生6万人，在校生39万人。幼儿园在园幼儿2022万人。全国成人技术培训学校培训学员9270万人次。

科技研究开发及产业化取得较大进展。年末国有企事业单位共有各类专业技术人员2887万人。从事研究与发展活动人员93万人年，其中科学家和工程师70万人年。全年全国研究与发展（R&D）经费支出960亿元，比上年增长7.1%。其中基础研究经费47亿元。全年国家组织了647项重点技术创新项目和1329项国家级重点新产品试产计划项目，完成了80项重大技术装备的研制及鉴定验收。新安排高技术产业化重大专项和示范工程220多项。全年共取得省部级以上科技成果28376项，其中基础理论成果1854项，应用技术成果24966项，软科学成果1556项。全年受理国内外专利申请203582件，授权专利114252件，分别比上年增长19.3%和8.5%。全国共签订技术合同24万项，技术合同成交金额800亿元，比上年增长23.0%。

综合技术服务进一步完善提高。全国共有产品质量检验机构5500个，其中国家检测中心233个。国家监督抽查8166家企业211类9858种产品和商品。全国现有质量认证机构79个，其中产品认证机构29个，已完成对近2万个企业的产品认证。全国共有法定计量技术机构4939个，全年强制检定计量器具3234万台件。制定、修订国家标准1045项，其中新制定497项。全国共有城乡天气预报警报服务网发射站点841个，卫星云图接收站点319个。全国共有地震台站1245个，地震遥测台网28个。全国共有917个海洋观测、监测站点。测绘部门公开出版地图1187种，图书327种。

国土资源调查及地质勘查新发现大中型矿产

地176处，有42种矿产新增查明资源储量。其中石油7亿吨，天然气4302亿立方米，原煤16亿吨。全国地质环境监测站31个，成功预报地质灾害195起。

十、文化、卫生和体育

文化艺术、广播影视、新闻出版等各项事业较快发展。年末全国共有艺术表演团体2621个，文化馆2899个，公共图书馆2689个，博物馆1394个。广播电台311座，中、短波广播发射台和转播台770座，广播综合人口覆盖率92.9%。电视台358座，电视综合人口覆盖率94.1%。全国有线电视用户8803万户。生产故事影片88部，科教、纪录、美术片66部。出版全国性和省级报纸216亿份，各类杂志29亿册，图书63亿册（张）。年末全国共有档案馆3885个，已开放各类档案4817万卷（件）。

卫生事业稳步发展。年末全国共有卫生机构33万个，其中医院、卫生院7万个；病床床位319万张，其中医院、卫生院297万张；卫生技术人员449万人，其中医生209万人，护师、护士128万人。全国共有卫生防疫、防治机构6025个，卫生技术人员22万人；妇幼保健所、站2539个，卫生技术人员8万人。农村乡（镇）共有卫生院5万个，床位74万张，卫生技术人员102万人。农村有医疗点的村数占总村数的89.7%，乡村医生和卫生员128万人。

体育事业蓬勃发展。全年在国内外的各项比赛中，我国运动健儿共获得了89个世界冠军；8人2队12次创10项世界纪录；15人3队20次创15项亚洲纪录。第九届全国运动会获得圆满成功。全民健身活动进一步开展。顺利完成在全国31个省、自治区、直辖市进行的国民体质监测工作。全年在通过销售中国体育彩票筹集的资金中，有26亿元用于奥运争光计划和全民健身计划。

十一、环境保护

监测的340个城市中，有117个城市空气质量达到二级标准，占监测城市数的比重为34.4%，比上年回落1.2个百分点；有114个城市达到三级标准，比重为33.5%，提高3.6个百分点；有109个城市未达到三级标准，比重为32.1%，回落2.3个百分点。颗粒物仍是我国城市空气中的主要污染物。在47个环境保护重点城市中，部分城市的二氧化硫污染程度有所加重，超标城市比重有所提高。对道路噪声监测的273个城市中噪声污染严重的占9.5%，对区域环境噪声监测的210个城市中50.5%的区域环境噪声优于城市居住区声环境质量标准。全国建成了3314个烟尘控制区，面积达2万平方公里；建成了3121个环境噪声达标区，面积超过1万平方公里。

重要水系的污染形势依然严峻。七大流域干流地表水水质有51.7%的断面满足国家地表水Ⅲ类水质标准要求，比上年回落6个百分点；26.1%的断面为Ⅳ类水质，上升4.5个百分点；12.8%的断面为Ⅴ类水质，与上年持平；超过Ⅴ类水质标准断面的比例为9.4%，上升1.5个百分点。近岸海域海水水质基本稳定。357个近岸海水水质监测点中，达到国家一类海水水质标准的监测点比重为12.2%，二类为27.8%，三类为18.6%，四类为12.5%，劣四类为28.9%。

生态环境保护力度加大。全国已批准国家级生态示范区82个，生态示范区建设试点地区和单位215个；全国自然保护区达到1551个，其中国家级自然保护区171个；自然保护区面积14472万公顷，占国土总面积的14.4%。

十二、人口、人民生活和社会保障

人口自然增长率继续下降。年末全国总人口

为127627万人。其中，城镇人口48064万人，占37.7%；乡村人口79563万人，占62.3%。全国男性人口为65672万人，女性为61955万人。0－14岁人口比重为22.5%，15－64岁人口比重为70.4%，65岁及以上老年人口比重为7.1%，老年人口达到9062万人。全年全国出生人口1702万人，出生率为13.38‰；死亡人口818万人，死亡率为6.43‰；全年净增人口884万人，自然增长率为6.95‰。

城乡居民生活水平进一步提高。全年全国城镇居民人均可支配收入6860元，比上年实际增长8.5%。农村居民人均纯收入2366元，实际增长4.2%。其中农村居民人均现金纯收入1748元，实际增长5.7%。居民住房条件继续改善。全年城镇竣工住宅面积5.4亿平方米，农村竣工住宅面积7.4亿平方米。城乡居民家庭恩格尔系数分别为37.9%和47.8%，均比上年降低1.3个百分点。

社会保障进一步加强。年末全国参加失业保险职工人数为10355万人，领取失业保险金人数为312万人；有10630万职工和3346万离退休人员参加了基本养老保险；有7629万职工和退休人员参加了基本医疗保险。“两个确保”继续得到落实。90%以上国有企业下岗职工的基本生活得到保障，绝大多数企业离退休人员按时足额领到基本养老金，社会化发放率达到97.8%。全国城镇最低收入标准以下的居民中有1123万人得到最低生活保障救济。

社会福利事业继续发展。年末全国各类可提供食宿的收养性社会福利单位床位116万张，收养各类人员83万人。城镇建立各种社区服务设施21万个，其中综合性社区服务中心9924个。全年通过销售社会福利彩票筹集社会福利资金41亿元，接收社会捐赠款超过7亿元。

注：1. 本公报为初步统计数。

2. 香港和澳门特别行政区统计数据未包括在本公报中，分别由香港和澳门特别行政区政府发布。

3. 各项统计数据均未包括台湾省。

4. 国内生产总值、各产业增加值绝对数按现价计算，增长速度按可比价计算。

5. 基本建设新增生产能力中天然原油开采、天然气开采、局用交换机容量、新增光缆线路长度及数字蜂窝移动电话交换机容量含更新改造增加的能力。

6. 邮电业务总量完成额按2000年不变价格计算。

7. 恩格尔系数是指居民家庭食品消费支出占家庭消费支出的比重。

附表1:2001年工农业主要产品产量

产品名称	计量单位	绝对数	比上年增长%
一、农产品产量			
粮　食	万吨	45262	-2.1
油　料	万吨	2872	-2.8
花　生	万吨	1447	0.2
油菜籽	万吨	1132	-0.5
棉　花	万吨	532	20.4
黄红麻	万吨	11	-12.7
甘　蔗	万吨	7700	12.8
甜　菜	万吨	1090	35.0
烤　烟	万吨	204	-8.8
茶　叶	万吨	69	1.0
水　果	万吨	6536	5.0
肉类总产量	万吨	6340	3.5
水产品产量	万吨	4375	2.3
二、工业产品产量			
纱	万吨	700	6.4
布	亿米	291	4.8
化　纤	万吨	828	19.3
糖	万吨	619	-11.5
卷　烟	万箱	3402	0.2
彩色电视机	万部	3967	0.8
家用电冰箱	万台	1349	5.5
能源生产总量	万台		
房间空调器	万台	2313	28.7
能源生产总量	亿吨标准煤	11.7	8.4
原　煤	亿吨	11.1	10.9
原　油	亿吨	1.65	1.3
发电量	亿千瓦小时	14780	9.0
钢	万吨	15266	18.8
钢　材	万吨	15745	19.8
十种有色金属	万吨	856	10.5
水　泥	亿吨	6.4	7.2
木　材	万立方米	5100	13.3
硫　酸	万吨	2740	12.9
纯　碱	万吨	906	8.6
乙　烯	万吨	481	2.3
化　肥(折100%)	万吨	3397	6.6
发电设备	万千瓦	1339	7.2
汽　车	万辆	233	12.8
轿　车	万辆	70.4	16.0
拖拉机	万台	3.8	-7.8
集成电路	亿块	63.6	8.2
程控交换机	万线	7223	1.2
传真机	万部	318	19.8
微型电子计算机	万部	758	12.7
移动通信设备	万部(信道)	2474	64.4
光通信设备	万部	4.79	28.9

附表2:2001年居民消费价格指数(以上年为100)

项目名称	全国	城市	农村
居民消费价格指数	**100.7**	**100.7**	**100.8**
食　品	100.0	100.1	99.8
粮　食	99.3	99.2	99.7
肉禽及其制品	101.6	101.7	101.4
蛋	106.0	106.3	105.3
水产品	97.1	96.9	97.8
鲜　菜	101.4	101.4	100.9
在外用餐	100.2	100.4	99.6
烟酒及用品	99.7	99.7	99.6
衣　着	98.1	97.8	98.9
家庭设备用品及服务	97.7	97.5	98.4
医疗保健及个人用品	100.0	99.3	101.1
交通和通信	99.0	99.1	98.7
娱乐教育文化用品及服务	106.6	106.7	106.4
居　住	101.2	101.7	100.3

2001年陕西省国民经济和社会发展统计公报

陕西省统计局

2002年3月14日

2001年，全省上下认真贯彻中央和省委、省政府的一系列决定，以“十五”计划纲要为目标，积极应对国际国内经济环境的新变化，围绕加快建设西部经济强省主题，突出结构调整主线，狠抓关键措施落实，努力克服世界经济增长减缓、国内有效需求不足等不利因素的影响，全省宏观经济运行平稳，增长速度加快，结构不断优化，效益稳步提高，城乡居民收入增加，各项社会事业进一步发展。“十五”计划起步高、开局好。

一、综　合

国民经济保持较快增长。初步测算，2001年全省国内生产总值1841.24亿元，比上年增长9.1%。其中，第一产业增加值280.52亿元，增长2.5%，一产增加值占国内生产总值的比重为15.2%；第二产业增加值815.69亿元，增长10.1%，二产增加值占国内生产总值的比重为44.3%，其中工业增加值604.93亿元，建筑业增加值210.76亿元，分别增长9.5%和11.8%；第三产业增加值745.03亿元，增长10.8%，三产增加值占国内生产总值的比重为40.5%。人均国内生产总值5015元，比上年增长8.5%。

当前国民经济和社会发展中存在的主要问题是：整体经济竞争能力须进一步增强，运行质量亟待进一步稳固提高；农业基础薄弱，抗自然灾害能力较差；产业结构战略性调整任重道远；城乡居民收入水平较低，城镇就业压力仍然较大；社会保障体系有待进一步健全。

二、农　业

2001年，我省积极实施西部大开发战略，以农业结构调整为主线，面向市场，稳粮、促经、突出林果，强抓畜牧并取得显著成效，实现了农业和农村经济的稳定发展。

种植业生产歉收。2001年，面对大风、暴雨、冰雹、干旱等多种自然灾害，全省各级干部和群众大力开展抗灾自救，积极调整种植业结构，增加生产投入，有效地降低了灾害损失的程度。

	2001年	比上年增长（%）
粮　食	976.6万吨	-10.3
棉　花	4.98万吨	81.7
油　料	37.54万吨	-3.2
烤　烟	6.29万吨	-14.6
水　果	493.7万吨	持平
#苹　果	391.3万吨	0.7

林业生产稳步发展。2001年，我省继续稳步推进以退耕还林种草为主要内容的“山川秀美”工程，全面兑现国家优惠政策，各项林业工程进展顺利。造林种草超额完成计划，主要林产品因灾减产。

	2001年	比上年增长（%）
造林面积	43.66万公顷	4.5
#退耕造林	8.23万公顷	-37.5
退耕种草	5.08万公顷	

生　漆	0.09万吨	-24.1
油桐籽	1.30万吨	0.27
核　桃	1.05万吨	-70.0
板　栗	1.12万吨	-44.2
花　椒	1.65万吨	1.1

畜牧业发展形势良好。“秦川肉牛”和奶畜生产产业化进程加快，生产规模扩大，生产能力、产出水平提高。“布尔肉羊”、特种养殖发展迅速，主要畜禽存、出栏、畜产品产量增加。

	2001年	比上年增长（%）
肉类总产量	96.32万吨	4.6
#猪肉	72.63万吨	4.1
牛羊肉	13.92万吨	4.7
奶类总产量	69.47万吨	8.8
#牛奶	43.47万吨	10.8
禽蛋产量	42.48万吨	持平
绵羊毛	0.34万吨	-5.0
蚕茧产量	1.61万吨	4.6
大家畜年末存栏	296.62万头	-1.8
羊年末存栏	664.48	万只4.6
猪年末存栏	909.82	万头2.9

全年水产品产量6.33万吨，比上年增长4.0%。

农业生产条件继续改善。全省拥有农业机械总动力1099.76万千瓦，比上年增长5.1%；农田有效灌溉面积131.41万公顷，增长0.5%；化肥施用量（折纯量）131.1万吨，减少0.1%。按年末耕地面积计算，每公顷耕地化肥施用量441.9公斤，比上年增长4.9%；每公顷耕地农业机械总动力3.7千瓦，增长7.6%。按播种面积计算，每公顷耕地生产粮食2776公斤，比上年减产2.6%；每公顷耕地生产棉花989公斤，增产8.6%；每公顷耕地生产油料1290公斤，增产1.1%。按年农业劳动力计算，劳均粮食产量990.5公斤，比上年减少8.9%；劳均肉类产量97.7公斤，增加6.3%；劳均水产品产量6.4公斤，增加4.9%。

三、工业和建筑业

工业生产持续稳定增长。全省国有工业企业及年产品销售收入500万元以上的非国有工业企业（以下简称规模以上工业企业）完成增加值455.03亿元，比上年增长9.7%。在规模以上工业企业中，国有企业增加值243.35亿元，增长10.5%；集体企业31.85亿元，增长2.5%；股份制企业127.41亿元，增长16.2%；外商及港澳台投资企业45.50亿元，下降2.7%。分轻重工业看，全年轻工业增加值125.69亿元，增长4.4%；重工业增加值329.34亿元，增长12.4%。产销衔接状况较好，全年产品销售率保持在97.0%以上。

工业结构调整力度加大，高新技术产品产量增长较快。全省工业新产品产值112.9亿元，比上年增长26.7%。在煤炭、冶金、建材、小炼油、小造纸等行业关闭、淘汰力度加大的情况下，主要支柱产业发展迅速，对全省工业支撑作用增强。交通运输设备制造业完成总产值137.42亿元，比上年增长34.2%；医药制造业76.28亿元，增长24.1%；石油和天然气开采业173.31亿元，增长22.4%；石油加工及炼焦业102.66亿元，增长17.2%。仅这四个行业总产值占全省的36.9%。特别是医药产业取得了长足发展。据省药品监督管理局统计，截止2001年底，全省药品生产企业270家，经营企业4150家（其中批发550家，零售3600家），医疗器械生产企业136家，经营企业1379家。

全省规模以上工业企业综合经济效益水平基本持平。全年实现销售收入1256.09亿元，比上年增长7.9%，其中国有及国有控股企业1020.07亿元，增长8.7%，高于全省0.8个百分点；规模以上工业全年实现利润60.40亿元，比上年下降0.8%。

全省规模以上工业产品产量增长幅度不同，

能源类产品增长最快，增幅在12.0～63.0%之间，其中天然气增长63.0%，天然原油增长18.6%；医药工业产品增长较快，增幅在12%以上，其中化学原料药增长12.7%，中成药增长16.0%；冶金有色类大部分产品保持在13%以上。全省规模以上工业产品产量如下：

	2001年	比上年增长（%）
纱	15.66万吨	4.7
布	6.89亿米	1.3
化纤	1.67万吨	-0.6
糖	9吨	-10.0
卷烟	104.28万箱	-0.4
彩色电视机	50.62万台	-36.8
家用电冰箱	29.84万台	-14.4
家用洗衣机	4.39万台	11.4
房间空调器	0.58万台	-38.2
原煤	4531.87万吨	30.0
原油	915.94万吨	18.6
发电量	303.47亿千瓦小时	12.0
钢	69.44万吨	30.7
钢材	64.18万吨	15.9
十种有色金属	12.30万吨	7.7
水泥	1110.20万吨	11.3
平板玻璃	293.35万重量箱	2.0
木材	0.01万立方米	-99.5
硫酸	50.28万吨	11.7
纯碱	3.21万吨	1.42倍
化肥	97.33万吨	3.1
化学农药	0.03万吨	2.9倍
金属切削机床	0.36万台	-6.9
汽车	1.86万辆	-3.5
轿车	0.56万辆	4.1
小型拖拉机	0.12万台	32.3
程控交换机	168.81万线	-26.6
微型电子计算机	5.6万台	2.0

建筑业生产稳定增长，企业经济效益进一步好转。全省四级及四级以上建筑业企业完成总产值275.97亿元，比上年增长13.9%。实现利税总额9.28亿元，增长15.1%，其中实现利润2.06亿元，增长42.1%。施工工程个数为1.22万个，其中投标承包工程8845个，占全部施工工程个数的72.3%；施工面积2343万平方米，比上年减少54万平方米；房屋竣工面积920万平方米，减少167万平方米。亏损企业个数133个，比上年减少9个，亏损面为16.0%，比上年降低了1个百分点。

四、固定资产投资

固定资产投资保持较快增长。全年全社会完成固定资产投资850.22亿元，比上年增长14%。按经济类型分，国有及其他经济类型投资701.23亿元，增长15.0%；集体经济投资39.21亿元，增长1.8%；城乡居民个人投资109.78亿元，增长12.3%。按投资管理渠道分，基本建设投资444.91亿元，增长18.3%；更新改造投资138.07亿元，增长1.3%；房地产开发投资99.24亿元，增长25.8%。在全省投资总额中，地方项目投资640.60亿元，增长19.1%；中央项目投资209.62亿元，增长0.8%。

投资结构有所调整。基础产业和基础设施投资保持快速增长。农林牧渔水利业投资14.43亿元，比上年增长22.8%；交通运输邮电通信业投资205.89亿元，增长29.4%，其中邮电通信业投资62.57亿元，增长49.7%；以城市基础设施为主的社会服务业投资29.85亿元，增长60.2%；工业投资稳定增长，全年完成工业投资234.82亿元，增长2.9%；科教投资力度加大，全年科学研究和综合技术服务业投资7.12亿元，增长7.5%；教育、文化艺术和广播电视业投资30.33亿元，增长52.7%。

重点建设再创佳绩。全省72项重点建设项目共完成投资244.2亿元，为年均计划的101.1%。到位资金220.8亿元，到位率91.4%，是近几年的最好水平。西康铁路建成通车；陕西移动通讯公司GSM6期扩容工程完工；西安南郊水厂建成供水；西阎高速公路通车等重点工程的建成，进一步夯实了我省的经济基础，经济效益和社会效益逐渐显现，投资环境进一步改善。

全年基本建设投资新增主要生产能力有：原煤开采800万吨，天然原油开采60.2万吨，天然气管道输送长度134公里，11万伏及以上输电线路长度316.7公里，11万伏及以上变电设备能力124.3万千伏安，水泥70万吨，光纤通讯电缆522.8芯公里，啤酒3.5万吨，新建铁路主线正线交付运营里程267.5公里，新建公路515.4公里，其中高速公路115.2公里，改建公路1020.6公里，长途电缆线路长度275公里，造林面积150.1万亩，有效灌溉面积1173.1万亩，公共图书馆藏书量1268.5万册，阅览室座席1718个等。

五、交通、邮电和旅游

交通客货运输需求平稳增长，邮电通信业持续快速发展。全年各种运输方式完成货物运输周转量738.66亿吨公里，比上年增长15.6%。其中：铁路577.3亿吨公里，增长16.9%；公路160.16亿吨公里，增长11.2%；水运0.25亿吨公里，与上年持平；民航0.95亿吨公里，下降20.2%。

完成旅客运输周转量436.31亿人公里，比上年增长9.0%。其中：铁路221.7亿人公里，增长9.7%；公路165.61亿人公里，增长9.7%；水运0.4亿人公里，与上年持平；民航48.6亿人公里，增长4.1%。

邮电业务收入77.52亿元，比上年增长21.4%。年末局用交换机总容量达到434.29万门，增长12.5%，本地电话年末用户419.06万户，增长21.4%，新增73.82万户。其中城市电话用户290.52万户，增长14.9%，新增37.66万户；乡村电话用户128.54万户，增长39.1%，新增36.16万户。移动电话年末户数达到291.4万户，增长91.6%，净增139.3万户。全省电话普及率达到12.3部/百人，其中城市电话普及率达到37.76部/百人，乡村电话普及率达到4.76部/百人。

国际旅游业平稳发展。全年接待境外旅游者75.92万人次，比上年增长6.9%。其中，外国人63.76万人次，增长9%；港、澳、台同胞12.16万人次，下降5%。分国别看，外国游客主要来源于日本、美国、法国、英国、德国、韩国、意大利、澳大利亚和加拿大等国家。全年国际旅游收入3.08亿美元，比上年增长10%。

国内旅游快速增长。“黄金周”假日旅游方兴未艾，全年接待国内游客3363.7万人次，比上年增长9.9%；国内旅游收入142.2亿元人民币，增长12%。

六、国内贸易和市场价格

在国家扩大内需政策的推动下，消费品市场稳中有旺。全年社会消费品零售总额665.1亿元，比上年增长9.5%，扣除价格因素，实际增长10.5%。其中，城市消费品零售额443.5亿元，增长10.7%；县及县以下消费品零售额221.6亿元，增长7.1%。分行业看，贸易业零售额418.2亿元，比上年增长9.9%；餐饮业零售额72.2亿元，增长14.4%；制造业零售额56亿元，增长6.6%，其他行业零售额118.7亿元，增长6.7%。其中，农民对非农业居民零售额104亿元，增长6.3%。

全省物价水平基本平稳，略有上升，娱乐教育文化用品及服务价格水平上升较大。全省居民消费价格水平较上年上升1.0%，其中城市0.1%，农村2.9%；娱乐教育文化用品及服务类价格成为拉动消费物价上升的主要因素，较上年上升12.6%。2001年各类价格指数如下（以上年价格为100）：

居民消费价格指数	101.0

城市	100.1
农村	102.9
食品	99.2
粮食	96.3
肉禽及其制品	103.4
蛋	108.7
水产品	95.0
鲜菜	94.0
烟酒及用品	100.0
衣着	97.3
家庭设备用品及服务	96.2
医疗保健及个人用品	99.7
交通和通信	98.2
娱乐教育文化用品及服务	112.6
居住	100.5
商品零售价格指数	99.1
工业品出厂价格指数	100.4
原材料、燃料、动力购进价格指数	100.5
固定资产投资价格指数	102.6
房屋销售价格指数	101.7

七、对外经济

受全球经济萎缩的影响，外贸出口受挫。全年进出口总额20.64亿美元，比上年下降3.5%，其中，出口11.1亿美元，下降15.2%。在出口商品中，纺织品出口2.1亿美元，下降39.3%；进口9.54亿美元，增长14.9%。进出口相抵，顺差1.56亿美元。在进出口总额中，一般贸易方式仍占主导地位，全年进出口总额17.45亿美元，比上年增长2.3%。其中，出口额9.32亿美元，下降14.1%。2001年全省主要贸易伙伴依次为欧盟、日本、美国、东盟、韩国和香港。

外商直接投资增长较快。全年新签外商直接投资合同222个，比上年增长3.3%；合同利用外商直接投资7.3亿美元，增长46.2%；实际利用外商直接投资3.52亿美元，增长22%。分国别和地区看，外商实际投资主要为香港、日本、美国、新西兰和欧盟。

八、金融、证券和保险业

金融机构认真贯彻国家扩大内需的积极货币政策，积极融资放贷，为全省国民经济发展做出了贡献。2001年末全省金融机构各项存款余额为3205亿元，比年初增长20.4%。其中，企业存款余额1049亿元，增长22.9%，城乡居民存款余额1768亿元，增长16.2%。金融机构各项贷款余额为2538亿元，增长13.8%。其中，短期贷款1377亿元，增长2.7%；中长期贷款857亿元，增长36.2%。

证券市场进一步发展，上市公司继续增加。2001年末，全省境内有各类证券公司或外地公司营业部23家。

保险事业稳步发展。全省各类保险公司2001年保险业务收入42.7亿元，比上年增长46.4%。其中，财产险收入12.9亿元，寿险收入29.8亿元。全省各类保险公司2001年赔付额11.1亿元，比上年增长21.9%，其中，财产和短期人身险赔付额7.6亿元，寿险给付额3.5亿元。

九、教育和科学技术

教育事业继续在改革中发展，高校招生规模不断扩大，研究生人数继续快速增长。2001年全省招收研究生1.01万人，在学研究生2.45万人，分别比上年增长30.5%和32.2%。全省共有普通高等学校47所（含民办高校），招收本、专科学生11.6万人，在校学生31.7万人，分别比上年增长22.1%和27.8%。高中阶段教育(包括普通高中、职业高中、普通中专、技工学校）共有各类学校1130所，在校学生86.5万人，其中中等职业技术教育在校生33.4万人，占高中阶段在校生的38.6%，比上年有所下降。义务教育工作成效明显。到2001年底，全省又有5个县通过了“普九”验收，累计通过“普九”的县（市区）已达86个。全省普通初中在校学生201.6万人，较上年增长7.3%。小学在校生461.6万人，小学学龄人口入学率98.43%，小学毕业生升学率为92.02%，比上年提高0.09个百分点。小学生辍学率为0.74%，比上年提高0.26个百分点。

2001年成人高等学校招收本、专科学生6.1万人，比上年减少0.2万人，在校学生14.3万人，与上年持平。成人中等专业学校在校学生（含普通中专成人班）6.3万人，成人中小学在校学生20.1万人。扫盲工作在基本完成扫除青壮年文盲历史任务的基础上持续展开，2001年底全省共扫除青壮年文盲12.4万人。

科学技术持续发展。2001年全省地方共取得省级以上重大科技成果492项。其中：农、林、牧、渔业62项，采掘业16项，制造业77项，电力、煤气及水的生产和供应业17项，建筑业18项，地质勘查业、水利管理业7项，交通运输、仓储及邮电通讯业21项，卫生、体育和社会福利业54项，教育、文化艺术及广播电影电视业4项，科学研究和综合技术服务业6项。在重大科技成果中，居国际领先水平的10项，居国际先进水平的107项，居国内领先水平的136项，居国内先进水平的72项。全年获省级以上各种奖励的科技成果334项。授理专利申请量2326件，专利授权量1354件。

2001年全省地方国有事业、企业单位拥有各类专业技术人员64.5万人。

全省全年成交技术合同6011项，技术合同成交额8.33亿元。

2001年全省参加产学研人数超过2万人，产学研达成合作项目100多项，其中重大项目10项。

2001年全省共有各类产品质量监督检验机构96个，其中，在陕的国家检测中心13个。全年共制订、修订各类地方标准3个，监督抽查产品1200批次，抽查商品1260批次。

十、文化、卫生和体育

文化事业进一步发展。2001年末全省共有艺术表演团体118个，文化馆111个，博物馆98个。2001年，广播、电视人口覆盖率有了一定的提高。地、市以上广播电台9座，中短波广播发射台和转播台12座，全省广播人口覆盖率90.6%，比上年提高0.3个百分点；电视台11座，播出34套电视节目（其中无线节目15套、有线电视节目19套），平均每周播出时间2248小时；一千瓦以上电视发射台和转播台24座，电视人口覆盖率92.5%，比上年提高0.88个百分点。全年共生产电影故事片6部。全省出版报纸6.9亿份，出版各类杂志5175万册，出版图书1.75亿册。全省共有档案馆118个，并面向社会开放了大量的各类档案。

2001年全省拥有卫生机构5563个（不包括个体办诊所5802个），较上年减少9个。全省共有床位9.9万张，其中医院床位9.4万张，分别比上年增加0.22万张和0.18万张。全省有卫生人员16.5万人，卫生技术人员13.5万人，分别比上年增加0.14万人和0.2万人。在全省机构相对稳定的情况下，床位和人员均有适量增加。全省共有医生6.6万人，护师、护士3.7万人。2001年全省行政村数为31016个，较上年减少392个。同时，由于部分地区行政区划的调整，导致村级卫生组织覆盖率为88.2%，较上年降低了1.6个百分点。

全省体育健儿在全国九运会上夺得8.5枚金牌、4.5枚银牌、4枚铜牌，其中金牌排名全国第16位，比八运会提升11个位次，创造了陕西省参加全运会的最好成绩。继国力足球俱乐部冲甲A成功后，又有东盛男篮冲入甲A联赛，扩大了陕西省的体育项目在全国的影响。在2001年的国际比赛中，全省运动员共获得世界冠军3

个，亚军1个；亚洲冠军6个、亚洲青年冠军2个。

十一、环境保护与治理

2001年末全省有各级环境监测站70个，环境监测人员1497人。全省环境质量较上年有所好转，空气环境质量污染综合指数下降11.75%；地面水环境污染综合指数下降29.08%；环境噪声基本持平。从环境空气质量状况看，2001年总悬浮粒物年日均值为0.377毫克/立方米，污染水平较上年下降18.4%；二氧化硫、二氧化氮污染水平与上年基本持平。全省6条主要河流渭河、延河、无定河、丹江、汉江、嘉陵江水质污染较上年有所下降，尤其渭河水质有较大的改善。

十二、人　　口

根据2001年人口变动情况抽样调查，人口增长速度继续减缓。由于计划生育力度逐步加大、生育观念的改变和生育旺盛期妇女人数继续减少，2001年全省人口出生率为10.5‰，人口死亡率为6.34‰，人口自然增长率4.16‰，比上年下降0.84个千分点。据此推算，全省年末总人口为3658.6万人，比上年末增加14.6万人。其中城镇人口1126.85万人，占总人口30.8%；乡村人口2531.75万人，占总人口69.2%。总人口中，男性人口1881.98万人，占51.44%；女性人口1776.02万人，占48.56%；男女性别比105.92（以女性为100，男性对女性的比例）。因近几年受出生人口持续减少及人口流动等因素影响，全省人口年龄构成中，0—14岁的人口为895.99万人，占24.49%，比上年下降0.45个百分点；15—64岁人口为2516.39万人，占68.78%，比上年下降0.13个百分点；65岁及以上人口为246.22万人，占6.73%，比上年上升0.58个百分点。

十三、人民生活和社会保障

人民生活水平稳步提高，生活质量进一步改善。全省城镇居民人均可支配收入5484元，比上年增加360元，增长7.0%，扣除价格因素实际增长6.9%；人均消费支出4638元，增长8.4%，扣除价格因素实际增长8.3%。城镇居民人均居住面积13.64平方米，居住设施不断完善，居民收入来源渠道增多，消费结构趋于合理。

农村居民人均纯收入1520元，比上年增长3.4%，扣除价格因素实际增长1.3%；人均生活消费支出1331元，比上年增长6.4%，扣除价格因素实际增长4.7%。

农村竣工住宅面积0.33亿平方米，比上年增长1.2%。

就业形势基本稳定，职工工资增长较快。2001年末，我省城镇从业人员为333.12万人，比上年减少3.98万人。2001年末，我省国有企业下岗职工为29万人，比上年增长3.5%，其中劳动部门共培训下岗失业人员12.8万人，职工再就业人数为7.68万人，年末登记失业率为3.2%。2001年，全省职工工资总额为296.36亿元，比上年增发了39.06亿元，增长15.2%，职工的年平均工资达到9120元，比上年增加1316元，增长16.9%。

社会保障体系日益完善。据劳动部门统计，2001年，参加失业保险职工人数达304.93万人，比上年增长18%，参加养老保险职工人数达262万人，增长20%，其中离退休人员参保人数达83.4万人，增长8.7%。另外，参加医疗保险的职工人数达221.5万人，比上年增加61.5万人，增长38.4%，全省10个地市和杨凌示范区的107个县（区）全部建立了职工基本医疗保险制度。另外，全省得到最低生活保障救济人数达到

31.3万人，这一切有力确保了社会稳定和人民生活水平的改善。

社会福利事业不断发展。2001年全省各类社会福利院共有床位1.7万张，收养1.2万人。城镇和农村最低生活保障工作取得了新进展，保障人数达到61.1万人。建立起各种服务设施30464个，共安置志愿兵和城镇义务兵1.7万人。全省有乡镇数1619个，农村社会保障网络数552个。

注：1. 本公报各项指标均为初步统计数。

2. 国内生产总值、各产业增加值绝对数按现价计算，增长速度按可比价计算。

3. 年末总人口为扣除了机械变动（迁出、迁入）差额后的人口。

综　　合

ZONGHE

1-1　行　政　区　划

（2001年）

区县名称	乡级（个）	镇数（个）	乡数（个）	街道办事处（个）	村民委员会（个）	居民委员会（个）
西安市	**232**	**62**	**112**	**58**	**3 160**	**555**
（一）市区	99	17	24	58	989	500
新城区	11	0	0	11	13	90
碑林区	10	0	0	10	15	103
莲湖区	11	0	0	11	35	112
灞桥区	11	3	3	5	229	30
未央区	12	3	2	7	212	40
雁塔区	8	0	2	6	120	81
阎良区	8	3	3	2	80	37
临潼区	28	8	14	6	285	7
（二）五县	133	45	88	2 171	55	
长安县	44	14	30	0	672	16
蓝田县	29	7	22	0	519	1
周至县	29	9	20	0	375	28
户　县	21	11	10	0	518	6
高陵县	10	4	6	0	87	4

1－2　自然状况和资源

指　　标	单　位	2001年
一、自然状况		
土地总面积	平方公里	9 983
#市区面积	平方公里	1 964
气候(市区)		
年平均气温	℃	15
年降水量	毫米	405.9
日照总时数	小时	1378.7
平均风速	米/秒	0.9
二、自然资源		
耕地面积	公顷	287 788
林地面积	公顷	417 357.30
园地面积	公顷	26 539.23
草地面积	公顷	13 181
内陆水域面积	公顷	32 298.43
#可养殖面积	公顷	1 079.45
水资源总量	亿立方米	22.14
#天然地表水资源总量	亿立方米	17.26
地下水资源总量	亿立方米	17.27

1－3　土地面积和人口密度

(2001年)

区县名称	土地面积		总人口 (人)	人口密度 (人/平方公里)
	绝对数 (平方公里)	比重 (%)		
全　市	**9 983**	**100**	**6 948 369**	**696**
(一)市　区	1 964	19.67	4 000 827	2 037
新城区	31	0.3	471 760	15 218
碑林区	22	0.2	634 707	28 850
莲湖区	38	0.4	575 020	15 132
未央区	261	2.6	385 731	1 478
雁塔区	152	1.5	588 102	3 869
灞桥区	322	3.3	433 623	1 347
阎良区	240	2.4	238 231	993
临潼区	898	9	673 653	750
(二)五　县	8 019	80.33	2 947 542	368
长安县	1 538	15.9	897 956	584
蓝田县	1 977	19.8	628 881	318
周至县	2 956	29.6	624 563	211
户　县	1 213	12.2	563 248	464
高陵县	290	2.9	232 894	803

1－4　气象情况

(2001年)

区县名称	平均气温 (℃)	日照时数 (小时)	降雨天数 (天)	年降水量 (毫米)	平均风速 (米/秒)
市　区	**15.0**	**1 378.7**	**106**	**405.9**	**0.9**
长安县	13.7	1 901.1	122	462.1	0.8
蓝田县	13.5	2 029.4	109	581.7	1.3
周至县	14.8	1 903.1	113	526.2	0.6
户　县	14.8	2 140.6	113	473.0	0.6
高陵县	13.9	2 154.3	99	396.7	1.9
临潼区	14.0	2 084.7	110	476.2	1.7

1－5　国民经济主要指标

指　　标	单位	1978年	1980年	1985年	1990年	1995年
一、人口、劳动力和土地面积						
(一)年末总人数	万人	498.10	511.91	553.11	608.89	648.21
#非农业人口	万人	159.98	172.85	201.9	226.98	255.71
年平均人口	万人	493.92	508.36	548.84	603.12	643.83
人口年增长率	%	9.70	6.68	10.82	14.84	6.97
(二)年末社会从业人数	万人	232.63	250.33	298.44	343.06	372.6
1.职工人数	万人	93.55	103.1	127.5	141.55	141.17
农村劳动力	万人	139.02	146.9	168.24	195.13	213.8
#农林牧渔业劳动力	万人	129.63	135.22	132.28	149.64	152.35
城镇个体劳动者	万人	0.05	0.33	3.15	6.38	15.55
2.第一产业	万人	129.63	135.22	132.28	149.64	153.39
第二产业	万人	57.98	72.63	99.36	106.74	109.67
第三产业	万人	45.02	42.48	60.8	86.68	109.54
(三)土地面积	平方公里	9 983	9 983	9 983	9 983	9 983
二、国内生产总值(当年现价)	亿元	25.35	31.66	57.58	116.51	330.35
第一产业	亿元	4.83	4.73	8.76	13.94	41.4
第二产业	亿元	14.59	18.69	30.83	50.15	135.33
第三产业	亿元	5.93	8.24	17.99	52.42	153.62
三、全社会固定资产投资	万元	33 179	61 164	184 420	263 865	1 034 184
(一)国有经济单位投资	万元	32 505	50 357	139 567	222 084	690 806
1.基本建设投资	万元	32 505	50 357	95 716	108 358	296 897
2.更新改造建设投资	万元		9 066	43 851	90 848	286 297
(二)集体所有制单位投资	万元	674	1 741	13 567	14 422	97 778
(三)其他投资	万元					134 302
(四)城乡个人投资	万元					111 298
(五)国有经济单位新增固定资产	万元	49 582	46 377	86 174	195 429	509 328
#基本建设	万元	49 057	38 286	53 331	84 920	203 099
更新改造	万元		6 630	29 699	81 405	233 989
四、财政、金融						
(一) 地方财政收入	万元	62 267	65 217	68 001	131 153	182 058
(二)地方财政支出	万元	22 398	24 923	40 933	92 876	184 184

1－5　续表1

指　　标	单位	1978年	1980年	1985年	1990年	1995年
(三)年末银行各项存款余额	万元	128 233	209 893	406 767	1 123 704	3 595 110
＃ 企业存款	万元			179 988	310 992	1 145 367
城乡居民储蓄存款余额	万元	37 216	54 808	166 972	770 900	2 914 647
(四)年末银行各项贷款余额	万元	235 577	263 971	485 994	1 316 715	3 345 022
五、物价(以上年为100)						
零售物价总指数	%	102.3	109.3	109.3	100.9	114.6
生活费用价格指数	%	102.1	108.7	109.7	102.5	117.00
六、人民生活						
(一)居民消费水平	元	226	314	568	1 099	2 882
非农业居民	元	113	579	956	1 993	5 168
农业居民	元	144	181	348	553	1 413
(二)城镇居民人均生活费收入	元		414.24	718.56	1 518	3 914
(三)农民人均纯收入	元	140.34	138.74	350.51	610	1 353
(四)职工工资总额	万元	62 849	81 755	141 775	294 784	672 268
＃国有经济单位	万元	52 555	67 393	115 600	249 804	576 837
(五)职工平均工资	元	688	818	1 148	2 133	4 763
＃国有经济单位	元	705	849	1 215	2 290	5 168
七、农、林、牧、渔业						
(一)农林牧渔业总产值(当年现价)	万元	65 423	65 322	134 933	262 073	754 597
农　业	万元	56 519	54 004	105 888	191 008	513 348
林　业	万元	1 444	1 177	2 559	3 134	7 185
牧　业	万元	7 427	10 106	26 163	65 811	228 598
渔　业	万元	33	35	300	2 011	5 466
(二)主要农产品产量						
粮　食	吨	1 328 183	1 144 087	1 500 863	1 724 273	1 752 537
棉　花	吨	28 524	19 657	4 932	7 020	2 942
油　料	吨	896	5 357	7 454	12 615	21 704
蔬　菜	万吨	45.66	40.13	86.44	119.32	133.6
麻　类	吨	907	188	262	7	
烟　叶	吨	1 197	796	964	511	260
水　果	吨	33 657	35 181	41 878	69 736	243 114
猪牛羊肉	吨	26 846	30 385	37 709	57 184	101 495
水产品	吨	309	368	1 082	4 259	8 517

1－5 续表2

指 标	单位	1978年	1980年	1985年	1990年	1995年
(三)大牲畜年末存栏数	万头	21.93	21.49	16.33	20.93	29.26
#牛年末存栏	万头	14.42	14.02	12.65	17.98	27.67
猪年末存栏	万头	95.86	90.83	90.52	82.6	121.45
羊年末存栏	万只	18.52	23.2	17.92	25.73	36.86
家禽年末存栏	万只	204.72	264.45	688.96	966.6	1 469.23
(四)耕地面积	公顷	353.97	350.86	339.25	330.21	309.31
机耕地面积	公顷	189.11	198.97	212.77	259.3	257.89
有效灌溉面积	公顷	257.31	259.16	247.97	324.71	222.33
农业机械总动力	瓦特	665 600	799 400	1 094 500	1 445 313	1 619 045
农村用电量	千瓦小时	33 981	35 299	34 110	43 068	77 807
化肥施用量(实物量)	吨	272 976	247 145	306 668	505 209	637 409
八、工 业						
(一)工业企业单位数	个	2 240	2 348	3 155	3 467	3 879
#大中型企业	个	35	40	62	158	194
(二)全部工业总产值(当年现价)	万元	483 262	531 775	853 196	1 771 310	4 058 952
轻工业	万元	220 480	283 475	401 748	787 857	1 626 219
重工业	万元	262 782	248 280	451 448	983 453	2 432 733
按经济类型分						
国有经济	万元	405 376	440 139	632 702	1 196 777	2 071 755
集体经济	万元	77 886	91 577	218 893	428 555	1 663 536
其他工业	万元	8 571	9 107	25 459	62 964	243 232
(三) 主要工业产品产量						
纱	吨	74 180	76 770	78 045	66 463	49 035
布	万米	31 916	35 221	29 336	28 874	30 332
机制纸及纸板	吨	28 517	39 065	75 820	151 154	364 400
饮料酒	万吨	0.45	0.74	3.29	5.79	5.88
# 啤 酒	万吨		0.41	2.52		4.5
家用电冰箱	台					13 000
家用电视机	万台	0.33	3.72	40.68	81.04	24.28
# 彩色电视机	万台				43.44	22.33

1－5　续表3

指标	单位	1978年	1980年	1985年	1990年	1995年
发电量	千瓦小时	186 710	182 319	172 408	190 766	222 592
钢	吨	187 671	200 165	227 019	333 258	334 058
水　泥	万吨	7.23	9.42	22.87	34	69.31
农用化肥	吨	64 561	29 559	39 468	57 100	82 304
独立核算工业企业财务指标						
固定资产原值	万元	452 423	479 471	665 171	1 269 476	3 379 284
固定资产净值	万元	289 207	318 764	431 986	830 684	2 406 849
利润和税金总额	万元	89 036	94 265	120 533	117 186	80 237
产品销售收入	万元		471 637	706 313	1 272 451	2 710 701
九、运输、邮电业						
(一)公路货运量	万吨	1 978	1 675	3 355	4 154	6 268
公路客运量	万人				3 722	6 128
(二)邮电业务总量(当年现价)	万元	1 420	1 640	2 972	14 535	76 450
(三)年末电话机数	户	12 828	14 024	21 624	148 622	482 461
十、国内贸易						
(一)社会消费品零售总额	万元	109 672	143 988	303 433	682 525	1 802 190
(二) 城乡集市贸易成交额	万元	4 094	9 809	32 537	143 584	1 026 468
十一、教育、卫生						
(一)各类学校在校学生数	人	1 190 709	1 197 567	1 051 618	1 196 456	1 316 557
#高等学校	人	28 785	41 748	64 871	80 229	108 670
中等学校	人	450 378	455 760	399 388	321 218	414 322
普通学校	人	411 661	440 792	382 413	300 284	323 155
技工学校	人		7 549	13 006	15 000	21 000
农、职业中学	人		673	17 621	20 151	32 673
小　学	人	740 337	733 585	621 603	618 716	793 565
学龄儿童入学率	%		98.42	98.62	99.11	99.69
(二)卫生机构	个	1 223	1 314	1 539	1 522	1 508
#医　院	个	256	267	264	283	368
卫生机构床位数	张	16 044	17 585	22 337	27 758	32 271
#医院床位数	张	14 577	15 076	18 833	24 358	28 265
卫生技术人员数	人	22 922	26 125	34 582	39 425	41 497
#医　生	人	10 118	11 203	15 558	18 648	18 846

1-5 续表4

指标	单位	1996年	1997年	1998年	1999年	2000年	2001年
一、人口、劳动力和土地面积							
(一)年末总人数	万人	654.87	662.06	668.22	674.50	688.01	694.84
# 非农业人口	万人	261.28	267.52	271.75	276.14	285.79	292.62
年平均人口	万人	651.54	658.47	665.14	671.36	681.25	691.43
人口年增长率	%	5.91	5.64	4.95	3.40	7.11	9.2
(二)年末社会从业人数	万人	379.29	385.14	393.95	400.43	389.10	389.3
1.职工人数	万人	140.59	138.9	138.78	114.01	109.62	110.6
农村劳动力	万人	214.75	215.62	216.75	220.16	212.65	211.36
#农林牧渔业劳动力	万人	153.43	153.23	153.00	154.64	147.03	144.04
城镇个体劳动者	万人	22.32	29.03	35.71	38.96	37.78	37.36
2.第一产业	万人	153.43	153.23	153.00	154.64	147.03	145.09
第二产业	万人	109.17	109.46	110.45	110.58	107.26	108.96
第三产业	万人	116.69	122.45	130.50	135.21	134.81	135.25
(三)土地面积	平方公里	9 983	9 983	9 983	9 983	9 983	9 983
二、国内生产总值(当年现价)	亿元	406.95	488.82	525.80	576.39	643.26	733.85
第一产业	亿元	46.94	51.33	51.90	45.53	44.65	45.87
第二产业	亿元	166.49	197.97	216.28	246.05	283.12	326.42
第三产业	亿元	193.52	239.52	257.62	284.81	315.49	361.56
三、全社会固定资产投资	万元	1 143 763	1 169 014	1 547 958	1 973 060	2 323 676	2 877 233
(一)国有经济单位投资	万元	806 600	774 602	1 130 680	1 365 036	1 596 002	1 755 787
1.基本建设投资	万元	354 283	450 223	601 940	706 922	778 917	1 016 606
2.更新改造建设投资	万元	314 353	232 944	258 381	365 097	469 417	449 786
(二)集体所有制单位投资	万元	87 323	102 138	78 899	136 206	146 519	146 738
(三)其他投资	万元	124 800	141 210	232 495	309 584	337 196	588 965
(四)城乡个人投资	万元	125 040	151 064	105 884	162 234	243 959	385 743
国有经济单位新增固定资产	万元	536 612	628 819	638 800	938 348	1 220 632	1 120 240
#基本建设	万元	222 971	277 464	291 026	330 327	631 756	586 857
更新改造	万元	230 885	187 370	235 438	256 955	309 655	258 862
四、财政、金融							
(一)地方财政收入	万元	237 753	296 813	335 786	394 775	413 906	559 695
(二)地方财政支出	万元	228 711	297 378	349 632	405 155	465 033	571 395

1－5　续表5

指　标	单位	1996年	1997年	1998年	1999年	2000年	2001年
(三)年末金融机构各项存款余额	万元	6 199 821	6 024 983	7 995 447	10 142 738	13 356 250	16 297 193
#　企业存款	万元	1 998 523	2 276 084	2 454 357	3 474 937	5 400 862	6 744 881
城乡居民储蓄存款余额	万元	3 940 163	4 335 626	4 996 845	5 863 980	6 758 327	8 008 631
(四)年末金融机构各项贷款余额	万元	4 779 654	4 437 619	5 973 440	7 862 012	9 725 149	11 859 670
五、物价(以上年为100)							
零售物价总指数	%	107.9	101.5	95.5	97.4	98.7	98.9
居民消费价格指数	%	110.9	106	97.9	96.8	100.2	99.9
六、人民生活							
(一)居民消费水平	元	3 337	3 910	4 289	4 656	5 098	5 572
非农业居民	元	5 930	7 026	7 508	8 305	9 121	9 925
农业居民	元	1 628	1 865	2 089	2 138	2 272	2 443
(二)城镇居民人均可支配收入	元	4 712	5 020	5 284	5 625	6 364	6 705
(三)农民人均纯收入	元	1 586	1 846	2 052	2 203	2 344	2 490
(四)职工工资总额	万元	756 364	808 250	843 157	901 300	1 016 778	1 203 743
#　国有经济单位	万元	653 522	696 027	687 736	720 576	813 705	926 096
(五)在岗职工平均工资	元	5 407	5 785	6 051	7 749	9 179	10 786
#　国有经济单位	元	5 858	6 204	6 563	8 220	9 742	11 570
七、农、林、牧、渔业							
(一)农林牧渔业总产值(当年现价)	万元	786 003	836 201	853 279	739 905	743 712	767 511
农　业	万元	552 726	585 973	625 465	530 029	514 845	527 160
林　业	万元	7 573	9 226	8 146	8 883	8 482	8 427
牧　业	万元	219 214	233 623	212 045	194 552	212 612	223 861
渔　业	万元	6 409	7 379	7 623	6 441	7 773	8 063
(二)主要农产品产量							
粮　食	吨	1 875 152	1 905 100	2 127 000	2 044 400	2 019 218	1 970 863
棉　花	吨	2 396	1 714	1 400	1 500	1 367	1 742
油　料	吨	18 250	18 568	16 700	13 000	13 692	12 346
蔬　菜	万吨	138.01	142.11	148.87	153.24	162.14	152.8
麻　类	吨	33					355 184
烟　叶	吨	272					130 406
水　果	吨	287 398	286 526	333 987	355 184	343 551	12 480
猪牛羊肉	吨	107 889	126 123	112 472	107 833	123 811	130 406
水产品	吨	8 910	10 054	10 480	11 061	11 384	12 480

1－5　续表6

指　　标	单位	1996年	1997年	1998年	1999年	2000年	2001年
(三)大牲畜年末存栏数	万头	29.84	36.09	23.69	24.97	26.07	24.73
#牛年末存栏	万头	28.4	34.73	22.97	24.44	25.61	24.39
猪年末存栏	万头	121.33	141.79	107.48	113.56	128.46	133.62
羊年末存栏	万只	40.78	43.28	38.32	40.48	42.11	43.02
家禽年末存栏	万只	1 687.61	1 726.69	1 625.20	1 598.64	1 623.81	1 573.41
(四)耕地面积	公顷	301	304.41	303.43	300.49	295.58	287.79
机耕地面积	公顷	256.85	269.36	246.66	253.74	244.54	248.3
有效灌溉面积	公顷	221.73	220.7	226.25	225.86	233.98	223.27
农业机械总动力	瓦特	1 616 414	1 775 280	1 854 588	1 945 548	2 004 300	2 020 946
农村用电量	千瓦小时	87 268	126 046	129 702	125 803	117 974	104 406
化肥施用量(实物量)	吨	651 590	630 954	693 836	684 124	697 243	687 539
八、工　业							
(一)工业企业单位数	个	3 738	3 208	793	770	816	785
#大中型企业	个	187	187	182	149	150	150
(二)工业总产值(现价)	万元	5 338 510	6 225 025	6 736 100	7 618 716	8 219 646	9 301 000
轻工业	万元	2 347 887	2 900 682	3 231 662	3 512 869	3 425 663	3 972 714
重工业	万元	2 990 623	3 324 343	3 504 438	4 105 847	4 798 983	5 328 286
按经济类型分							
国有经济	万元		2 057 847	2 592 588	2 560 408	4 219 331	4 486 977
集体经济	万元		2 154 613	2 076 618	2 189 379	2 298 848	2 688 610
其他工业	万元		2 012 565	2 066 894	2 868 929	1 701 467	2 125 413
(三)主要工业产品产量							
纱	吨	47 555	55 330	54 094	61 405	59 980	63 199
布	万米	22 490	25 717	23 843	26 741	24 818	25 378
机制纸及纸板	吨	337 426	308 794	98 955	87 093	57 510	67 631
饮料酒	万吨	3.31	5.12	6.39	11.74	18.39	29.2
#啤　酒	万吨	2.79	4.82	6.34	11.67	18.28	29.1
家用电冰箱	台	2 747		11 840	10 582	5 860	294
家用电视机	万台	20.69	22.34	17.98	13.70	0.84	0.06
#彩色电视机	万台	12.16	14.98	11.34	12.22	0.84	0.06

注：工业企业单位数1998年以后为规模以上数。

1－5　续表7

指　标	单位	1996年	1997年	1998年	1999年	2000年	2001年
发电量	千瓦小时	215 842	221 045	158 535	193 449	192 376	184 416
钢	吨	239 482	97 178	89 457	23 862	30 585	32 268
水　泥	万吨	93.02	119	112	114	107	124
农用化肥	吨	112 190	60 892	35 221	27 207	22 494	29 549
独立核算工业企业财务指标							
固定资产原值	万元	3 947 575	4 139 149	4 236 274	4 267 782	4 742 076	5 012 568
固定资产净值	万元	2 472 499	2 813 133	2 866 883	2 820 022	2 981 896	3 188 235
利润和税金总额	万元	31 420	144 657	148 220	272 969	362 935	588 051
产品销售收入	万元	3 247 079	3 488 556	3 468 407	3 462 626	4 204 239	4 516 172
九、运输、邮电业							
(一)公路货运量	万吨	7 095	6 581	6 460	6 804	3 890	4 240
公路客运量	万人	6 802	6 167	6 948	7 909	5 578	6 638
(二)邮电业务总量(现价)	万元	104 566	140 035	204 927	306 457	461 628	367 620
(三)年末电话机数	户	585 527	722 287	801 418	949 947	1 412 836	1 816 205
十、国内贸易							
(一)社会消费品零售总额	万元	2 128 247	2 495 611	2 718 469	2 981 459	3 284 672	3 659 308
(二)城乡集市贸易成交额	万元	1 228 869	1 476 300	1 608 891	1 803 638	2 118 061	2 323 320
十一、教育、卫生							
(一)各类学校在校学生数	人	1 374 353	1 558 500	1 444 175	1 489 443	1 690 023	1 749 396
#高等学校	人	115 862	118 882	126 601	150 894	194 089	232 369
中等学校	人	440 411	464 013	495 119	538 495	587 543	627 691
普通学校	人	352 481	371 564	397 948	434 947	483 058	524 955
技工学校	人	20 000	17 000	15 000	14 000	12 000	12 000
农、职业中学	人	25 955	29 086	31 264	31 973	32 188	34 336
小　学	人	818 080	826 695	820 310	798 142	778 058	745 124
学龄儿童入学率	%	99.75	99.74	99.82	99.86	99.85	99.84
(二)卫生机构	个	1 554	1 449	2 943	2 942	3 019	2 965
#医　院	个	216	211	223	227	239	243
卫生机构床位数	张	31 812	31 099	31 278	31 717	31 690	31 727
#医院床位数	张	26 126	25 693	26 314	26 357	26 328	26 330
卫生技术人员数	人	35 531	41 230	42 160	42 243	35 642	41 686
#医　生	人	14 607	11 933	18 728	18 880	18 750	18 880

注：公路客、货运量从2000年开始使用抽样调查数，与1999年以前口径不一致。

1－6　国民经济主要指标比例关系

单位:%

指　标	1952年	1978年	1980年	1985年	1990年	1995年
1.国内生产总值	100	100	100	100	100	100
第一产业	47.18	19.50	14.94	15.22	11.96	12.53
第二产业	26.11	57.50	59.03	53.54	43.04	40.97
第三产业	26.71	23.40	26.03	31.24	44.99	46.50
2..国内生产总值使用中						
#最终消费	83.73	78.12	72.16	65.55	65.36	75.98
居民消费	97.45	87.40	88.81	88.33	85.39	73.94
社会消费	2.55	12.60	11.19	11.67	14.61	26.06
3.工业总产值中						
轻工业	88.47	45.62	53.31	47.08	44.48	40.31
重工业	11.53	54.38	46.69	52.92	55.52	59.69
4.农林牧渔业总产值						
农业	91.42	84.68	79.94	69.05	64.89	68.03
林业	0.45	2.21	1.80	1.90	1.20	0.95
牧业	5.73	11.35	15.47	19.39	25.11	30.29
渔业	0.00	0.05	0.14	0.22	0.77	0.72

1－6 续表

指 标	1996年	1997年	1998年	1999年	2000年	2001年
1.国内生产总值	100	100	100	100	100	100
第一产业	11.50	10.50	9.90	8.00	6.90	6.25
第二产业	40.90	40.50	41.10	42.70	44.00	44.48
第三产业	47.60	49.00	49.00	49.30	49.10	49.27
2.国内生产总值使用中						
#最终消费	71.26	69.86	70.65	72.11	71.97	71.02
居民消费	75.02	75.92	76.78	75.16	75.00	73.88
社会消费	24.98	24.08	23.22	24.84	25.00	26.12
3.工业总产值中						
轻工业	43.98	46.60	47.98	46.11	41.68	42.71
重工业	56.02	53.40	52.02	53.89	58.32	57.29
4.农林牧渔业总产值						
农业	70.32	70.08	73.30	71.64	69.22	68.68
林业	0.96	1.10	0.95	1.20	1.14	1.10
牧业	27.89	27.94	24.86	26.29	28.59	29.17
渔业	0.83	0.88	0.89	0.87	1.05	1.05

1－7　平均每天主要社会经济活动

指　　标	单位	1978年	1980年	1985年	1990年	1996年
一、每天创造的财富						
国内生产总值	万元	695	867	1 578	2 861	11 149
工农业总产值	万元	1 503	1 636	2 705	5 571	16 779
农林牧渔业总产值	万元	179	179	370	718	2 153
工业总产值	万元	1 324	1 457	2 335	4 853	14 626
财政收入	万元	184	179	186	359	651
二、每天主要产品产量						
布	万米	87	96	80	79	62
啤酒	吨	–	11	69	–	76
电视机	台	9	102	1 114	2 220	567
发电量	万度	511	500	472	523	591
粮食	吨	3 639	3 134	4 112	4 727	5 137
油料	吨	2	15	20	35	50
蔬菜	吨	1 251	1 099	2 368	3 269	3 781
水果	吨	92	96	115	191	787
猪牛羊肉	吨	74	83	103	157	197
水产品	吨	0.85	1.01	2.96	11.67	24.41
三、每天消费						
社会消费品零售总额	万元	300	394	831	1 870	5 831
四、每天人口变动和婚姻						
出生	人	214	180	245	340	199
死亡	人	83	87	82	94	93
结婚	对		167	137	143	139
离婚	对		3	6	6	12

1-7　续表

指　　标	单位	1997年	1998年	1999年	2000年	2001年
一、每天创造的财富						
国内生产总值	万元	13 392	14 405	15 792	17 624	20 105
工农业总产值	万元	19 346	20 793	22 900	24 557	27 585
农林牧渔业总产值	万元	2 291	2 338	2 027	2 065	2 103
工业总产值	万元	17 055	18 455	20 873	22 520	25 482
财政收入	万元	813	920	1 082	1 304	1 533
二、每天主要产品产量						
布	万米	70	65	73	77	70
啤酒	吨	132	174	320	508	797
电视机	台	611	493	375	23	2
发电量	万度	606	434	530	534	505
粮食	吨	5 219	5 827	5 601	5 609	5 400
油料	吨	51	46	36	38	34
蔬菜	吨	3 893	4 079	4 198	4 504	4 186
水果	吨	785	915	973	954	973
猪牛羊肉	吨	234	308	295	341	357
水产品	吨	27.54	28.71	30	32	34
三、每天消费						
社会消费品零售总额	万元	6 837	7 448	8 168	9 124	10 026
四、每天人口变动和婚姻						
出生	人	187	156	152	247	140
死亡	人	86	85	106	113	79
结婚	对	129	133	118	129	116
离婚	对	14	15	14	14	15

1－8　主要年份国内生产总值

单位:亿元

年　份	国　内 生产总值	第一产业	第二产业	第三产业
1952	3.37	1.59	0.88	0.90
1957	8.02	2.09	3.97	1.96
1965	12.76	2.62	7.22	2.92
1970	17.76	3.13	10.96	3.67
1975	21.33	4.14	12.63	4.56
1978	25.35	4.83	14.59	5.93
1980	31.66	4.73	18.69	8.24
1983	35.89	5.22	20.14	10.53
1984	44.14	7.45	24.17	12.52
1985	57.58	8.76	30.83	17.99
1986	65.78	9.59	33.86	22.33
1987	80.16	10.73	37.69	31.74
1988	99.22	11.47	46.58	41.17
1989	109.38	12.78	48.91	47.69
1990	116.51	13.94	50.15	52.42
1991	136.14	17.17	57.06	61.91
1992	164.85	18.78	69.22	76.85
1993	229.56	22.58	110.88	96.10
1994	289.82	31.68	128.27	129.87
1995	330.35	41.40	135.33	153.62
1996	406.95	46.94	166.49	193.52
1997	488.82	51.33	197.97	239.52
1998	525.80	51.90	216.28	257.62
1999	576.39	45.53	246.05	284.81
2000	643.26	44.65	283.12	315.49
2001	733.85	45.87	326.42	361.56

注:因对规模以下工业高估部分增加值数据进行核减,故1996年－2000年GDP及相关数据亦做了相应调整。

1－9　主要年份国内生产总值指数

（以上年为 100）　　单位：%

年　份	国内生产总值	第一产业	第二产业	第三产业
1952	103.63	92.16	137.47	123.69
1957	100.67	93.80	97.05	120.65
1965	126.10	134.12	133.03	106.65
1970	122.01	109.36	139.97	100.10
1975	103.79	92.61	107.12	107.54
1978	101.73	101.64	99.35	108.21
1980	111.52	83.31	119.70	116.48
1985	112.62	107.52	111.83	116.90
1986	111.44	107.74	108.40	118.82
1987	113.58	100.80	109.10	126.58
1988	111.35	81.18	115.54	114.73
1989	106.67	103.00	104.50	110.83
1990	105.24	102.99	102.50	109.63
1991	109.78	118.57	108.56	108.76
1992	115.59	109.40	118.14	114.45
1993	123.88	112.53	142.76	111.52
1994	110.15	98.42	110.26	113.31
1995	110.00	104.46	112.05	109.51
1996	114.89	106.78	118.84	113.16
1997	114.37	109.06	116.47	113.38
1998	113.27	106.50	117.51	110.18
1999	112.20	97.40	115.70	111.40
2000	113.00	103.50	115.10	110.80
2001	113.10	102.50	115.40	112.50
平均每年增长				
“一五”时期	15.77	5.94	37.71	16.89
“二五”时期	1.99	－3.69	2.44	8.37
1963—1965 年	14.17	16.16	23.34	0.30
“三五”时期	7.11	0.12	11.68	5.42
“四五”时期	4.98	3.98	5.34	5.04
“五五”时期	5.99	－0.74	6.50	10.06
“六五”时期	10.72	7.94	10.41	12.90
“七五”时期	9.61	－1.33	7.92	15.96
“八五”时期	13.75	8.46	17.79	11.49
“九五”时期	13.54	4.57	16.71	11.78

1－10 主要年份国内生产总值指数

（以1952年为100） 单位：%

年 份	国内生产总值	第一产业	第二产业	第三产业
1952	100.00	100.00	100.00	100.00
1957	207.93	133.42	495.29	218.23
1965	341.56	173.26	1 048.34	329.21
1970	481.58	174.32	1 821.04	428.62
1975	614.15	211.91	2 362.48	547.90
1978	678.70	231.33	2 560.76	643.78
1980	821.38	204.18	3 237.19	885.15
1985	1 366.78	299.12	5 310.63	1 632.37
1986	1 523.14	322.27	5 756.72	1 928.89
1987	1 729.98	324.85	6 280.58	2 441.59
1988	1 926.33	263.71	7 256.58	2 801.24
1989	2 054.82	271.62	7 583.13	3 104.61
1990	2 162.49	279.74	7 772.71	3 403.58
1991	2 373.98	331.69	8 438.05	3 701.73
1992	2 744.08	362.87	9 994.03	4 236.63
1993	3 399.37	408.23	14 267.48	4 724.69
1994	3 744.41	401.78	15 731.32	5 353.55
1995	4 118.85	419.70	17 626.94	5 862.67
1996	4 732.14	448.16	20 947.86	6 634.20
1997	5 412.15	488.76	24 397.97	7 521.86
1998	6 130.34	520.53	28 670.05	8 287.59
1999	6 878.24	507.00	33 171.25	9 232.38
2000	7 841.19	525.76	38 943.05	9 952.51
2001	8 868.39	538.90	44 940.28	11 196.57

1－11　主要年份国内生产总值构成

单位:%

年　份	国内生产总值	第一产业	第二产业	第三产业
1952	100.00	47.18	26.11	26.71
1957	100.00	26.06	49.50	24.44
1965	100.00	20.53	56.58	22.89
1970	100.00	17.62	61.71	20.67
1975	100.00	19.41	59.21	21.38
1978	100.00	19.05	57.55	23.40
1980	100.00	14.94	59.03	26.03
1985	100.00	15.22	53.54	31.24
1986	100.00	14.58	51.47	33.95
1987	100.00	13.38	47.02	39.60
1988	100.00	11.56	46.95	41.49
1989	100.00	12.95	49.58	37.47
1990	100.00	11.96	43.05	44.99
1991	100.00	12.61	41.91	45.48
1992	100.00	11.39	41.98	46.63
1993	100.00	9.83	48.30	41.87
1994	100.00	10.93	44.26	44.81
1995	100.00	12.53	40.97	46.50
1996	100.00	11.50	40.90	47.60
1997	100.00	10.50	40.50	49.00
1998	100.00	9.90	41.10	49.00
1999	100.00	8.00	42.70	49.30
2000	100.00	6.90	44.00	49.10
2001	100.00	6.30	44.50	49.20
平均每年构成				
“一五”时期	100.00	32.88	43.92	23.20
“二五”时期	100.00	18.08	58.63	23.29
1963—1965年	100.00	19.36	55.37	25.27
“三五”时期	100.00	18.60	57.33	24.07
“四五”时期	100.00	20.46	59.59	19.95
“五五”时期	100.00	18.40	57.69	23.91
“六五”时期	100.00	16.03	55.01	28.96
“七五”时期	100.00	12.42	46.11	41.47
“八五”时期	100.00	11.44	43.52	45.04
“九五”时期	100.00	9.36	41.84	48.80

1－12　分行业国内生产总值

单位:亿元

指　　标	1995 年	1997 年	1998 年	999 年	2000 年	2001 年
国内生产总值	**330.35**	**488.82**	**525.80**	**576.39**	**643.26**	**733.85**
第一产业	41.40	51.33	51.90	45.53	44.65	45.87
第二产业	135.33	197.97	216.28	246.05	283.12	326.42
工业	112.50	164.81	174.96	196.70	226.18	261.16
建筑业	22.83	33.16	41.32	49.35	56.94	65.26
第三产业	153.62	239.52	257.62	284.81	315.49	361.56
农林牧渔服务业	0.66	0.81	0.81	0.61	1.02	1.22
地质勘探、水利管理业	3.62	3.78	3.79	3.56	2.85	2.82
交通运输和仓储邮电通讯业	27.30	43.02	48.64	55.35	61.87	66.87
#邮电通讯业	6.87	13.72	17.63	22.79	26.83	29.74
批发零售贸易、餐饮业	34.27	59.31	64.93	70.27	76.90	85.01
金融保险业	29.67	37.50	32.95	30.37	32.39	33.62
房地产业	4.90	8.74	11.95	14.42	16.96	21.26
社会服务业	10.56	17.99	22.87	25.93	29.11	36.55
卫生体育、社会福利事业	5.88	10.66	12.99	17.38	17.98	18.94
教育、文艺、广播电影电视业	15.11	20.16	20.16	24.05	31.58	37.98
科学科研和综合技术服务业	9.17	16.91	17.01	18.67	18.90	25.58
国家政党机关和社会团体	8.17	13.91	14.64	16.66	17.98	22.31
其他	4.31	6.72	6.88	7.54	7.94	9.40

1－13　国 内 生 产 总 值

单位：亿元

指　　标	2001 年	2000 年	2001 年为 2000 年 (%)
国内生产总值	**733.85**	**643.26**	**113.1**
第一产业	45.87	44.65	102.5
第二产业	326.42	283.12	115.4
工业	261.16	226.18	116.6
建筑业	65.26	56.94	111.8
第三产业	361.56	315.49	112.5
农林牧渔服务业	1.22	1.02	119.6
地质勘探、水利管理业	2.82	2.85	98.9
交通运输和仓储邮电通讯业	66.87	61.87	112.2
#邮电通讯业	29.74	26.83	120.2
批发零售贸易、餐饮业	85.01	76.90	111.5
金融保险业	33.62	32.39	103.6
房地产业	21.26	16.96	123.5
社会服务业	36.55	29.11	115.8
卫生体育、社会福利事业	18.94	17.98	102.9
教育、文艺、广播电影电视业	37.98	31.59	117.3
科学科研和综合技术服务业	25.58	31.59	119.4
国家政党机关和社会团体	22.31	17.98	112.5
其他	9.40	7.94	115.5

1－14 按支出法计算的国内生产总值

单位:亿元

指 标	按当年价格计算		2001为2000年(%)
	2001年	2000年	
国内生产总值	**733.85**	**643.26**	**113.1**
(一)最终消费	521.18	462.93	112.7
1. 居民消费	385.04	347.18	110.6
农村居民	98.20	90.87	107.6
城镇居民	286.84	256.31	111.7
2. 政府消费	136.14	115.75	118.9
(二)资本形成总额	334.92	293.49	112.9
1. 固定资本形成总额	301.86	251.60	118.4
2. 存货增加	33.06	41.89	79.4
(三)货物和服务净出口	－122.25	－113.16	－

1－15 市区五县国内生产总值

(2001年) 单位:亿元

区县名称	国内生产总值	第一产业	第二产业	第三产业
全 市	**733.85**	**45.87**	**326.42**	**361.56**
(一)市区	634.94	18.12	288.89	327.93
(二)五县	98.91	27.75	37.53	33.63
长安	32.38	7.92	15.22	9.24
户县	23.78	5.69	12.25	5.84
周至	17.49	5.43	3.37	8.69
高陵	9.87	3.70	3.32	2.85
蓝田	15.39	5.01	3.37	7.01

1－16　分产业国内生产总值项目构成

（2001年）　　单位：亿元

指　标	增加值	劳动者报酬	固定资产折旧	生产税净额	营业盈余
全　市					
国内生产总值	733.85	369.10	95.91	116.66	152.18
第一产业	45.87	38.90	2.30	1.64	3.03
第二产业	326.42	143.03	39.76	61.04	82.59
第三产业	361.56	187.17	53.85	53.98	66.56
市　区					
国内生产总值	634.94	309.14	80.73	108.84	136.23
第一产业	18.12	15.99	0.80	1.04	0.29
第二产业	288.89	121.75	34.26	56.55	76.33
第三产业	327.93	171.40	45.67	51.25	59.61

1－17　分行业国内生产总值项目构成

单位：亿元

指　　标	增加值	劳动者报酬	固定资产折旧	生产税净额	补贴	营业盈余额
国内生产总值	**733.85**	**369.10**	**95.91**	**116.66**	**0.22**	**152.18**
第一产业	45.87	38.90	2.30	1.64		3.03
农业	45.87	38.90	2.30	1.64		2.50
第二产业	326.42	143.03	39.76	61.04		82.59
工业	261.16	109.40	34.26	53.29		64.21
国有和销售收入500万元以上	175.06	85.71	27.78	31.79		29.78
其他	86.10	23.69	6.48	21.50		34.43
建筑业	65.26	33.63	5.50	7.75		18.38
第三产业	361.56	187.17	53.85	53.98	0.22	66.56
农林牧渔服务业	1.22	1.12	0.09	0.01		0
地质勘探、水利管理业	2.82	2.47	0.27	0.08		0
交通运输和仓储邮电通讯业	66.87	15.37	12.98	20.61		17.91
交通运输和仓储业	37.13	11.94	10.97	8.34		5.88
邮电通讯业	29.74	3.43	2.01	12.27		12.03
批发零售贸易、餐饮业	85.01	44.04	3.83	19.10	0.22	18.04
批发零售贸易业	61.10	37.27	2.19	13.62	0.22	8.02
餐饮业	23.91	6.77	1.64	5.48		10.02
金融保险业	33.62	8.43	3.16	5.31		16.72
金融业	16.46	6.89	2.94	4.72		1.91
保险业	3.16	1.54	0.22	0.59		0.81
其他	14.00	0	0	0		14.00
房地产业	21.26	2.44	14.85	1.38		2.59
#房地产开发与经营业	7.04	2.10	0.97	1.38		2.59
城市居民自有住房	7.90	0	7.90	0		0
农村居民自有住房	5.95	0	5.95	0		0
社会服务业	36.55	14.46	7.20	5.80		9.09
卫生体育、社会福利事业	18.94	16.28	1.22	0.50		0.94
教育、文艺、广播电影电视业	37.98	34.50	3.65	0.31		－0.48
科学科研和综合技术服务业	25.58	20.34	2.76	0.70		1.78
国家政党机关和社会团体	22.31	18.60	3.60	0.15		－0.04
其他行业	9.40	9.12	0.24	0.03		0.01

1－18　按行业划分的资本形成总额

（2001年）　　单位：亿元

	编号	2001年	2000年
固定资本形成总额	01	301.86	251.60
第一产业	02	2.81	3.05
第二产业	03	67.73	61.69
2.采掘业	04	1.01	2.83
3.制造业	05	43.27	34.63
4.电力煤气及水的生产和供应业	06	20.54	20.16
5.建筑业	07	2.91	4.07
第三产业	08	231.32	186.86
6.交通运输仓储及邮电通信业	09	47.61	36.36
7.批发和零售贸易餐饮业	10	11.36	8.40
8.金融保险业	11	1.26	0.38
9.房地产业	12	68.12	53.70
10.其他行业	13	102.97	88.02
存货增加	14	33.06	41.89
第一产业	15	－0.01	0.03
第二产业	16	15.13	19.57
2.工业	17	15.35	13.35
3.建筑业	18	－0.22	6.22
第三产业	19	17.94	22.29
4.交通运输仓储及邮电通信业	20	－0.54	0.24
5.批发和零售贸易餐饮业	21	3.44	3.54
6.其他行业	22	15.04	18.51

1－19　总　产　出

（按当年价格计算）

（2001年）

单位：亿元

指　　标	2001年	2000年	2001年为2000年的％
总产出	**1 975.81**	**1 740.44**	**112.9**
第一产业	76.75	74.37	102.8
第二产业	1 162.30	1 004.99	114.9
工　业	932.93	814.56	114.3
建筑业	229.37	190.43	117.5
第三产业	736.76	661.08	111.0
#交通运输和仓储业	107.06	95.53	112.1
邮电通讯业	41.09	36.94	120.7
批发和零售贸易、餐饮业	175.00	153.84	113.8

1－20　最　终　消　费

单位：亿元

指　标	2001年	2000年
最终消费	**521.18**	**462.93**
一、居民消费	385.04	347.18
1.农村居民	98.20	90.87
自给性消费	9.19	10.68
商品性消费	58.93	52.71
文化生活服务性消费	22.13	20.56
住房及水电消费	7.95	6.92
#住　房	5.95	5.19
2.城镇居民	286.84	256.31
商品性消费	197.95	176.46
文化生活服务性消费	73.96	66.61
住房及水电消费	14.93	13.24
#住　房	7.90	6.50
二、政府消费	136.14	115.75

1-21 居民总消费水平

指　　标	计量单位	2001年	2000年	2001年为2000年的%
一、按当年价格计算				
全体居民消费水平	元/人	5 572	5 098	109.3
农村居民	元/人	2 443	2 272	107.5
城镇居民	元/人	9 925	9 121	108.8
二、按可比价格计算				
全体居民消费水平	元/人	5 558	5 098	109.0
农村居民	元/人	2 433	2 272	107.1
城镇居民	元/人	9 905	9 121	108.6
三、居民年平均人口	万人	691	681	101.5
农村居民	万人	402	400	100.5
城镇居民	万人	289	281	102.8

主要统计指标解释

国内生产总值:指一个国家(地区)所有常住单位在一定时期内生产活动的最终成果。国内生产总值有三种表现形态,即价值形态,收入形态和产品形态。从价值形态看,它是所有常住单位在一定时期内所生产的全部货物和服务价值超过同期投入的全部非固定资产货物和服务价值的差额,即所有常住单位的增加值之和;从收入形态看,是所有常住单位在一定时期内所创造并分配给常住单位和非常住单位的初次分配收入之和;从产品形态看,它是最终使用的货物和服务减去进口货物和服务。在实际核算中,国内生产总值的三种表现形态表现为三种计算方法,即生产法,收入法和支出法。三种方法分别从不同的方面反映国内生产总值及其构成。

国民生产总值:指一个国家所有常住单位在一定时期内收入初次分配的最终成果。一国常住单位从事生产活动所创造的增加值在初次分配过程中主要分配给该国的常住单位,但也有一部分以劳动者报酬和财产收入等形式分配给该国的非常住单位,同时,国外生产创造的增加值也有一部分以劳动者报酬和财产收入等形式分配给该国的常住单位。从而产生了国民生产总值概念,它等于国内生产总值加上来自国外的劳动者报酬和财产收入减去付给国外的劳动者报酬和财产收入。与国内生产总值不同之处是,国内生产总值是一个生产概念,而国民生产总值则是个收入概念。

三次产业的划分:根据社会生产活动历史发展的顺序对产业结构的划分是:产品直接取自自然界的部门称为第一产业。对初级产品进行再加工的部门称为第二产业。为生产和消费提供各种服务的部门称为第三产业。这是世界上通用的产业结构分类,但鉴别国的划分不尽一致。我国的三次产业划分是:

第一产业:农业(包括种植业、林业、牧业和渔业)

第二产业:工业(包括采掘工业、制造业、自来水、电力、蒸气、热水、煤气)和建筑业。

第三产业:除第一、第二产业以外的其他各业。由于第三产业包括的行业多、范围广。根据我国的实际情况,第三产业可分为两大部分:一是流通部门,二是服务部门。具体又可分为四个层次:

第一层次:流通部门,包括交通运输邮电通讯业、商业、饮食业、物资供销和仓储业。

第二层次:为生产和生活服务的部门,包括金融、保险业、地质普查业、房地产、公用事业、居民服务业、咨询服务业和综合技术服务业、农、林、牧、渔、水利服务业和水利业,公路、内河(湖)航道养护业等。

第三层次:为提高科学文化水平和居民素质服务的部门,包括教育、文化、广播电视、科学研究、卫生、体育和社会福利事业等。

第四层次:为社会公共需要服务的部门,包括国家机关、政党机关、社会团体,以及军队和警察等。

可比价格:指在不同时期的价值指标对比时,扣除价格变动的因素,以确切反映物量的变化。通常在计算增长速度时都按可比价格计算。按可比价格计算有两种方法:一种是直接用产品产量乘某一年的不变价格计算;另一种是用价格指数换算。

不变价格:指用同类产品的年平均价格作为固定价格,来计算各年产品价值。按不变价格计算的产品价值消除了价格变动因素,不同时期对比可以反映生产的发展速度。新中国成立后,随着工农业产品价格水平的变化,国家统计局先后五次制定了全国的统一的工业产品不变价格和农业产品不变价格,从1949年到1957年使用1952年不变价格,从1957年到1971年使用1957年不变价格,从1971年到1981年使用1970年不变价格,从1981年到1990年使用1980年不变价格,从1990年开始使用1990年不变价格。

平均每年增长速度:在我国计算平均增长速度有两种方法,一种是习惯经常使用的"水平法",又称几何平均法,是以间隔期最后一年的水平同基期水平对比来计算平均每年增长(或下降)速度,另一种是"累计法",又称代数平均法或方程法,是以间隔其内各年水平的总和同基期水平对比,来计算平均每年增长(或下降)速度。在一般正常情况下,两种方法计算的平均每年增长速度比较接近,但在经济发展不平衡、出现大起大落时,两种方法计算的结果差别较大。

各个计划时期:恢复时期为1950年到1952年;第一个五年计划时期(简称一五时期)为1953年到1957年;第二个五年计划时期(简称二五时期)为1958年到1962年;第三个五年计划时期(简称三五时期)为1966年到1970年;第四个五年计划时期(简称四五时期)为1971年到1975年;第五个五年计划时期(简称五五时期)为1976年到1980年;第六个五年计划时期(简称六五时期)为1981年到1985年;第七个五年计划时期(简称七五时期)为1986年到1990年;第八个五年计划时期(简称八五时期)为1991年到1995年;第九个五年计划时期(简称九五时期)为1996年到2000年。

总消费:指常住单位在一定时期内的货物和服务的全部最终消费支出,也就是常住单位为满足物质、文化和精神生活的需要,从本国经济领土或外国购买的货物和服务的消费支出(不包括非常住居民在本国经济领土内的消费支出)。总消费分为居民消费和社会消费。

(1)居民消费:指常住居民在一定时期内对于 物和服务的全部最终消费。包括居民以货币直接购买的各种消费品和直接支付的房租、交通、医疗、文教等各种服务费支出;居民本期自产自用的消费品和自有住房的虚拟消费,居民以实物工资形式获得的各种生活消费品等。不包括居民用于购买房屋和生产的支出。

(2)社会消费:指政府部门的总产出扣除其销售收入后的价值。也就是指社会公共服务部门将其生产活动总成果提供给政府,由政府部门购买并提供给全社会享用的社会消费支出。

人口

RENKOU

2－1 主要年份人口、人口密度和人口发展情况

单位:人

年 份	总人口	市 区	女 姓 人口数	非农业 人口数	人口密度 (人/平方公里)	总人口指数(上年为100) 全 市	市 区
1952	2 529 228	924 220	1 188 059	576 090	254	102.6	103.1
1957	3 272 826	1 470 085	1 505 793	1 110 763	328	103.2	104.6
1965	4 000 502	1 798 785	1 907 240	1 363 855	401	102.5	103.4
1970	4 351 197	1 881 235	2 104 689	1 391 166	436	101.9	101.4
1978	4 980 995	2 101 455	2 418 216	1 599 849	499	101.7	102.7
1980	5 119 053	2 211 871	2 492 612	1 728 476	513	101.4	102.6
1985	5 531 132	2 457 581	2 683 953	2 019 043	554	101.6	102.2
1986	5 639 673	2 517 950	2 732 976	2 059 200	565	101.9	102.5
1987	5 744 588	2 576 926	5 781 213	2 102 533	575	101.9	102.3
1988	5 858 479	2 649 366	2 836 814	2 169 917	587	101.9	102.8
1989	5 973 588	2 708 002	2 894 424	2 225 428	598	102.0	102.2
1990	6 088 901	2 756 926	2 952 879	2 269 836	610	101.9	101.8

注:人口部分资料均为公安年报数字。

2-1　续表　　　　单位:人

年 份	总人口	市 区	女 性 人口数	非农业 人口数	人口密度 (人/平方公里)	总人口指数(上年为100) 全 市	市 区
1991	6 154 777	2 788 918	2 981 337	2 308 534	617	101.1	101.2
1992	6 231 978	2 830 135	3 019 204	2 364 545	624	101.3	101.5
1993	6 309 145	2 878 247	3 052 996	2 408 467	632	101.2	101.7
1994	6 394 544	2 931 624	3 091 700	2 483 546	641	101.4	101.9
1995	6 482 079	2 982 684	3 134 575	2 557 090	645	101.4	101.7
1996	6 548 724	3 033 056	3 165 968	2 612 786	653	101.0	101.7
1997	6 620 578	3 734 917	3 201 816	2 675 156	663	101.1	101.6
1998	6 682 168	3 782 534	3 231 978	2 717 526	669	100.9	101.3
1999	6 744 977	3 830 390	3 261 177	2 761 365	676	100.9	101.3
2000	6 880 111	3 934 654	3 328 256	2 857 913	689	102.0	102.7
2001	6 948 369	4 000 827	3 360 385	2 926 240	696	101.0	101.7

2－2　主要年份人口变动情况

年　份	出生人口（人）	出生率（‰）	死亡人口（人）	死亡率（‰）	迁入人口（人）	迁出人口（人）	自然增长率（‰）
1952	76 754	30.74	22 138	8.86	…	…	21.87
1957	122 737	38.09	27 612	8.57	259 926	229 226	29.52
1965	115 340	29.19	33 590	8.50	131 109	108 302	20.69
1970	120 511	27.96	23 448	5.44	68 775	83 854	22.53
1978	78 051	19.04	31 699	6.66	89 840	91 562	12.38
1980	65 864	12.96	31 930	6.28	133 560	96 364	6.68
1985	89 451	16.3	30 085	5.48	115 957	87 364	10.82
1986	101 360	18.15	27 777	4.97	117 893	83 933	13.17
1987	97 578	17.14	28 288	4.97	125 790	92 551	12.17
1988	94 213	16.24	28 905	4.98	135 421	89 708	11.26
1989	117 822	19.92	30 379	5.13	127 270	101 451	14.78
1990	123 972	20.55	34 469	5.72	118 160	98 604	14.84

2-2 续表

年 份	出生人口（人）	出生率（‰）	死亡人口（人）	死亡率（‰）	迁入人口（人）	迁出人口（人）	自然增长率（‰）
1991	87 267	14.25	32 615	5.33	89 788	60 935	8.93
1992	89 750	14.49	33 928	5.48	139 397	95 444	9.01
1993	92 509	14.75	33 707	5.38	114 950	83 262	9.38
1994	80 760	12.71	31 584	4.97	134 042	85 854	7.74
1995	76 929	11.95	32 061	4.98	144 054	88 468	6.97
1996	72 620	11.15	34 111	5.24	119 435	88 757	5.91
1997	68 368	10.38	31 247	4.75	125 751	86 225	5.64
1998	63 962	9.62	31 007	4.66	108 865	83 567	4.95
1999	61 875	9.22	38 815	5.78	125 834	92 265	3.44
2000	89 036	13.07	40 587	5.96	171 217	92 341	7.11
2001	51 070	7.39	28 939	4.19	151 636	108 282	3.20

2－3　分区县人口和户数

(2001年)　　单位:人

区　县	总户数(户)	总人口	#非农业人口	按性别分 男	按性别分 女	未落常住户口人数
全　市	**1 889 849**	**6 948 369**	**2 926 240**	**3 587 984**	**3 360 385**	**12 279**
一、市　区	1 126 111	4 000 827	2 588 987	2 061 116	1 939 711	5 712
新城区	148 484	471 760	460 033	242 745	229 015	174
碑林区	176 795	634 707	623 414	337 434	297 273	7
莲湖区	182 374	575 020	540 285	295 366	279 654	124
灞桥区	121 944	433 623	160 074	219 359	214 264	86
未央区	116 614	385 731	179 080	194 387	191 344	152
雁塔区	147 275	588 102	438 993	308 177	279 925	1 533
阎良区	61 222	238 231	76 769	121 365	116 866	1 456
临潼区	171 403	673 653	110 339	342 283	331 370	2 180
二、五　县	763 738	2 947 542	337 253	1 526 868	1 420 674	6 567
长安县	240 815	897 956	106 491	456 923	441 033	1 315
蓝田县	160 985	628 881	66 096	327 601	301 280	4 034
周至县	153 685	624 563	48 215	330 823	293 740	103
户　县	150 546	563 248	92 175	293 597	269 651	537
高陵县	57 707	232 894	24 276	117 924	114 970	578

2－4　分区县人口变动情况

(2001年)

	出生人口	死亡人口	迁入人口		迁出人口	
			省内迁入	省外迁入	迁往省内	迁往省外
全　市	**51 070**	**28 939**	**98 992**	**52 644**	**72 201**	**36 082**
一、市　区	26 729	13 432	71 322	48 556	38 574	30 716
新城区	2 902	1 895	2 119	1 628	345	1 468
碑林区	3 449	2 034	16 405	20 415	4 474	10 495
莲湖区	3 753	2 069	5 198	2 313	3 220	3 442
灞桥区	3 059	1 124	3 629	702	1 590	721
未央区	3 244	1 043	3 831	1 889	825	1 143
雁塔区	3 948	1 015	22 186	20 231	9 297	11 359
阎良区	1 953	1 108	2 205	652	1 677	1 195
临潼区	4 421	3 144	15 749	726	17 146	897
二、五　县	24 341	15 507	27 670	4 088	33 627	5 366
长安县	7 182	4 777	10 387	2 174	12 751	1 734
蓝田县	5 462	3 863	4 607	523	6 553	641
周至县	4 915	3 154	3 914	254	4 499	722
户　县	4 651	2 585	7 054	902	7 869	1 974
高陵县	2 131	1 128	1 708	235	1 955	295

2－5　市辖镇人口和户数

(2001年)

	总户数(户)	总 人 口(人)			平均每户人数(人)	性别比(女＝100)	非农业人口
		合　计	男	女			
西安市	**213 694**	**796 920**	**404 659**	**392 261**	**3.73**	**103.16**	**191 240**
市辖区	213 694	796 920	404 659	392 261	3.73	103.16	191 240
新城区							
碑林区							
莲湖区							
灞桥区	33 978	127 784	65 046	62 738	3.76	103.68	19 975
灞桥镇	14 326	51 667	26 683	24 984	3.61	106.80	16 972
新筑镇	10 755	43 001	21 762	21 239	4.00	102.46	1 504
狄寨镇	8 897	33 116	16 601	16 515	3.72	100.52	1 499
未央区	47 255	158 808	80 159	78 649	3.36	101.92	65 749
三桥镇	28 080	89 989	45 532	44 457	3.20	102.42	53 101
草滩镇	7 719	27 539	13 771	13 768	3.57	100.02	4 536
六村堡镇	11 456	41 280	20 856	20 424	3.60	102.12	8 112
雁塔区							
阎良区	22 708	92 453	46 858	45 595	4.07	102.77	2 541
关山镇	8 412	33 150	16 849	16 301	3.94	103.36	1 038
康桥镇	5 793	23 260	11 730	11 530	4.02	101.73	568
武屯镇	8 503	36 043	18 279	17 764	4.24	102.90	935
临潼区	109 753	417 875	212 596	205 279	3.81	103.56	102 975
骊山镇	25 006	76 149	39 238	36 911	3.05	106.30	61 976
新丰镇	11 343	43 906	22 804	21 102	3.87	108.07	10 112
代王镇	10 583	36 826	18 890	17 936	3.48	105.32	11 191
马额镇	5 424	21 558	10 876	10 682	3.97	101.82	1 330
相桥镇	4 953	20 364	10 432	9 932	4.11	105.03	1 004
雨金镇	5 759	23 261	11 834	11 427	4.04	103.56	1 485
斜口镇	7 610	33 236	16 156	17 080	4.37	94.59	3 897
栎阳镇	6 556	31 030	15 966	15 064	4.73	105.99	1 206
秦陵镇	7 811	28 298	14 426	13 872	3.62	103.99	7 594
零口镇	8 426	34 423	17 339	17 084	4.09	101.49	1 552
交口镇	6 118	26 449	13 365	13 804	4.32	102.15	609
北田镇	5 944	24 564	12 522	12 042	4.13	103.99	610
田市镇	4 220	17 811	8 748	9 063	4.22	96.52	409

2-6　县辖镇人口及户数

(2001年)

	总户数(户)	总人口(人)			总人口中(人)	
		合计	男	女	非农业人口	未落常住户口人员
西安市	**379 785**	**1 388 139**	**722 102**	**666 037**	**287 225**	**2 988**
长安县	103 228	361 383	183 576	177 807	83 366	1 171
韦曲镇	30 159	77 721	39 169	38 552	54 592	
郭杜镇	10 965	40 944	20 287	20 657	3 456	4
马王镇	8 003	30 286	15 521	14 765	4 594	
滦　镇	6 421	24 908	13 296	11 612	4 645	33
子午镇	5 057	18 780	9 513	9 267	692	
王曲镇	5 587	22 290	11 457	10 833	1 957	368
太乙镇	5 516	23 312	11 699	11 613	3 844	
引　镇	4 503	16 570	8 287	8 283	1 212	8
杜曲镇	5 760	23 787	12 063	11 724	3 965	702
斗门镇	8 702	33 841	17 214	16 627	2 306	56
鸣犊镇	6 407	24 917	12 756	12 161	972	
细柳镇	6 148	24 027	12 314	11 713	1 131	
蓝田县	64 254	232 940	121 768	111 172	54 725	1 181
兰关镇	20 063	55 859	30 131	25 728	47 898	18
曳湖镇	6 411	24 166	12 446	11 720	1 314	195
汤峪镇	6 277	26 721	13 766	12 955	1 097	51
焦岱镇	6 408	24 397	12 825	11 572	942	144
玉山镇	6 313	27 452	14 401	13 051	1 170	235
华胥镇	9 551	25 116	18 086	17 030	1 167	301
前卫镇	9 231	39 229	20 113	19 116	1 137	237

2-6　续表

	总户数（户）	总人口（人）			总人口中（人）	
		合　计	男	女	非农业人　口	未落常住户口人员
周至县	95 511	377 082	199 337	177 745	42 230	40
二曲镇	20 325	60 343	33 013	27 330	29 978	
哑柏镇	12 226	49 416	25 992	23 424	3 063	
楼观镇	10 800	46 409	24 614	21 795	1 879	
终南镇	15 018	62 807	32 867	29 940	2 257	
马召镇	8 434	37 344	20 183	17 161	1 232	
尚村镇	11 812	51 316	26 316	25 000	1 166	
集贤镇	7 264	29 038	15 214	13 824	805	40
广济镇	9 186	38 564	20 103	18 461	1 778	
厚畛子镇	446	1 845	1 035	810	72	
户　县	95 702	336 555	176 502	160 053	88 015	381
甘亭镇	27 005	70 987	36 636	34 351	46 848	
余下镇	16 607	59 604	33 014	26 590	33 416	17
秦渡镇	7 934	29 404	15 067	14 397	1 148	
大王镇	7 614	31 309	16 011	15 298	1 031	29
祖庵镇	7 434	29 540	15 128	14 412	970	
草堂镇	8 456	31 109	16 599	14 510	1 838	203
蒋村镇	4 353	18 751	9 651	9 100	449	10
庞光镇	7 458	28 980	15 275	13 705	1 381	60
涝店镇	8 841	36 811	19 121	17 690	934	62
高陵县	21 090	80 179	40 919	39 260	18 889	215
鹿苑镇	10 331	35 770	18 472	17 298	16 319	65
耿　镇	3 917	16 347	3 494	7 953	771	28
通远镇	6 842	28 062	14 053	14 009	1 799	122

主要统计指标解释

人口数：指一定时点，一定地区范围内的有生命的个人的总和。年度统计的年末人口数是指每年12月31日24时常住户和未落户口的人口数。

市镇人口：指市、镇辖区内的常住人口数。

乡村人口：指县(不含镇)辖区内的常住人口数。

农业人口：指凡在农村从事农、林、牧、渔的劳动者，以及乡(不包括乡)以下，不直接从事农业生产和各种人员及其抚养的家属。

非农业人口：指从事农、林、牧、渔以外各种行业的人员。包括国营的农、林、牧、渔园艺场、拖拉机站、抽水机站，在编的行政管理人员、文教卫生、财贸、邮电等人员，以及附属的独立核算的工业企业中常年不从事农业生产的国家职工，包括抚养家属。

出生率：指一年内平均每千人所出生的人数比例，一般以千分率表示。计算公式如下：

$$出生率=\frac{全年出生人数}{年平均人数}\times 1000‰$$

死亡率：指一年内平均每千人所死亡的人数比例，一般以千分率表示。计算公式如下：

$$死亡率=\frac{全年死亡人数}{年平均人数}\times 1000‰$$

人口自然增长率：指一年内人口自然增长数(出生人数减死亡人数)与平均人数之比例，一般以千分率表示。计算公式如下：

$$人口自然增长率=\frac{年内出生人数-年内死亡人数}{年平均人数}\times 1000‰$$

或人口自然增长率=人口出生率－人口死亡率

人口密度：指在一定时点一定地区的人口数与该地区的面积数之比，即一定时点的单位土地面积上的人口数，通常以每平方公里的居民人数来表示。计算公式如下：

$$人口密度=\frac{该地区的人口数}{该地区的土地面积}$$

从业人员和职工工资

CONGYERENYUANHEZHIGONGGONGZI

3-1 主要年份社会从业人数

单位:万人

年份	合计	一、按城乡分					二、按三次产业分		
		1.城镇	国有经济	集体经济	其他经济	2.乡村	第一产业	第二产业	第三产业
1985	296.80	129.07	96.8	29.07	3.20	167.73	135.89	98.61	62.30
1986	299.45	132.82	101.28	28.43	3.11	166.63	127.46	100.61	71.08
1987	312.16	138.56	104.58	30.72	3.26	173.60	130.36	107.75	74.05
1988	327.76	142.24	106.46	30.73	5.05	185.52	138.87	108.12	80.77
1989	332.65	145.65	108.80	30.44	6.41	187.00	142.21	106.40	84.04
1990	343.06	147.93	110.95	29.78	7.20	195.13	149.64	106.74	86.68
1991	347.65	149.48	111.87	29.80	7.81	198.17	152.24	108.19	87.22
1992	357.51	151.67	113.19	29.97	8.51	205.84	154.75	110.22	92.54
1993	363.70	155.72	112.98	29.77	12.97	207.98	154.02	114.02	95.66
1994	364.56	154.88	113.39	27.97	13.52	209.68	153.51	108.53	102.52
1995	372.60	158.80	113.79	25.58	19.43	213.80	153.39	109.67	109.54
1996	379.29	164.54	113.29	24.82	26.43	214.75	153.43	109.17	116.69
1997	385.14	169.52	112.44	23.52	33.56	215.62	153.23	109.46	122.45
1998	393.95	177.20	106.06	21.50	49.64	216.75	153.00	110.45	130.50
1999	400.43	180.27	105.08	20.50	54.69	220.16	154.64	110.58	135.21
2000	389.10	176.45	103.46	18.40	54.59	212.65	147.03	107.26	134.81
2001	389.30	177.94	100.47	17.10	60.37	211.36	145.09	108.96	135.25

3-2 分行业从业人数

(2001年)　　单位:万人

行　　业	合　计	国有经济	城镇集体经济	其他经济	城镇私营经济及个体劳动者	乡镇劳动者
总　计	**389.3**	**100.47**	**17.1**	**23.01**	**37.36**	**211.36**
一、按国民经济行业分组						
(一)农、林、牧、渔业	145.09	0.88	0.02	0.02	0.13	144.04
(二)采掘业	0.34	0.28		0.05	0.01	
(三)制造业	78.38	34.47	7.37	16.18	4.62	15.74
(四)电力、煤气及水的生产和供应业	2.01	2.01				
(五)建筑业	28.23	7.33	3.21	0.05	0.92	16.72
(六)地质勘查业、水利管理业	1.66	1.63	0.03			
(七)交通运输、仓储及邮电通信业	19.1	8.16	0.47	0.52	2.45	7.5
(八)批发和零售贸易、餐饮业	45.36	7.02	3.66	2.62	24.01	8.25
(九)金融、保险业	4.19	2.74	0.18	0.83		0.44
(十)房地产业	0.84	0.51	0.1	0.23		
(十一)社会服务业	11.37	4.16	1.03	1.67	4.51	
(十二)卫生、体育和社会福利业	3.96	3.39	0.3	0.54	0.24	
(十三)教育、文化艺术及广播电影电视业	14.04	13.36	0.12	0.05		
(十四)科学研究和综合技术服务业	7.31	7.06	0.01	0.24		
(十五)国家机关、政党机关和社会团体	7.21	7.15	0.06			
(十六)其他行业	20.01	0.32	0.54	0.01	0.47	18.67
二、按三次产业分						
第一产业	145.09	0.88	0.02	0.02	0.13	144.04
第二产业	108.96	44.09	10.58	16.28	5.55	32.46
第三产业	135.25	55.5	6.5	6.71	31.68	34.86

3-3 劳动力资源总数

单位:万人

年份	劳动力资源总数	社会从业人数	劳动力资源总数占人口数的比例(%)
1985	344.85	296.80	62.35
1986	352.71	299.45	62.54
1987	367.71	312.16	64.01
1988	378.33	327.76	64.58
1989	388.94	332.65	65.11
1990	395.92	343.06	65.02
1991	400.01	347.65	64.99
1992	410.80	357.51	65.91
1993	413.33	363.70	65.51
1994	451.88	364.58	70.66
1995	455.90	378.52	70.33
1996	458.47	379.29	70.01
1997	466.18	385.14	70.41
1998	480.26	393.95	71.87
1999	484.79	400.43	71.20
2000	479.40	389.10	69.68
2001	495.24	389.30	71.25

3－4　城乡劳动力资源配置情况

(2001年)　　单位:万人

	城乡合计	城镇	乡村
一、年末劳动力资源总数	495.24	240.2	255.04
其中:当年新增加的劳动力资源	12.76	5.05	7.71
1.年末16岁以上全部人数	518.34	230.74	287.6
其中:不计劳动力资源的人数	24.05	9.8	14.25
2.机械变动差额跨地区人数	0.75	19.06	－18.31
二、经济活动人口	392.99	181.63	211.36
(一)从业人员	389.3	177.94	211.36
1.按就业身份分组			
(1)全部职工	136.75	136.75	
(2)再就业的离退休人员	0.44	0.44	
(3)私营业主	6.62	3.62	3
(4)个体户主	19.69	7.48	12.21
(5)私营企业和个体从业人员	49.22	26.01	23.21
(6)农村劳动力	172.94		172.94
(7)其他	3.63	3.63	
2.按国民经济类型分组			
(1)国有经济	100.47	100.47	
(2)集体经济	190.04	17.1	172.94
(3)私营经济	27.32	12.37	14.95
(4)个体经济	48.21	24.74	23.47
(5)股份合作经济	1.55	6.55	
(6)联营经济	0.06	0.06	
(7)有限责任公司	12.38	12.38	
(8)股份有限公司	5.84	5.84	
(9)外商投资经济	0.94	0.94	

3-4 续表

	城乡合计	城 镇	乡 村
(10)港、澳、台投资经济	1.74	1.74	
(11)其他经济	0.75	0.75	
3.按国民经济行业分组			
(1)农、林、牧、渔业	145.09	1.05	144.04
(2)采掘业	0.34	0.34	
(3)制造业	78.38	62.64	15.74
(4)电力、煤气及水的生产和供应业	2.01	2.01	
(5)建筑业	28.23	11.51	16.72
(6)地质勘查业、水利管理业	1.66	1.66	
(7)交通运输、仓储及邮电通信业	19.1	11.6	7.5
(8)批发和零售贸易、餐饮业	45.56	37.31	8.25
(9)金融保险业	4.19	3.75	0.44
(10)房地产业	0.84	0.84	
(11)社会服务业	11.37	11.37	
(12)卫生体育和社会福利业	3.96	3.96	
(13)教育文化艺术和广播电影电视业	14.04	14.04	
(14)科学研究和综合技术服务业	7.31	7.31	
(15)国家机关政党机关和社会团体	7.21	7.21	
(16)其他行业	20.01	1.34	18.67
(二)失业人员	3.69	3.69	
三、非经济活动人口	102.25	58.57	43.68
其中:16岁以上在校学生	50.17	42.29	7.88
家务劳动者	24.72	9.02	15.7

3－5　全部单位从业人员情况

（2001年）　　单位：人

行业	单位从业人员（人）	女性	在岗职工合计	专业技术人员	女性
总计	**1 139 265**	**445 924**	**1 105 995**	**347 505**	**146 758**
一、按企业、事业、机关分组					
1.企业	795 783	313 598	768 654	185 605	69 145
2.事业	270 867	114 461	265 112	161 900	77 613
3.机关	72 615	17 865	72 229	0	0
二、按国民经济行业分组					
（一）农、林、牧、渔业	8 241	2 637	8 117	2 663	838
（二）采掘业	2 038	634	2 038	537	127
（三）制造业	423 447	167 113	416 527	95 067	33 562
（四）电、煤气及水的生产和供应业	19 047	6 900	19 011	7 247	1 994
（五）建筑业	75 353	18 281	71 535	16 936	4 788
（六）地质勘查业、水利管理业	16 324	4 456	16 320	5 519	1 665
（七）交通运输、仓储及邮电通信业	79 750	24 845	78 287	17 801	6 838
（八）批发和零售贸易、餐饮业	90 408	45 244	88 954	14 213	6 565
（九）金融、保险业	35 922	16 603	27 840	15 749	8 057
（十）房地产业	7 394	2 625	7 301	1 785	632
（十一）社会服务业	61 470	28 439	59 703	8 859	3 573
（十二）卫生、体育和社会福利业	36 308	19 196	35 791	26 310	16 090
（十三）教育文化和广播电影电视业	133 976	62 404	127 108	89 021	46 095
（十四）科学研究和综合技术服务业	70 096	24 845	68 757	43 791	15 019
（十五）国家机关、政党和社会团体	71 706	17 477	71 294	0	0
（十六）其他行业	7 785	4 225	7 412	2 007	915

3－5 续表1

行业	从业人员年末人数					
	在岗职工 按用工期限分		其他从业人员			离开本单位仍保留劳动关系的职工
	长期职工	临时职工		聘用的离退休人员	聘用的港澳台和外籍人员	
总　计	**1 057 925**	**48 070**	**33 270**	**4 415**	**187**	**261 483**
一、按企业、事业、机关分组						
1.企业	729 429	39 225	27 129	3 098	112	254 474
2.事业	258 133	6 979	5 755	1 220	75	6 212
3.机关	70 363	1 866	386	97	0	797
二、按国民经济行业分组						
(一)农、林、牧、渔业	8 014	103	124	7	0	951
(二)采掘业	2 027	11	0	0	0	1 327
(三)制造业	399 228	17 299	6 920	1 525	57	156 721
(四)电、煤气及水的生产和供应业	18 708	303	36	29	0	1 099
(五)建筑业	62 761	8 774	3 818	193	0	30 521
(六)地质勘查业、水利管理业	16 317	3	4	0	0	323
(七)交通运输、仓储及邮电通信业	77 026	1 261	1 463	90	1	11 735
(八)批发和零售贸易、餐饮业	83 386	5 568	1 454	464	7	42 503
(九)金融、保险业	25 668	2 172	8 082	3	0	1 605
(十)房地产业	6 874	427	93	37	1	1 012
(十一)社会服务业	56 522	3 181	1 767	284	39	7 109
(十二)卫生、体育和社会福利业	34 289	1 502	517	271	0	854
(十三)教育文化和广播电影电视业	123 201	3 907	6 868	377	81	1 354
(十四)科学研究和综合技术服务业	67 663	1 094	1 339	890	1	3 014
(十五)国家机关、政党和社会团体	69 429	1 865	412	99	0	406
(十六)其他行业	6 812	600	373	146	0	949

3-5　续表2

行　业	单位从业人员平均人数	在岗职工	其他从业人员	聘用的离退休人员	聘用港澳台和外籍人员	离开本单位仍保留劳动关系的职工平均人数
总　计	**1 148 720**	**1 116 038**	**32 682**	**4 051**	**182**	**265 056**
一、按企业、事业、机关分组						
1.企业	805 440	778 909	26 531	2 776	111	258 131
2.事业	270 760	264 996	5 764	1 177	71	6 122
3.机关	72 520	72 133	387	98	0	803
二、按国民经济行业分组						
(一)农、林、牧、渔业	8 212	8 098	114	6	0	961
(二)采掘业	2 036	2 036	0	0	0	1 305
(三)制造业	427 907	421 536	6 371	1 380	55	162 179
(四)电、煤气及水的生产和供应业	18 888	18 852	36	29	0	1 094
(五)建筑业	80 756	76 517	4 239	226	0	30 407
(六)地质勘查业、水利管理业	16 179	16 175	4	0	0	350
(七)交通运输、仓储及邮电通信业	80 420	77 478	2 942	85	1	11 247
(八)批发和零售贸易、餐饮业	90 263	88 829	1 434	473	7	41 653
(九)金融、保险业	34 966	27 696	7 270	2	0	1 643
(十)房地产业	7 359	7 266	93	37	1	968
(十一)社会服务业	61 936	60 985	951	212	40	6 887
(十二)卫生、体育和社会福利业	36 258	35 758	500	288	0	847
(十三)教育文化和广播电影电视业	133 340	126 579	6 761	347	77	1 352
(十四)科学研究和综合技术服务业	70 919	69 740	1 179	724	1	2 782
(十五)国家机关、政党和社会团体	71 533	71 119	414	100	0	420
(十六)其他行业	7 748	7 374	374	142	0	961

3－6　国有单位从业人员情况

（2001年）　　单位：人

行　业	单位从业人员	女性	在岗职工合计	专业技术人员	女性
合　计	**813 192**	**306 946**	**793 002**	**281 248**	**122 359**
一、按隶属关系分组					
1.中央	333 250	119 030	324 090	121 537	45 895
2.省、自治区、直辖市	181 194	65 716	176 376	64 162	26 752
3.地区	135 027	53 552	133 325	32 007	15 702
4.县及县以下	163 631	68 599	159 125	63 510	34 004
5.其他	90	49	86	32	6
二、按企业、事业、机关分组					
1.企业	475 130	177 241	461 007	122 343	46 336
①中央	250 446	88 530	242 064	76 785	28 367
②省、自治区、直辖市	99 539	35 790	95 699	24 456	8 955
③地区	84 698	34 898	83 404	16 820	7 164
④县及县以下	40 357	17 974	39 754	4 250	1 844
2.事业	266 059	112 019	260 378	158 905	76 023
①中央	78 953	29 110	78 175	44 752	17 528
②省、自治区、直辖市	67 317	26 019	66 360	39 706	17 797
③地区	32 050	14 388	31 678	15 187	8 538
④县及县以下	87 739	42 502	84 165	59 260	32 160
3.机关	72 003	17 686	71 617	0	0
①中央	3 851	1 390	3 851	0	0
②省、自治区、直辖市	14 338	3 907	14 317	0	0
③地区	18 279	4 266	18 243	0	0
④县及县以下	35 535	8 123	35 206	0	0

3-6 续表1

行业	单位从业人员	女性	在岗职工合计	专业技术人员	女性
三、按国民经济行业分组					
(一)农、林、牧、渔业	7 875	2 526	7 752	2 480	799
(二)采掘业	1 659	488	1 659	434	117
(三)制造业	227 654	86 530	225 020	51 543	18 834
(四)电、煤气及水的生产和供应业	19 034	6 898	18 998	7 242	1 993
(五)建筑业	49 276	11 432	48 660	13 846	3 824
(六)地质勘查业、水利管理业	16 050	4 424	16 046	5 492	1 657
(七)交通运输、仓储及邮电通信业	73 280	22 194	71 889	16 348	6 455
(八)批发和零售贸易、餐饮业	43 706	20 844	43 098	9 453	4 061
(九)金融、保险业	25 802	12 890	19 963	13 213	6 944
(十)房地产业	4 517	1 667	4 467	1 059	376
(十一)社会服务业	37 288	16 130	37 075	4 438	2 019
(十二)卫生、体育和社会福利业	33 056	17 466	32 671	23 858	14 716
(十三)教育文化和广播电影电视业	132 320	61 533	125 489	88 335	45 726
(十四)科学研究和综合技术服务业	67 629	23 678	66 632	42 431	14 506
(十五)国家机关、政党和社会团体	71 090	17 266	70 678	0	0
(十六)其他行业	2 956	980	2 905	1 076	332

3－6　续表2

行　　业	从业人员年末人数					
	在岗职工		其他从业人员			离开本单位仍保留劳动关系的职工
	按用工期限分					
	长期职工	临时职工		聘用的离退休人员	聘用的港澳台和外籍人员	
合　　计	**772 655**	**20 347**	**20 190**	**2 129**	**75**	**191 533**
一、按隶属关系分组						
1.中央	316 989	7 101	9 160	849	13	42 455
2.省、自治区、直辖市	171 896	4 480	4 818	713	59	46 874
3.地区	130 817	2 508	1 702	352	3	75 853
4.县及县以下	152 872	6 253	4 506	211	0	26 351
5.其他	81	5	4	4	0	0
二、按企业、事业、机关分组						
1.企业	449 400	11 607	14 123	824	0	185 013
①中央	237 527	4 537	8 382	367	0	40 501
②省、自治区、直辖市	93 334	2 365	3 840	323	0	44 844
③地区	82 719	685	1 294	57	0	74 794
④县及县以下	35 739	4 015	603	73	0	24 874
2.事业	253 473	6 905	5 681	1 208	75	5 762
①中央	75 709	2 466	778	482	13	1 954
②省、自治区、直辖市	64 458	1 902	957	372	59	1 661
③地区	30 317	1 361	372	264	3	1 049
④县及县以下	82 989	1 176	3 574	90	0	1 098
3.机关	69 782	1 835	386	97	0	758
①中央	3 753	98	0	0	0	0
②省、自治区、直辖市	14 104	213	21	18	0	369
③地区	17 781	462	36	31	0	10
④县及县以下	34 144	1 062	329	48	0	379

3-6　续表3

行业	从业人员年末人数				
	在岗职工 按用工期限分		其他从业人员		
	长期职工	临时职工		聘用的离退休人员	聘用的港澳台和外籍人员
三、按国民经济行业分组					
(一)农、林、牧、渔业	7 649	103	123	6	0
(二)采掘业	1 658	1	0	0	0
(三)制造业	221 852	3 168	2 634	380	0
(四)电、煤气及水的生产和供应业	18 700	298	36	29	0
(五)建筑业	44 293	4 367	616	85	0
(六)地质勘查业、水利管理业	16 043	3	4	0	0
(七)交通运输、仓储及邮电通信业	70 841	1 048	1 391	51	0
(八)批发和零售贸易、餐饮业	41 797	1 301	608	121	0
(九)金融、保险业	18 645	1 318	5 839	0	0
(十)房地产业	4 261	206	50	25	0
(十一)社会服务业	35 960	1 115	213	160	0
(十二)卫生、体育和社会福利业	31 355	1 316	385	228	0
(十三)教育文化和广播电影电视业	122 207	3 282	6 831	346	75
(十四)科学研究和综合技术服务业	65 730	902	997	579	0
(十五)国家机关、政党和社会团体	68 844	1 834	412	99	0
(十六)其他行业	2 820	85	51	20	0

3－6 续表4

行业	单位从业人员平均人数	在岗职工	其他从业人员	聘用的离退休人员	聘用港澳台和外籍人员	离开本单位仍保留劳动关系的职工平均人数
合计	**821 631**	**800 457**	**21 174**	**2 056**	**71**	**195 522**
一、按隶属关系分组						
1.中央	339 521	329 019	10 502	784	13	41 547
2.省、自治区、直辖市	182 805	178 152	4 653	707	55	51 125
3.地区	136 322	134 778	1 544	351	3	76 470
4.县及县以下	162 891	158 420	4 471	210	0	26 380
5.其他	92	88	4	4	0	0
二、按企业、事业、机关分组						
1.企业	483 755	468 658	15 097	793	0	189 100
①中央	255 873	246 253	9 620	335	0	39 762
②省、自治区、直辖市	101 501	97 776	3 725	323	0	49 063
③地区	86 233	85 093	1 140	57	0	75 403
④县及县以下	40 056	39 448	608	74	0	24 872
2.事业	265 990	260 300	5 690	1 165	71	5 658
①中央	79 624	78 742	882	449	13	1 785
②省、自治区、直辖市	66 935	66 029	906	365	55	1 696
③地区	32 008	31 640	368	263	3	1 057
④县及县以下	87 423	83 889	3 534	88	0	1 120
3.机关	71 886	71 499	387	98	0	764
①中央	4 024	4 024	0	0	0	0
②省、自治区、直辖市	14 369	14 347	22	19	0	366
③地区	18 081	18 045	36	31	0	10
④县及县以下	35 412	35 083	329	48	0	388

3－6　续表5

行　　业	单位从业人员平均人数	在岗职工	其他从业人员	聘用的离退休人员	聘用港澳台和外籍人员	离开本单位仍保留劳动关系的职工平均人数
三、按国民经济行业分组						
（一）农、林、牧、渔业	7 848	7 735	113	5	0	917
（二）采掘业	1 667	1 667	0	0	0	1 145
（三）制造业	233 222	230 457	2 765	369	0	122 286
（四）电、煤气及水的生产和供应业	18 877	18 841	36	29	0	1 094
（五）建筑业	52 637	51 692	945	109	0	23 996
（六）地质勘查业、水利管理业	15 905	15 901	4	0	0	350
（七）交通运输、仓储及邮电通信业	73 951	71 059	2 892	46	0	7 802
（八）批发和零售贸易、餐饮业	43 936	43 317	619	131	0	26 115
（九）金融、保险业	24 930	19 876	5 054	0	0	1 613
（十）房地产业	4 520	4 470	50	25	0	546
（十一）社会服务业	37 009	36 879	130	95	0	4 089
（十二）卫生、体育和社会福利业	33 012	32 623	389	250	0	797
（十三）教育文化和广播电影电视业	131 725	124 982	6 743	335	71	1 311
（十四）科学研究和综合技术服务业	68 526	67 562	964	540	0	2 782
（十五）国家机关、政党和社会团体	70 896	70 482	414	100	0	384
（十六）其他行业	2 970	2 914	56	22	0	295

3－7 城镇集体单位从业人员情况

（2001年） 单位：人

行业	单位从业人员	女性	在岗职工合计	专业技术人员	女性
合计	**122 477**	**57 478**	**113 554**	**15 501**	**7 571**
一、按企业、事业、机关分组					
1.企业	117 057	54 857	108 208	12 506	5 981
2.事业	4 808	2 442	4 734	2 995	1 590
3.机关	612	179	612	0	0
二、按国民经济行业分组					
（一）农、林、牧、渔业	176	45	175	83	14
（三）制造业	46 852	24 101	43 787	4 767	2 478
（五）建筑业	25 634	6 748	22 489	2 866	899
（六）地质勘查业、水利管理业	274	32	274	27	8
（七）交通运输、仓储及邮电通信业	2 597	1 097	2 555	467	145
（八）批发和零售贸易、餐饮业	26 427	13 909	25 602	1 838	1 038
（九）金融、保险业	1 810	766	1 810	960	476
（十）房地产业	660	319	640	73	27
（十一）社会服务业	8 530	4 833	7 169	742	405
（十二）卫生、体育和社会福利业	2 947	1 607	2 815	2 424	1 370
（十三）教育文化和广播电影电视业	1 122	549	1 122	339	120
（十四）科学研究和综合技术服务业	104	33	94	50	18
（十五）国家机关、政党和社会团体	616	211	616	0	0
（十六）其他行业	4 728	3 228	4 406	865	573

3-7　续表1

行业	从业人员年末人数					
	在岗职工		其他从业人员	聘用的离退休人员	聘用港澳台和外籍人员	离开本单位仍保留劳动关系的职工
	按用工期限分					
	长期职工	临时职工				
合计	**99 964**	**13 590**	**8 923**	**1 184**	**0**	**48 518**
一、按企业、事业、机关分组						
1.企业	94 723	13 485	8 849	1 172	0	48 029
2.事业	4 660	74	74	12	0	450
3.机关	581	31	0	0	0	39
二、按国民经济行业分组						
(一)农、林、牧、渔业	175	0	1	1	0	35
(三)制造业	39 975	3 812	3 065	543	0	26 885
(五)建筑业	18 083	4 406	3 145	89	0	6 490
(六)地质勘查业、水利管理业	274	0	0	0	0	0
(七)交通运输、仓储及邮电通信业	2 384	171	42	10	0	2 084
(八)批发和零售贸易、餐饮业	22 947	2 655	825	332	0	10 140
(九)金融、保险业	1 705	105	0	0	0	20
(十)房地产业	640	0	20	7	0	315
(十一)社会服务业	5 868	1 301	1 361	23	0	1 777
(十二)卫生、体育和社会福利业	2 778	37	132	43	0	37
(十三)教育文化和广播电影电视业	560	562	0	0	0	41
(十四)科学研究和综合技术服务业	94	0	10	10	0	0
(十五)国家机关、政党和社会团体	585	31	0	0	0	36
(十六)其他行业	3 896	510	322	126	0	658

3-7　续表2

行　业	单位从业人员平均人数	在岗职工	其他从业人员	聘用的离退休人员	聘用港澳台和外籍人员	离开本单位仍保留劳动关系的职工平均人数
合　计	**124 609**	**116 995**	**7 614**	**1 172**	**0**	**48 416**
一、按企业、事业、机关分组						
1.企业	119 205	111 665	7 540	1 160	0	47 913
2.事业	4 770	4 696	74	12	0	464
3.机关	634	634	0	0	0	39
二、按国民经济行业分组						
(一)农、林、牧、渔业	174	173	1	1	0	35
(三)制造业	46 911	44 459	2 452	537	0	26 978
(五)建筑业	27 703	24 454	3 249	99	0	6 384
(六)地质勘查业、水利管理业	274	274	0	0	0	0
(七)交通运输、仓储及邮电通信业	2 609	2 589	20	10	0	2 107
(八)批发和零售贸易、餐饮业	25 723	24 933	790	327	0	10 002
(九)金融、保险业	1 773	1 773	0	0	0	30
(十)房地产业	660	640	20	7	0	315
(十一)社会服务业	9 384	8 741	643	23	0	1 772
(十二)卫生、体育和社会福利业	2 857	2 746	111	38	0	50
(十三)教育文化和广播电影电视业	1 118	1 118	0	0	0	41
(十四)科学研究和综合技术服务业	103	93	10	10	0	0
(十五)国家机关、政党和社会团体	637	637	0	0	0	36
(十六)其他行业	4 683	4 365	318	120	0	666

3－8　其他经济类型单位从业人员情况

(2001年)　　单位:人

行业	单位从业人员	女性	在岗职工合计	专业技术人员	女性
合计	**203 596**	**81 500**	**199 439**	**50 756**	**16 828**
一、按登记注册类型分组					
(一)内资	177 395	71 007	173 566	44 151	14 808
1.股份合作	10 050	3 816	10 042	1 761	691
2.联营	473	165	393	114	14
其中:国有联营	469	162	389	111	11
3.有限责任公司	115 247	46 572	113 846	30 111	10 085
其中:国有独资	42 002	21 597	41 921	10 856	4 485
4.股份有限公司	51 625	20 454	49 285	12 165	4 018
(二)港、澳、台商投资	9 227	3 931	9 143	2 447	666
(三)外商投资	16 974	6 562	16 730	4 158	1 354
二、按企业、事业分组					
1.企业	203 596	81 500	199 439	50 756	16 828
三、按国民经济行业分组					
(一)农、林、牧、渔业	190	66	190	100	25
(二)采掘业	379	146	379	103	10
(三)制造业	148 941	56 482	147 720	38 757	12 250
(四)电,煤气及水的生产和供应业	13	2	13	5	1
(五)建筑业	443	101	386	224	65
(七)交通运输、仓储及邮电通信业	3 873	1 554	3 843	986	238
(八)批发和零售贸易、餐饮业	20 275	10 491	20 254	2 922	1 466
(九)金融、保险业	8 310	2 947	6 067	1 576	637
(十)房地产业	2 217	639	2 194	653	229
(十一)社会服务业	15 652	7 476	15 459	3 679	1 149
(十二)卫生、体育和社会福利业	305	123	305	28	4
(十三)教育文化和广播电影电视业	534	322	497	347	249
(十四)科学研究和综合技术服务业	2 363	1 134	2 031	1 310	495
(十六)其他行业	101	17	101	66	10

3-8　续表1

行业	从业人员年末人数					
	在岗职工 按用工期限分		其他从业人员	聘用的离退休人员	聘用的港澳台和外籍人员	离开本单位仍保留劳动关系的职工
	长期职工	临时职工				
合　计	**185 306**	**14 133**	**4 157**	**1 102**	**112**	**21 432**
一、按登记注册类型分组						
(一)内资	161 871	11 695	3 829	951	27	20 884
1.股份合作	9 953	89	8	8	0	5 498
2.联营	383	10	80	2	0	173
其中:国有联营	379	10	80	2	0	160
3.有限责任公司	106 261	7 585	1 401	851	27	8 524
其中:国有独资	41 901	20	81	17	0	5 809
4.股份有限公司	45 274	4 011	2 340	90	0	6 689
(二)港、澳、台商投资	7 998	1 145	84	27	17	178
(三)外商投资	15 437	1 293	244	124	68	370
二、按企业、事业分组						
1.企业	185 306	14 133	4 157	1 102	112	21 432
三、按国民经济行业分组						
(一)农、林、牧、渔业	190	0	0	0	0	9
(二)采掘业	369	10	0	0	0	160
(三)制造业	137 401	10 319	1 221	602	57	12 838
(四)电,煤气及水的生产和供应业	8	5	0	0	0	0
(五)建筑业	385	1	57	19	0	30
(七)交通运输、仓储及邮电通信业	3 801	42	30	29	1	1 362
(八)批发和零售贸易、餐饮业	18 642	1 612	21	11	7	5 892
(九)金融、保险业	5 318	749	2 243	3	0	0
(十)房地产业	1 973	221	23	5	1	107
(十一)社会服务业	14 694	765	193	101	39	1 034
(十二)卫生、体育和社会福利业	156	149	0	0	0	0
(十三)教育文化和广播影视业	434	63	37	31	6	0
(十四)科学研究和综合技术服务业	1 839	192	332	301	1	0
(十六)其他行业	96	5	0	0	0	0

3-8 续表2

行业	单位从业人员平均人数	在岗职工	其他从业人员	聘用的离退休人员	聘用港澳台和外籍人员	离开本单位仍保留劳动关系的职工平均人数
合计	**202 480**	**198 586**	**3 894**	**823**	**111**	**21 118**
一、按登记注册类型分组						
(一)内资	178 131	174 560	3 571	684	28	20 307
1.股份合作	10 248	10 240	8	8	0	5 443
2.联营	487	383	104	2	0	173
其中:国有联营	483	379	104	2	0	160
3.有限责任公司	115 628	114 479	1 149	578	28	8 893
其中:国有独资	41 454	41 403	51	16	0	6 368
4.股份有限公司	51 768	49 458	2 310	96	0	5 798
(二)港、澳、台商投资	8 246	8 164	82	25	17	425
(三)外商投资	16 103	15 862	241	114	66	386
二、按企业、事业分组						
1.企业	202 480	198 586	3 894	823	111	21 118
三、按国民经济行业分组						
(一)农、林、牧、渔业	190	190	0	0	0	9
(二)采掘业	369	369	0	0	0	160
(三)制造业	147 774	146 620	1 154	474	55	12 915
(四)电,煤气及水的生产和供应业	11	11	0	0	0	0
(五)建筑业	416	371	45	18	0	27
(七)交通运输、仓储及邮电通信业	3 860	3 830	30	29	1	1 338
(八)批发和零售贸易、餐饮业	20 604	20 579	25	15	7	5 536
(九)金融、保险业	8 263	6 047	2 216	2	0	0
(十)房地产业	2 179	2 156	23	5	1	107
(十一)社会服务业	15 543	15 365	178	94	40	1 026
(十二)卫生、体育和社会福利业	389	389	0	0	0	0
(十三)教育文化和广播电影电视业	497	479	18	12	6	0
(十四)科学研究和综合技术服务业	2 290	2 085	205	174	1	0
(十六)其他行业	95	95	0	0	0	0

3－9　市属国有单位从业人员情况

(2001 年)　　单位:人

行业	单位从业人员	女性	在岗职工合计	专业技术人员	女性
合计	**298 658**	**122 151**	**292 450**	**95 517**	**49 706**
一、按隶属关系分组					
1.地区	135 027	53 552	133 325	32 007	15 702
2.县及县以下	163 631	68 599	159 125	63 510	34 004
二、按企业、事业、机关分组					
1.企业	125 055	52 872	123 158	21 070	9 008
2.事业	119 789	56 890	115 843	74 447	40 698
3.机关	53 814	12 389	53 449		
三、按国民经济行业分组					
(一)农、林、牧、渔业	6 685	2 216	6 577	1 885	632
(二)采掘业	151	27	151	18	4
(三)制造业	57 008	22 601	55 608	12 591	4 670
(四)电、煤气及水的生产和供应业	7 033	2 720	7 033	1 466	614
(五)建筑业	8 635	1 345	8 635	1 521	464
(六)地质勘查业、水利管理业	1 968	530	1 964	508	157
(七)交通运输、仓储及邮电通信业	6 149	1 803	6 134	908	364
(八)批发和零售贸易、餐饮业	31 594	16 402	31 249	3 960	1 905
(九)金融、保险业	101	45	101	61	26
(十)房地产业	4 235	1 575	4 189	918	316
(十一)社会服务业	24 147	10 608	24 076	2 407	1 063
(十二)卫生、体育和社会福利业	19 363	11 010	19 114	14 524	9 198
(十三)教育文化和广播电影电视业	71 927	36 502	68 393	52 076	29 263
(十四)科学研究和综合技术服务业	4 577	1 761	4 556	2 322	891
(十五)国家机关、政党和社会团体	53 515	12 415	53 127		
(十六)其他行业	1 570	591	1 543	352	139

3-9 续表1

行业	从业人员年末人数					
	在岗职工 按用工期限分		其他从业人员	聘用的离退休人员	聘用的港澳台和外籍人员	离开本单位仍保留劳动关系的职工
	长期职工	临时职工				
合计	**283 689**	**8 761**	**6 208**	**563**	**3**	**102 204**
一、按隶属关系分组						
1.地区	130 817	2 508	1 702	352	3	75 853
2.县及县以下	152 872	6 253	4 506	211	0	26 351
二、按企业、事业、机关分组						
1.企业	118 458	4 700	1 897	130	0	99 668
2.事业	113 306	2 537	3 946	354	3	2 147
3.机关	51 925	1 524	365	79	0	389
三、按国民经济行业分组						
(一)农、林、牧、渔业	6 474	103	108	1	0	854
(二)采掘业	150	1	0	0	0	124
(三)制造业	55 263	345	1 400	89	0	65 473
(四)电、煤气及水的生产和供应业	6 928	105	0	0	0	426
(五)建筑业	5 226	3 409	0	0	0	4 422
(六)地质勘查业、水利管理业	1 961	3	4	0	0	93
(七)交通运输、仓储及邮电通信业	6 037	97	15	14	0	2 988
(八)批发和零售贸易、餐饮业	30 642	607	345	16	0	22 010
(九)金融、保险业	100	1	0	0	0	2
(十)房地产业	3 995	194	46	21	0	450
(十一)社会服务业	23 211	865	71	41	0	3 269
(十二)卫生、体育和社会福利业	18 481	633	249	165	0	420
(十三)教育文化和广播电影电视业	67 723	670	3 534	117	3	538
(十四)科学研究和综合技术服务业	4 415	141	21	12	0	652
(十五)国家机关、政党和社会团体	51 592	1 535	388	78	0	293
(十六)其他行业	1 491	52	27	9	0	190

3-9 续表2

行业	单位从业人员平均人数	在岗职工	其他从业人员	聘用的离退休人员	聘用港澳台和外籍人员	离开本单位仍保留劳动关系的职工平均人数
合计	**299 213**	**293 198**	**6 015**	**561**	**3**	**102 850**
一、按隶属关系分组						
1.地区	136 322	134 778	1 544	351	3	76 470
2.县及县以下	162 891	158 420	4 471	210	0	26 380
二、按企业、事业、机关分组						
1.企业	126 289	124 541	1 748	131	0	100 275
2.事业	119 431	115 529	3 902	351	3	2 177
3.机关	53 493	53 128	365	79	0	398
三、按国民经济行业分组						
(一)农、林、牧、渔业	6 667	6 565	102	1	0	864
(二)采掘业	151	151	0	0	0	124
(三)制造业	58 226	56 972	1 254	89	0	66 782
(四)电、煤气及水的生产和供应业	6 966	6 966	0	0	0	362
(五)建筑业	8 813	8 813	0	0	0	4 344
(六)地质勘查业、水利管理业	1 965	1 961	4	0	0	93
(七)交通运输、仓储及邮电通信业	6 129	6 117	12	11	0	2 812
(八)批发和零售贸易、餐饮业	31 432	31 084	348	20	0	21 957
(九)金融、保险业	99	99	0	0	0	2
(十)房地产业	4 170	4 124	46	21	0	447
(十一)社会服务业	24 141	24 070	71	41	0	3 035
(十二)卫生、体育和社会福利业	19 333	19 083	250	167	0	437
(十三)教育文化和广播电影电视业	71 708	68 220	3 488	116	3	538
(十四)科学研究和综合技术服务业	4 649	4 628	21	8	0	565
(十五)国家机关、政党和社会团体	53 194	52 805	389	78	0	302
(十六)其他行业	1 570	1 540	30	9	0	186

3－10　各区县全部从业人员情况

(2001 年)　　单位:人

分　类	年末人数							平均人数		
	单位从业人员	女性	在岗职工合计	按用工期限分组		其他从业人员	离开本单位仍保留劳动关系的职工	单位从业人员	在岗职工	离开本单位仍保留劳动关系的职工
				长期职工	临时职工					
全　市	**227 134**	**92 469**	**219 252**	**207 831**	**11 421**	**7 882**	**48 999**	**226 661**	**218 657**	**49 586**
(一)市　区	122 901	55 840	119 362	113 080	6 282	3 539	29 593	122 660	119 112	29 765
新　城	18 864	9 791	18 379	17 386	993	485	7 147	19 011	18 486	7 446
碑　林	20 622	10 938	20 203	19 303	900	419	6 469	20 798	20 381	6 635
莲　湖	18 087	8 939	17 835	17 259	576	252	3 775	18 008	17 752	3 549
灞　桥	8 797	3 990	8 742	8 602	140	55	1 493	8 769	8 720	1 496
未　央	8 957	4 556	8 830	8 491	339	127	575	8 930	8 803	581
雁　塔	12 004	3 943	10 388	8 831	1 557	1 616	1 458	11 929	10 307	1 383
阎　良	7 367	3 057	6 819	6 399	420	548	2 148	7 181	6 666	2 150
临　潼	28 203	10 626	28 166	26 809	1 357	37	6 528	28 034	27 997	6 525
(二)五　县	104 233	36 629	99 890	94 751	5 139	4 343	19 406	104 001	99 545	19 821
长　安	23 825	9 706	22 659	22 562	97	1 166	3 563	23 944	22 701	3 620
蓝　田	16 125	5 436	15 155	15 155	0	970	2 573	16 125	15 155	2 573
周　至	24 612	7 797	23 267	22 766	501	1 345	4 427	23 854	22 509	4 956
户　县	26 174	9 519	25 992	25 182	810	182	6 817	26 591	26 409	6 696
高　陵	13 497	4 171	12 817	9 086	3 731	680	2 026	13 487	12 771	1 976

3－11 各区县国有单位从业人员情况

(2001年) 单位:人

分类	年末人数							平均人数		
	单位从业人员	女性	在岗职工合计	按用工期限分组		其他从业人员	离开本单位仍保留劳动关系的职工	单位从业人员	在岗职工	离开本单位仍保留劳动关系的职工
				长期职工	临时职工					
全市	**172 536**	**71 800**	**167 993**	**161 357**	**6 636**	**4 543**	**28 573**	**171 888**	**167 384**	**28 589**
(一)市区	85 056	40 274	83 894	80 958	2 936	1 162	15 619	84 736	83 600	15 428
新城	9 055	4 516	8 986	8 410	576	69	2 332	9 123	9 054	2 306
碑林	12 818	7 253	12 716	12 515	201	102	2 528	12 914	12 814	2 569
莲湖	9 555	5 333	9 407	9 104	303	148	1 718	9 522	9 362	1 659
灞桥	7 357	3 335	7 305	7 168	137	52	848	7 327	7 281	853
未央	7 911	3 944	7 805	7 483	322	106	289	7 862	7 756	294
雁塔	6 802	3 207	6 684	6 353	331	118	656	6 744	6 623	500
阎良	6 211	2 892	5 678	5 406	272	533	1 659	6 060	5 560	1 661
临潼	25 347	9 794	25 313	24 519	794	34	5 589	25 184	25 150	5 586
(二)五县	87 480	31 526	84 099	80 399	3 700	3 881	12 954	87 152	83 784	13 161
长安	20 761	8 527	20 278	20 214	64	483	2 009	20 878	20 395	2 048
蓝田	14 291	4 783	13 321	13 321	0	970	2 038	14 291	13 321	2 038
周至	19 797	6 716	18 456	18 281	175	1 341	2 653	19 382	18 041	2 920
户县	21 888	8 214	21 711	21 487	224	177	4 828	21 873	21 696	4 735
高陵	10 743	3 286	10 333	7 096	3 237	410	1 426	10 728	10 331	1 420

3－12　各区县城镇集体单位从业人员情况

（2001 年）　　单位：人

分类	年末人数							平均人数		
	单位从业人员	女性	在岗职工合计	按用工期限分组		其他从业人员	离开本单位仍保留劳动关系的职工	单位从业人员	在岗职工	离开本单位仍保留劳动关系的职工
				长期职工	临时职工					
全市	**41 757**	**15 667**	**38 917**	**35 555**	**3 362**	**2 840**	**17 192**	**42 330**	**39 378**	**17 547**
(一)市区	30 823	12 640	28 689	26 212	2 477	2 134	12 622	30 881	28 712	12 980
新城	9 196	4 797	8 783	8 366	417	413	4 815	9 237	8 784	5 140
碑林	3 248	1 869	3 162	3 093	69	86	3 318	3 342	3 256	3 438
莲湖	8 453	3 578	8 349	8 076	273	104	2 057	8 407	8 311	1 890
灞桥	1 410	644	1 407	1 404	3	3	645	1 412	1 409	643
未央	1 046	612	1 025	1 008	17	21	286	1 068	1 047	287
雁塔	3 832	282	2 343	1 353	990	1 489	188	3 818	2 326	269
阎良	1 156	165	1 141	993	148	15	489	1 121	1 106	489
临潼	2 482	693	2 479	1 919	560	3	824	2 476	2 473	824
(二)五县	10 934	3 027	10 228	9 343	885	706	4 570	11 449	10 666	4 567
长安	3 002	1 167	2 319	2 313	6	683	1 419	3 011	2 251	1 414
蓝田	1 566	558	1 566	1 566	0	0	535	1 566	1 566	535
周至	3 423	577	3 423	3 177	246	0	1 324	3 509	3 509	1 338
户县	2 466	567	2 462	1 876	586	4	841	2 891	2 887	841
高陵	477	162	458	411	47	19	451	472	453	439

3－13　各区县其他经济类型单位从业人员情况

(2001年)　　单位:人

分类	年末人数 单位从业人员	女性	在岗职工合计	按用工期限分组 长期职工	临时职工	其他从业人员	离开本单位仍保留劳动关系的职工	平均人数 单位从业人员	在岗职工	离开本单位仍保留劳动关系的职工
全　市	**12 841**	**4 998**	**12 342**	**10 919**	**1 423**	**499**	**3 234**	**12 443**	**11 895**	**3 450**
(一)市　区	7 022	2 926	6 779	5 910	869	243	1 352	7 043	6 800	1 357
新　城	613	478	610	610		3	0	651	648	0
碑　林	4 556	1 816	4 325	3 695	630	231	623	4 542	4 311	628
莲　湖	79	28	79	79	0	0	0	79	79	0
灞　桥	30	11	30	30	0	0	0	30	30	0
未　央										
雁　塔	1 370	454	1 361	1 125	236	9	614	1 367	1 358	614
阎　良										
临　潼	374	139	374	371	3	0	115	374	374	115
(二)五　县	5 819	2 072	5 563	5 009	554	256	1 882	5 400	5 095	2 093
长　安	62	12	62	35	27	0	135	55	55	158
蓝　田	268	95	268	268	0	0	0	268	268	0
周　至	1 392	504	1 388	1 308	80	4	450	963	959	698
户　县	1 820	738	1 819	1 819	0	1	1 148	1 827	1 826	1 120
高　陵	2 277	723	2 026	1 579	447	251	149	2 287	1 987	117

3－14　全部单位在岗职工平均人数

(2001年)　　单位:人

分　　类	合　　计	国有经济	城镇经济	其他经济
总　　计	**1 116 038**	**800 457**	**116 995**	**198 586**
一、按隶属关系分组				
中　央	329 019	329 019		
省　属	178 152	178 152		
市　属	608 867	293 286	116 995	198 586
二、按企业、事业、机关分组				
企　业	778 909	468 658	111 665	198 586
其中:市 属	434 880	124 629	111 665	198 586
事　业	264 996	260 300	4 696	
其中:市 属	120 225	115 529	4 696	
机　关	72 133	71 499	634	
其中:市 属	53 762	53 128	634	
三、按国民经济行业分组				
1.农、林、牧、渔业	8 098	7 735	173	190
2.采掘业	2 036	1 667		369
3.制造业	421 536	230 457	44 459	146 620
4.电力、煤气及水的生产和供应业	18 852	18 841		11
5.建筑业	76 517	51 692	24 454	371
6.地质勘查业、水利管理业	16 175	15 901	274	
7.交通运输、仓储及邮电通信业	77 478	71 059	2 589	3 830
8.批发和零售贸易、餐饮业	88 829	43 317	24 933	20 579
9.金融、保险业	27 696	19 876	1 773	6 047
10.房地产业	7 266	4 470	640	2 156
11.社会服务业	60 985	36 879	8 741	15 365
12.卫生、体育和社会福利业	35 758	32 623	2 746	389
13.教育、文化艺术及广播电影电视业	126 579	124 982	1 118	479
14.科学研究和综合技术服务业	69 740	67 562	93	2 085
15.国家机关、政党机关和社会团体	71 119	70 482	637	
16.其他行业	7 374	2 914	4 365	95

3－15 各区县在岗职工平均人数

(2001年) 单位:人

区 县	合 计	国有经济	城镇集体经济	其他经济
全 市	**218 657**	**167 384**	**39 378**	**11 895**
(一)市 区	119 112	83 600	28 712	6 800
新 城	18 486	9 054	8 784	648
碑 林	20 381	12 814	3 256	4 311
莲 湖	17 752	9 362	8 311	79
灞 桥	8 720	7 281	1 409	30
未 央	8 803	7 756	1 047	
雁 塔	10 307	6 623	2 326	1 358
阎 良	6 666	5 560	1 106	
临 潼	27 997	25 150	2 473	374
(二)五 县	99 545	83 784	10 666	5 095
长 安	22 701	20 395	2 251	55
蓝 田	15 155	13 321	1 566	268
周 至	22 509	18 041	3 509	959
户 县	26 409	21 696	2 887	1 826
高 陵	12 771	10 331	453	1 987

3－16　全部单位从业人员劳动报酬

(2001年)　　单位:千元

行业	单位从业人员劳动报酬	在岗职工工资总额	其他从业人员劳动报酬	聘用的离退休人员	聘用港澳台外籍人员	离开本单位仍保留劳动关系的职工的生活费	在岗职工平均工资(元)
总　计	**12 312 018**	**12 037 431**	**274 587**	**28 918**	**29 344**	**678 726**	**10 786**
一、按企业、事业、机关分组							
1.企业	7 926 755	7 683 436	243 319	19 680	27 368	653 866	9 864
2.事业	3 499 428	3 469 996	29 432	8 883	1 976	21 566	13 095
3.机关	885 835	883 999	1 836	355	0	3 294	12 255
二、按国民经济行业分组							
(一)农、林、牧、渔业	67 476	67 050	426	34	0	2 581	8 280
(二)采掘业	13 007	13 007	0	0	0	5 939	6 389
(三)制造业	3 951 050	3 910 264	40 786	10 200	10 263	398 727	9 276
(四)电、煤气及水的生产和供应业	230 939	230 704	235	215	0	10 446	12 238
(五)建筑业	704 596	681 612	22 984	1 771	0	70 587	8 908
(六)地质勘查业、水利管理业	142 122	142 108	14	0	0	817	8 786
(七)交通运输、仓储及邮电通信业	1 200 316	1 169 400	30 916	661	115	48 022	15 093
(八)批发和零售贸易、餐饮业	617 025	610 937	6 088	1 903	612	83 585	6 878
(九)金融、保险业	528 680	431 359	97 321	14	0	17 299	15 575
(十)房地产业	75 491	74 629	862	324	60	2 118	10 271
(十一)社会服务业	612 940	592 823	20 117	1 568	15 632	13 992	9 721
(十二)卫生、体育和社会福利业	455 092	452 178	2 914	1 978	0	4 110	12 646
(十三)教育文化和广播电影电视业	1 761 759	1 724 095	37 664	3 396	2 606	5 770	13 621
(十四)科学研究和综合技术服务业	1 015 902	1 004 901	11 001	6 066	56	10 275	14 409
(十五)国家机关、政党和社会团体	878 149	876 153	1 996	367	0	2 777	12 320
(十六)其他行业	57 474	56 211	1 263	421	0	1 681	7 623

3－17　国有单位从业人员劳动报酬

（2001年）　　单位：千元

行业	单位从业人员劳动报酬	在岗职工工资总额	其他从业人员劳动报酬	聘用的离退休人员	聘用港澳台外籍人员	离开本单位仍保留劳动关系的职工的生活费	在岗职工平均工资（元）
合　计	**9 416 883**	**9 260 960**	**155 923**	**14 131**	**1 976**	**559 511**	**11 570**
一、按隶属关系分组							
1.中央	4 644 338	4 540 995	103 343	5 238	360	207 465	13 802
2.省、自治区、直辖市	1 841 769	1 809 846	31 923	5 571	1 520	109 221	10 159
3.地区	1 501 532	1 496 093	5 439	1 771	96	209 839	11 100
4.县及县以下	1 428 441	1 413 246	15 195	1 528	0	32 986	8 921
5.其他	803	780	23	23	0	0	8 864
二、按企业、事业、机关分组							
1.企业	5 071 398	4 946 409	124 989	4 968	0	535 083	10 554
①中央	3 165 926	3 070 531	95 395	1 931	0	197 782	12 469
②省、自治区、直辖市	870 640	846 518	24 122	2 300	0	102 065	8 658
③地区	824 315	820 865	3 450	378	0	207 186	9 647
④县及县以下	209 714	207 715	1 999	336	0	28 050	5 266
2.事业	3 465 164	3 436 066	29 098	8 808	1 976	21 177	13 200
①中央	1 410 092	1 402 144	7 948	3 307	360	9 683	17 807
②省、自治区、直辖市	797 192	789 491	7 701	3 186	1 520	5 982	11 957
③地区	424 487	422 727	1 760	1 258	96	2 634	13 361
④县及县以下	833 393	821 704	11 689	1 057	0	2 878	9 795
3.机关	880 321	878 485	1 836	355	0	3 251	12 287
①中央	68 320	68 320	0	0	0	0	16 978
②省、自治区、直辖市	173 937	173 837	100	85	0	1 174	12 117
③地区	252 730	252 501	229	135	0	19	13 993
④县及县以下	385 334	383 827	1 507	135	0	2 058	10 941
三、按国民经济行业分组							
（一）农、林、牧、渔业	64 378	63 959	419	27	0	2 521	8 269
（二）采掘业	9 818	9 818	0	0	0	5 579	5 890
（三）制造业	2 152 933	2 142 839	10 094	1 840	0	331 467	9 298
（四）电、煤气及水的生产和供应业	230 725	230 490	235	215	0	10 446	12 233
（五）建筑业	524 501	515 280	9 221	928	0	60 279	9 968
（六）地质勘查业、水利管理业	140 990	140 976	14	0	0	817	8 866
（七）交通运输、仓储及邮电通信业	1 147 540	1 117 088	30 452	342	0	40 753	15 721
（八）批发和零售贸易、餐饮业	313 065	310 376	2 689	779	0	54 660	7 165
（九）金融、保险业	340 606	289 058	51 548	0	0	17 139	14 543
（十）房地产业	46 366	45 927	439	190	0	1 871	10 274
（十一）社会服务业	387 522	386 473	1 049	682	0	10 127	10 479
（十二）卫生、体育和社会福利业	431 534	429 113	2 421	1 780	0	4 038	13 154
（十三）教育文化和广播电影电视业	1 741 446	1 704 772	36 674	3 036	1 976	5 707	13 640
（十四）科学研究和综合技术服务业	981 932	973 595	8 337	3 782	0	10 275	14 410
（十五）国家机关、政党和社会团体	872 622	870 626	1 996	367	0	2 736	12 352
（十六）其他行业	30 905	30 570	335	163	0	1 096	10 491

3－18 城镇集体单位从业人员劳动报酬

(2001年) 单位：千元

行业	单位从业人员劳动报酬	在岗职工工资总额	其他从业人员劳动报酬	聘用的离退休人员	聘用港澳台外籍人员	离开本单位仍保留劳动关系的职工的生活费	在岗职工平均工资(元)
合计	**665 053**	**635 420**	**29 633**	**4 463**	**0**	**67 332**	**5 431**
一、按企业、事业、机关分组							
1.企业	625 275	595 976	29 299	4 388	0	66 900	5 337
2.事业	34 264	33 930	334	75	0	389	7 225
3.机关	5 514	5 514	0	0	0	43	8 697
二、按国民经济行业分组							
(一)农、林、牧、渔业	984	977	7	7	0	0	5 647
(三)制造业	227 307	217 647	9 660	2 108	0	36 823	4 895
(五)建筑业	175 719	162 499	13 220	614	0	10 119	6 645
(六)地质勘查业、水利管理业	1 132	1 132	0	0	0	0	4 131
(七)交通运输、仓储及邮电通信业	14 760	14 691	69	39	0	1 535	5 674
(八)批发和零售贸易、餐饮业	119 711	117 075	2 636	1 010	0	15 591	4 696
(九)金融、保险业	17 847	17 847	0	0	0	160	10 066
(十)房地产业	4 140	3 977	163	63	0	247	6 214
(十一)社会服务业	42 539	40 182	2 357	66	0	2 096	4 597
(十二)卫生、体育和社会福利业	20 813	20 320	493	198	0	72	7 400
(十三)教育文化和广播电影电视业	8 791	8 791	0	0	0	63	7 863
(十四)科学研究和综合技术服务业	793	693	100	100	0	0	7 452
(十五)国家机关、政党和社会团体	5 527	5 527	0	0	0	41	8 677
(十六)其他行业	24 990	24 062	928	258	0	585	5 512

3－19　其他经济类型单位从业人员劳动报酬

(2001年)　　单位:千元

行业	单位从业人员劳动报酬	在岗职工工资总额	其他从业人员劳动报酬	聘用的离退休人员	聘用港澳台外籍人员	离开本单位仍保留劳动关系的职工的生活费	在岗职工平均工资(元)
合计	**2 230 082**	**2 141 051**	**89 031**	**10 324**	**27 368**	**51 883**	**10 781**
一、按登记注册类型分组							
(一)内资	1 873 270	1 806 302	66 968	9 053	7 460	50 295	10 348
1.股份合作	63 793	63 763	30	30	0	8 937	6 227
2.联营	4 297	3 326	971	32	0	360	8 684
其中:国有联营	4 278	3 307	971	32	0	360	8 726
3.有限责任公司	1 186 814	1 168 794	18 020	6 803	7 460	23 507	10 210
其中:国有独资	441 384	440 777	607	211	0	14 714	10 646
4.股份有限公司	618 366	570 419	47 947	2 188	0	17 491	11 533
(二)港、澳、台商投资	98 412	96 753	1 659	293	934	572	11 851
(三)外商投资	258 400	237 996	20 404	978	18 974	1 016	15 004
二、按企业、事业分组							
1.企业	2 230 082	2 141 051	89 031	10 324	27 368	51 883	10 781
三、按国民经济行业分组							
(一)农、林、牧、渔业	2 114	2 114	0	0	0	60	11 126
(二)采掘业	3 189	3 189	0	0	0	360	8 642
(三)制造业	1 570 810	1 549 778	21 032	6 252	10 263	30 437	10 570
(四)电,煤气及水的生产和供应业	214	214	0	0	0	0	19 455
(五)建筑业	4 376	3 833	543	229	0	189	10 332
(七)交通运输、仓储及邮电通信业	38 016	37 621	395	280	115	5 734	9 823
(八)批发和零售贸易、餐饮业	184 249	183 486	763	114	612	13 334	8 916
(九)金融、保险业	170 227	124 454	45 773	14	0	0	20 581
(十)房地产业	24 985	24 725	260	71	60	0	11 468
(十一)社会服务业	182 879	166 168	16 711	820	15 632	1 769	10 815
(十二)卫生、体育和社会福利业	2 745	2 745	0	0	0	0	7 057
(十三)教育文化和广播电影电视业	11 522	10 532	990	360	630	0	21 987
(十四)科学研究和综合技术服务业	33 177	30 613	2 564	2 184	56	0	14 682
(十六)其他行业	1 579	1 579	0	0	0	0	16 621

3－20 市属国有单位从业人员劳动报酬

（2001年） 单位：千元

行业	单位从业人员劳动报酬	在岗职工工资总额	其他从业人员劳动报酬	聘用的离退休人员	聘用港澳台外籍人员	离开本单位仍保留劳动关系职工的生活费	在岗职工平均工资（元）
合计	**2 929 973**	**2 909 339**	**20 634**	**3 299**	**96**	**242 825**	**9 923**
一、按隶属关系分组							
1.地区	1 501 532	1 496.093	5 439	1 771	96	209 839	11 100
2.县及县以下	1 428 441	1 413 246	15 195	1 528	0	32 986	8 921
二、按企业、事业、机关分组							
1.企业	1 034 029	1 028 580	5 449	714	0	235 236	8 257
2.事业	1 257 880	1 244 431	13 449	2 315	96	5 512	10 776
3.机关	638 064	636 328	1 736	270	0	2 077	11 992
三、按国民经济行业分组							
(一)农、林、牧、渔业	51 782	51 425	357	7	0	2 400	7 833
(二)采掘业	349	349	0	0	0	0	2 311
(三)制造业	500 470	497 211	3 259	449	0	160 853	8 710
(四)电、煤气及水的生产和供应业	77 043	77 043	0	0	0	2 056	11 060
(五)建筑业	59 949	59 949	0	0	0	11 647	6 802
(六)地质勘查业、水利管理业	15 829	15 815	14	0	0	221	8 065
(七)交通运输、仓储及邮电通信业	54 520	54 454	66	65	0	8 222	8 902
(八)批发和零售贸易、餐饮业	183 014	181 465	1 549	127	0	40 951	5 838
(九)金融、保险业	1 193	1 193	0	0	0	8	12 051
(十)房地产业	42 915	42 499	416	167	0	1 528	10 305
(十一)社会服务业	269 269	268 722	547	224	0	8 095	11 164
(十二)卫生、体育和社会福利业	221 812	220 129	1 683	1 270	0	807	11 535
(十三)教育文化和广播电影电视业	746 834	736 221	10 613	616	96	3 384	10 792
(十四)科学研究和综合技术服务业	53 673	53 593	80	41	0	431	11 580
(十五)国家机关、政党和社会团体	635 783	633 901	1 882	268	0	2 045	12 005
(十六)其他行业	15 538	15 370	168	65	0	177	9 981

3-21　各区县全部从业人员劳动报酬

(2001年)　　单位:千元

区　县	单位从业人员劳动报酬	在岗职工工资总额	其他从业人员劳动报酬	离开本单位仍保留劳动关系职工的生活费	内部退养职工	在岗职工平均工资(元)
全　市	**1 858 479**	**1 830 822**	**27 657**	**53 932**	**24 902**	**8 373**
(一)市　区	1 119 441	1 104 649	14 792	36 086	11 398	9 274
新　城	153 464	152 459	1 005	7 316	1 471	8 247
碑　林	207 724	203 342	4 382	9 272	2 880	9 977
莲　湖	148 268	146 613	1 655	2 537	878	8 259
灞　桥	88 782	88 504	278	973	458	10 150
未　央	96 390	95 620	770	636	402	10 862
雁　塔	124 327	119 698	4 629	2 196	906	11 613
阎　良	68 180	66 758	1 422	3 221	170	10 015
临　潼	232 306	231 655	651	9 935	4 233	8 274
(二)五　县	739 038	726 173	12 865	17 846	13 504	7 295
长　安	159 706	153 837	5 869	2 900	1 653	6 777
蓝　田	120 049	118 566	1 483	1 453	1 112	7 824
周　至	182 138	180 221	1 917	3 245	2 132	8 007
户　县	187 516	187 082	434	8 932	7 569	7 084
高　陵	89 629	86 467	3 162	1 316	1 038	6 771

3－22　各区县国有单位从业人员劳动报酬

(2001年)　　单位:千元

区　县	单位从业人员劳动报酬	在岗职工工资总额	其他从业人员劳动报酬	离开本单位仍保留劳动关系的职工的生活费	内部退养职工	在岗职工平均工资(元)
全　市	**1 533 022**	**1 521 028**	**11 994**	**41 071**	**19 001**	**9 087**
(一)市　区	886 481	880 712	5 769	26 884	7 738	10 535
新　城	105 966	105 513	453	4 621	225	11 654
碑　林	138 439	137 431	1 008	6 521	2 566	10 725
莲　湖	104 493	103 597	896	1 608	410	11 066
灞　桥	77 723	77 467	256	759	337	10 640
未　央	90 246	89 566	680	338	162	11 548
雁　塔	92 383	91 860	523	1 496	301	13 870
阎　良	62 122	60 796	1 326	2 877	66	10 935
临　潼	215 109	214 482	627	8 664	3 671	8 528
(二)五　县	646 541	640 316	6 225	14 187	11 263	7 642
长　安	143 676	142 427	1 249	2 115	1 247	6 983
蓝　田	108 032	106 549	1 483	1 389	1 048	7 999
周　至	156 448	154 556	1 892	1 936	1 199	8 567
户　县	166 231	165 827	404	7 715	6 760	7 643
高　陵	72 154	70 957	1 197	1 032	1 009	6 868

3－23 各区县城镇集体单位从业人员劳动报酬

(2001年) 单位:千元

区县	单位从业人员劳动报酬	在岗职工工资总额	其他从业人员劳动报酬	离开本单位仍保留劳动关系的职工的生活费	内部退养职工	在岗职工平均工资(元)
全市	**225 936**	**214 830**	**11 106**	**9 741**	**3 838**	**5 456**
(一)市区	163 122	156 690	6 432	8 282	3 083	5 457
新城	38 181	37 661	520	2 695	1 246	4 287
碑林	20 782	19 902	880	2 572	309	6 112
莲湖	43 202	42 443	759	929	468	5 107
灞桥	10 639	10 617	22	214	121	7 535
未央	6 144	6 054	90	298	240	5 782
雁塔	23 464	19 423	4 041	77	33	8 350
阎良	6 058	5 962	96	344	104	5 391
临潼	14 652	14 628	24	1 153	562	5 915
(二)五县	62 814	58 140	4 674	1 459	755	5 451
长安	15 705	11 085	4 620	679	300	4 924
蓝田	10 650	10 650	0	64	64	6 801
周至	18 927	18 927	0	246	164	5 394
户县	14 726	14 698	28	225	213	5 091
高陵	2 806	2 780	26	245	14	6 137

3－24　各区县其他经济类型从业人员劳动报酬

(2001年)　　单位：千元

区　县	单位从业人员劳动报酬	在岗职工工资总额	其他从业人员劳动报酬	离开本单位仍保留劳动关系的职工的生活费	内部退养职工	在岗职工平均工资(元)
全　市	**99 521**	**94 964**	**4 557**	**3 120**	**2 063**	**7 984**
(一)市　区	69 838	67 247	2 591	920	577	9 889
新　城	9 317	9 285	32	0	0	14 329
碑　林	48 503	46 009	2 494	179	5	10 672
莲　湖	573	573	0	0	0	7 253
灞　桥	420	420	0	0	0	14 000
未　央						
雁　塔	8 480	8 415	65	623	572	6 197
阎　良						
临　潼	2 545	2 545	0	118	0	6 805
(二)五　县	29 683	27 717	1 966	2 200	1 486	5 440
长　安	325	325	0	106	106	5 909
蓝　田	1 367	1 367	0	0	0	5 101
周　至	6 763	6 738	25	1 063	769	7 026
户　县	6 559	6 557	2	992	596	3 591
高　陵	14 669	12 730	1 939	39	15	6 407

3－25　全部单位从业人员平均劳动报酬

（2001年）　　　　单位：元

	合计	国有经济	城镇集体经济	其他经济
合　　计	**10 718**	**11 461**	**5 337**	**11 014**
一、按隶属关系分组				
1.中央	13 679	13 679		
2.省属	10 075	10 075		
3.市属	9 301	9 792	5 337	11 014
二、按企业、事业、机关分组				
1.企业	9 842	10 483	5 245	11 014
2.事业	12 924	13 027	7 183	
3.机关	12 215	12 246	8 697	
三、按国民经济行业分组				
（一）农、林、牧、渔业	8 217	8 203	5 655	11 126
（二）采掘业	6 389	5 890		8 642
（三）制造业	9 233	9 231	4 845	10 630
（四）电力、煤气及水的生产和供应业	12 227	12 223		19 455
（五）建筑业	8 725	9 964	6 343	10 519
（六）地质勘查业、水利管理业	8 784	8 865	4 131	
（七）交通运输、仓储及邮电通信业	14 926	15 518	5 657	9 849
（八）批发和零售贸易、餐饮业	6 836	7 125	4 654	8 942
（九）金融、保险业	15 120	13 662	10 066	20 601
（十）房地产业	10 258	10 258	6 273	11 466
（十一）社会服务业	9 896	10 471	4 533	11 766
（十二）卫生、体育和社会福利业	12 551	13 072	7 285	7 057
（十三）教育、文化艺术和广播电影电视业	13 213	13 220	7 863	23 183
（十四）科学研究和综合技术服务业	14 325	14 329	7 699	14 488
（十五）国家机关、政党机关和社会团体	12 276	12 308	8 677	
（十六）其他行业	7 418	10 406	5 336	16 621

3－26 全部单位在岗职工平均工资

(2001年) 单位:元

	合计	国有经济	城镇集体经济	其他经济
合计	**10 786**	**11 570**	**5 431**	**10 781**
一、按隶属关系分组				
1.中央	13 802	13 802		
2.省属	10 159	10 159		
3.市属	9 340	9 922	5 431	10 781
二、按企业、事业、机关分组				
1.企业	9 864	10 554	5 337	10 781
2.事业	13 095	13 200	7 225	
3.机关	12 255	12 287	8 697	
三、按国民经济行业分组				
(一)农、林、牧、渔业	8 280	8 269	5 647	11 126
(二)采掘业	6 389	5 890		8 642
(三)制造业	9 276	9 298	4 895	10 570
(四)电力、煤气及水的生产和供应业	12 238	12 233		19 455
(五)建筑业	8 908	9 968	6 645	10 332
(六)地质勘查业、水利管理业	8 786	8 866	4 131	
(七)交通运输、仓储及邮电通信业	15 093	15 721	5 674	9 823
(八)批发和零售贸易、餐饮业	6 878	7 165	4 696	8 916
(九)金融、保险业	15 575	14 543	10 066	20 581
(十)房地产业	10 271	10 274	6 214	11 468
(十一)社会服务业	9 721	10 479	4 597	10 815
(十二)卫生、体育和社会福利业	12 646	13 154	7 400	7 057
(十三)教育、文化艺术和广播电影电视业	13 621	13 640	7 863	21 987
(十四)科学研究和综合技术服务业	14 409	14 410	7 452	14 682
(十五)国家机关、政党机关和社会团体	12 320	12 352	8 677	
(十六)其他行业	7 623	10 491	5 512	16 621

3－27　各区县在岗职工平均工资

（2001年）　　单位：元

区　县	合　计	国有经济	城镇集体经济	其他经济
全　市	**8 373**	**9 087**	**5 456**	**7 984**
(一)市　区	9 274	10 535	5 457	9 889
新　城	8 247	11 654	4 287	14 329
碑　林	9 977	10 725	6 112	10 672
莲　湖	8 259	11 066	5 107	7 253
灞　桥	10 150	10 640	7 535	14 000
未　央	10 862	11 548	5 782	
雁　塔	11 613	13 870	8 350	6 197
阎　良	10 015	10 935	5 391	
临　潼	8 274	8 528	5 915	6 805
(二)五　县	7 295	7 642	5 451	5 440
长　安	6 777	6 983	4 924	5 909
蓝　田	7 824	7 999	6 801	5 101
周　至	8 007	8 567	5 394	7 026
户　县	7 084	7 643	5 091	3 591
高　陵	6 771	6 868	6 137	6 407

3－28 离开本单位仍保留劳动关系职工平均生活费

(2001年) 单位:元

分类	合计	国有经济	城镇集体经济	其他经济
总计	**2 561**	**2 862**	**1 391**	**2 457**
一、按隶属关系分组				
中央	4 994	4 994		
省属	2 136	2 136		
市属	2 100	2 361	1 391	2 457
二、按企业、事业、机关分组				
企业	2 533	2 830	1 396	2 457
事业	3 523	3 743	838	
机关	4 102	4 255	1 103	
三、按国民经济行业分组				
1.农、林、牧、渔业	2 686	2 749		6 667
2.采掘业	4 551	4 872		2 250
3.制造业	2 459	2 711	1 365	2 357
4.电力、煤气及水的生产和供应业	9 548	9 548		
5.建筑业	2 321	2 512	1 585	7 000
6.地质勘查业、水利管理业	2 334	2 334		
7.交通运输、仓储及邮电通信业	4 270	5 223	729	4 286
8.批发和零售贸易、餐饮业	2 007	2 093	1 559	2 409
9.金融、保险业	10 529	10 626	5 333	
10.房地产业	2 188	3 427	784	
11.社会服务业	2 032	2 477	1 183	1 724
12.卫生、体育和社会福利业	4 852	5 066	1 440	
13.教育、文化艺术及广播电影电视	4 268	4 353	1 537	
14.科学研究和综合技术服务业	3 693	3 693		
15.国家机关、政党机关和社会团体	6 612	7 125	1 139	
16.其他行业	1 749	3 715	878	

主要统计指标解释

从业人员:指从事一定社会劳动并取得劳动报酬或经营收入的全部劳动力。包括:1.全部职工;2.城镇私营企业从业人员;3.城镇个体劳动者;4.农村社会劳动者;5.其他社会劳动者。这一指标反映了一定时期内全部劳动力资源实际利用情况,是研究我国基本国情国力的重要指标。各单位的从业人员是指在各级国家机关、政党机关、社会团体及企业、事业单位中工作并取得劳动报酬的全部人员。包括职工、再就业的离退休人员、民办教师以及在各单位中工作的外方人员和港、澳、台方人员。

职工:指在国有经济、城镇集体经济、联营经济、股份制经济、外商和港、澳、台投资经济、其他经济单位及其附属机构工作,并由其支付工资的各类人员。

合同制职工:指各单位根据国务院国发(1986)77号文件和国务院令第99号规定,通过签订有固定期限劳动合同、无固定期限劳动合同和以完成一项工作为期限劳动合同所使用的职工。包括实行全员劳动合同制单位的全部职工。

离开本单位仍保留劳动关系的职工:指由于用人单位的生产和经营状况等原因,已经离开本人的生产或工作岗位,并已不在本单位从事其他工作,但仍与用人单位保留劳动关系的职工。包括放长假、下岗待工、退出工作岗位休养等职工,不包括下岗后仍在企业参加转岗等培训的职工。

职工工资总额:指各单位在一定时期内直接支付给本单位全部职工的劳动报酬总额。工资总额的计算原则应以直接支付给职工的全部劳动报酬为根据。各单位支付给职工的劳动报酬以及其他根据有关规定支付的工资,不论是计入成本的还是不计入成本的,不论是以货币形式支付的还是以实物形式支付的,不论是单位自筹的资金还是上级(或政府财政部门)下拨的资金,不论是厂级单位筹集的资金还是下属车间(科室)及附属经营单位筹集的资金,均应列入工资总额计算的范围。

奖金:指支付给职工的超额劳动报酬和增收节支的劳动报酬。

津贴和补贴:指为了补偿职工特殊或额外的劳动消耗和因其他特殊原因支付给职工的津贴,以及为了保证职工工资水平不受物价影响支付给职工的物价补贴。

离开本单位仍保留劳动关系的职工生活费:指用人单位对离开本单位仍保留劳动关系的职工支付的生活补贴费用。

职工平均工资:指企业、事业、机关单位的职工在一定时期内平均每人所得的货币工资额。它表明一定时期内职工工资收入的高低程度,以反映职工工资水平的主要指标。计算公式为:

$$职工平均工资=\frac{报告期实际支付的全部职工工资总额}{报告期全部职工平均人数}$$

$$职工平均实际工资指数=\frac{报告期职工平均工资指数}{报告期城镇居民消费价格指数}\times 100\%$$

固定资产投资

GUDINGZICHANTOUZI

4－1 全社会固定资产投资

单位：万元

年 份	合 计	国有经济	集体经济	个体经济	其他经济
1985	184 420	139 567	13 567	31 286	–
1986	221 543	180 451	9 694	31 398	–
1987	270 470	221 845	15 020	33 605	–
1988	291 419	237 179	18 589	35 651	–
1989	283 015	232 230	14 589	36 196	–
1990	263 865	222 084	14 422	27 359	–
1991	307 573	244 228	22 604	40 741	–
1992	384 826	320 390	14 469	49 967	–
1993	750 640	596 635	30 254	65 549	58 202
1994	855 718	647 126	41 425	100 862	66 305
1995	1 034 184	690 806	97 778	111 298	134 302
1996	1 143 763	806 600	87 323	125 040	124 800
1997	1 169 014	774 602	102 138	151 064	141 210
1998	1 547 958	1 130 680	78 899	105 884	232 495
1999	1 973 060	1 365 036	136 206	162 234	309 584
2000	2 323 676	1 596 002	146 519	243 959	337 196
2001	2 877 233	1 755 787	146 738	385 743	588 965

注：集体经济：包括城镇集体和农村集体。 个体经济：包括城镇工矿区私人建房和农村私人建房。

4－2 全市固定资产投资

(2001年)

指　　标	合　计	基本建设	更新改造	其他投资	房地产开发
本年完成投资	2 569 496	1 249 392	536 879	109 014	674 211
按登记注册类型分					
内资	2 440 777	1 205 182	534 447	101 684	599 464
国有	1 701 149	996 283	418 027	15 765	271 074
集体	41 101	2 070		8 178	30 853
股份合作	21 884			12 824	9 060
国有联营	6 056	3 500			2 556
集体联营	1 130	500		630	
国有与集体联营	191	191			
其他联营	3 000	3 000			
国有独资公司	48 582	16 823	31 759		
其他有限责任公司	291 136	98 064	54 167		138 905
股份有限公司	160 067	69 684	30 494	2 000	57 889
私营个体	160 629	9 545		62 287	88 797
其他	5 852	5 522			330
港澳台商投资	78 918	30 620	2 432		45 866
合资经营	44 248	28 530	2 432		13 286
合作经营	10 935				10 935
独资	3 090	2 090			1 000
股份有限	20 645				20 645
外商投资	49 801	13 590		7 330	28 881
合资经营	34 836	4 343		6 500	23 993
合作经营	10 399	9 247		364	788
独资	466			466	
股份有限	4 100				4 100
按隶属关系分					
中央	473 820	213 340	257 768		2 712
省属	555 959	435 096	15 471	450	104 942
市属	1 539 717	600 956	263 640	108 564	566 557
按建设性质分					
新建	723 957	654 711	13 180	56 066	
扩建	581 138	271 266	279 943	29 929	
改建	344 879	93 944	231 554	19 381	
按构成分：					
1.建筑工程	1 582 219	903 585	150 572	78 560	449 502
2.安装工程	116 558	29 915	43 430	8 622	34 591
3.设备工器具购置	452 602	128 058	300 362	9 982	14 200
4.其他费用	418 117	187 834	42 515	11 850	175 918

4－2 续表

指标	合计	基本建设	更新改造	其他投资	房地产开发
按工程用途分					
其中:住宅	692 036	256 967	1 546	14 378	419 145
按项目规模分					
#基建大中型	136 245	136 245			
更改限上项目	141 666		141 666		
按国民经济行业分					
农、林、牧、渔业	8 586	6 512		2 074	
采掘业	10 065	8 465		1 600	
制造业	397 494	220 161	142 416	34 917	
电力、煤气及水的水生产和供应业	205 264	99 390	103 874	2 000	
建筑业	20 319	11 422	5 995	2 902	
地质勘查业、水利管理业	31 812	24 334	378	7 100	
交通运输、仓储及邮电通信业	474 363	274 931	185 627	13 805	
批发和零售贸易、餐饮业	83 612	72 496	750	10 366	
金融、保险业	10 586	9 241		1 345	
房地产业	677 314	3 103			674 211
社会服务业	129 497	55 585	71 599	2 313	
卫生、体育和社会福利业	25 582	25 582			
教育、文化艺术及广播电影电视业	185 022	154 790		30 232	
科学研究和综合技术服务业	68 340	42 550	25 790		
国家机关、政党机关和社会团体	83 356	82 546	450	360	
其他行业	158 284	158 284			
二、构成(%)					
按登记注册类型分					
国有经济	68.33	81.37	83.78	14.46	40.59
集体经济	2.49	0.21		19.84	5.92
按隶属关系分					
中　央	18.44	17.08	48.01		0.40
省　属	21.64	34.82	2.88	0.41	15.57
市　属	59.92	48.10	49.11	99.59	84.03
按建设性质分					
新　建	28.18	52.40	2.45	51.43	
扩　建	22.62	21.71	52.14	27.45	
改　建	13.42	7.52	43.13	17.78	
按构成分:					
1.建筑工程	61.58	72.32	28.05	72.06	66.67
2.安装工程	4.54	2.39	8.09	7.91	5.13
3.设备工器具购置	17.61	10.25	55.95	9.16	2.11
4.其他费用	16.27	15.04	7.91	10.87	26.09
按工程用途分					
其中:住宅	26.93	20.57	0.29	13.19	62.17
三、房屋面积(平方米)					
本年施工房屋面积	17 671 256	9 272 879	467 891	492 640	7 437 846
其中:住宅	11 428 937	5 327 323	27 044	270 238	5 804 332
本年竣工房屋面积	6 925 619	3 451 453	167 798	143 919	3 162 449
其中:住宅	5 022 617	2 264 423	15 200	46 939	2 696 055
本年新增固定资产	1 677 665	782 898	320 184	66 925	507 658

4－3　国有单位固定资产投资

指　　标	1985 年	1990 年	1995 年	1996 年	1997 年	1998 年	1999 年	2000 年	2001 年
一、投资总额(万元)	139 567	222 084	690 806	806 600	774 602	1 130 680	1 365 036	1 596 002	1 755 787
1.按资金来源分									
国家预算内投资	45 815	48 770	67 426	53 336	80 584	130 120	180 223	165 304	255 860
国内贷款	27 102	58 602	145 108	213 439	107 373	204 952	247 966	280 585	471 506
债　　券	–	–	–	–	961	23 333	5 951	32 886	6 865
利用外资	2 244	9 970	46 811	26 243	23 639	20 297	7 676	15 276	20 815
自筹资金	56 758	91 527	330 333	359 573	417 174	518 790	734 475	689 732	715 351
其它资金来源	7 648	13 215	101 128	154 009	144 871	233 188	188 745	412 219	285 390
2.按构成分									
建筑安装工程	83 542	130 615	405 057	435 152	466 075	701 519	947 829	1 102 548	1 177 790
设备、工具、器具购置	36 328	72 043	209 351	265 331	209 363	255 623	295 229	328 432	334 174
其它费用	19 697	19 426	76 398	106 117	99 164	173 538	121 978	165 022	243 823
3.按建设性质分									
新　　建	33 366	55 242	1 738 081	160 406	175 515	251 691	347 836	390 119	486 585
扩　　建	55 370	60 641	162 796	318 721	251 479	359 507	363 070	460 381	436 404
改　　建	33 505	63 253	145 783	117 643	120 123	124 230	235 009	254 860	328 685
4.按国民经济行业分									
农林牧渔业	1 736	1 888	1 127	1 314	2 392	4 272	3 160	4 077	3 666
工业建筑业	61 634	101 407	240 665	227 293	210 817	276 000	310 895	408 234	361 954
运输邮电业	4 949	28 180	–	212 104	161 106	221 085	382 834	360 779	472 278
二、新增固定资产(万元)	83 030	195 429	509 328	536 612	554 215	638 800	938 348	1 220 632	1 120 240
三、房屋建筑面积(万平方米)									
施工面积	586.49	508.73	841.00	805.26	834.32	1 133.38	1 275.04	1 341.75	1 154.67
竣工面积	213.92	203.12	303.72	278.30	322.70	304.26	542.99	577.14	491.80
其中:住　宅	125.39	107.58	214.01	131.35	249.19	222.77	471.58	475.18	392.32

4－4　主要年份全市固定资产投资

指　　标	1997年	1998年	1999年	2000年	2001年
一、投资总额(万元)	951 681	1 386 839	1 726 413	2 030 122	2 569 496
1.按资金来源分					
国家预算内投资	76 372	121 718	153 857	160 982	256 403
国内贷款	168 447	273 435	353 159	432 282	672 379
债　　券	908	21 688	7 043	32 460	6 753
利用外资	39 801	53 155	40 910	31 622	54 907
自筹资金	463 083	618 055	822 335	875 352	1 121 502
其它资金来源	203 070	298 788	349 109	497 424	457 552
2.按构成分					
建筑安装工程	587 756	854 429	1 197 935	1 404 184	1 698 777
设备、工具、器具购置	226 069	292 699	332 144	382 495	452 602
其它费用	137 856	239 711	196 334	243 443	418 117
3.按建设性质分					
新　　建	187 975	320 816	460 920	533 058	723 957
扩　　建	272 188	394 104	395 166	542 510	581 138
改　　建	125 245	130 415	243 953	263 657	344 879
4.按国民经济行业分					
农林牧渔业	2 392	4 832	9 352	7 577	8 586
工业建筑业	236 519	353 299	398 772	572 124	633 142
运输邮电业	161 618	222 513	384 274	361 175	474 363
二、新增固定资产(万元)	628 819	802 337	1 189 176	1 501 585	1 677 665
三、房屋建筑面积(平方米)					
施工面积	10 724 980	14 203 491	16 490 079	17 025 783	17 671 256
竣工面积	3 744 631	3 828 026	6 810 370	7 148 313	6 925 619
其中:住　宅	2 865 398	2 756 265	5 508 336	5 449 502	5 022 617

4－5　城镇集体经济单位固定资产投资

指　　标	2001年
一、投资总额(万元)	64 115
按资金来源分	
国家预算内投资	861
国内贷款	8 722
债券	
利用外资	
自筹资金	36 724
其他资金来源	17 808
按构成分:	
建筑安装工程	31 114
设备、工具、器具购置	2 466
其他费用	9 572
二、新增固定资产(万元)	68 406
三、项目个数	
施工项目	44
投产项目	23
四、房屋建筑面积(平方米)	
施工面积	743 910
住宅	569 672
竣工面积	315 085
住宅	203 364

4－6　主要年份农村集体固定资产投资

指　　标	1985 年	1990 年	1995 年	1996 年	1997 年	1998 年	1999 年	2000 年	2001 年
一、投资总额(万元)	8 582	5 542	37 892	48 963	66 269	55 235	86 843	89 626	82 623
1.按资金来源分									
国家资金	–	–	1 442	472	1 255	2 406	5 404	9 388	994
国内贷款	2 120	2 620	10 925	7 880	14 110	4 529	10 147	2 977	5 596
引进外资	–	313	5 021	8 290	8 641	7 390	5 076	5 394	70
自筹资金	5 653	1 281	12 220	21 908	31 910	31 154	53 747	53 338	58 911
群众集资	–	–	3 732	4 377	5 608	6 786	3 353	7 413	8 248
其他资金	809	1 328	4 552	6 036	4 745	2 970	9 116	11 116	8 804
2.按行业划分									
农林牧渔业及地质勘查水利管理业	–	–	170	1 315	113	2 886	7 318	9 075	4 452
工业	–	–	20 286	21 954	23 208	19 080	42 643	32 437	21 155
建筑业	–	–	2 475	2 921	4 797		2 483	12 309	8 523
交通运输邮电业	–	–	668	360			2 905	2 444	1 023
批发和零售贸易餐饮业及仓储业	–	–	3 749	4 693	13 329	18 173	10 111	8 444	26 611
金融保险业	–	–	–	–	–	–	200	10	700
房地产业及社会服务业	–	–	2 338	11 310	8 629	5 802	11 505	12 519	8 260
卫生体育社会福利业	–	–	3 054	–	4 887	11	806	126	107
教育文化艺术及广播电影电视业	–	–	4 642	4 865	4 805	3 791	4 817	6 110	7 973
科学研究和综合技术服务业	–	–	–	–	–			500	790
国家机关政党机关和社会团体	–	–	160	603	2 688	2 177	2 819	635	1 859
其他行业	–	–	350	942	2 733	1 070	1 236	5 017	1 170
二、竣工房屋建筑面积(万平方米)	–	–	16.08	42.89	22.01	30.20	40.50	83.96	41.10
住宅	–	–	0.92	7.92	1.24	5.17	9.72	21.33	10.82
三、本年新增固定资产(万元)	–	3 739	32 405	45 383	57 972	42 303	84 034	89 626	75 732

4－7　农村集体固定资产投资

(2001年)　　单位:万元

指　　标	全市
一、本年完成投资	82 623
建筑工程	44 680
安装工程	8 537
设备购置	16 045
其他	13 361
二、本年新增固定资产	75 732
三、本年投资资金来源	82 623
国家资金	994
国内贷款	5 596
引进外资	70
自筹资金	58 911
群众集资	8 248
其他资金	8 804
四、房屋建筑面积(平方米)	
施工面积	475 421
#住宅	118 234
竣工面积	411 096
#住宅	108 234

4－8　主要年份市属固定资产投资

单位：万元

指　　标	1985年	1990年	1995年	1996年	1997年	1998年	1999年	2000年	2001年
一、投资总额	38 896	80 958	432 451	566 602	607 065	933 830	1 070 827	1 263 023	1 539 717
1.按经济类型类型分									
国有经济	34 313	72 078	258 545	419 671	467 790	703 414	756 908	890 546	894 700
集体经济	4 583	8 880	5 720	34 770	29 754	20 503	48 663	52 893	62 895
其他经济	–	–	168 186	112 161	109 521	209 913	265 256	319 584	582 122
2.按管理渠道分									
基本建设	19 100	34 204	138 889	221 431	244 564	339 393	357 406	470 442	600 956
更新改造	15 213	30 335	90 715	123 718	146 106	208 159	245 062	250 495	263 640
其他投资	4 583	10 934	31 556	11 850	14 486	33 803	68 700	68 299	108 564
房地产开发	–	5 485	171 291	209 603	201 909	352 475	399 659	473 787	566 557
二、新增固定资产	27 872	69 434	273 324	296 898	374 318	521 350	859 070	953 173	1 159 980
三、房屋建设面积(平方米)									
竣工面积	986 197	950 215	2 025 223	1 984 330	2 264 862	2 383 041	5 012 547	5 094 751	5 359 752
住　宅	451 128	501 234	1 433 005	1 487 837	1 666 509	1 691 699	4 074 889	3 735 111	3 960 060

4－9　市属固定资产投资

(2001年)

分　　类	合　计	基本建设	更新改造	其他投资	房地产开发
本年完成投资	1 539 717	600 956	263 640	108 564	566 557
按登记注册类型分					
内资	1 419 941	559 746	261 208	101 234	497 753
国有	885 885	435 172	202 819	15 765	232 129
集体	39 881	2 070		7 728	30 083
股份合作	21 884			12 824	9 060
国有联营	6 056	3 500			2 556
集体联营	1 130	500		630	
国有与集体联营					
其他联营	3 000	3 000			
国有独资公司	2 759	959	1 800		
其他有限责任公司	151 253	39 352	26 095		85 806
股份有限公司	146 379	60 126	30 494	2 000	53 759
私营个体	155 862	9 545		62 287	84 030
其他	5 852	5 522			330
港澳台商投资	77 461	29 620	2 432		45 409
合资经营	42 791	27 530	2 432		12 829
合作经营	10 935				10 935
独资	3 090	2 090			1 000
股份有限	20 645				20 645
外商投资	42 315	11 590		7 330	23 395
合资经营	27 350	2 343		6 500	18 507
合作经营	10 399	9 247		364	788
独资	466			466	
股份有限	4 100				4 100
按建设性质分					
新建	416 528	347 282	13 180	56 066	
扩建	271 562	70 083	172 000	29 479	
改建	143 614	49 202	75 031	19 381	
按构成分:					
1.建筑工程	994 887	439 855	101 638	78 210	375 184
2.安装工程	69 276	19 962	16 758	8 622	23 934
3.设备工器具购置	199 364	58 828	117 619	9 882	13 035
4.其他费用	276 190	82 311	27 625	11 850	154 404
按工程用途分					
其中:住宅	511 369	139 993	695	14 378	356 303

4－9　续表

指　　标	合　　计	基本建设	更新改造	其他投资	房地产开发
按项目规模分					
基建大中型	103 159	103 159			
更改限上项目	81 990		81 990		
按国民经济行业分					
农、林、牧、渔业	8 586	6 512		2 074	
采掘业	1 600			1 600	
制造业	201 141	91 009	75 665	34 467	
电力、煤气及水的水生产和供应业	86 068	70 683	13 385	2 000	
建筑业	4 586	1 684	2 902		
地质勘查业、水利管理业	27 087	19 712	275	7 100	
交通运输、仓储及邮电通信业	165 714	50 393	101 516	13 805	
批发和零售贸易、餐饮业	67 231	56 115	750	10 366	
金融、保险业	6 036	4 691		1 345	
房地产业	569 660	3 103			566 557
社会服务业	120 528	46 616	71 599	2 313	
卫生、体育和社会福利业	20 161	20 161			
教育、文化艺术及广播电影电视业	56 389	26 157		30 232	
科学研究和综合技术服务业	593	593			
国家机关、政党机关和社会团体	47 942	47 132	450	360	
其他行业	156 395	156 395			
二、构成(%)					
按登记注册类型分					
国有经济	58.11	73.16	77.61	14.52	41.42
集体经济	4.08	0.43		19.51	6.91
按建设性质分					
新　建	27.05	57.79	5.00	51.64	
扩　建	17.64	11.66	65.24	27.15	
改　建	9.33	8.19	28.46	17.85	
按构成分：					
1.建筑工程	64.61	73.19	38.55	72.04	66.23
2.安装工程	4.50	3.32	6.36	7.94	4.22
3.设备工器具购置	12.95	9.79	44.61	9.10	2.30
4.其他费用	17.94	13.70	10.48	10.92	27.25
按工程用途分					
其中:住宅	33.21	23.30	0.26	13.24	62.89
三、房屋面积(平方米)					
本年施工房屋面积	11 247 021	3 951 675	331 591	492 640	6 471 115
其中:住宅	7 684 038	2 329 131	11 314	270 238	5 073 355
本年竣工房屋面积	5 359 752	2 241 252	120 126	143 919	2 854 455
其中:住宅	3 960 060	1 475 703	9 500	46 939	2 427 918
四、本年新增固定资产	1 159 980	429 360	217 568	66 475	446 577

4－10　市区固定资产投资额

(2001年)

指　　标	合　计	基本建设	更新改造	其他投资	房地产开发
本年完成投资	2 272 257	1 061 853	516 255	55 027	639 122
按登记注册类型分					
内资	2 145 538	1 019 643	513 823	47 697	564 375
国有	1 487 662	846 984	402 293	2 400	235 985
集体	37 811	2 070		4 888	30 853
股份合作	15 984			6 924	9 060
国有联营	6 056	3 500			2 556
集体联营	1 130	500		630	
国有与集体联营	191	191			
其他联营	3 000	3 000			
国有独资公司	48 270	16 511	31 759		
其他有限责任公司	283 159	90 087	54 167		138 905
股份有限公司	138 151	54 658	25 604		57 889
私营个体	121 652			32 855	88 797
其他	2 472	2 142			330
港澳台商投资	76 918	28 620	2 432		45 866
合资经营	42 248	26 530	2 432		13 286
合作经营	10 935				10 935
独资	3 090	2 090			1 000
股份有限	20 645				20 645
外商投资	49 801	13 590		7 330	28 881
合资经营	34 836	4 343		6 500	23 993
合作经营	10 399	9 247		364	788
独资	466			466	
股份有限	4 100				4 100
按隶属关系分					
中央	467 218	207 004	257 502		2 712
省属	531 669	413 586	12 691	450	104 942
市属	1 273 370	441 263	246 062	54 577	531 468
按建设性质分					
新建	561 692	503 412	13 180	45 100	
扩建	528 193	254 358	271 838	1 997	
改建	317 835	92 380	219 035	6 420	
按构成分：					
1.建筑工程	1 379 333	768 897	143 586	32 638	434 212
2.安装工程	111 263	26 600	41 450	8 622	34 591
3.设备工器具购置	428 401	113 816	290 408	9 977	14 200
4.其他费用	353 260	152 540	40 811	3 790	156 119
按工程用途分					
其中：住宅	629 591	237 014	1 546	3 961	387 070

4－10　续表

指　　标	合　计	基本建设	更新改造	其他投资	房地产开发
按项目规模分					
基建大中型	96 045	96 045			
更改限上项目	129 748		129 748		
按国民经济行业分					
农、林、牧、渔业	2 037	1 917		120	
采掘业	1 600			1 600	
制造业	349 293	185 343	134 581	29 369	
电力、煤气及水的水生产和供应业	188 196	91 996	96 200		
建筑业	19 170	10 496	5 995	2 679	
地质勘查业、水利管理业	29 383	22 180	103	7 100	
交通运输、仓储及邮电通信业	410 510	226 919	183 227	364	
批发和零售贸易、餐饮业	81 076	71 144	750	9 182	
金融、保险业	7 650	7 650			
房地产业	641 785	2 663			639 122
社会服务业	109 884	37 962	69 609	2 313	
卫生、体育和社会福利业	23 889	23 889			
教育、文化艺术及广播电影电视业	149 556	147 256		2 300	
科学研究和综合技术服务业	66 445	40 655	25 790		
国家机关、政党机关和社会团体	68 215	68 215			
其他行业	123 568	123 568			
二、构成(%)					
按登记注册类型分					
国有经济	67.86	81.65	84.08	4.36	37.32
集体经济	2.42	0.24		22.61	6.24
按隶属关系分					
中　央	20.56	19.49	49.88		0.42
省　属	23.40	38.95	2.46	0.82	16.42
市　属	56.04	41.56	47.66	99.18	83.16
按建设性质分					
新　建	24.72	47.41	2.55	81.96	
扩　建	23.25	23.95	52.66	3.63	
改　建	13.99	8.70	42.43	11.67	
按构成分:					
1.建筑工程	60.70	72.41	27.81	59.31	67.94
2.安装工程	4.90	2.51	8.03	15.67	5.41
3.设备工器具购置	18.85	10.72	56.25	18.13	2.22
4.其他费用	15.55	14.36	7.91	6.89	24.43
按工程用途分					
其中:住宅	27.71	22.32	0.30	7.98	60.56
三、房屋面积(平方米)					
本年施工房屋面积	16 255 361	8 450 191	434 785	163 353	7 207 032
其中:住宅	10 519 182	4 866 350	27 044	52 270	5 573 518
本年竣工房屋面积	6 349 943	3 153 484	160 198	84 334	2 951 927
其中:住宅	4 663 977	2 149 929	15 200	13 315	2 485 533
本年新增固定资产	1 499 837	698 795	304 462	38 482	458 098

4－11 五县固定资产投资额

(2001年)

分类	合计	长安	户县	周至	高陵	蓝田
一、本年完成投资	297 239	160 469	69 978	20 231	31 181	15 380
按登记注册类型分						
国有经济	213 799	114 624	56 946	18 731	9 598	13 900
集体经济	9 190	2 426			5 284	1 480
联营经济						
按报表种类分						
基本建设	187 539	75 065	62 068	18 281	25 897	6 228
更新改造	20 624	6 615	6 531	450		7 028
其他投资	53 987	45 079		1 500	5 284	2 124
房地产开发	35 089	33 710	1 379			
按建设性质分						
新建	162 265	54 110	59 244	10 506	31 181	7 224
扩建	52 945	41 696	1 610	9 165		474
改建	27 044	13 069	6 093	450		7 432
按构成分：						
1.建筑工程	202 886	101 105	53 501	17 835	25 576	4 869
2.安装工程	5 295	560	1 580	350	50	2 755
3.设备工器具购置	24 201	2 731	10 028	2 046	2 820	6 576
按工程用途分						
其中:住宅	62 445	56 046	3 259	1 406	290	1 444
按国民经济行业分						
农、林、牧、渔业	6 549		3 900	1 524		1 125
采掘业	8 465	8 465				
制造业	48 201	18 505	9 742		19 540	414
电力、煤气及水的水生产和供应业	17 068	2 000	646	1 230	6 164	7 028
建筑业	1 149	223			300	626
地质勘查业、水利管理业	2 429	1 248	1 071	110		
交通运输、仓储及邮电通信业	63 853	13 041	42 600	4 700	1 280	2 232
批发和零售贸易、餐饮业	2 536	1 125		42	469	900
金融、保险业	2 936	1 606	1 280			50
房地产业	35 529	33 710	1 819			
社会服务业	19 613	10 354	5 018	1 260	2 511	470
卫生、体育和社会福利业	1 693	733	810			150
教育、文化艺术及广播电影电视业	35 466	29 289	2 752	700	340	2 385
科学研究和综合技术服务业	1 895	1 775	120			
国家机关、政党机关和社会团体	15 141	3 679	220	10 665	577	
其他行业	34 716	34 716				
二、房屋面积(平方米)						
本年施工房屋面积	1 415 895	1 020 408	202 867	66 763	65 030	60 827
其中:住宅	909 755	725 471	94 306	52 709	8 100	29 169
本年竣工房屋面积	575 676	327 671	98 517	66 763	53 830	28 895
其中:住宅	358 640	268 557	20 308	52 709	5 100	11 966
三、本年新增固定资产	177 828	68 833	18 595	12 201	67 468	10 731

4－12　全市国有单位基本建设投资

指　　标	1990年	1995年	1996年	1997年	1998年	1999年	2000年	2001年
一、投资总额(万元)	108 358	296 897	354 283	432 429	601 940	706 922	778 917	1 016 606
1.按隶属关系分								
中　　央	51 101	143 362	116 787	128 304	150 812	183 939	172 398	184 719
省　　属	23 053	43 178	45 423	77 355	160 373	252 539	240 464	392 256
市　　属	34 204	110 357	192 073	226 770	290 755	270 444	366 055	439 631
2.按资金来源分								
国家预算内投资	36 730	56 555	47 429	71 171	117 372	137 190	108 666	202 138
国内贷款	19 124	36 773	55 779	37 202	48 722	115 344	170 981	248 761
债　　券	–	–	–	946	21 658	4 975	2 479	7 508
利用外资	8 514	8 032	17 605	21 100	10 788	5 556	15 211	19 224
自筹资金	38 158	140 941	156 492	192 989	297 327	305 800	334 984	377 965
其它资金来源	5 832	54 596	76 978	109 021	106 073	138 057	146 596	161 010
3.按构成分								
建筑安装工程	80 791	221 903	267 228	302 731	409 584	534 507	609 160	789 304
设备、工具、器具购置	17 979	37 254	37 303	68 236	75 547	86 244	59 281	70 303
其它费用	10 588	37 740	49 752	61 462	116 809	86 171	110 476	156 999
二、新增固定资产(万元)	84 920	203 099	222 971	274 136	291 026	330 327	631 756	586 857
三、建设项目(个)								
施工项目	606	582	498	444	508	474	462	444
投产项目	266	232	193	159	197	176	216	163
三、房屋建筑面积(平方米)								
施工面积	3 767 220	5 454 698	4 810 819	5 024 527	5 969 276	6 867 137	7 351 095	8 120 233
#住　　宅	1 777 116	3 609 210	3 141 531	3 114 480	3 858 739	4 293 051	4 376 693	5 228 547
竣工面积	1 452 388	1 887 588	1 759 370	1 928 759	1 678 970	2 305 905	2 971 913	2 959 087
#住　　宅	763 575	1 375 962	1 228 721	1 382 782	1 124 354	1 760 202	2 098 812	2 241 855

4－13　全市国有单位更新改造投资

指　　标	1985年	1990年	1995年	1996年	1997年	1998年	1999年	2000年	2001年
一、投资总额(万元)	43 851	90 848	286 297	314 353	214 486	258 381	365 097	469 417	449 786
1.按隶属关系分									
中　　央	14 167	38 729	163 079	165 229	66 310	79 029	140 833	217 438	229 696
省　　属	14 471	21 784	50 928	32 676	16 928	18 027	13 845	64 549	15 471
市　　属	15 213	30 335	72 290	116 448	131 248	161 325	210 419	187 430	204 619
2.按资金来源分									
国家预算内投资	2 019	11 856	13 837	4 069	8 556	983	14 116	54 130	69 703
国内贷款	19 510	36 551	73 246	122 800	40 960	74 199	57 021	79 910	113 550
债　　券	–	–	–	–	–	–	–	29 290	3 176
利用外资	–	1 456	38 147	8 965	–	8 660	901	–	
自筹资金	21 343	37 349	152 332	172 571	155 209	169 961	287 347	302 548	260 271
其它资金来源	979	3 636	8 735	5 948	9 761	4 578	5 712	3 539	3 086
3.按构成分									
建筑工程、安装工程	15 867	30 668	93 473	55 507	58 411	73 815	145 792	169 544	162 487
设备、工具、器具购置	25 057	54 051	170 777	227 035	138 651	177 851	202 284	268 235	261 748
其它费用	2 927	6 129	22 047	31 811	17 424	6 715	17 021	31 638	25 551
4.按用途分									
增　　产	11 985	25 154	73 479	61 192	25 157	52 546	9 989	75 622	25 377
节约能源	1 236	702	1 526	1 204	803	368	947	160	222
其他节约	28	31	–	66	143	87	95	10	80
增加品种	10 539	20 910	32 847	23 362	17 175	12 943	21 966	12 713	23 805
提高产品质量	3 965	2 018	15 488	15 372	18 178	14 843	7 984	10 490	7 609
三废治理	532	1 208	1 549	327	293	177	3 519	1 805	8 042
其　　它	15 566	40 825	161 408	212 830	152 737	177 417	320 597	368 617	384 651
二、新增固定资产(万元)	29 699	81 405	233 989	230 885	175 994	235 438	256 955	309 655	258 862
三、房屋建筑面积(万平方米)									
施工面积	74.71	88.95	70.56	30.66	78.95	67.11	48.77	54.90	22.59
#住　　宅	13.08	35.41	22.48	7.61	58.80	47.26	28.25	41.10	2.07
竣工面积	32.86	41.23	43.71	9.41	32.28	41.09	25.64	29.84	11.05
#住　　宅	8.45	16.66	13.64	1.46	24.03	26.56	13.99	24.43	1.07

4－14 按行业和用途分更新改造投资

(2001年) 单位:万元

行业	合计	增产	节约能源	其它节约	增加品种	提高产品质量	三废治理	其它
合计	**536 879**	**89 592**	**222**	**295**	**40 801**	**11 301**	**8 042**	**386 626**
农、林、牧、渔业								
采掘业								
制造业	142 416	66 772	222	295	40 801	10 508	342	23 476
电力、煤气及水的水生产和供应业	103 874	22 820				266		80 788
建筑业	5 995					527		5 468
地质勘查业、水利管理业	378							378
交通运输、仓储及邮电通信业	185 627							185 627
批发和零售贸易、餐饮业	750							750
金融、保险业								
房地产业								
社会服务业	71 599						7 700	63 899
卫生、体育和社会福利业								
教育、文化艺术及广播电影电视业								
科学研究和综合技术服务业	25 790							25 790
国家机关、政党机关和社会团体	450							450
其他行业								

4－15　全市固定资产投资效果

（2001年）

指　　标	合计	基本建设	更新改造	其他投资	房地产开发
一、建设项目投产率（%）	31.59	36.78	38.59	60.29	
施工项目个数	1 054	541	241	68	204
本年投产项目个数	333	199	93	41	
二、固定资产交付使用率（%）	65.29	62.66	59.64	61.39	75.30
本年新增固定资产	1 677 665	782 898	320 184	66 925	507 658
本年完成投资	2 569 496	1 249 392	536 879	109 014	674 211
三、未完工程占用率（%）	103.16	122.74	79.74	54.36	93.43
未完工程累计投资	2 650 760	1 533 466	428 119	59 256	629 919
本年完成投资	2 569 496	1 249 392	536 879	109 014	674 211
四、建设周期（年）	3.77	3.96	2.56	1.59	4.73
计划总投资	9 681 943	4 948 391	1 372 343	173 222	3 187 987
本年完成投资	2 569 496	1 249 392	536 879	109 014	674 211
五、房屋建筑面积竣工率（%）	39.19	37.22	35.86	29.21	42.52
本年施工房屋面积	17 671 256	9 272 879	467 891	492 640	7 437 846
本年竣工房屋面积	6 925 619	3 451 453	167 798	143 919	3 162 449

4－16　市属固定资产投资效果

（2001 年）

指　　标	合 计	基本建设	更新改造	其他投资	房地产开发
一、建设项目投产率(%)	37.25	43.18	62.07	61.19	
施工项目个数	663	352	87	67	157
本年投产项目个数	247	152	54	41	
二、固定资产交付使用率(%)	75.34	71.45	82.52	61.23	78.82
本年新增固定资产	1 159 980	429 360	217 568	66 475	446 577
本年完成投资	1 539 717	600 956	263 640	108 564	566 557
三、未完工程占用率(%)	92.24	127.22	43.55	54.58	85.01
未完工程累计投资	1 420 270	764 548	114 810	59 256	481 656
本年完成投资	1 539 717	600 956	263 640	108 564	566 557
四、建设周期(年)	3.83	4.11	1.92	1.59	4.86
计划总投资	5 903 387	2 471 912	507 122	172 772	2 751 581
本年完成投资	1 539 717	600 956	263 640	108 564	566 557
五、房屋建筑面积竣工率(%)	47.65	56.72	36.23	29.21	44.11
本年施工房屋面积	11 247 021	3 951 675	331 591	492 640	6 471 115
本年竣工房屋面积	5 359 752	2 241 252	120 126	143 919	2 854 455

4－17　全市固定资产投资资金来源

（2001 年）　　单位：万元

指　　标	合　计	基本建设	更新改造	其他投资	房地产开发
一、本年资金来源合计	2 995 837	1 320 692	627 627	103 373	944 145
1.上年末结余资金	332 376	119 426	62 465	537	149 948
2.本年资金来源小计	2 663 461	1 201 266	565 162	102 836	794 197
（1）国家预算内资金	265 779	191 097	73 682	1 000	
（2）国内贷款	696 968	287 431	141 643	20 603	247 291
（3）债券	7 000	7 000			
（4）利用外资	56 915	34 905	13 535	466	8 009
（5）自筹资金	1 162 515	523 985	327 711	62 096	248 723
#中央及省自筹	373 717	212 906	132 205	300	28 306
市自筹	463 646	186 874	156 326	8 280	112 166
（6）其他资金来源	474 284	156 848	8 591	18 671	290 174
二、本年各项应付款合计	466 366	142 527	48 573	11 022	264 244

4－18　市属固定资产投资资金来源

(2001年)　单位:万元

指　标	合　计	基本建设	更新改造	其他投资	房地产开发
一、本年资金来源合计	1 797 662	632 479	287 228	102 923	775 032
1.上年末结余资金	190 582	58 827	24 224	537	106 994
2.本年资金来源小计	1 607 080	573 652	263 004	102 386	668 038
(1) 国家预算内资金	45 429	33 719	10 710	1 000	
(2) 国内贷款	400 023	121 937	45 748	20 453	211 885
(3) 债券	7 000	7 000			
(4) 利用外资	29 336	19 311	3 300	466	6 259
(5) 自筹资金	788 798	311 079	195 506	61 796	220 417
(6) 其他资金来源	336 494	80 606	7 740	18 671	229 477
二、本年各项应付款合计	340 252	65 561	41 544	11 022	222 125

4－19　本年新增生产能力汇总表

(2001年)

生产能力(或效益)名称	计量单位	代码	全部建设规模	本年施工规模 合计	其中:本年新开工	新增生产能力(或效益 自开始建设至本年累计	其中:本年新增
天然气管输	公里	113	937	100	100	460	100
	亿立方米/年	114	3.97	0.41	0.41	1.21	1.21
火力发电	万千瓦	293	30	30	0	0	0
氮肥	吨/年	332	50 000	50 000	0	50 000	50 000
塑料树脂及共聚物	吨/年	349	20 000	20 000	0	20 000	20 000
注射液	万支/年	789	2 100	2 100	2 000	100	100
片剂	万片/年	790	245 000	75 000	75 000	30 000	0
输液	万瓶/年	791	1.1	1.1	1.1	1.1	1.1
胶囊剂	万粒/年	792	130 000	30 000	25 000	10 000	5 000
中成药	吨/年	364	500	500	100	400	400
轿车制造	辆/年	419	50 000	50 000	0	0	0
棉布织机	台	472	39	39	39	39	39
食用植物油	日处理原料:吨	492	636	636	636	636	636
	日精炼油:吨	493	212	212	212	212	212
啤酒	万吨/年	508	7.4	7.4	7.4	7.4	7.4
机制纸	万吨/年	825	1.36	1.36	1	1.36	1.36
合成洗涤剂	万吨/年	524	13	8	3	0	0
牙膏	万支/年	827	6 000	6 000	3 000	6 000	6 000
日用玻璃制品	万吨/年	534	1.2	1.2	1.2	1.2	1.2
缝纫机	架/年	541	50 000	30 000	0	50 000	30 000
移动通信基站设备	个/年	842	10	10	10	10	10
程控交换机	万线/年	844	26	26	26	26	26
新建公路	公里	576	208.84	208.84	91.6	130.84	130.84
其中:高速公路	公里	577	117.24	117.24	0	39.24	39.24
二级公路	公里	849	14	14	14	14	14
改建公路	公里	578	55.4	55.4	6.4	6.4	6.4
一级公路	公里	580	10	10	0	0	0
二级公路	公里	850	27.4	27.4	6.4	6.4	6.4
新(扩)建客、货运站	个	595	4	4	2	3	3
	平方米	596	73 428	31 321	8 000	36 321	26 321
水库容量(总库容)	亿立方米	615	0.28	0.28	0.28	0	0
有效灌溉面积	万亩	616	22.1	21.95	21.35	5.15	5.15
粮食仓库	万公斤	625	5 000	5 000	0	5 000	5 000
	平方米	626	5 589	5 589	0	5 589	5 589
高等院校:学生席位	个	631	65 292	52 807	28 128	13 734	11 834
建筑面积	平方米	632	1 628 926	1 317 486	557 120	379 889	322 618
中等学校:学生席位	个	633	6 193	6 193	3 273	3 849	3 699
建筑面积	平方米	634	121 325	121 325	54 615	59 453	55 653
小学校:学生席位	个	635	3 189	2 889	2 679	1 050	1 050
建筑面积	平方米	636	23 585	23 585	16 285	4 917	4 917
其他院校:学生席位	个	637	120	120	0	120	120
建筑面积	平方米	638	42 569	42 569	730	7 700	7 700
公共图书馆:藏书量	万册(件)	639	1.2	1.2	1.2	0	0
阅览室座席	个	640	110	110	110	0	0
建筑面积	平方米	641	3 450	3 450	3 450	0	0

4－19　续表　　(2001年)

生产能力(或效益)名称	计量单位	代码	全部建设规模	本年施工规模 合计	其中：本年新开工	新增生产能力(或效益 自开始建设至本年累计	其中：本年新增
影剧院：座席	个	644	1 000	1 000	0	1 000	1 000
	平方米	645	4 000	4 000	0	4 000	4 000
医院病床	张	651	100	100	100	100	100
宾馆、旅馆、招待所客房数	间	653	341	341	0	0	0
	平方米	654	7 118	7 118	0	0	0
城市自来水供水能力	万吨/日	661	170	170	10	170	120
城市自来水管道长度	公里	662	254.9	51.45	35.45	151.8	51.45
城市天然气储气能力	万立方米/日	664	4	4	0	4	4
城市供热能力：蒸汽	吨/小时	666	660	660	0	0	0
热水	兆瓦/小时	667	116	0	0	116	0
城市公共交通车辆购置	辆	671	247	247	247	247	247
城市道路扩建长度	公里	672	19.82	0	0	15.04	0
城市道路扩建面积	万平方米	673	156.45	55.06	55.06	124.74	48.66
城市排水管道铺设长度	公里	674	109.32	33.56	33.56	86.03	28.42
城市污水处理能力	万吨/日	675	16	16	0	0	0
城市永久性桥梁	座	676	11	0	0	6	0
城市防洪堤长度	公里	677	1.76	1.76	0	1.76	1.76

4－20 全市按行业分房屋建筑面积

（2001年） 单位:平方米

行业	本年施工房屋面积	住宅	本年竣工房屋面积	住宅	竣工房屋价值	住宅
合计	**17 671 256**	**11 428 937**	**6 925 619**	**5 022 617**	**758 756**	**467 874**
农、林、牧、渔业	42 976	19 000	17 248	2 000	1 262	120
采掘业	126 075	121 875	5 000	800	210	60
制造业	2 263 888	1 068 610	711 573	415 626	77 371	34 967
电力、煤气及水的水生产和供应业	119 648	75 326	42 960	25 326	3 786	1 827
建筑业	217 249	121 333	80 472	74 652	5 099	4 584
地质勘查业、水利管理业	156 361	135 450	35 361	14 450	5 215	1 365
交通运输、仓储及邮电通信业	288 493	61 871	115 268	14 443	20 449	1 044
批发和零售贸易、餐饮业	629 408	127 513	478 797	92 994	71 364	8 767
金融、保险业	197 140	149 951	3 489		400	
房地产业	7 499 794	5 851 880	3 170 149	2 700 555	372 590	286 300
社会服务业	248 044	24 158	35 751	24 158	3 313	1 884
卫生、体育和社会福利业	251 616	46 332	18 368	3 500	1 555	332
教育、文化艺术及广播电影电视业	2 098 692	928 047	601 882	275 159	66 807	27 100
科学研究和综合技术服务业	389 779	196 387	131 300	54 066	19 628	5 219
国家机关、政党机关和社会团体	1 584 099	1 015 047	283 057	179 688	29 266	19 499
其他行业	1 557 994	1 486 157	1 194 944	1 145 200	80 441	74 806

4－21 市属按行业分房屋建筑面积

(2001年) 单位:平方米

行业	本年施工房屋面积	住宅	本年竣工房屋面积	住宅	竣工房屋价值	住宅
合计	**11 247 021**	**7 684 038**	**5 359 752**	**3 960 060**	**569 298**	**361 316**
农、林、牧、渔业	42 976	19 000	17 248	2 000	1 262	120
采掘业	5 000	800	5 000	800	210	60
制造业	910 823	187 560	300 563	55 685	37 251	4 316
电力、煤气及水的水生产和供应业	46 048	25 326	39 360	25 326	3 336	1 827
建筑业	26 612	23 112	15 012	11 512	1 063	763
地质勘查业、水利管理业						
交通运输、仓储及邮电通信业	148 197	30 200	75 257		15 113	
批发和零售贸易、餐饮业	505 257	111 107	380 391	76 588	51 537	6 337
金融、保险业	137 200	105 011	3 489		400	
房地产业	6 533 063	5 120 903	2 862 155	2 432 418	337 114	256 785
社会服务业	151 044	24 158	35 751	24 158	3 313	1 884
卫生、体育和社会福利业	139 449	42 832	11 728		856	
教育、文化艺术及广播电影电视业	556 230	229 837	239 221	84 845	19 508	6 239
科学研究和综合技术服务业	13 988		13 988		1 532	
国家机关、政党机关和社会团体	498 392	302 035	190 897	125 528	18 282	9 979
其他行业	1 532 742	1 462 157	1 169 692	1 121 200	78 521	73 006

4－22　主要年份全市新增固定资产及房屋竣工面积

年　份	新增固定资产（万元）	房屋竣工面积（平方米）	住　宅
1978	49 582	990 996	407 554
1980	46 377	1 648 691	1 001 544
1985	86 174	2 224 195	1 290 728
1986	134 037	2 729 528	1 559 067
1987	167 160	2 414 751	1 192 115
1988	168 152	2 118 312	1 024 255
1989	165 811	1 784 546	877 691
1990	203 000	2 118 777	1 110 535
1991	178 572	1 853 384	958 364
1992	223 270	2 047 478	1 126 628
1993	416 963	2 578 987	1 448 829
1994	553 714	2 829 057	1 844 859
1995	625 803	3 576 699	2 528 435
1996	600 353	3 321 838	2 495 208
1997	628 819	3 744 631	2 865 398
1998	802 337	3 828 026	2 756 265
1999	1 189 176	6 810 370	5 508 336
2000	1 501 585	7 148 313	5 449 502
2001	1 677 665	6 925 619	5 022 617

4－23　主要年份市属新增固定资产及房屋竣工面积

年　　份	新增固定资产（万元）	房屋竣工面积（平方米）	住　　宅
1978	7 529	249 793	103 060
1980	10 664	497 472	284 022
1985	27 872	986 197	451 128
1986	47 827	1 077 660	690 965
1987	56 953	937 402	417 050
1988	50 175	717 169	351 330
1989	69 817	713 432	315 937
1990	69 434	950 215	501 234
1991	67 392	788 184	377 550
1992	108 469	981 637	417 800
1993	181 449	1 384 411	689 602
1994	314 996	1 351 075	894 704
1995	273 324	2 025 223	1 433 005
1996	296 898	1 984 330	1 487 837
1997	374 318	2 264 862	1 666 509
1998	521 350	2 383 041	1 691 699
1999	859 070	5 012 547	4 074 889
2000	953 173	5 094 751	3 735 111
2001	1 159 980	5 359 752	3 960 060

4－24　全市按行业分施工项目

（2001年）　　单位:万元

行　　业	本年新增固定资产	施工项目个　数	本年新开工	投产项目个　数
合　　计	**1 677 665**	**1 054**	**416**	**333**
农、林、牧、渔业	4 825	15	10	7
采掘业	210	2	2	
制造业	312 850	281	124	104
电力、煤气及水的水生产和供应业	93 969	27	9	10
建筑业	15 003	22	9	13
地质勘查业、水利管理业	31 170	17	6	3
交通运输、仓储及邮电通信业	219 067	80	42	28
批发和零售贸易、餐饮业	129 046	56	35	28
金融、保险业	400	12	10	1
房地产业	508 208	209	3	1
社会服务业	69 972	66	39	37
卫生、体育和社会福利业	1 555	20	11	6
教育、文化艺术及广播电影电视业	97 819	108	50	39
科学研究和综合技术服务业	36 569	31	9	8
国家机关、政党机关和社会团体	66 334	97	53	43
其他行业	90 668	11	4	5

4－25　市属按行业分施工项目

(2001年)　　单位:万元

行　　业	本年新增固定资产	施工项目个数	本年新开工	投产项目个数
合　　计	**1 159 980**	**663**	**303**	**247**
农、林、牧、渔业	4 825	15	10	7
采掘业	210	1	1	
制造业	186 774	134	79	70
电力、煤气及水的水生产和供应业	50 852	17	8	9
建筑业	4 409	11	7	9
地质勘查业、水利管理业	25 157	5	3	3
交通运输、仓储及邮电通信业	99 291	21	11	8
批发和零售贸易、餐饮业	108 824	51	33	25
金融、保险业	400	9	7	1
房地产业	447 127	162	3	1
社会服务业	69 972	65	39	37
卫生、体育和社会福利业	856	14	9	4
教育、文化艺术及广播电影电视业	34 701	71	42	31
科学研究和综合技术服务业	4 400	2	1	2
国家机关、政党机关和社会团体	33 453	77	48	38
其他行业	88 729	8	2	2

4－26　城镇和工矿区私人建房

年　　份	城镇工矿区个数（个）	建房户数（户）	竣工房屋面积（平方米）	住　宅	竣工房屋价值（万元）	住　宅（万元）
1985	10	13 441	486 000	464 000	4 112	3 879
1986	17	5 595	420 639	365 840	3 647	3 200
1987	12	7 481	583 509	507 240	6 014	5 407
1988	12	5 561	423 903	398 549	6 290	6 064
1989	11	3 171	241 964	205 640	3 939	3 298
1990	18	5 217	382 754	335 624	7 435	6 278
1991	14	3 220	293 044	254 921	6 134	5 336
1992	12	4 084	463 409	401 304	10 278	9 131
1993	18	9 734	775 128	743 816	18 445	17 143
1994	32	6 210	655 474	602 437	22 411	18 636
1995	21	6 742	835 881	695 441	33 737	28 948
1996	21	4 997	849 734	701 774	44 864	36 753
1997	26	5 706	986 114	902 893	47 596	42 534
1998	18	6 603	781 293	699 092	40 620	30 520
其中：扣除农业户后的	18	1 773	171 095	131 423	7 770	5 438
1999	19	4 945	552 338	481 438	28 354	24 258
其中：扣除农业户后的	19	1 612	162 801	120 170	8 886	6 418
2000	22	4 966	868 976	725 171	38 248	35 339
其中：扣除农业户后的	7	3 488	708 844	610 020	31 964	29 796
2001	14	4 482	728 772	634 653	32 976	28 281
其中：扣除农业户后的	14	1 861	332 723	299 221	13 704	10 894

4－27 农村私人建房

年　　份	竣工房屋投资（万元）	房屋竣工面积（万平方米）	竣工房屋造价（元/平方米）
1985	27 174	505.66	53.74
1986	27 751	421.75	65.80
1987	27 591	382.52	72.13
1988	29 361	360.90	81.35
1989	32 257	313.34	102.95
1990	19 924	243.96	81.67
1991	34 607	278.38	124.32
1992	39 689	283.79	139.85
1993	47 104	297.96	158.09
1994	78 451	332.76	235.76
1995	77 561	315.03	246.23
1996	80 176	303.97	264.00
1997	103 468	356.88	289.92
1998	98 114	316.03	310.46
1999	131 450	457.06	287.60
2000	165 680	517.14	320.38
2001	192 138	561.36	342.27

4－28　商品房销售情况

(2001年)　　　　单位:平方米

指　　标	全市合计	国　有	市　属
商品房实际销售面积(平方米)	2 253 468	1 269 891	1 852 813
其中：销售给个人	1 658 692	1 102 055	1 412 233
住宅	1 921 961	1 164 515	1 596 839
其中:别墅、高档公寓	138 636	47 246	128 116
经济适用房	1 007 935	829 758	941 652
其中：销售给个人	1 591 717	1 048 659	1 348 408
办公楼	148 978	62 001	102 930
商业营业用房	99 661	1 464	70 176
其他	82 868	41 911	82 868
商品房实际销售额(万元)	472 204	231 517	380 348
其中：销售给个人	317 402	198 961	263 145
住宅	355 310	200 584	288 088
其中:别墅、高档公寓	49 163	18 595	46 533
经济适用房	127 303	100 387	120 179
办公楼	58 201	24 632	37 683
商业营业用房	43 805	573	39 689
其他	14 888	5 728	14 888
商品房预售面积(平方米)	674 407	390 006	523 893
其中：个人	516 739	384 233	396 225
住宅	651 990	389 174	501 476
其中:别墅、高档公寓	35 000	10 110	24 480
经济适用房	324 680	308 224	284 917
办公楼	8 594	832	8 594
商业营业用房	13 323		13 323
其他	500		500
商品房空置面积(平方米)	508 233	197 043	458 935
住宅	341 836	119 484	297 801
其中:别墅、高档公寓	43 884	36 113	43 075
经济适用房	25 377	2 005	25 377
办公楼	138 185	75 259	133 522
商业营业用房	21 552	2 300	20 952
其他	6 660		6 660
商品房出租面积(平方米)	91 889	13 920	61 434
其中：个人	970	970	970
住宅	970	970	970
办公楼	30 410	5 000	29 398
商业营业用房	52 059		22 616
其他	8 450	7 950	8 450

4－29　房地产开发投资主要指标

(2001 年)　　单位：万元

指　　标	全　市 合　计	国　有	市　区	市　属
企业(单位)个数(个)	204	40	201	157
本年完成投资	674 211	273 630	636 622	566 557
其中：商品房建设投资额	501 776	228 062	473 287	417 440
土地开发投资额	106 203	40 948	97 103	92 295
按工程用途分：				
住宅	419 145	212 272	386 327	356 303
其中：别墅、高档公寓	99 711	51 935	69 015	78 147
经济适用房	136 009	106 529	134 630	129 593
办公楼	54 146	8 502	53 146	46 281
商业营业用房	64 413	6 082	63 656	42 404
其他	136 507	46 774	133 493	121 569
本年新增固定资产	507 658	271 931	455 598	446 577
房屋建筑面积及竣工价值				
施工房屋面积(平方米)	7 437 846	3 200 614	7 186 369	6 471 115
住宅	5 804 332	2 930 700	5 569 875	5 073 355
经济适用房	2 071 831	1 604 240	2 035 731	1 994 676
竣工房屋面积(平方米)	3 162 449	1 848 471	2 931 264	2 854 455
住宅	2 696 055	1 670 686	2 481 890	2 427 918
经济适用房	1 307 224	1 083 430	1 291 416	1 265 169
竣工房屋价值(万元)	372 040	202 569	320 002	336 564
住宅	286 154	164 424	236 275	256 639
经济适用房	93 805	73 703	92 805	90 132
商品房实际销售面积(平方米)	2 253 468	1 269 891	2 181 260	1 852 813
商品房实际销售额(万元)	472 204	231 517	448 233	380 348
年平均从业人员数(人)	8 489	2 241	8 205	6 656
全年从业人员劳动报酬(万元)	9 916	2 577	9 576	7 689

4－30 房地产开发投资资金来源

（2001年） 单位：万元

指 标	全市合计	国有	市属
一、本年资金来源合计	944 145	424 462	775 032
1.上年末结余资金	149 948	64 413	106 994
2.本年资金来源小计	794 197	360 049	668 038
(1)国家预算内资金			
(2)国内贷款	247 291	126 350	211 885
(3)债券			
(4)利用外资	8 009		6 259
其中：外商直接投资	8 009		6 259
对外借款			
其中：统借统还			
(5)自筹资金	248 723	97 480	220 417
其中：自有资金	79 403	9 766	68 574
(6)其他资金来源	290 174	136 219	229 477
其中：集资	69 792	61 610	68 971
定金及预收款	184 195	67 411	129 482
二、本年各项应付款合计	264 244	132 987	222 125
其中：工程款	185 771	99 713	149 676
设备、器材款	17 623	2 433	15 239

4－31 房地产开发经营情况

(2001年) 单位:万元

指标	全市合计	国有	市属
一、实收资本合计	394 535	61 209	314 078
二、年末资产负债情况			
资产总计	2 037 575	763 165	1 650 332
固定资产累计折旧	18 680	4 778	14 970
负债总计	1 584 786	674 440	1 268 579
所有者权益合计	452 789	88 725	381 753
三、损益情况			
1.经营收入总计	386 419	187 334	311 910
(1)土地转让收入	2 798	2 360	438
(2)商品房屋销售收入	356 983	160 935	285 696
其中：销售给个人	240 652	131 021	193 137
商品住宅销售收入	261 973	123 954	218 009
其中：销售给个人	203 674	104 293	166 919
(3)房屋出租收入	6 492	4 890	5 745
(4)其他收入	20 146	19 149	20 031
2.(1)经营成本	312 316	149 726	241 300
(2)销售费用	12 619	5 397	10 743
(3)经营税金及附加	18 763	8 838	13 467
(4)其他业务利润	－66	440	－60
(5)管理费用及财务费用	35 772	10 581	29 420
(6)投资收益及营业外收入	2 844	2 812	2 212
(7)营业外支出	1 235	340	779
3.利润总额	8 492	15 704	18 353

4－32　主要年份房地产开发投资主要指标

指　　标	1997年	1998年	1999年	2000年	2001年
本年完成投资额	246 817	382 142	442 982	518 460	674 211
其中：商品房建设投资额	158 543	292 274	187 767	238 644	501 776
本年施工面积	4 514 661	6 788 737	7 934 602	7 631 791	7 437 846
其中：住宅	3 311 624	5 523 667	6 495 345	6 198 502	5 804 332
本年竣工面积	1 356 154	1 561 710	3 777 862	3 210 975	3 162 449
其中：住宅	1 203 270	1 333 330	3 522 764	2 955 463	2 696 055
竣工价值	119 557	143 620	382 245	269 408	372 040
其中:住宅	96 347	109 982	330 190	229 708	286 154
商品房实际销售面积(平方米)	784 514	1 171 051	2 969 705	2 129 156	2 253 468
其中：住宅	726 872	1 086 108	2 849 545	2 007 741	1 921 961
商品房实际销售额(万元)	128 058	177 389	351 861	325 193	472 204
其中：住宅	113 917	154 614	323 482	294 562	355 310
商品房预售面积(平方米)	263 531	2 520 176	302 513	2 530 349	674 407
其中：住宅	232 660	2 467 716	273 431	2 530 349	651 990
商品房空置面积(平方米)	587 064	325 156	623 796	364 097	508 233
其中：住宅	502 608	228 149	523 181	240 212	341 836
商品房出租面积(平方米)	256 918	10 365	18 780	11 673	91 889
其中：住宅	228 672	120	1 461	200	970
本年新增固定资产	143 616	199 261	430 985	383 811	507 658

主要统计指标解释

全社会固定资产投资:固定资产投资额是以货币表现的建造和购置固定资产活动的工作量,是反映固定资产投资规模、速度、比例关系和使用方向的综合性指标。全社会固定资产投资包括国有经济单位投资、城乡集体经济单位投资、其他各种经济类型的单位投资和城乡居民个人投资。按照我国现行计划管理体制,全社会固定资产投资总额为分基本建设、更新改造、房地产开发投资、其他固定资产投资、农村集体固定资产投资,城乡私人建房投资及私营个体投资等六个部分。

基本建设投资:基本建设是企业、事业单位以扩大生产能力或工程效益为主要目的的新建、扩建工程及有关工作。包括工厂、矿山、铁路、桥梁、港口、农田水利、商店、住宅、学校、医院等工程的建造和机器设备、车辆、船舶、飞机等的购置。基本建设投资额是以货币表现的基本建设完成的工作量,是反映一定时期内基本建设规模和建设进度的综合性指标。是根据工程的实际进度按预算价格(即编制施工图预算时所有的价格)计算的工作量。没有形成工程实体的建筑材料和没有开始安装的设备,都不计算投资完成额。

更新改造投资:更新改造是指企业、事业单位对原有设施进行固定资产更新和技术改造,以及相应配套的工程和有关工作(不包括大修理和维护工程)。更新改造投资是以货币表现的更新改造完成的工作量。属于对企业、事业单位原有设施进行技术改造或更新项目和增建主要生产车间,分厂等其新增生产能力或效益尚未达到大中型标准的项目,以及由于城市环境保护和安全生产的需要而进行的迁建工程作为更新改造投资。

房地产开发投资:包括各种经济类型的房地产开发公司、商品房建设公司 及其他房地产开发单位统一开发的包括统代建、拆迁还建的住宅、厂房、仓库、饭店、宾馆、度假村、写字楼等房屋建筑物和配套的服务设施、土地开发工程,如道路、给水、排水、供电、供热、通讯、场地等基础设施工程的投资。也包括非房地产企业实际从事的房地产开发或经营活动,不包括单纯的土地交易活动。

新增固定资产:指通过固定资产投资活动所形成的新的固定资产价值。包括已经建成或投入生产或交付使用的工程价值和达到固定资产标准的设备、工具、器具的价值及有关应摊入的费用。它是以价值形式表示的固定资产投资成果的综合性指标。

新增生产能力:指通过固定资产投资活动而增加的设计能力或工程效益,它是用实物形态表示的固定资产投资的成果。新增生产能力的计算,是以能独立发挥生产能力或效益的单项工程(或项目)为对象。当单项工程(或项目)建成,经有关部门鉴定合格,正式移交投入生产,即可计算新增生产能力。新增生产能力的数量一般按设计能力(指设计文件中规定的在正常情况下能够达到的生产能力)计算。

施工面积:指在报告期内施工的全部房屋建筑面积。包括报告期内新开工的面积和跨入本报告期继续施工的房屋面积以及已停建在本期复工的建筑面积。

竣工面积:指在报告期内房屋建筑按照设计要求已全部完工,达到住人和使用条件,经验收鉴定合格,正式移交使用单位的建筑面积。

房屋建筑面积竣工率:指一定时期内房屋竣工面积占同期房屋施工面积的比率。它是从房屋建筑施工速度的角度反映投资效果和建筑业经济效益的指标。

建设项目投产率:指一定时期内全部建成投入生产项目个数的比率。它是从项目建设速度的角度反映投资效果的指标。

固定资产交付使用率:指一定时期新增固定资产与同期完成投资额的比率。它是反映各个时期固定资产动用速度,衡量建设过程中投资效果的一个综合性指标。

工业企业能源购进、消费及库存

GONGYEQIYENENGYUANGOUJINXIAOFEIJIKUCUN

5－1　工业企业能源购进、消费及库存

（2001年）

能源名称	计量单位	年初库存	购进量		消费量				年末库存
			实物量	金额（万元）	合计	工业生产消费	用于原材料	非工业生产消费	
原煤	吨	258 354	3 327 533	46 923	3 291 184	3 117 198	1 096 985	173 986	277 783
洗精煤	吨	38 246	393 248	7 864	410 475	410 475			21 019
其他洗煤	吨		1		1	1			
型煤	吨		35	1	35	30		5	
焦炭	吨	16 837	56 582	2 285	66 600	66 121		479	6 549
其他焦化产品	吨								15
其他煤气	万立方米				729	729			
天然气	万立方米		2 646	3 632	2 646	2 642		4	
原油	吨	378	615 829	85 454	615 754	615 754			453
汽油	吨	417	14 433	4 187	14 532	10 452		4 080	473
煤油	吨	195	9 586	2 630	9 511	8 847		664	260
柴油	吨	1 074	15 959	4 908	15 846	13 250		2 596	912
燃料油	吨	1 007	6 140	1 002	8 486	7 878		608	320
液化石油气	吨	35	100 523	23 157	100 521	100 357		164	124
其他石油制品	吨	121	1 591	615	1 563	1 546		17	149
热力	百万千焦		5 874 688	10 840	6 955 922	5 682 860		1 273 062	
电力	万千瓦时		281 885	137 284	306 982	283 145		23 837	
能源合计	吨标准煤	225 113	4 333 353	175 943	5 350 466	5 077 883	800 803	272 583	197 603

5-2 主要能源按工业行业分组消费量

(2001年)

	原煤(吨)	洗精煤(吨)	其他洗煤(吨)	型煤(吨)	焦炭(吨)	其他焦化产品(吨)
总计	**3 291 184**	**410 475**	**1**	**35**	**66 600**	
按工业行业大类分列						
煤炭采选业						
石油和天然气开采业						
黑色金属矿采选业						
有色金属矿采选业	777					
非金属矿采选业						
其他矿采选业						
木材及竹材采运业	1 325					
食品加工业	46 404		1			
食品制造业	52 192					
饮料制造业	38 966					
烟草加工业						
纺织业	56 433				43	
服装及其他纤维制品制造业	10 132					
皮革、毛皮、羽绒及其制品业	17 584				60	
木材加工及竹、藤、棕、草制品业	279					
家具制造业	20					
造纸及纸制品业	112 917				31	
印刷业	8 581					
文教体育用品制造业						
石油加工及炼焦业	17 140	410 475				

5－2　续表1　　　　(2001年)

	焦炉煤气(万立方米)	高炉煤气(万立方米)	其他煤气(万立方米)	天然气(万立方米)	原油(吨)
总计			**729**	**2 646**	**615 754**
按工业行业大类分列					
煤炭采选业					
石油和天然气开采业					
黑色金属矿采选业					
有色金属矿采选业					
非金属矿采选业					
其他矿采选业					
木材及竹材采运业					
食品加工业				18	
食品制造业					
饮料制造业				74	
烟草加工业					
纺织业					12
服装及其他纤维制品制造业					
皮革、毛皮、羽绒及其制品业					
木材加工及竹、藤、棕、草制品业					
家具制造业					
造纸及纸制品业					
印刷业				39	
文教体育用品制造业					
石油加工及炼焦业					615 742

5－2 续表2 (2001年)

	原煤（吨）	洗精煤（吨）	其他洗煤（吨）	型煤（吨）	焦炭（吨）	其他焦化产品（吨）
化学原料及化学制品制造业	107 608				24 429	
医药制造业	76 055					
化学纤维制造业	264 991					
橡胶制品业	5 626					
塑料制品业	30					
非金属矿物制品业	305 388				773	
黑色金属冶炼及压延加工业	20 278				1 618	
有色金属冶炼及压延加工业	1 895				823	
金属制品业	1 822				1 746	
普通机械制造业	57 125			5	13 179	
专用设备制造业	58 517			30	7 883	
交通运输设备制造业	285 880				1 965	
武器弹药制造业	32 643				5 203	
电气机械及器材制造业	120 797				72	
电子及通信设备制造业	14 321					
仪器仪表及文化、办公用机械制造业	38 521				19	
其他制造业	1 921				4 272	
电力、蒸汽、热水的生产和供应业	1 529 239				4 484	
煤气生产和供应业	1 127					
自来水的生产和供应业	4 650					

5－2　续表3　　(2001年)

	焦炉煤气（万立方米）	高炉煤气（万立方米）	其他煤气（万立方米）	天然气（万立方米）	原油（吨）
化学原料及化学制品制造业				13	
医药制造业				5	
化学纤维制造业					
橡胶制品业					
塑料制品业					
非金属矿物制品业				1 111	
黑色金属冶炼及压延加工业					
有色金属冶炼及压延加工业					
金属制品业					
普通机械制造业					
专用设备制造业				39	
交通运输设备制造业			729	317	
武器弹药制造业				9	
电气机械及器材制造业				52	
电子及通信设备制造业				969	
仪器仪表及文化、办公用机械制造业					
其他制造业					
电力、蒸汽、热水的生产和供应业					
煤气生产和供应业					
自来水的生产和供应业					

5-2 续表4 (2001年)

	汽油（吨）	煤油（吨）	柴油（吨）	燃料油（吨）	液化石油气（吨）	炼厂干气（吨）
总计	**14 532**	**9 511**	**15 846**	**8 486**	**100 521**	
按工业行业大类分列						
煤炭采选业						
石油和天然气开采业						
黑色金属矿采选业	5		42			
有色金属矿采选业	45		18			
非金属矿采选业	20		55			
其他矿采选业						
木材及竹材采运业	149					
食品加工业	355		436			
食品制造业	240	40	75			
饮料制造业	206		336		8	
烟草加工业	5					
纺织业	369	21	235			
服装及其他纤维制品制造业	104		3			
皮革、毛皮、羽绒及其制品业	51		36			
木材加工及竹、藤、棕、草制品业	6		3			
家具制造业	76		12			
造纸及纸制品业	973		40			
印刷业	301	16	250			
文教体育用品制造业	5					
石油加工及炼焦业	56		52	1 850	78	

5－2　续表5　　　　(2001年)

	其他油制品(吨)	热力(百万千焦)	电力(万千瓦时)	其他燃料(吨标准煤)
总计	**1 563**	**6 955 922**	**306 982**	
按工业行业大类分列				
煤炭采选业				
石油和天然气开采业				
黑色金属矿采选业			62	
有色金属矿采选业			1 193	
非金属矿采选业			2	
其他矿采选业				
木材及竹材采运业			582	
食品加工业	1 269		7 335	
食品制造业		193 333	4 102	
饮料制造业		8 803	4 341	
烟草加工业			32	
纺织业		536 185	37 072	
服装及其他纤维制品制造业			929	
皮革、毛皮、羽绒及其制品业			560	
木材加工及竹、藤、棕、草制品业			511	
家具制造业			346	
造纸及纸制品业			9 394	
印刷业	21	64 177	3 217	
文教体育用品制造业			80	
石油加工及炼焦业		789	3 107	

5-2　续表6　　(2001 年)

	汽油 (吨)	煤油 (吨)	柴油 (吨)	燃料油 (吨)	液化石油气 (吨)	炼厂干气 (吨)
化学原料及化学制品制造业	974	9	1 096	3 908		
医药制造业	624		112			
化学纤维制造业	10					
橡胶制品业	68		10			
塑料制品业	15		3			
非金属矿物制品业	1 037	1	1 089	30	245	
黑色金属冶炼及压延加工业	63		63	1 493		
有色金属冶炼及压延加工业	7		18	742		
金属制品业	335		467		99 858	
普通机械制造业	976	202	981	18		
专用设备制造业	919	50	1 339		251	
交通运输设备制造业	2 801	8 504	5 997	270	81	
武器弹药制造业	415	15	177	175		
电气机械及器材制造业	770	32	322			
电子及通信设备制造业	388	9	323			
仪器仪表及文化、办公用机械制造业	1 242	611	699			
其他制造业	138		34			
电力、蒸汽、热水的生产和供应业	538	1	1 203			
煤气生产和供应业	52		272			
自来水的生产和供应业	194		48			

5－2　续表7　　(2001年)

	其他油制品（吨）	热力（百万千焦）	电力（万千瓦时）	其他燃料（吨标准煤）
化学原料及化学制品制造业	242	2 384 247	48 364	
医药制造业	16	414 662	10 507	
化学纤维制造业			14 373	
橡胶制品业			522	
塑料制品业			439	
非金属矿物制品业		86 146	16 056	
黑色金属冶炼及压延加工业			2 779	
有色金属冶炼及压延加工业			635	
金属制品业	6		2 527	
普通机械制造业	4		9 499	
专用设备制造业	3	7 353	12 028	
交通运输设备制造业	2	1 323 820	38 802	
武器弹药制造业		815 180	7 627	
电气机械及器材制造业		11 808	13 153	
电子及通信设备制造业		342 852	15 612	
仪器仪表及文化、办公用机械制造业		573 875	5 452	
其他制造业			422	
电力、蒸汽、热水的生产和供应业		192 692	27 366	
煤气生产和供应业			183	
自来水的生产和供应业			7 771	

农、林、牧、渔业及农村经济

NONGLINMUYUYEJINONGCUNJINGJI

6－1　主要年份乡村户数、人口和劳动力

单位：万人

指　　标	1995年	1996年	1997年	1998年	1999年	2000年	2001年
一、乡村户数(万户)	95.45	96.34	96.84	97.47	98.14	98.77	99.25
二、乡村人口	395.66	397.36	397.89	398.03	398.91	401.64	404.22
三、乡村从业人员数	212.37	213.92	215.62	216.75	219.86	212.65	211.36
#女从业人员数	102.05	100.52	102.17	101.71	103.64	99.07	98.87
农林牧渔业从业人员数	152.35	152.48	152.23	151.94	153.30	146.07	144.04
#农　业	134.32	136.98	134.93	126.41	131.74	126.48	119.89
工　业从业人员数	17.88	17.13	16.93	15.83	15.72	15.43	15.74
建筑业从业人员数	14.49	14.98	16.16	16.69	16.87	16.45	16.72
交运输仓储、邮电业	6.67	6.79	7.30	7.13	7.38	7.64	7.50
批零贸易餐饮业	5.59	6.01	6.52	6.83	7.45	8.14	8.25
金融、保险业	0.31	0.30	0.32	0.40	0.43	0.45	0.44
其它从业人员数	15.08	16.23	16.16	17.93	18.71	18.47	18.67
#外出临时工、合同工	6.84	7.19	7.17	7.70	9.34	9.37	10.70

6－2　农村基层组织、乡村户数、人口及劳动力情况

指　　标	单　位	2000年	2001年
一、农村基层组织情况			
1.乡镇个数	个	168	168
#镇个数	个	52	55
2.村民委员会个数	个	3 165	3 165
3.村民小组个数	个	16 294	16 291
4.区乡(镇)村干部总数	人	24 142	24 142
二、农村人口和从业人员情况			
1.乡村户数	万户	98.77	99.25
2.乡村人口数	万人	401.64	404.22
3.劳动年龄内人口	万人	232.43	232.73
#上学的学生数	万人	15.85	15.69
丧失劳动能力的人数	万人	5.94	5.99
4.超过劳动年龄而参加劳动的人数	万人	14.27	16.17
5.乡村从业人员数	万人	212.65	211.36
#女从业人员数	万人	99.07	98.87
(1)农林牧渔业从业人员数	万人	146.07	144.04
#农业从业人员数	万人	126.48	119.89
(2)工业从业人员数	万人	15.43	15.74
(3)建筑业从业人员数	万人	16.45	16.72
(4)交通仓储邮电业从业人员数	万人	7.64	7.50
(5)批零贸易餐饮业从业人员数	万人	8.14	8.25
(6)金融、保险业从业人员数	万人	0.45	0.44
(7)其它非农行业从业人员数	万人	18.47	18.67
#外出临时合同工	万人	9.37	10.70
三、国有农林牧渔场从业人员数	万人	0.29	0.24
四、自来水受益村数	个	1 527	1 516
通汽车村数	个	2 785	2 818
通电话村数	个	2 885	3 029

6－3　各区县农村基层组织、乡村户数及人口

(2001年)

区　县	乡镇个数	镇个数	村民委员会个数	村民小组个数	乡村户数(万户)	乡村人口数(万人)
合　计	**168**	**55**	**3 165**	**16 291**	**99.25**	**404.22**
新城区	–	–	13	20	0.30	1.16
碑林区	–	–	15	12	0.36	1.09
莲湖区	–	–	35	82	1.02	3.32
灞桥区	6	3	229	849	6.69	27.13
未央区	5	3	212	642	5.23	20.40
雁塔区	2	–	120	511	4.06	14.68
阎良区	6	3	80	593	4.03	16.15
临潼区	22	8	285	2 089	13.48	55.79
长安县	43	13	672	3 241	19.74	80.22
蓝田县	28	6	519	2 480	13.88	56.96
周至县	28	8	380	2 553	13.50	58.00
户　县	19	9	518	2 479	11.80	48.50
高陵县	9	2	87	740	5.16	20.82

6－4　各区县家庭从业人员数

（2001年）　　单位：万人

区　县	乡村从业人员数合计	女从业人员数	农林牧渔业从业人员数	农业从业人员数	工业从业人员数	建筑业从业人员数
合　计	**211.36**	**98.87**	**144.04**	**119.89**	**15.74**	**16.72**
新城区	0.53	0.35	0.17	0.12	0.05	0.01
碑林区	0.66	0.36	–	–	0.01	–
莲湖区	1.78	0.69	0.39	0.36	0.35	0.03
灞桥区	15.53	7.55	10.33	9.86	1.60	0.84
未央区	10.89	4.96	5.86	5.02	1.67	0.55
雁塔区	7.03	3.48	3.64	2.63	0.73	0.26
阎良区	8.70	4.31	5.78	4.97	0.50	0.95
临潼区	28.41	14.07	20.66	17.67	1.26	2.74
长安县	38.29	17.03	24.81	22.23	3.34	4.62
蓝田县	29.94	13.67	22.18	17.20	1.00	1.59
周至县	30.98	13.95	24.37	22.48	1.02	1.46
户　县	27.27	12.89	18.27	16.72	3.62	2.27
高陵县	11.35	5.56	7.58	0.63	0.59	1.40

6-4　续表　　(2001年)　　单位:万人

区　县	交通仓储邮电业从业人员数	批零贸易餐饮业从业人员数	金融、保险业从业人员数	其它从业人员数	外出临时合同工
合　计	**7.50**	**8.25**	**0.44**	**18.67**	**10.70**
新城区	0.03	0.06	0.01	0.20	0.10
碑林区	0.02	0.03	-	0.60	0.02
莲湖区	0.08	0.46	-	0.47	-
灞桥区	0.59	0.37	0.01	1.79	1.31
未央区	0.74	0.53	0.03	1.51	0.70
雁塔区	0.62	0.67	0.03	1.08	0.34
阎良区	0.40	0.39	0.02	0.66	0.35
临潼区	0.94	1.03	0.04	1.74	0.63
长安县	1.58	1.30	0.10	2.54	1.90
蓝田县	0.64	1.34	0.05	3.14	2.51
周至县	0.57	0.94	0.07	2.55	1.94
户　县	0.90	0.79	0.06	1.36	0.50
高陵县	0.39	0.34	0.02	1.03	0.40

6－5　主要年份耕地面积

单位：千公顷

年　份	年末实有耕地面积	水　田	水浇地	人均占有耕地面积（公顷）
1970	369.39	12.13	198.03	0.13
1975	358.90	13.56	232.75	0.11
1978	353.97	11.13	246.97	0.11
1980	350.86	11.63	248.64	0.10
1985	339.25	11.75	218.73	0.09
1990	330.21	11.98	207.94	0.08
1991	328.06	11.35	206.11	0.08
1992	323.53	10.96	198.79	0.08
1993	319.36	9.57	202.99	0.08
1994	314.29	9.32	199.72	0.08
1995	309.31	11.36	185.34	0.08
1996	301.00	9.47	189.17	0.08
1997	304.41	7.93	193.66	0.08
1998	303.43	7.45	188.15	0.08
1999	300.49	7.54	187.97	0.08
2000	295.58	6.84	189.36	0.07
2001	287.79	6.00	183.15	0.07

6－6　各区县耕地面积

（2001年）　　单位：公顷

区　县	年末实有耕地面积	水　田	旱　地		当年增加的耕地面积	新开荒地面　积
				水浇地		
全市合计	**287 788**	**5 997**	**281 791**	**183 147**	**1 402**	**66**
新城区	124	–	124	78	–	–
碑林区	44	–	44	44	–	–
莲湖区	456	–	456	456	–	–
灞桥区	15 119	73	15 046	9 350	22	14
未央区	9 930	110	9 820	9 820	106	4
雁塔区	5 751	–	5 751	3 571	28	–
阎良区	16 957	–	16 957	16 150	21	–
临潼区	52 355	6	52 349	38 678	8	1
长安县	51 731	3 004	48 727	25 292	134	4
蓝田县	42 205	945	41 260	3 548	116	37
周至县	39 859	985	38 874	26 519	142	–
户　县	35 936	726	35 210	32 468	249	6
高陵县	16 550	–	16 550	16 550	541	–
农工商	771	148	623	623	35	–

6－6　续表　　(2001 年)　　单位:公顷

区　县	当年减少的耕地面积	国　家基建占地	乡村集体基建占地	农民个人建房占地	退耕改果、茶、桑面积	退耕造林面　积
全市合计	**9 191**	**2 142**	**371**	**441**	**1 077**	**3 262**
新城区	3	－	3	－	－	－
碑林区	－	－	－	－	－	－
莲湖区	3	1	－	2	－	－
灞桥区	422	219	18	33	11	29
未央区	332	250	19	2	15	－
雁塔区	573	376	57	6	10	40
阎良区	157	69	14	20	16	27
临潼区	251	88	2	62	－	32
长安县	1 517	558	73	144	170	300
蓝田县	3 434	89	73	79	196	1 856
周至县	819	14	2	45	60	670
户　县	993	239	106	32	347	219
高陵县	422	227	4	16	174	－
农工商	265	12	－	－	78	89

6－7 农村非农行业总产值

单位：亿元

年份	农村工业总产值	农村建筑业产值	农村运输业产值	农村批发、零售、贸易餐饮业产值
1990	34.39	4.93	5.54	4.49
1991	39.04	5.28	6.14	5.26
1992	49.68	6.69	7.26	6.57
1993	59.12	8.36	9.15	8.67
1994	70.94	10.87	11.53	11.36
1995	84.42	14.13	14.76	14.77
1996	103.84	19.08	18.45	19.35
1997	125.65	24.42	23.43	26.12
1998	154.55	32.23	29.29	34.74
1999	186.19	41.90	36.61	44.81
2000	214.12	56.57	45.40	60.05
2001	246.00	73.92	56.25	78.64

注：由于2000年和2001年全市规模以下工业有关数据进行了调整，为了与历史资料衔接，所以本表中1993－2000年的数据已做了相应调整。

6－8　各区县农村非农行业总产值

(2001年)　　单位:万元

区　县	农村工业总产值	农村建筑业产　值	农村运输业产　值	农村批发、零售、贸易餐饮业产值
全　市	**2 459 950**	**739 223**	**562 524**	**786 375**
新城区	125 908	－	24 481	16 868
碑林区	580	418	893	1 427
莲湖区	4 412	16 503	17 159	39 529
灞桥区	336 516	8 635	22 823	40 375
未央区	424 050	25 502	26 514	122 053
雁塔区	282 700	19 133	2 620	36 976
阎良区	75 176	85 016	41 819	54 133
临潼区	215 285	187 054	132 198	157 440
长安县	452 510	282 574	149 446	183 593
蓝田县	96 039	30 763	35 152	62 517
周至县	70 168	35 958	39 736	37 219
户　县	328 000	37 258	12 393	19 654
高陵县	48 606	10 409	57 290	14 591

6－9　主要年份农林牧渔业总产值及指数

单位：万元

年份	农、林、牧渔业总产值	农业	林业	牧业	渔业	农、林、牧渔业总产值指数（%）
1970	40 617	35 965	713	3 896	43	111.2
1975	55 322	47 378	1 509	6 403	32	93.9
1978	65 423	56 519	1 444	7 427	33	104.7
1980	65 322	54 004	1 177	10 106	35	85.0
1985	134 933	105 888	2 559	26 186	300	106.4
1990	262 073	191 088	3 134	65 840	2 011	102.5
1991	295 620	208 324	3 362	81 070	2 864	108.6
1992	321 155	219 160	4 225	94 045	3 725	108.6
1993	387 068	261 959	5 031	115 810	4 268	112.8
1994	565 056	359 609	7 819	192 140	5 488	102.4
1995	754 597	513 348	7 185	228 598	5 466	106.8
1996	786 003	552 726	7 573	219 214	6 490	102.1
1997	836 201	585 973	9 226	233 623	7 379	110.3
1998	853 279	625 465	8 146	212 045	7 623	107.5
1999	739 905	530 029	8 883	194 552	6 441	100.7
2000	743 712	514 845	8 482	212 612	7 773	104.3
2001	767 511	527 160	8 427	223 861	8 063	103.2

6－10 各区县现价农林牧渔业总产值和构成

(2001年) 单位:万元

	农、林、牧渔业总产值	农业产值	林业产值	牧业产值	渔业产值
全市(万元)	**767 511**	**527 160**	**8 427**	**223 861**	**8 063**
新城区	362	198	－	164	－
碑林区	9	6	－	3	－
莲湖区	2 146	2 090	－	56	－
灞桥区	44 645	37 054	102	6 023	1 466
未央区	28 921	21 734	98	4 724	2 365
雁塔区	23 520	20 800	79	2 628	13
阎良区	57 960	41 646	552	15 612	170
临潼区	139 134	79 691	1 164	57 121	1 158
农工商	5 984	870	216	4 392	506
长安县	120 855	79 163	921	40 070	701
蓝田县	91 647	65 891	1 728	23 653	375
周至县	91 972	72 011	2 510	16 950	501
户县	92 250	66 567	866	24 392	425
高陵县	68 106	39 459	191	28 073	383
全市(%)	100	68.7	1.1	29.2	1.0
新城区	100	54.7	－	45.3	－
碑林区	100	66.7	－	33.3	－
莲湖区	100	97.4	－	2.6	－
灞桥区	100	83.0	0.2	13.5	3.3
未央区	100	75.1	0.3	16.3	8.3
雁塔区	100	88.4	0.3	11.2	0.1
阎良区	100	71.9	1.0	26.9	0.2
临潼区	100	57.3	0.8	41.1	0.8
农工商	100	14.5	3.6	73.4	8.5
长安县	100	65.5	0.8	33.2	0.5
蓝田县	100	71.9	1.9	25.8	0.4
周至县	100	78.3	2.7	18.4	0.6
户县	100	72.2	0.9	26.4	0.5
高陵县	100	57.9	0.3	41.2	0.6

6－11　各区县不变价农林牧渔业总产值

（2001年）　　单位：万元

区　县	农、林、牧渔　业总产值	农业产值	林业产值	牧业产值	渔业产值
全　市	**484 763**	**326 788**	**3 593**	**148 643**	**5 793**
新城区	144	72	–	72	–
碑林区	1	–	–	1	–
莲湖区	998	960	–	38	–
灞桥区	25 325	20 520	39	3 805	961
未央区	16 506	11 675	45	3 022	1 764
雁塔区	10 852	9 138	40	1 664	10
阎良区	33 065	23 396	285	9 276	108
临潼区	78 036	38 611	486	38 100	839
农工商	2 643	396	23	1 860	364
长安县	73 534	44 072	332	28 639	491
蓝田县	56 939	41 676	661	14 334	268
周至县	87 985	75 264	1 193	11 188	340
户　县	55 756	37 717	408	17 317	314
高陵县	42 979	23 291	81	19 327	280

6－12　农业物耗占总产值的比重

(2001年)　　单位：%

区　县	农、林、牧渔业总产值	农业总产值	林业总产值	牧业总产值	渔业总产值
全　市	**40**	**35**	**48**	**52**	**51**
新城区	44	30	–	60	–
碑林区	44	50	–	33	–
莲湖区	33	33	–	12	–
灞桥区	40	34	59	69	63
未央区	30	26	26	36	56
雁塔区	32	29	28	51	54
阎良区	28	27	44	28	46
临潼区	44	41	66	48	41
农工商	63	52	49	66	67
长安县	40	30	38	60	22
蓝田县	45	42	40	51	52
周至县	40	33	54	75	53
户　县	38	35	45	46	42
高陵县	45	36	48	57	66

6－13　农林牧渔业增加值

单位：万元

指　　标	1996年	1997年	1998年	1999年	2000年	2001年
农林牧渔业增加值	450 194	480 211	507 852	445 264	446 481	458 720
1.农业增加值	355 690	376 549	406 951	346 626	336 777	342 427
#种　植　业	326 591	338 256	364 210	311 029	293 437	291 693
2.林业增加值	4 473	5 614	3 908	4 847	4 323	4 258
3.牧业增加值	86 255	93 924	93 050	90 815	101 353	108 096
4.渔业增加值	3 776	4 124	3 943	2 976	4 028	3 939

6－14　各区县农林牧渔业增加值

(2001年)　　单位:万元

	农、林、牧渔业增加值	农业	林业	牧业	渔业
合计	**458 720**	**342 427**	**4 258**	**108 096**	**3 939**
新城区	232	156	－	76	－
碑林区	6	4	－	2	－
莲湖区	1 518	1 462	－	56	－
灞桥区	27 129	24 659	42	1 910	518
未央区	19 866	15 522	72	3 133	1 139
雁塔区	16 477	14 990	58	1 422	7
阎良区	40 421	28 763	286	11 309	63
临潼区	77 457	46 887	293	29 545	732
农工商	1 962	323	84	1 437	118
长安县	74 801	56 598	585	17 045	573
蓝田县	50 647	37 907	1 090	11 482	168
周至县	55 129	47 924	1 172	5 767	266
户县	56 443	42 511	476	13 206	250
高陵县	36 632	24 721	100	11 706	105

6－15　农业机械拥有量

指　　标	单　位	2000年	2001年
农业机械总动力	千瓦	2 004 300	2 020 946
大中型拖拉机	台	7 620	7 078
	千瓦	252 099	230 233
小型拖拉机	台	30 307	29 458
	千瓦	330 687	327 531
大中型拖拉机配套农具	部	13 035	14 649
小型拖拉机配套农具	部	53 363	51 270
农用排灌动力机械	台	101 676	91 099
	千瓦	383 838	420 989
#柴 油 机	台	1 708	3 025
	千瓦	15 800	23 414
电 动 机	台	80 499	84 503
	千瓦	368 038	397 623
农用水泵	台	82 539	80 345
联合收割机	台	3 456	3 792
	千瓦	109 937	122 812
机动脱粒机	台	17 814	18 099
机动喷雾(粉)机	部	5 911	6 402
	千瓦	8 067	9 148
饲料粉碎机	台	4 485	4 687
农产品加工动力机械	千瓦	163 211	152 257

6－16　农业机械、化肥、水利、水电情况

指　　标	单　位	2000年	2001年
一、农业机械化情况			
当年实际机耕地面积	千公顷	244.54	248.30
当年实际机播面积	千公顷	321.83	319.23
当年实际机械收获面积	千公顷	181.89	184.17
二、农用化肥施用量			
1.按实物量计算	吨	697 243	687 539
#氮　肥	吨	392 366	392 086
磷　肥	吨	155 480	149 786
钾　肥	吨	31 841	30 658
复合肥	吨	78 620	87 342
2.按折纯量计算	吨	196 343	193 282
#氮　肥	吨	102 982	103 943
磷　肥	吨	18 658	17 973
钾　肥	吨	15 921	15 331
复合肥	吨	39 313	43 674
三、农用塑料薄膜使用量	公斤	1 622 198	1 656 604
四、农用柴油	吨	52 706	56 308
五、农药使用量	公斤	1 559 333	1 972 425
六、农村办沼气池	个	10 199	9 823
七、农村水利化情况			
有效灌溉面积	千公顷	223.98	223.27
旱涝保收面积	千公顷	196.04	197.52
机电排灌面积	千公顷	166.07	168.66
机电井数	眼	50 289	49 844
八、农村电气化情况			
农村用电量	万千瓦小时	117 974	104 406
乡村及村以下办水电站	个	67	65
装机容量	千瓦	7 236	7 786
发电量	万千瓦小时	1 137.95	1 197.75

6－17　主要年份农作物播种面积

单位：千公顷

年　份	总播种面积	粮　食			棉　花	油　料	蔬　菜
			小　麦	玉　米			
1980	556.95	470.90	216.11	182.09	54.15	6.67	16.01
1985	530.27	469.57	252.13	180.76	14.01	5.34	30.02
1990	544.27	487.61	258.13	188.09	10.01	8.00	34.02
1991	546.94	487.58	259.46	188.76	12.67	8.67	31.35
1992	547.10	477.00	256.40	182.40	17.80	10.80	36.40
1993	547.75	475.66	253.60	182.46	11.77	9.89	42.60
1994	527.66	479.37	250.62	181.65	13.14	9.17	39.91
1995	523.16	460.42	246.94	173.03	7.38	12.38	38.39
1996	520.55	472.56	244.18	191.17	5.06	12.48	36.96
1997	503.85	447.22	245.14	165.86	3.00	10.35	39.57
1998	526.66	470.02	246.78	190.30	2.37	9.79	40.63
1999	528.72	473.30	247.96	196.00	1.90	8.49	40.45
2000	523.29	465.03	246.59	189.13	1.65	8.97	42.90
2001	508.77	452.03	239.46	185.71	1.94	7.91	41.18

6－18. 主要农作物播种面积

(2001年) 单位:公顷

区 县	总播种面积	粮 食	夏 粮	小 麦	秋 粮	稻 谷	玉 米
合 计	**508 773**	**452 029**	**242 181**	**239 463**	**209 848**	**4 534**	**185 707**
新城区	191	86	53	53	33	－	19
碑林区	4	3	1	1	2	－	2
莲湖区	737	70	40	40	30	－	30
灞桥区	24 997	18 783	11 997	11 950	6 786	47	6 485
未央区	14 189	10 257	5 301	5 268	4 956	26	4 850
雁塔区	10 037	7 358	4 709	4 709	2 649	－	2 646
阎良区	27 666	22 255	11 519	11 471	10 736	－	10 181
临潼区	91 625	79 490	43 196	42 834	36 294	－	33 434
农工商	452	142	127	67	15	－	－
长安县	93 998	86 019	46 388	45 673	39 631	2 617	35 394
蓝田县	75 485	70 262	39 833	38 951	30 429	586	17 822
周至县	67 246	64 050	32 072	31 847	31 978	726	29 830
户 县	69 184	63 269	31 925	31 603	31 344	532	30 377
高陵县	32 962	29 985	15 020	14 996	14 965	－	14 637

6－19　主要年份农作物产品产量

单位：万吨

年　　份	粮　食总产量	夏　粮		秋　粮		
			小　麦		稻　谷	玉　米
1980	114.41	56.62	52.25	57.79	4.73	47.74
1985	150.09	76.13	74.78	73.96	5.10	65.07
1990	172.43	91.65	89.67	80.78	5.46	70.35
1991	178.83	91.10	89.16	87.73	5.03	77.46
1992	183.41	101.68	99.55	81.73	4.74	72.26
1993	190.01	101.09	98.99	88.92	4.86	78.60
1994	157.37	86.90	84.85	70.47	4.54	61.42
1995	175.25	99.81	97.38	75.45	3.44	67.76
1996	187.51	80.13	78.40	107.38	3.37	95.60
1997	190.51	114.25	112.34	76.26	3.47	69.38
1998	212.70	104.40	103.95	108.30	3.23	99.08
1999	204.44	95.50	94.39	108.94	2.88	99.65
2000	201.92	92.58	91.63	109.34	3.05	100.52
2001	197.09	98.14	97.20	98.94	2.73	91.30

6－19 续表 单位：万吨

年份	棉花	油料		蔬菜
			油菜籽	
1980	1.97	0.54	0.50	40.13
1985	0.49	0.75	0.39	86.44
1990	0.70	1.26	0.94	119.32
1991	0.97	1.20	0.74	117.40
1992	0.74	1.49	0.87	128.12
1993	0.75	1.40	1.00	145.80
1994	0.65	1.08	0.78	135.26
1995	0.29	2.17	1.90	133.60
1996	0.24	1.83	1.55	138.01
1997	0.17	1.86	1.65	142.11
1998	0.14	1.67	1.36	148.87
1999	0.15	1.30	1.00	153.24
2000	0.14	1.34	0.95	162.14
2001	0.17	1.23	0.90	152.80

6－20　各区县主要农作物产品产量

（2001年）　　单位：吨

区　县	粮食总产量	夏粮	小麦	秋粮	稻谷	玉米
合　计	**1 970 863**	**981 421**	**971 983**	**989 442**	**27 262**	**913 023**
新城区	186	111	111	75	－	51
碑林区	12	3	3	9	－	9
莲湖区	248	152	152	96	－	96
灞桥区	70 227	42 698	42 627	27 529	148	26 536
未央区	54 243	26 347	26 197	27 896	157	27 439
雁塔区	26 222	15 593	15 593	10 629	－	10 625
阎良区	111 978	61 186	60 921	50 792	－	49 281
临潼区	352 994	174 103	172 678	178 891	－	172 058
农工商	459	418	200	41	－	－
长安县	322 255	165 257	162 733	156 998	16 409	134 917
蓝田县	221 449	121 172	118 489	100 277	3 808	71 525
周至县	262 412	125 658	124 777	136 754	3 513	127 568
户　县	340 152	158 200	157 099	181 952	3 227	176 885
高陵县	208 026	90 523	90 403	117 503	－	116 033

6－20　续表　　(2001年)　　单位:吨

	棉　花	油　料	油菜籽	蔬　菜
全　市	**1 742**	**12 346**	**8 981**	**1 527 977**
新城区	–	–	–	1 830
碑林区	–	–	–	54
莲湖区	–	–	–	24 300
灞桥区	35	426	315	245 760
未央区	1	195	118	122 350
雁塔区	–	80	80	127 158
阎良区	739	266	157	182 887
临潼区	785	3 682	2 150	272 023
农工商	–	5	–	4 677
长安县	6	2 097	1 894	160 719
蓝田县	122	2 465	1 673	66 093
周至县	14	1 735	1 583	51 218
户　县	36	890	689	179 196
高陵县	4	505	322	89 712

6－21　农作物单位面积产量

单位：公斤/公顷

年份	粮食总产量	夏粮	小麦	秋粮	稻谷	玉米
1990	3 540	3 480	3 480	3 615	5 250	3 735
1991	3 675	3 435	3 435	3 960	4 815	4 110
1992	3 840	3 885	3 885	3 795	4 725	3 960
1993	3 995	3 900	3 903	4 108	4 991	4 308
1994	3 283	3 387	3 385	3 163	4 849	3 381
1995	3 806	3 945	3 943	3 638	4 353	3 916
1996	3 968	3 214	3 211	4 810	5 491	5 001
1997	4 260	4 575	4 583	3 861	5 575	4 183
1998	4 525	4 172	4 178	4 927	5 659	5 207
1999	4 319	3 800	3 807	4 907	5 480	5 084
2000	4 342	3 710	3 716	5 075	6 008	5 315
2001	4 360	4 052	4 059	4 715	6 013	4 917

6-21　续表　　单位:公斤/公顷

年　份	棉　花	油　料	油菜籽	蔬　菜
1990	690	1 545	1 515	35 235
1991	765	1 410	1 335	34 980
1992	420	1 380	1 515	35 160
1993	634	1 416	1 610	34 226
1994	494	1 181	1 258	33 893
1995	398	1 753	1 921	34 800
1996	473	1 295	1 497	37 342
1997	572	1 138	1 931	35 918
1998	593	1 704	1 820	36 644
1999	787	1 533	1 583	37 884
2000	831	1 526	1 676	37 797
2001	899	1 562	1 691	37 105

6－22　各区县主要农作物单位面积产量

（2001年）　　单位：公斤/公顷

区　县	粮食作物	夏粮	小麦	秋粮	稻谷	玉米
全　市	**4 360**	**4 052**	**4 059**	**4 715**	**6 013**	**4 917**
新城区	2 163	2 094	2 094	2 273	–	2 684
碑林区	4 000	3 000	3 000	4 500	–	4 500
莲湖区	3 543	3 800	3 800	3 200	–	3 200
灞桥区	3 739	3 559	3 567	4 057	3 149	4 092
未央区	5 288	4 970	4 973	5 629	6 039	5 658
雁塔区	3 564	3 311	3 311	4 013	–	4 016
阎良区	5 032	5 312	5 311	4 731	–	4 841
临潼区	4 441	4 031	4 031	4 929	–	5 146
农工商	3 232	3 291	2 985	2 733	–	–
长安县	3 746	3 563	3 563	3 962	6 270	3 812
蓝田县	3 152	3 042	3 042	3 295	6 498	4 013
周至县	4 097	3 918	3 918	4 277	4 839	4 277
户　县	5 376	4 955	4 971	5 805	6 066	5 823
高陵县	6 938	6 027	6 029	7 852	–	7 927

6－22 续表 (2001年) 单位:公斤/公顷

区县	棉花	油料	油菜籽	蔬菜
全市	**899**	**1 562**	**1 691**	**37 105**
新城区	－	－	－	17 429
碑林区	－	－	－	54 000
莲湖区	－	－	－	36 432
灞桥区	814	901	827	44 051
未央区	1 000	1 639	1 494	35 629
雁塔区	－	1 212	1 212	50 802
阎良区	1 044	1 454	1 510	42 861
临潼区	851	1 238	1 421	38 492
农工商	－	2 500	－	25 281
长安县	857	2 164	2 310	27 492
蓝田县	613	1 466	1 445	25 519
周至县	667	1 954	1 950	27 670
户县	1 161	2 705	2 983	38 687
高陵县	800	2 285	2 191	36 572

6－23　林业生产情况

指　　标	单　位	2000年	2001年
一、营林情况			
当年造林面积合计	千公顷	18.31	18.01
1.人工造林	千公顷	9.11	9.29
2.飞播造林	千公顷	9.20	8.72
零星四旁植树	万株	731.38	791.95
育苗面积	公顷	1 365	2 360
#本年新育	公顷	1 125	1 458
二、主要林产品产量			
生　漆	吨	11	19
核　桃	吨	997	366
板　栗	吨	744	433
花　椒	吨	140	132
木　耳	吨	72	166
三、村及村以下采伐木材	万立方	1.62	1.10

6－24　各区县林业生产情况

（2001年）

区　县	当年造林面积（千公顷）	零星植树（万　株）	育苗面积（公　顷）	核桃产量（吨）	板栗产量（吨）	村及村以下木材采伐量（万立方）
全　市	**18.01**	**791.95**	**2 360**	**366**	**433**	**1.10**
新城区	－	－	－	－	－	－
碑林区	－	－	－	－	－	－
莲湖区	－	－	－	－	－	－
灞桥区	0.23	9.26	6	12	15	－
未央区	－	10.00	43	－	－	－
雁塔区	0.02	2.40	54	－	－	－
阎良区	0.25	45.29	66	－	－	0.42
临潼区	2.16	119.00	139	75	27	－
农工商	－	－	19	－	－	－
长安县	3.73	160.00	333	33	63	－
蓝田县	5.33	156.00	80	180	260	0.06
周至县	3.76	150.00	1 207	27	38	0.38
户　县	2.53	100.00	346	39	30	0.17
高陵县	－	40.00	67	－	－	0.07

6-25 桑、茶、果生产情况

指　　标	单　位	1999年	2000年	2001年
果园面积	公顷	35 245	31 907	31 823
#苹果园	公顷	10 029	8 098	5 468
梨　园	公顷	4 303	3 861	3 497
葡萄园	公顷	1 114	1 260	1 338
桃　园	公顷	2 002	2 313	2 729
猕猴桃园	公顷	11 111	11 223	11 348
杏　园	公顷	528	416	552
柿子园	公顷	1 078	1 305	1 464
水果产量	吨	355 184	343 551	339 189
苹　果	吨	108 386	89 416	77 906
梨	吨	62 331	65 459	66 308
葡　萄	吨	14 932	16 647	17 733
桃	吨	30 832	27 010	29 018
猕猴桃	吨	86 552	96 640	105 064

6－26　各区县桑、果园面积及产量

(2001 年)

	果　　园 (公顷)	水果产量 (吨)		果　　园 (公顷)	水果产量 (吨)
全　　市	**31 823**	**339 189**			
新 城 区	－	－	临 潼 区	2 830	28 835
碑 林 区	－	－	农 工 商	197	1 295
莲 湖 区	－	－	长 安 县	1 649	14 622
灞 桥 区	2 191	17 564	蓝 田 县	7 005	61 870
未 央 区	1 218	25 546	周 至 县	9 512	83 891
雁 塔 区	481	6 677	户　　县	2 801	42 754
阎 良 区	1 952	31 503	高 陵 县	1 987	24 632

6－27　畜牧业生产情况

指　　标	单　位	2000年	2001年
一、大牲畜年末总头数	头	260 742	247 312
#能繁殖母畜	头	137 087	126 319
役　畜	头	98 130	89 830
牛	头	256 073	243 852
#能繁殖母畜	头	136 626	126 030
当年生仔畜	头	69 015	73 143
1.黄牛	头	207 909	191 884
2.良种及改良奶牛	头	48 164	51 968
3.水牛	头		
马	匹	736	570
驴	头	476	377
骡	头	3 457	2 513
二、猪年末头数	头	1 284 592	1 336 218
#能繁殖母猪	头	93 775	108 321
三、羊年末只数	只	421 103	430 174
1.山羊	只	397 121	400 461
#奶山羊	只	266 525	289 104
2.绵羊	只	23 982	29 713
四、家禽年末存栏数	万只	1 623.81	1 573.41
五、年末养蜂箱数	箱	20 408	19 830

6－28　各区县畜牧业生产情况

（2001年）

	大牲畜年末头数（头）	能繁殖母畜	役畜	牛（头）	奶牛	马（匹）	驴（头）	骡（头）
全　市	**247 312**	**126 319**	**89 830**	**243 852**	**51 968**	**570**	**377**	**2 513**
新城区	230	210	－	229	229	－	－	1
碑林区	3	3	－	3	3	－	－	－
莲湖区	－	－	－	－	－	－	－	－
灞桥区	4 193	2 975	687	4 101	2 784	25	2	65
未央区	1 778	1 339	71	1 692	1 643	－	1	85
雁塔区	753	476	131	591	548	2	5	155
阎良区	13 136	8 254	2 542	13 123	8 856	－	1	12
临潼区	44 698	26 049	14 778	44 408	21 960	33	84	173
农工商	4 783	3 193	－	4 783	4 783	－	－	－
长安县	46 768	24 258	3 941	46 000	3 500	196	66	506
蓝田县	81 085	34 823	45 489	80 852	343	66	62	105
周至县	24 430	10 345	14 728	24 127	181	49	34	220
户　县	15 433	7 050	5 666	14 307	1 169	111	24	991
高陵县	10 022	7 344	1 797	9 636	5 969	88	98	200

6－28　续表　　(2001年)

	猪(头)	能繁殖母猪	羊(只)	山羊	奶山羊	家禽(万只)	蜂(箱)
全　市	**1 336 218**	**108 321**	**430 174**	**400 461**	**289 104**	**1 573.41**	**19 830**
新城区	153	9	10	10	10	0.03	－
碑林区	100	－	10	10	10	－	－
莲湖区	－	－	－	－	－	－	－
灞桥区	32 438	1 906	9 623	9 547	6 778	44.82	625
未央区	41 963	3 394	2 350	2 348	2 145	27.35	143
雁塔区	26 750	668	1 088	1 088	782	8.95	114
阎良区	49 181	4 058	35 683	35 460	35 427	89.81	507
临潼区	269 645	27 716	115 330	114 865	99 725	408.00	4 111
农工商	－	－	－	－	－	－	－
长安县	290 000	25 000	55 000	50 000	19 000	340.00	3 241
蓝田县	80 367	7 802	113 558	113 553	68 249	156.58	2 276
周至县	221 102	16 491	12 912	12 782	3 250	86.07	4 131
户　县	235 889	13 087	23 286	23 222	17 021	180.60	4 285
高陵县	88 630	8 190	61 324	37 576	36 707	231.20	397

6－29　畜产品和水产品产量

单位:吨

年　份	肉类总产量	猪肉	牛肉	羊肉	禽肉	奶类总产量	牛奶
1990	63 273	50 646	4 667	1 931	5 885	82 017	50 528
1991	72 268	55 086	5 623	2 162	9 062	91 006	57 700
1992	88 994	68 134	6 468	2 460	11 290	100 080	63 586
1993	93 420	71 274	7 249	2 220	12 174	111 070	73 897
1994	106 691	79 433	8 298	2 350	15 681	145 412	99 025
1995	127 815	86 513	11 251	3 731	23 948	132 909	85 753
1996	91 468	63 750	5 402	2 578	19 324	133 372	86 103
1997	106 597	75 381	6 672	3 468	20 596	150 964	98 078
1998	134 152	98 974	8 788	4 710	21 424	174 099	119 719
1999	130 124	93 859	9 827	4 147	21 963	209 144	145 191
2000	147 571	106 137	12 066	4 766	23 760	245 913	176 155
2001	157 277	113 353	11 900	5 153	20 540	255 437	179 977

6－29　续表　　单位：吨

年　　份	羊　毛	禽　蛋	蜂　蜜（公斤）	水产品	养殖面积（公顷）
1990	3	55 938	1 035 392	4 259	1 698
1991	11	90 558	1 022 797	4 949	1 754
1992	12	104 970	739 275	6 015	1 864
1993	11	125 244	662 049	7 132	1 980
1994	82	146 503	547 808	7 900	2 067
1995	8	141 227	535 891	8 517	2 140
1996	3	138 044	613 290	8 910	2 342
1997	1	156 066	713 918	10 054	2 308
1998	5	142 519	537 304	10 480	2 266
1999	26	135 981	541 613	11 061	2 256
2000	24	138 305	460 598	11 384	2 235
2001	22	132 303	479 839	12 480	2 112

6－30　各区县主要畜产品和水产品产量

(2001年)　　单位：吨

	肉类总产量	猪肉	牛肉	羊肉	禽肉	奶类总产量	牛奶
全　市	**157 277**	**113 353**	**11 900**	**5 153**	**20 540**	**255 437**	**179 977**
新城区	4	4	–	–	–	848	845
碑林区	–	–	–	–	–	15	11
莲湖区	75	46	4	–	25	–	–
灞桥区	3 231	2 445	141	112	521	12 097	10 301
未央区	3 869	3 546	12	18	275	5 140	4 795
雁塔区	2 547	2 392	12	8	132	2 032	1 796
阎良区	6 452	4 569	673	499	667	40 135	30 178
临潼区	33 406	24 268	2 057	1 295	5 520	101 300	75 558
农工商	120	–	120	–	–	21 867	21 867
长安县	34 000	21 560	1 560	630	4 500	14 644	9 044
蓝田县	17 389	8 708	5 628	1 206	1 706	20 738	2 652
周至县	17 900	15 631	873	157	1 218	1 279	540
户　县	22 027	19 309	445	172	2 076	6 406	3 047
高陵县	16 257	10 875	375	1 056	3 900	28 936	19 343

6－30　续表

	禽　蛋 （吨）	蜂　蜜 （公斤）	水产品 （吨）	养殖面积 （公顷）
全　市	**132 303**	**479 839**	**12 480**	**2 112**
新城区	2	–	–	–
碑林区	–	–	–	–
莲湖区	–	–	–	–
灞桥区	2 914	28 815	2 300	287
未央区	1 653	205	3 669	397
雁塔区	712	3 900	20	17
阎良区	7 396	17 660	261	38
临潼区	36 000	227 393	1 857	396
农工商	–	–	812	119
长安县	27 200	30 714	847	253
蓝田县	12 526	39 980	589	157
周至县	6 290	32 142	850	267
户　县	14 490	97 000	670	98
高陵县	23 120	2 030	605	83

6－31　农村经济效益主要指标

年　份	每一农业劳动力创造的			
	农林牧渔业总产值（元）	粮　食（公斤）	棉　花（公斤）	油　料（公斤）
1990	1 944.4	1 279.3	5.2	9.4
1991	2 169.5	1 312.4	7.1	8.8
1992	2 343.8	1 338.6	5.4	10.9
1993	2 528.9	1 381.8	5.4	10.2
1994	2 277.0	1 142.0	4.7	7.9
1995	2 433.7	1 304.7	2.2	16.2
1996	2 468.0	1 368.9	1.7	13.3
1997	2 726.0	1 411.9	1.3	13.8
1998	2 955.2	1 399.9	0.9	11.0
1999	3 433.1	1 551.8	1.1	9.9
2000	3 728.3	1 596.5	1.1	10.8
2001	3 631.3	1 643.9	1.2	8.6

6－31 续表

年份	每亩耕地种植业产值（元）	每亩粮耕地平均产量（公斤）	每百元物耗生产的总产值（元）
1990	343.3	417.4	233.3
1991	380.4	431.2	238.4
1992	404.9	442.0	241.8
1993	493.4	396.6	240.1
1994	376.0	333.5	227.6
1995	412.8	353.8	225.9
1996	452.0	415.3	234.5
1997	479.0	417.2	239.2
1998	548.0	467.3	247.0
1999	514.4	517.6	251.7
2000	580.2	539.4	250.2
2001	607.3	581.3	248.6

主要统计指标解释

乡村人口:指乡村户数内的常住人口。包括常住人口中外出的民工、合同工、临时工、户口在家的在外学生等,但不包括户口在家领取工资的国家职工和户口迁入农村领取国家津贴的离退休职工。

家庭从业人员数:指乡村人口中实际参加各种行业劳动并取得实物或货币收入的人员。包括劳动年龄内实际参加劳动的人数和不足或超过劳动年龄实际参加劳动的人员。

农林牧渔业总产值:是以货币表现的农、林、牧、渔业全部产品的总量,它反映一定时期内农业生产的总规模和总成果。农业总产值的计算方法通常是按农林牧渔产品及其副产品的产量分别乘以各自单位产品价格求得,少数生产周期较长,当年没有产品或产品产量不易统计的,则采用间接方法匡算其产量。

农林牧渔业增加值:指报告期内各种经济类型的农业生产单位和农户从事农业、林业、牧业、渔业生产活动所提供的最终成果的货币表现。增加值的计算方法有两种:一是生产法,二是分配法:

生产法计算公式:$\text{农林牧渔业增加值} = \text{农林牧渔业总产出} - \text{农林牧渔业中间消耗}$

分配法计算公式:$\text{农林牧渔业增加值} = \text{固定资产折旧} + \text{劳动者报酬} + \text{生产税净额(生产税} - \text{生产补贴)} + \text{营业盈余}$

耕地面积:指种植农作物,经常进行耕锄的土地,包括熟地、当年新开荒地、连续撂荒未满三年的耕地和当年的休闲地(轮歇地)。以种植农作物为主并附带种植桑树、茶树、果树和其它林木的土地,但不包括属于专业性的桑园、茶园、果园、果木苗圃、林地、芦苇地、天然或人工草地面积。

粮食产量:背景全社会的产量。粮食除包括稻谷、小麦、玉米、高粱、谷子及其他杂粮外,还包括薯类和大豆。其产量计算方法,豆类按去豆荚后的干豆计算;薯类按5斤折一斤粮食计算。城市郊区作为蔬菜的薯类不做为粮食统计。

农用化肥施用量:指本年内实际用于农业生产的化肥数量。包括氮肥、磷肥、钾肥和复合肥。化肥施用量按折纯量计算,是把氮肥、磷肥和钾肥分别按含氮、含五氧化二磷、含氧化钾的百分之一百成份折算。复合肥按其所含主要成份折算。

农业机械总动力:指主要用于农、林、牧、渔业的各种动力机械的动力总和。包括耕作机械、排灌机械、收获机械、农产品加工机械、运输机械、植保机械、牧业机械、林业机械、渔业机械和其他动力机械。

猪、牛、羊肉产量:指当年出栏并已屠宰后去头蹄下水后带骨肉(即胴体)的重量。

造林面积:是指报告期内在荒山、荒地、沙丘等一切可以造林的土地上,采用人工播种、植苗、飞机播种等方法新植的成片乔木林和灌木林,经过检查验收符合造林技术规程要求的株数,成活率达85%以上的面积。四旁植树如一侧在四行以上,连续面积0.066公顷以上,应统计在造林面积内。

工　业

GONGYE

7－1　规模以上工业企业单位数

(2001年按隶属关系分)

分组	合计	内资				
		国有	集体	股份合作	联营经济	有限公司
总计	**785**	**253**	**198**	**32**	**11**	**86**
中央企业	77	51				18
省属企业	71	47	1			12
市属企业	637	155	197	32	11	56
市直属企业	276	80	39	21	2	37
区属	221	30	126	4	7	7
新城区	23	2	16			1
碑林区	9	2	6			
莲湖区	13	5	6	1	1	
灞桥区	26		14	1	1	2
未央区	80	3	57	1	3	3
雁塔区	44	8	17			1
阎良区	13	5	6	1		
临潼区	13	5	4		2	
县属	140	45	32	7	2	12
长安县	34	11	11	1		
蓝田县	27	12	11	1		
周至县	14	6	2	1	1	
户县	36	10	7	2		2
高陵县	29	6	1	2	1	10

注：该表未包括长庆油田。

7－1　续表　　　　　（2001年按隶属关系分）

分组	内资			港澳台商投资	外商投资
	股份有限	私营	其他		
总计	**50**	**62**		**41**	**52**
中央企业				2	6
省属企业	4			1	6
市属企业	46	62		38	40
市直属企业	27	11		25	34
区属	14	20		9	4
新城区	1			3	
碑林区		1			
莲湖区					
灞桥区	3	3			2
未央区	3	9		1	
雁塔区	7	5		4	2
阎良区		1			
临潼区		1		1	
县属	5	31		4	2
长安县		11			
蓝田县	1	2			
周至县		3		1	
户县	2	11		2	
高陵县	2	4		1	2

注：该表未包括长庆油田。

7－2 规模以上工业企业单位数

（2001年） 单位：个

分组	合计	分组	合计
总计	**785**	皮革、毛皮及其他制品业	4
在总计中：轻工业	355	木材加工及竹、藤、棕、草制品业	3
以农产品为原料	241	家具制造业	12
以非农产品为原料	114	造纸及纸制品业	43
重工业	430	印刷业、记录媒介的复制	36
采掘工业	7	文教体育用品制造业	2
原料工业	76	石油加工及炼焦业	6
加工工业	347	化学原料及化学制品制造业	39
在总计中：大型工业	80	医药制造业	51
中型工业	70	化学纤维制造业	2
小型工业	635	橡胶制品业	6
		塑料制品业	12
		非金属矿物制品业	62
按工业行业大类分		黑色金属冶炼及压延加工业	9
煤炭采选业		有色金属冶炼及压延加工业	10
石油和天然气开采业		金属制品业	39
黑色金属矿采选业	1	普通机械制造业	53
有色金属矿采选业	3	专用设备制造业	66
非金属矿采选业	2	交通运输设备制造业	49
其他矿采选业		电气机械及器材制造业	61
木材及竹材采运业	1	电子及通信设备制造业	40
食品加工业	43	仪器仪表及文化办公用机械制造业	26
食品制造业	28	其他制造业	8
饮料制造业	14	电力、蒸汽、热水的生产和供应业	7
烟草加工业	1	煤气生产和供应业	1
纺织业	26	自来水的生产和供应业	7
服装及其他纤维制品制造业	7		

注：该表未包括长庆油田。

7－3　规模以上工业企业单位数

（2001年市区）　　单位：个

分　　组	地　区	区　属	分　　组	地　区	区　属
总　　计	**626**	**221**	食品制造业	21	9
按行政区划分			饮料制造业	11	1
新　城　区	78	23	烟草加工业	1	
碑　林　区	62	9	纺织业	23	4
莲　湖　区	100	13	服装及其他纤维制品制造业	7	4
灞　桥　区	57	26	皮革、毛皮、羽绒及其制品业	4	2
未　央　区	136	80	木材加工及竹、藤、棕、草制品业	3	1
雁　塔　区	157	44	家具制造业	11	8
阎　良　区	14	13	造纸及纸制品业	26	21
临　潼　区	22	13	印刷业、记录媒介的复制	30	5
按轻重工业分			文教体育用品制造业	2	2
轻工业	279	111	石油加工及炼焦业	6	2
以农产品为原料	185	79	化学原料及化学制品制造业	28	12
以非农产品为原料	94	32	医药制造业	45	12
重工业	347	110	化学纤维制造业	1	1
采掘工业	1	1	橡胶制品业	5	2
原料工业	52	25	塑料制品业	12	3
加工工业	294	84	非金属矿物制品业	38	20
按企业规模分			黑色金属冶炼及压延加工业	9	4
大型工业	73	1	有色金属冶炼及压延加工业	10	4
中型工业	62	3	金属制品业	36	19
小型工业	491	217	普通机械制造业	47	21
按工业行业大类分			专用设备制造业	57	11
煤炭采选业	626	221	交通运输设备制造业	38	6
石油和天然气开采业			电气机械及器材制造业	49	16
黑色金属矿采选业			电子及通信设备制造业	39	6
有色金属矿采选业			仪器仪表及文化、办公用机械制造业	24	5
非金属矿采选业	1	1	其他制造业	5	1
其他矿采选业			电力、蒸汽、热水的生产和供应业	4	1
木材及竹材采选业			煤气生产和供应业	1	
食品加工业	25	16	自来水的生产和供应业	2	1

注：该表未包括长庆油田。

7－4　全部规模以上独立核算工业企业职工人数

(2001年)　　单位:人

分　组	2001年	分　组	2001年
总　计	**401 194**	食品加工业	8 935
按隶属关系分		食品制造业	5 785
中央企业	170 915	饮料制造业	3 797
省属企业	61 165	烟草加工业	138
市属企业	169 114	纺织业	34 782
按登记注册类型分组		服装及其他纤维制品制造业	5 540
内资企业			
国有经济	175 505	皮革、毛皮、羽绒及其他制品业	2 583
集体经济	31 045	木材加工及竹、藤、棕、草制品业	395
股份合作企业	8 620	家具制造业	1 945
联营企业	2 339	造纸及纸制品业	7 943
有限责任公司	131 921	印刷业、记录媒介的复制	11 623
股份有限公司	25 399	文教体育用品制造业	132
私营企业	8 027	石油加工及炼焦业	2 263
港、澳、台商投资企业	7 339	化学原料及化学制品制造业	24 599
其中:港、澳、台商独资经营	2 110	医药制造业	19 934
外商投资企业	10 999	化学纤维制造业	230
其中:中外合作经营	233	橡胶制品业	1 509
外资企业	252	塑料制品业	728
按轻重工业分		非金属矿物制品业	16 072
轻工业	127 778	黑色金属冶炼及压延加工业	2 587
重工业	273 416	有色金属冶炼及压延加工业	1 933
按企业规模分		金属制品业	4 524
大型工业	245 244	普通机械制造业	22 312
中型工业	38 586	专用设备制造业	27 561
小型工业	117 364	交通运输设备制造业	78 450
按工业行业大类分		电气机械及器材制造业	27 778
煤炭采选业		电子通信设备制造业	26 557
石油和天然气开采业		仪器仪表及文化办公用机械制造业	18 567
黑色金属矿采选业	105	其他制造业	1 910
有色金属矿采选业	1 152	电力、蒸汽、热水的生产和供应业	7 634
非金属矿采选业	118	煤气生产和供应业	1 124
其他矿采选业		自来水的生产和供应业	3 315
木材及竹材采选业	1 043		

7－5　全部规模以上独立核算工业企业职工年末人数

(2001年)　　单位:人

分　组	全辖区	区县属
按行政区划分		
总　计	**401 194**	**56 281**
新城区	68 677	2 658
碑林区	19 118	1 326
莲湖区	83 053	2 585
灞桥区	43 399	3 337
未央区	54 852	11 700
雁塔区	56 506	5 282
阎良区	20 501	863
临潼区	11 211	4 871
长安县	9 124	4 833
蓝田县	5 631	2 770
周至县	3 187	3 082
户　县	23 549	10 588
高陵县	2 386	2 386

7－6　各区县规模以上工业企业职工年末人数

（2001年按经济类型分）

区县名称	国有经济		集体经济	
	全辖区	区县属	全辖区	区县属
总　　计	**175 505**	**13 782**	**31 045**	**20 730**
新城区	33 892	175	2 056	1 510
碑林区	11 421	420	1 352	805
莲湖区	47 022	1 150	5 854	909
灞桥区	9 411		1 104	1 021
未央区	20 988	640	9 476	8 056
雁塔区	24 777	1 172	2 764	1 614
阎良区	391	391	413	413
临潼区	7 384	1 372	2 623	2 295
长安县	6 024	1 823	1 004	1 004
蓝田县	3 705	844	1 639	1 639
周至县	1 328	1 223	68	68
户县	8 935	4 345	2 571	1 275
高陵县	227	227	121	121

7-6　续表1　(2001年按经济类型分)　单位:人

区县名称	股份合作		联营企业	
	全辖区	区县属	全辖区	区县属
总　计	**8 620**	**2 872**	**2 339**	**1 936**
新城区	785		104	
碑林区	1 001			
莲湖区	2 676	420	106	106
霸桥区	948	750	382	83
未央区	736	323	612	612
雁塔区	1 095			
闫良区	34	34		
临潼区			437	437
长安县	420	420		
蓝田县	78	78		
周至县	286	286	635	635
户　县	321	321		
高陵县	240	240	63	63

7－6　续表2　（2001年按经济类型分）　单位：人

区县名称	有限责任公司		股份有限公司	
	全辖区	区县属	全辖区	区县属
总　计	**131 921**	**2 302**	**25 399**	**4 092**
新城区	25 616	88	3 300	88
碑林区	2 178		2 095	
莲湖区	24 428		1 433	
灞桥区	29 968	70	554	554
未央区	16 296	240	802	802
雁塔区	4 939	33	16 103	1 536
阎良区	19 638			
临潼区				
长安县	90			
蓝田县			120	120
周至县				
户　县	7 889	992	658	658
高陵县	879	879	334	334

7－6 续表3　（2001年按经济类型分）　单位:人

区县名称	私营企业		其他企业	
	全辖区	区县属	全辖区	区县属
总计	**8 027**	**6 838**		
新城区				
碑林区	146	101		
莲湖区				
灞桥区	786	786		
未央区	877	877		
雁塔区	1 471	327		
阎良区	25	25		
临潼区	87	87		
长安县	1 586	1 586		
蓝田县	89	89		
周至县	230	230		
户县	2 363	2 363		
高陵县	367	367		

7－6　续表4　　(2001年按经济类型分)　　单位:人

区县名称	港澳台商投资 全辖区	港澳台商投资 区县属	外商投资企业 全辖区	外商投资企业 区县属
总　计	**7 339**	**3 441**	**10 999**	**288**
新城区	1 291	797	1 633	
碑林区	618		307	
莲湖区	358		1 176	
灞桥区	51		195	73
未央区	1 399	150	3 666	
雁塔区	1 653	525	3 704	75
阎良区				
临潼区	680	680		
长安县				
蓝田县				
周至县	640	640		
户　县	634	634	178	
高陵县	15	15	140	140

7－7　主要年份全部工业总产值

单位:万元

年　份	全部工业总产值	工业总产值指数(上年为100)	国有经济	集体经济	其他经济类型
1952	23 512	139.58	9 917	464	13 131
1957	71 513	103.33	61 624	7 572	1 217
1962	120 833	86.79	102 103	17 599	1 131
1965	200 416	132.12	183 164	17 252	
1970	333 386	143.45	305 303	28 083	
1975	385 509	106.13	332 982	52 527	
1978	483 262	116.86	405 376	77 886	
1979	517 483	106.59	438 850	78 633	
1980	531 755	101.78	440 139	91 577	39
1981	524 587	98.58	433 740	90 675	172
1982	549 200	107.14	450 308	98 516	456
1983	603 507	112.15	493 773	108 923	811
1984	674 963	112.82	520 593	153 056	1 314
1985	853 196	120.42	632 702	218 893	1 601
1986	976 326	112.07	706 380	267 282	2 664
1987	1 142 220	114.19	809 186	328 701	4 341
1988	1 429 811	115.99	1 012 268	416 217	1 326
1989	1 653 472	106.05	1 160 877	486 754	5 814
1990	1 771 310	107.37	1 196 777	548 605	25 928
1991	2 002 727	110.00	1 325 242	604 495	72 990
1992	2 300 472	112.53	1 488 541	561 369	250 562
1993	3 045 988	121.68	1 748 145	1 071 122	226 721
1994	3 891 584	120.63	1 960 533	1 581 321	349 730
1995	4 058 952	108.70	2 071 755	1 663 536	323 661
1996	5 338 510	133.36	2 132 140	2 836 176	370 194
1997	6 225 025	121.81	2 057 847	2 154 613	2 012 565
1998	6 736 100	117.31	2 592 588	2 076 618	2 066 894
1999	7 618 716	117.10	2 560 408	2 189 379	2 868 929
2000	8 219 646	115.30	4 219 331	2 298 848	1 701 467
2001	9 301 000	116.40	4 486 977	2 688 610	2 125 413

注:2000 年,2001 年全部工业总产值中规模以下工业进行了调整,为了与历史资料的衔接,数字修匀到 1996 年。指数按同口径计算。

7-7 续表1 单位:万元

年 份	轻 工 业	重 工 业	大型工业	中型工业	小型工业
1952	20 800	2 712			
1957	53 280	18 233			
1962	68 221	52 618			
1965	98 631	101 785			
1970	124 467	208 919			
1975	167 285	218 224	145 262	130 592	109 655
1978	220 480	262 782	168 397	121 813	193 052
1979	243 043	274 440	189 877	133 759	193 847
1980	283 475	248 280	193 092	130 053	208 610
1981	309 199	215 388	178 130	140 810	205 639
1982	303 249	246 031	213 015	128 597	207 668
1983	315 785	287 722	245 053	127 164	231 290
1984	321 678	353 285	241 842	143 165	289 956
1985	401 748	451 448	333 820	147 488	371 888
1986	458 270	518 056	401 037	150 644	424 609
1987	516 776	625 452	472 958	171 698	497 572
1988	699 593	730 210	615 946	210 089	603 776
1989	712 743	940 729	696 368	258 414	698 690
1990	787 857	983 453	716 421	279 098	775 791
1991	897 676	1 105 051	888 052	303 151	844 524
1992	967 104	1 333 368			
1993	1 121 957	1 924 031	1 258 137	384 255	1 403 596
1994	1 578 875	2 312 709	1 479 613	390 233	2 021 738
1995	1 636 219	2 432 733	1 575 030	371 156	2 112 766
1996	2 347 887	2 990 623	1 693 985	358 913	3 285 612
1997	2 900 682	3 324 343	1 800 000	295 310	4 129 715
1998	3 231 662	3 504 438	1 820 982	308 327	4 606 791
1999	3 512 869	4 105 847	2 174 128	340 150	5 104 438
2000	3 425 663	4 793 983	3 748 731	360 512	4 110 403
2001	3 972 714	5 328 286	3 987 379	416 120	4 897 501

注:国有工业中含国有控股工业。

7-8 全市工业总产值

(2001年) 单位:万元

分组	按1990年不变价计算	按现价计算
总计	**8 653 058.0**	**9 301 000.0**
在总计中:中央企业	1 684 036.2	2 535 874.5
省属企业	717 868.9	804 887.4
市属企业	6 251 152.9	5 960 238.1
在总计中:规模以上企业	5 166 279.7	5 814 221.7
规模以下企业	3 486 778.3	3 486 778.3
在总计中:轻工业	3 753 893.2	3 972 714.1
重工业	4 899 164.8	5 328 285.9
在总计中:大型企业	3 468 518.3	3 987 379.2
中型企业	305 871.7	416 119.7
小型企业	4 878 668.0	4 897 501.1

注:本表规模以上企业包括长庆油田数据。

7－9　全市规模以上工业总产值

（2001年）　　单位：万元

分　组	企业单位数（个）	工业总产值	
		按1990年不变价计算	按现价计算
总　计	**785**	**4 958 769.7**	**4 826 104.7**
按隶属关系分			
中央企业	77	1 476 526.2	1 547 757.5
省属企业	71	717 868.9	804 887.4
市属企业	637	2 764 374.6	2 473 459.8
市直属企业	276	2 138 940.1	1 813 267.0
区直属企业	49	171 087.9	176 688.8
县直属企业	67	74 747.6	75 246.3
街道企业	41	68 750.2	71 348.5
镇办企业	22	41 659.1	54 918.4
乡办企业	80	122 230.1	130 394.0
居委会			
村委会	43	65 192.2	68 010.0
其他	59	81 767.4	83 586.8
按登记注册类型分组			
内资企业	692	4 146 694.8	3 946 853.2
国有经济	253	1 408 765.1	1 524 729.6
集体经济	198	309 625.0	317 594.3
股份合作	32	44 843.9	50 923.6
联营企业	11	27 829.0	31 678.3
国有联营	4	7 964.0	11 009.4
集体联营	3	16 903.2	17 712.2
国有与集体联营	3	2 526.2	2 526.2
其他联营	1	435.6	430.5
有限责任公司	86	1 410 777.4	1 370 061.4
国有独资企	21	956 194.5	895 986.3
其他有限责公司	65	454 582.9	474 075.1
股份有限公司	50	843 286.6	542 011.4
私营企业	62	101 567.8	109 854.6
私营独资企业	25	39 484.4	41 369.4
私营合伙企业	2	977.3	1 002.4
私营有限责任公司	27	49 139.7	55 769.6
私营股份有限公司	8	11 966.4	11 713.2
其他内资企业			

7－9 续表1 (2001年) 单位:万元

分组	企业单位数(个)	工业总产值	
		按1990年不变价计算	按现价计算
港、澳、台商投资企业	41	206 409.7	207 246.1
与港、澳、台商合资经营	33	148 666.1	154 778.5
与港、澳、台商合作经营			
港、澳、台商独资	7	55 926.8	50 650.8
港、澳、台商投资股份有限公司	1	1 816.8	1 816.8
外商投资企业	52	605 665.2	672 005.4
中外合资经营	47	590 586.7	657 735.0
中外合作经营	2	5 350.2	5 447.5
外资企业	2	9 052.0	8 146.6
外商投资股份有限公司	1	676.3	676.3
按轻重工业分			
轻工业	355	1 521 309.2	1 719 906.6
以农产品为原料	241	849 452.6	945 971.0
以非农产品为原料	114	671 856.6	773 935.6
重工业	430	3 437 460.5	3 106 198.1
采掘工业	7	6 874.0	8 981.2
原料工业	76	210 003.6	350 007.9
加工工业	347	3 220 582.9	2 747 209.0
按企业规模分			
大型工业	80	3 261 008.3	2 999 262.2
中型工业	70	305 871.7	416 119.7
小型工业	635	1 391 889.7	1 410 722.8
按工业行业大类分			
煤炭采选业			
石油和天然气开采业			
黑色金属矿采选业	1	266.6	414.5
有色金属矿采选业	3	5 035.7	6 910.0
非金属矿采选业	2	1 511.7	1 596.7
其他矿采选业			
木材及竹材采选业	1	60.0	60.0
食品加工业	43	88 724.4	111 222.4

7-9　续表2　(2001年)　单位:万元

分　组	企业单位数(个)	工业总产值	
		按1990年不变价计算	按现价计算
食品制造业	28	84 755.6	101 127.9
饮料制造业	14	98 387.2	128 840.0
烟草加工业	1	995.7	843.5
纺织业	26	152 576.7	153 265.9
服装及其他纤维制品制造业	7	31 784.1	33 120.9
皮革、毛皮、羽绒及其他制品披	4	14 775.4	17 601.6
木材加工及竹、藤、棕、草制瞥业	3	2 165.1	1 881.0
家具制造业	12	20 539.3	20 889.0
造纸及纸制品业	43	62 266.2	67 946.5
印刷业、记录媒介的复制	36	145 701.6	151 167.6
文教体育用品制造业	2	1 064.0	1 083.0
石油加工及炼焦业	6	37 758.9	115 929.5
化学原料及化学制品制造业	39	165 667.7	178 891.6
医药制造业	51	448 226.3	555 653.5
化学纤维制造业	2	27 663.6	27 663.6
橡胶制品业	6	5 285.9	5 474.5
塑料制品业	12	13 978.8	13 855.2
非金属矿物制品业	62	70 101.7	87 422.5
黑色金属冶炼及压延加工业	9	14 644.2	15 515.2
有色金属冶炼及压延加工业	10	28 548.0	28 595.1
金属制品业	39	50 320.9	48 426.5
普通机械制造业	53	259 940.9	249 330.6
专用设备制造业	66	289 344.5	249 034.3
交通运输设备制造业	49	1 039 884.8	980 510.1
电气机械及器材制造业	61	493 116.1	419 609.7
电子及通信设备制造业	40	927 610.4	604 572.6
仪器仪表及文化办公用机械制造业	26	137 298.7	132 188.3
其他制造业	8	82 887.7	82 988.7
电力、蒸汽、热水的生产和供应业	7	41 512.6	84 712.1
煤气生产和供应业	1	1 591.9	7 124.5
自来水的生产和供应业	7	7 007.1	23 129.0

7－10　市区规模以上工业总产值

（2001年）　　单位：万元

分组	企业单位数（个）	工业总产值	
		按1990年不变价计算	按现价计算
总计	**626**	**4 650 036.5**	**4 491 389.6**
按隶属关系分			
中央企业	66	1 336 945.5	1 389 421.2
省属企业	66	713 745.8	799 851.5
市属企业	494	2 599 345.2	2 302 116.9
市直属企业	273	2 131 710.4	1 807 336.8
区直属企业	49	171 087.9	176 688.8
街道企业	41	68 750.2	71 348.5
镇办企业	19	38 403.2	50 579.5
乡办企业	52	93 928.4	97 547.2
居委会			
村委会	34	58 211.4	60 549.9
其他	26	37 253.7	38 066.2
按登记注册类型分组			
内资企业	540	3 869 063.0	3 644 054.4
国有经济	194	1 271 769.3	1 376 981.6
集体经济	164	285 405.2	288 201.9
股份合作	25	29 772.1	36 833.1
联营企业	9	22 893.9	25 302.4
国有联营	2	3 028.9	4 633.5
集体联营	3	16 903.2	17 712.2
国有与集体联营	3	2 526.2	2 526.2
其他联营	1	435.6	430.5
有限责任公司	72	1 367 095.5	1 319 048.5
国有独资企业	20	934 247.0	866 380.8
其他有限责任公司	52	432 848.5	452 667.7
股份有限公司	45	832 579.0	530 194.6
私营企业	31	59 548.0	67 492.3
私营独资企业	11	26 610.3	28 122.9
私营合伙企业	1	244.9	270.0
私营有限责任公司	17	28 672.7	35 079.3
私营股份有限公司	2	4 020.1	4 020.1
其他内资企业			
港、澳、台商投资企业	37	204 049.9	204 071.4

7－10　续表1　　(2001年)　　单位:万元

分　组	企业单位数(个)	工业总产值	
		按1990年不变价计算	按现价计算
与港、澳、台商合资经营	31	148 268.1	153 571.6
与港、澳、台商合作经营			
港、澳、台商独资	6	55 781.8	50 499.8
港、澳、台商投资股份有限公司			
外商投资企业	49	576 923.6	643 263.8
中外合资经营	44	561 845.1	628 993.4
中外合作经营	2	5 350.2	5 447.5
外资企业	2	9 052.0	8 146.6
外商投资股份有限公司	1	676.3	676.3
按轻重工业分			
轻工业	279	1 384 582.5	1 587 302.5
以农产品为原料	185	754 635.3	846 906.7
以非农产品为原料	94	629 947.2	740 395.8
重工业	347	3 265 454.0	2 904 087.1
采掘工业	1	1 044.0	1 129.0
原料工业	52	183 628.3	304 853.3
加工工业	294	3 080 781.7	2 598 104.8
按企业规模分			
大型工业	73	3 161 125.6	2 892 160.3
中型工业	62	235 036.2	338 170.6
小型工业	491	1 253 874.7	1 261 058.7
按工业行业大类分			
煤炭采选业			
石油和天然气开采业			
黑色金属矿采选业			
有色金属矿采选业			
非金属矿采选业	1	1 044.0	1 129.0
其他矿采选业			
木材及竹材采选业			
食品加工业	25	61 391.7	83 905.3
食品制造业	21	74 332.3	90 574.5

7－10 续表2 (2001年) 单位:万元

分组	企业单位数(个)	工业总产值	
		按1990年不变价计算	按现价计算
饮料制造业	11	93 645.8	124 086.7
烟草加工业	1	995.7	843.5
纺织业	23	150 019.6	149 850.7
服装及其他纤维制品制造业	7	31 784.1	33 120.9
皮革、毛皮、羽绒及其他制品业	4	14 775.4	17 601.6
木材加工及竹、藤、棕、草制品业	3	2 165.1	1 881.0
家具制造业	11	20 487.8	20 832.0
造纸及纸制品业	26	42 541.5	44 769.7
印刷业、记录媒介的复制	30	144 079.2	149 424.7
文教体育用品制造业	2	1 064.0	1 083.0
石油加工及炼焦业	6	37 758.9	115 929.5
化学原料及化学制品制造业	28	133 292.1	138 626.2
医药制造业	45	414 874.5	533 050.3
化学纤维制造业	1	409.2	409.2
橡胶制品业	5	5 180.5	5 392.1
塑料制品业	12	13 978.8	13 855.2
非金属矿物制品业	38	51 189.7	59 072.5
黑色金属冶炼及压延加工业	9	14 644.2	15 515.2
有色金属冶炼及压延加工业	10	28 548.0	28 595.1
金属制品业	36	48 833.2	46 910.3
普通机械制造业	47	250 291.9	239 106.0
专用设备制造业	57	283 428.7	242 997.2
交通运输设备制造业	38	960 602.5	902 164.6
电气机械及器材制造业	49	481 485.3	407 025.2
电子及通信设备制造业	39	926 310.4	603 272.6
仪器仪表及文化办公用机械制造业	24	136 104.6	130 747.1
其他制造业	5	79 618.3	79 726.4
电力、蒸汽、热水的生产和供应业	4	31 025.2	63 147.4
煤气生产和供应业	1	1 591.9	7 124.5
自来水的生产和供应业	2	6 772.7	22 113.3

7－11　市属规模以上工业总产值

(2001年)　　单位:万元

分组	企业单位数(个)	工业总产值	
		按1990年不变价计算	按现价计算
总计	**637**	**2 764 374.6**	**2 473 459.8**
按隶属关系分			
市属企业	637	2 764 374.6	2 473 459.8
市直属企业	276	2 138 940.1	1 813 267.0
区直属企业	49	171 087.9	251 935.1
县直属企业	67	74 747.6	
街道企业	41	68 750.2	71 348.5
镇办企业	22	41 659.1	54 918.4
乡办企业	80	122 230.1	130 394.0
居委会			
村委会	43	65 192.2	68 010.0
其他	59	81 767.4	83 586.8
按登记注册类型分组			
内资企业	559	2 211 287.0	1 931 539.2
国有经济	155	696 190.1	657 169.3
集体经济	197	308 166.9	315 607.4
股份合作	32	44 843.9	50 923.6
联营企业	11	27 829.0	31 678.3
国有联营	4	7 964.0	11 009.4
集体联营	3	16 903.2	17 712.2
国有与集体联营	3	2 526.2	2 526.2
其他联营	1	435.6	430.5
有限责任公司	56	224 806.9	254 515.2
国有独资企业	6	45 414.2	78 267.8
其他有限责任公司	50	179 392.7	176 247.4
股份有限公司	46	807 882.4	511 790.8
私营企业	62	101 567.8	109 854.6
私营独资企业	25	39 484.4	41 369.4
私营合伙企业	2	977.3	1 002.4
私营有限责任公司	27	49 139.7	55 769.6
私营股份有限公司	8	11 966.4	11 713.2
其他内资企业			
港、澳、台商投资企业	38	193 163.0	198 706.0
与港、澳、台商合资经营	30	135 419.4	146 238.4

7－11　续表1　　　(2001年)　　　单位:万元

分　组	企业单位数(个)	工业总产值	
		按1990年不变价计算	按现价计算
与港、澳、台商合作经营			
港、澳、台商独资	7	55 926.8	50 650.8
港、澳、台商投资股份有限公司	1	1 816.8	1 816.8
外商投资企业	40	359 924.6	343 214.6
中外合资经营	36	344 943.5	329 041.6
中外合作经营	1	5 252.8	5 350.1
外资企业	2	9 052.0	8 146.6
外商投资股份有限公司	1	676.3	676.3
按轻重工业分			
轻工业	303	946 826.2	1 014 458.7
以农产品为原料	207	542 370.4	613 865.6
以非农产品为原料	96	404 455.8	400 593.1
重工业	334	1 817 548.4	1 459 001.1
采掘工业	4	4 784.9	6 331.7
原料工业	65	132 030.4	161 956.4
加工工业	265	1 680 733.1	1 290 713.0
按企业规模分			
大型工业	20	1 333 906.8	1 017 050.3
中型工业	39	156 827.5	176 528.4
小型工业	578	1 273 640.3	1 279 881.1
按工业行业大类分			
煤炭采选业			
石油和天然气开采业			
黑色金属矿采选业			
有色金属矿采选业	2	3 273.2	4 735.0
非金属矿采选业	2	1 511.7	1 596.7
其他矿采选业			
木材及竹材采选业			
食品加工业	41	61 551.1	74 570.5
食品制造业	26	83 706.2	98 761.0
饮料制造业	14	98 387.2	128 840.0

7－11　续表2　　(2001年)　　单位:万元

分　组	企业单位数(个)	工业总产值	
		按1990年不变价计算	按现价计算
烟草加工业			
纺织业	15	16 843.3	19 689.1
服装及其他纤维制品制造业	6	24 347.4	24 508.6
皮革、毛皮、羽绒及其他制品业	3	12 402.7	12 672.6
木材加工及竹、藤、棕、草制品业	2	1 086.5	1 086.5
家具制造业	12	20 539.3	20 889.0
造纸及纸制品业	42	61 296.4	66 676.3
印刷业、记录媒介的复制	27	49 300.7	44 417.4
文教体育用品制造业	2	1 064.0	1 083.0
石油加工及炼焦业	5	12 374.2	16 387.9
化学原料及化学制品制造业	34	127 337.6	129 745.6
医药制造业	37	189 222.3	185 329.3
化学纤维制造业	1	409.2	409.2
橡胶制品业	5	4 527.6	4 241.1
塑料制品业	12	13 978.8	13 855.2
非金属矿物制品业	57	62 399.0	73 117.6
黑色金属冶炼及压延加工业	6	3 750.0	4 108.2
有色金属冶炼及压延加工业	10	28 548.0	28 595.1
金属制品业	36	36 627.6	38 491.2
普通机械制造业	48	204 836.9	204 902.8
专用设备制造业	45	126 871.8	118 752.1
交通运输设备制造业	23	56 983.8	55 375.6
电气机械及器材制造业	59	491 063.4	417 660.1
电子及通信设备制造业	33	826 771.7	512 240.9
仪器仪表及文化办公用机械制造业	15	50 285.8	49 014.6
其他制造业	6	80 405.4	80 506.4
电力、蒸汽、热水的生产和供应业	3	4 072.8	10 947.7
煤气生产和供应业	1	1 591.9	7 124.5
自来水的生产和供应业	7	7 007.1	23 129.0

7－12　分区县规模以上工业总产值

（2001 年）　　单位：万元

区县名称	企业单位数（个）	工业总产值			
		按 1990 年不变价计算		按现价计算	
		全辖区	区县属	全辖区	区县属
总计	**785**	**4 958 769.7**	**625 434.5**	**4 826 104.7**	**660 192.8**
新城区	78	825 566.2	110 277.5	898 666.3	111 725.4
碑林区	62	225 026.0	15 366.2	231 485.7	15 542.5
莲湖区	100	1 028 197.2	20 160.5	937 803.9	23 261.0
灞桥区	57	193 664.8	31 226.4	205 590.7	33 175.9
未央区	136	587 319.5	188 703.1	736 262.3	197 173.9
雁塔区	157	1 337 501.2	61 752.8	1 025 800.5	59 501.5
闫良区	14	369 102.4	10 255.6	362 169.6	12 021.5
临潼区	22	83 659.2	29 892.7	93 610.6	42 378.4
长安县	38	83 928.4	27 126.7	84 194.1	29 474.4
蓝田县	31	42 370.9	12 423.3	47 638.1	17 403.9
周至县	16	15 594.4	15 327.8	17 349.5	16 935.0
户县	45	135 121.5	71 203.9	152 722.9	68 788.9
高陵县	29	31 718.0	31 718.0	32 810.5	32 810.5

7－13 规模以上主要工业产品产量

产品名称	计量单位	2001年	2000年	2001年比2000年增长 %
铁矿石成品矿	吨	17 894.00	22 800.00	－21.52
发电量	万千瓦小时	184 416.00	192 499.00	－4.20
火电	万千瓦小时	184 358.00	192 376.00	－4.17
水电	万千瓦小时	58.00	123.00	－52.85
供电量	万千瓦小时	794 623.00	732 373.00	8.50
供热量	万百万千焦	681.13	661.67	2.94
自来水生产量	万吨	26 837.44	26 947.45	－0.41
小麦粉	万吨	13.79	12.97	6.32
食用植物油	吨	2 491.00	3 023.00	－17.60
精炼食用植物油	吨	64 334.00	61 347.00	4.87
鲜、冻畜肉	吨	7 269.00	9 253.00	－21.44
饲料添加剂	吨	396.00	406.00	－2.46
配混合饲料	吨	124 803.00	107 113.00	16.52
糕点	吨	1 176.00	1 385.00	－15.09
饼干	吨	180.00	752.00	－76.06
方便主食品	吨	31 650.34	27 159.40	16.54
方便面	吨	22 705.00	19 353.00	17.32
乳制品	吨	16 362.00	13 894.00	17.76
罐头	吨	1 965.24	1 881.24	4.47
味精	吨	664.00	872.00	－23.85
酱油	吨	2 877.00	2 802.00	2.68
食品添加剂	吨	28.00	38.00	－26.32
淀粉	吨	7 281.00	5 024.00	44.92
饮料酒	吨	292 033.00	183 871.00	58.82
白酒	吨	765.00	813.00	－5.90
啤酒	吨	291 004.00	182 800.00	59.19
软饮料	吨	155 204.00	95 921.00	61.80
碳酸饮料	吨	64 666.00	59 762.00	8.21
果汁及果汁饮料	吨	38 086.00	28 114.00	35.47

7-13　续表1

产　品　名　称	计量单位	2001年	2000年	2001年比2000年增长　%
液体乳	吨	15 693.00	9 914.00	58.29
冷冻饮品	吨	2 448.00	10 071.00	-75.69
瓶(罐)装饮用水	吨	51 619.00	7 297.00	607.40
纱	吨	63 199.00	59 980.00	5.37
布	万米	25 377.73	24 818.18	2.25
棉布	万米	12 619.77	9 068.13	39.17
混纺交织布	万米	12 649.11	15 504.91	-18.42
纯化纤布	万米	108.85	245.14	-55.60
印染布	万米	2 404.63	3 428.75	-29.87
绒线(毛线)	吨	51.61	187.42	-72.46
丝织品	万米	115.00	142.00	-19.01
针棉织品折用纱线量	吨	2 826.00	2 791.00	1.25
服装	万件	781.87	792.52	-1.34
梭织服装	万件	539.22	566.37	-4.79
针织服装	万件	242.65	226.15	7.30
布鞋	万双	22.64	55.31	-59.07
轻革	平方米	701 832.00	684 986.00	2.46
皮鞋	万双	36.18	50.59	-28.48
人造板	立方米	7 265.00	7 293.00	-0.38
纤维板	立方米	7 265.00	7 293.00	-0.38
生产用木制品	千元	874.00	2 410.00	-63.73
家具	件	104 063.00	107 887.00	-3.54
木制家具	件	40 593.00	44 524.00	-8.83
软体家具(包括床垫、沙发)	件	62 002.00	62 245.00	-0.39
纸浆	吨	3 703.00	5 571.00	-33.53
机制纸	吨	67 631.00	57 510.00	17.60
新闻纸	吨	17 023.00	9 830.00	73.17
凸版纸	吨	13 440.00	12 226.00	9.93
纸制品	吨	1 772.00	2 195.00	-19.27
纸箱	吨	491.00	936.00	-47.54
单色印刷品	万令	95.99	84.50	13.60
多色印刷品	万对开色令	309.11	324.93	-4.87
工艺美术制品	千元	611 832.00	637 308.00	-4.00
原油加工量	吨	617 718.00	339 100.00	82.16

7－13　续表2

产品名称	计量单位	2001年	2000年	2001年比2000年增长 %
汽油	吨	68 624.00	72 490.00	－5.33
溶剂油	吨	17 220.00	13 481.00	27.74
煤油	吨	6 493.00	7 692.00	－15.59
柴油	吨	152 747.00	111 098.00	37.49
润滑油	吨	4 879.00	3 884.00	25.62
液化石油气	吨	34 959.00	38 350.00	－8.84
焦炭	吨	312 197.00	158 934.00	96.43
煤气	万立方米	4 591.00	5 644.00	－18.66
硫酸(折100%)	吨	42 904.00	32 159.00	33.41
盐酸(含量31%以上)	吨	58 704.00	54 889.00	6.95
氢氧化钠(烧碱)(折100)	吨	65 049.00	64 391.00	1.02
碳化钙(电石)(折300升)	吨	41 385.00	41 739.00	－0.85
商品液氯	吨	15 605.00	16 870.00	－7.50
合成氨	吨	26 385.00	35 135.00	－24.90
农用氮、磷、钾化学肥料总	吨	29 549.00	35 077.00	－15.76
氮肥(折含N 100%)	吨	18 698.00	24 850.00	－24.76
磷肥(折含P2O5 100%)	吨	10 851.00	10 227.00	6.10
丙烯	吨	3 880.00	4 577.00	－15.23
精甲醇	吨	81 807.00	42 244.00	93.65
油漆	吨	7 840.99	9 485.41	－17.34
建筑涂料	吨	378.80	176.80	114.25
塑料树脂及共聚物	吨	26 978.00	27 469.00	－1.79
聚氯乙烯树酯	吨	26 978.00	27 469.00	－1.79
化学试剂	吨	1 201.00	1 267.00	－5.21
表面活性剂	吨	13 624.95	10 501.09	29.75
粘合剂	吨	2 100.00	7 615.00	－72.42
肥皂	吨	9 906.62	12 695.45	－21.97
合成洗涤剂	吨	43 223.48	66 229.91	－34.74
合成洗衣粉	吨	36 124.71	58 987.23	－38.76
牙膏(自然支)	万支	1 029.05	1 779.16	－42.16
化学原料药	吨	1 653.00	1 490.00	10.94

7－13　续表3

产品名称	计量单位	2001年	2000年	2001年比2000年增长　%
中成药	吨	1 357.71	1 222.86	11.03
三角带	万A米	40.80	19.90	105.03
胶鞋	万双	103.65	133.03	－22.09
塑料制品	吨	5 783.00	6 723.00	－13.98
塑料棒管材	吨	1 553.00	1 112.00	39.66
塑料包装箱及容器	吨	728.00	668.00	8.98
其它塑料制品	吨	3 502.00	4 943.00	－29.15
水泥	万吨	124.09	111.35	11.44
水泥排水管	吨	105 822.00	100 141.00	5.67
水泥压力管	吨	10 490.00	10 023.00	4.66
水泥电杆	吨	34 142.00	43 033.00	－20.66
水泥预制构件	立方米	8 809.00	8 597.00	2.47
石棉水泥瓦	平方米	868 900.00	841 100.00	3.31
砖(折标准砖)	万块	60.00	532.02	－88.72
加气混凝土	立方米	394 727.00	312 770.00	26.20
油毡油纸	卷	27 300.00	12 300.00	121.95
平板玻璃	重量箱	347 850.00	293 633.00	18.46
日用玻璃制品	吨	20 159.00	18 137.00	11.15
釉面砖	万平方米	211.00	280.00	－24.64
墙地砖	万平方米	153.47	204.88	－25.09
耐火材料制品	吨	2 871.00	2 229.00	28.80
石棉制品	吨	663.00	596.00	11.24
生铁	吨	1 866.00	11 574.00	－83.88
钢	吨	32 268.00	31 061.00	3.89
普通碳素钢	吨	18 227.00	18 393.00	－0.90
普通低合金钢	吨	10.00	21.00	－52.38
合金钢	吨	2 928.00	3 744.00	－21.79
其它优质钢	吨	11 103.00	8 903.00	24.71
成品钢材	吨	4 333.00	4 320.00	0.30
优质型钢材	吨	998.00	869.00	14.84
线材	吨	58.00	98.00	－40.82
钢带	吨	3 146.00	2 713.00	15.96
无缝钢管	吨	31.00	28.00	10.71
焊接钢管	吨	100.00	612.00	－83.66

7－13　续表4

产品名称	计量单位	2001年	2000年	2001年比2000年增长%
十种有色金属	吨	181.57	1 085.21	－83.27
铜	吨	181.57	238.21	－23.78
铝	吨	－	847.00	－100.00
黄金	千克	643.00	719.00	－10.57
铜加工材	吨	80.77	101.50	－20.42
金属结构制品	吨	3 999.00	5 195.00	－23.02
铸铁管	吨	5 500.00	3 643.00	50.97
建筑用金属品	吨	456.39	151.12	202.01
焊条	吨	－	146.00	－100.00
工业锅炉	蒸发量吨	872.60	755.85	15.45
内燃机	万千瓦	1.61	4.24	－62.03
金属切削机床	台	68.00	122.00	－44.26
数控机床	台	18.00	15.00	20.00
锻压设备	吨	894.30	882.55	1.33
起重设备	吨	456.30	475.00	－3.94
泵	台	2 446.00	2 284.00	7.09
风机	台	3 097.00	2 970.00	4.28
气体压缩机	台	60.00	111.00	－45.95
减速机	台	2 489.00	2 450.00	1.59
轴承	万套	136.33	165.53	－17.64
阀门	吨	420.42	451.49	－6.88
液压元件	件	21 256.00	21 204.00	0.25
密封件	万件	2 619.00	880.00	197.61
标准紧固件	吨	400.00	376.00	6.38
齿轮	吨	4 211.00	3 032.00	38.89
铸件	吨	15 591.90	16 423.20	－5.06
锻件	吨	9 763.00	6 341.00	53.97
矿山设备	吨	1 065.00	863.00	23.41
工矿配件	吨	2 221.23	2 253.77	－1.44
粮食加工机械	台	339.00	379.00	－10.55
烟草加工机械	台(条、组)	2.00	10.00	－80.00
缝纫机	架	357 326.00	413 853.00	－13.66
造纸机械	台	2.00	8.00	－75.00
石油钻采设备	吨	322.00	156.00	106.41

7-13　续表5

产　品　名　称	计量单位	2001年	2000年	2001年比2000年增长　%
炼油设备	吨	709.16	108.93	551.02
化工设备	吨	199.00	423.00	-52.96
水泥设备	吨	6 609.00	4 662.00	41.76
金属轧制设备	吨	239.98	510.27	-52.97
小型拖拉机	台	1 001.00	585.00	71.11
铲土运输机械	台	1 103.00	1 444.00	-23.62
压实机械	台	41.00	70.00	-41.43
货车	辆	2 990.00	3 033.00	-1.42
汽车	辆	10 029.00	8 745.00	14.68
载货汽车	辆	4 125.00	3 177.00	29.84
公路客车	辆	302.00	188.00	60.64
轿车	辆	5 602.00	5 380.00	4.13
改装汽车	辆	682.00	808.00	-15.59
自行车	辆	28 617.00	26 602.00	7.57
交流电动机	千瓦	1 200 888.00	1 026 222.00	17.02
变压器	千伏安	17 305 481.00	14 870 261.00	16.38
互感器	台	29 263.00	32 103.00	-8.85
高压断路器	台	2 841.00	2 650.00	7.21
高压开关板	面	1 752.00	1 917.00	-8.61
低压开关板	面	5 125.00	5 319.00	-3.65
电力电缆	公里	140.00	32.00	337.50
通讯电缆	公里	25 953.00	22 095.00	17.46
电线	公里	22 236.34	30 652.71	-27.46
钢芯铝绞线	吨	879.70	948.48	-7.25
裸铜线及铜电车线	吨	1 296.58	2 318.74	-44.08
绝缘制品	吨	12 110.00	8 509.00	42.32
家用电冰箱	台	294.00	5 860.00	-94.98
电焊机	台	3 467.00	3 305.00	4.90
雷达	部	34.00	25.00	36.00
程控交换机	线	1 688 100.00	2 298 700.00	-26.56
数字程控交换机	线	1 688 100.00	2 298 700.00	-26.56
微型电子计算机	部	55 961.00	54 873.00	1.98
彩色显象管	只	4 631 004.00	3 784 033.00	22.38
半导体分立器件	万只	1 604.10	1 711.98	-6.30
电子元件	万只	12 710.98	13 075.89	-2.79
彩色电视机	部	563.00	8 487.00	-93.37
自动化仪表及系统	台(套)	422 035.00	582 350.00	-27.53
电工仪器仪表	台	12 417.00	16 335.00	-23.99
光学仪器	台	8 549.00	6 550.00	30.52
地质勘探、钻采、地震专用	台	308.00	113.00	172.57
台秤	台	3.00	6.00	-50.00
地上衡	台	215.00	259.00	-16.99

7－14　全部规模以上独立核算工业企业经济指标

（2001年）　　　　单位：万元

分组	企业单位数（个）	亏损企业	工业总产值（当年价）	工业总产值（不变价）	工业增加值（生产法）	工业销售产值（当年价）
总计	**785**	**279**	**4 826 104.7**	**4 958 769.7**	**1 490 551.5**	**4 668 076.6**
#市区	626	211	4 491 389.6	4 650 036.5	1 400 407.9	4 342 999.0
按隶属关系分						
中央企业	77	26	1 547 757.5	1 476 526.2	418 036.3	1 504 615.1
省属企业	71	40	804 887.4	717 868.9	300 301.5	773 624.4
市属企业	637	213	2 473 459.8	2 764 374.6	772 213.7	2 389 837.1
市直属企业	276	99	1 813 267.0	2 138 940.1	605 938.6	1 779 286.0
区直属企业	49	21	176 688.8	171 087.9	48 010.0	162 958.2
县直属企业	67	39	75 246.3	74 747.6	20 474.8	74 069.1
街道企业	41	7	71 348.5	68 750.2	17 144.1	58 887.2
镇办企业	22	2	54 918.4	41 659.1	9 581.1	52 627.9
乡办企业	80	22	130 394.0	122 230.1	33 970.7	120 594.9
居委会						
村委会	43	6	68 010.0	65 192.2	15 931.8	62 883.6
其他	59	17	83 586.8	81 767.4	21 162.6	78 530.2
市属中其中：						
区属：	221	53	494 780.1	467 634.8	123 099.5	453 719.3
县属：	140	61	165 412.7	157 799.7	43 175.6	156 831.8
按登记注册类型分组						
内资企业	692	239	3 946 853.2	4 146 694.8	1 162 968.2	3 806 074.1
国有经济	253	137	1 524 729.6	1 408 765.1	438 289.7	1 474 430.6
集体经济	198	40	317 594.3	309 625.0	88 966.4	294 754.7
股份合作	32	13	50 923.6	44 843.9	18 582.6	51 383.9
联营企业	11	1	31 678.3	27 829.0	9 868.7	30 034.1
国有联营	4	1	11 009.4	7 964.0	4 177.6	10 977.3
集体联营	3		17 712.2	16 903.2	4 192.7	16 318.9
国有与集体联营	3		2 526.2	2 526.2	1 373.2	2 347.6
其他联营	1		430.5	435.6	125.2	390.3
有限责任公司	86	21	1 370 061.4	1 410 777.4	393 488.5	1 325 726.6
国有独资企业	21	6	895 986.3	956 194.5	214 612.8	871 520.7
其他有限责任公司	65	15	474 075.1	454 582.9	178 875.7	454 205.9
股份有限公司	50	14	542 011.4	843 286.6	173 208.5	524 868.5
私营企业	62	13	109 854.6	101 567.8	40 563.8	104 875.7
私营独资企业	25	5	41 369.4	39 484.4	10 273.7	37 324.1
私营合伙企业	2		1 002.4	977.3	275.7	994.6
私营有限责任公司	27	6	55 769.6	49 139.7	25 175.8	55 125.4

7－14　续表1　(2001年)　单位:万元

分组	企业单位数(个)	亏损企业	工业总产值(当年价)	工业总产值(不变价)	工业增加值(生产法)	工业销售产值(当年价)
私营股份有限公司	8	2	11 713.2	11 966.4	4 838.6	11 431.6
其他内资企业						
港、澳、台商投资企业	41	21	207 246.1	206 409.7	61 045.4	199 592.9
与港、澳、台商合资经营	33	16	154 778.5	148 666.1	45 694.4	147 716.8
与港、澳、台商合作经营						
港、澳、台商独资	7	4	50 650.8	55 926.8	17 589.8	50 059.3
港、澳、台商投资股份有限公司	1	1	1 816.8	1 816.8	761.2	1 816.8
外商投资企业	52	19	672 005.4	605 665.2	266 537.9	662 409.6
中外合资经营	47	16	657 735.0	590 586.7	263 591.2	647 894.3
中外合作经营	2	1	5 447.5	5 350.2	2 119.3	5 659.5
外资企业	2	1	8 146.6	9 052.0	713.6	8 146.6
外商投资股份有限公司	1	1	676.3	676.3	113.8	709.2
在总计中:亏损企业	279	279	552 619.5	497 312.8	127 794.7	519 636.7
在总计中:国有控股企业	367	169	3 498 860.1	3 717 883.7	1 003 216.7	3 404 060.8
在总计中:农村工业	169	34	274 893.4	250 406.8	64 775.4	248 759.7
按轻重工业分						
轻工业	355	129	1 719 906.6	1 521 309.2	655 469.3	1 664 284.4
以农产品为原料	241	90	945 971.0	849 452.6	305 021.6	918 500.4
以非农产品为原料	114	39	773 935.6	671 856.6	350 447.7	745 784.0
重工业	430	150	3 106 198.1	3 437 460.5	835 082.2	3 003 792.2
采掘工业	7	3	8 981.2	6 874.0	2 686.1	8 817.4
原料工业	76	33	350 007.9	210 003.6	106 675.4	320 200.7
加工工业	347	114	2 747 209.0	3 220 582.9	725 720.7	2 674 774.1
按企业规模分						
大型工业	80	23	2 999 262.2	3 261 008.3	895 460.5	2 949 763.9
中型工业	70	31	416 119.7	305 871.7	98 025.9	393 968.2
小型工业	635	225	1 410 722.8	1 391 889.7	497 065.1	1 324 344.5
按工业行业大类分						
煤炭采选业						
石油和天然气开采业						
黑色金属矿采选业	1	1	414.5	266.6	145.5	417.8
有色金属矿采选业	3	1	6 910.0	5 035.7	2 250.3	6 750.4
非金属矿采选业	2		1 596.7	1 511.7	272.3	1 592.1
其他矿采选业						
木材及竹材采选业	1	1	60.0	60.0	18.0	57.1
食品加工业	43	19	111 222.4	88 724.4	26 389.0	111 957.7

7－14　续表2　　(2001年)　　单位:万元

分组	企业单位数(个)	亏损企业	工业总产值(当年价)	工业总产值(不变价)	工业增加值(生产法)	工业销售产值(当年价)
食品制造业	28	10	101 127.9	84 755.6	27 059.8	96 823.4
饮料制造业	14	7	128 840.0	98 387.2	35 052.2	127 550.2
烟草加工业	1		843.5	995.7	399.0	1 119.9
纺织业	26	14	153 265.9	152 576.7	47 571.9	147 407.1
服装及其他纤维制品制造业	7	3	33 120.9	31 784.1	13 099.2	34 994.1
皮革、毛皮、羽绒及其他制品业	4	3	17 601.6	14 775.4	3 400.8	19 431.3
木材加工及竹、藤、棕、草制品业	3	2	1 881.0	2 165.1	422.1	1 649.9
家具制造业	12	5	20 889.0	20 539.3	4 841.7	20 346.4
造纸及纸制品业	43	10	67 946.5	62 266.2	15 886.5	63 027.9
印刷业、记录媒介的复制	36	12	151 167.6	145 701.6	62 383.2	145 288.9
文教体育用品制造业	2		1 083.0	1 064.0	233.0	1 087.7
石油加工及炼焦业	6	2	115 929.5	37 758.9	13 606.2	103 527.4
化学原料及化学制品制造业	39	15	178 891.6	165 667.7	44 092.7	172 131.3
医药制造业	51	9	555 653.5	448 226.3	273 873.1	530 320.3
化学纤维制造业	2		27 663.6	27 663.6	11 368.1	26 838.0
橡胶制品业	6	3	5 474.5	5 285.9	1 356.0	6 215.1
塑料制品业	12	3	13 855.2	13 978.8	2 894.4	12 924.2
非金属矿物制品业	62	25	87 422.5	70 101.7	27 579.2	81 127.9
黑色金属冶炼及压延加工业	9	2	15 515.2	14 644.2	2 779.6	11 190.7
有色金属冶炼及压延加工业	10	5	28 595.1	28 548.0	13 148.4	20 944.6
金属制品业	39	12	48 426.5	50 320.9	14 284.5	48 492.5
普通机械制造业	53	22	249 330.6	259 940.9	82 507.8	233 068.5
专用设备制造业	66	23	249 034.3	289 344.5	93 162.7	237 727.7
交通运输设备制造业	49	15	980 510.1	1 039 884.8	242 710.7	954 140.7
电气机械及器材制造业	61	17	419 609.7	493 116.1	112 997.8	416 247.6
电子及通信设备制造业	40	8	604 572.6	927 610.4	164 661.2	598 420.9
仪器仪表及文化办公用机械制造业	26	12	132 188.3	137 298.7	42 677.1	130 982.8
其他制造业	8	5	82 988.7	82 887.7	22 958.5	76 452.9
电力、蒸汽、热水的生产和供应业	7	4	84 712.1	41 512.6	47 298.5	84 680.4
煤气生产和供应业	1	1	7 124.5	1 591.9	132.4	7 124.5
自来水的生产和供应业	7	7	23 129.0	7 007.1	14 422.0	23 095.9

7－14　续表3　　　　(2001年)　　　　单位:万元

分组	全部职工年平均人数(人)	资产合计	流动资产小计	流动资产年平均余额	固定资产小计
总计	**401 194**	**10 543 642.1**	**5 270 633.6**	**5 046 792.8**	**3 970 575.1**
#市区	357 317	9 922 831.6	4 996 219.2	4 780 817.1	3 676 680.4
按隶属关系分					
中央企业	170 915	4 045 314.8	1 938 865.4	1 871 144.5	1 736 523.8
省属企业	61 165	1 704 076.9	927 194.4	881 938.3	603 072.1
市属企业	169 114	4 794 250.4	2 404 573.8	2 293 710.0	1 630 979.2
市直属企业	112 833	3 892 932.9	1 974 235.8	1 891 500.4	1 299 923.5
区直属企业	8 609	329 446.9	175 725.2	165 995.1	94 160.2
县直属企业	14 109	145 759.1	53 804.5	54 457.0	81 146.1
街道企业	5 002	47 514.9	28 994.1	27 203.8	13 417.2
镇办企业	3 666	45 033.6	22 679.0	21 989.6	19 858.5
乡办企业	10 586	153 585.0	71 419.1	60 274.6	51 954.2
居委会					
村委会	7 700	48 932.8	20 779.5	18 156.5	21 002.9
其他	6 609	131 045.2	56 936.6	54 133.0	49 516.6
市属中其中:					
区属:	32 622	631 962.7	316 991.3	292 851.6	196 850.2
县属:	23 659	269 354.8	113 346.7	109 358.0	134 205.5
按登记注册类型分组					
内资企业	382 856	9 364 534.4	4 503 532.2	4 341 735.2	3 646 246.0
国有经济	175 505	4 164 470.9	1 876 990.4	1 830 445.1	1 919 792.7
集体经济	31 045	298 441.3	172 755.7	159 696.3	96 472.6
股份合作	8 620	125 190.9	40 418.4	38 504.1	51 252.2
联营企业	2 339	45 263.2	15 780.5	12 830.2	16 984.5
国有联营	1 101	20 089.3	8 561.2	8 658.8	9 688.2
集体联营	612	20 199.5	4 283.3	1 370.3	5 847.9
国有与集体联营	543	4 246.7	2 671.9	2 554.6	1 012.4
其他联营	83	727.7	264.1	246.5	436.0
有限责任公司	131 921	3 177 956.0	1 573 956.6	1 506 609.2	1 147 933.9
国有独资企业	83 834	2 263 830.3	1 200 578.1	1 153 030.6	761 000.2
其他有限责任公司	48 087	914 125.7	373 378.5	353 578.6	386 933.7
股份有限公司	25 399	1 424 901.6	753 980.0	728 993.1	370 798.2
私营企业	8 027	128 310.5	69 650.6	64 657.2	43 011.9
私营独资企业	2 706	29 305.8	13 222.8	11 911.7	14 075.4
私营合伙企业	280	853.1	503.0	500.4	346.0
私营有限责任公司	4 439	76 054.0	42 791.4	40 590.7	23 596.0

7-14　续表4　　(2001年)　　单位:万元

分　组	全部职工年平均人数(人)	资产合计	流动资产小计	流动资产年平均余额	固定资产小计
私营股份有限公司	602	22 097.6	13 133.4	11 654.4	4 994.5
其他内资企业					
港、澳、台商投资企业	7 339	355 102.4	190 503.0	170 313.8	122 385.4
与港、澳、台商合资经营	4 721	281 745.4	160 727.6	141 952.1	85 926.0
与港、澳、台商合作经营					
港、澳、台商独资	2 110	69 522.7	26 591.9	25 738.9	35 958.7
港、澳、台商投资股份有限公司	508	3 834.3	3 183.5	2 622.8	500.7
外商投资企业	10 999	824 005.3	576 598.4	534 743.8	201 943.7
中外合资经营	10 486	805 050.5	570 361.1	528 588.3	191 012.2
中外合作经营	233	3 968.7	2 304.7	2 219.2	1 399.5
外资企业	252	8 401.9	649.1	805.4	6 806.5
外商投资股份有限公司	28	6 584.2	3 283.5	3 130.9	2 725.5
在总计中:亏损企业	107 712	1 937 380.7	776 677.4	762 495.6	942 940.5
在总计中:国有控股企业	328 622	8 639 138.1	4 219 985.0	4 074 015.1	3 407 235.3
在总计中:农村工业	24 757	252 891.2	124 310.6	108 526.2	95 173.9
按轻重工业分					
轻工业	127 778	3 067 734.3	1 462 619.6	1 404 919.6	1 122 775.2
以农产品为原料	89 406	1 629 917.0	682 071.2	661 726.8	712 844.9
以非农产品为原料	38 372	1 437 817.3	780 548.4	743 192.8	409 930.3
重工业	273 416	7 475 907.8	3 808 014.0	3 641 873.2	2 847 799.9
采掘工业	2 418	30 468.4	9 660.0	8 478.2	17 355.4
原料工业	26 803	1 077 064.5	359 652.7	345 914.2	653 894.7
加工工业	244 195	6 368 374.9	3 438 701.3	3 287 480.8	2 176 549.8
按企业规模分					
大型工业	245 244	6 968 280.9	3 555 457.0	3 442 876.8	2 637 202.7
中型工业	38 586	822 606.2	400 332.4	394 614.2	334 670.5
小型工业	117 364	2 752 755.0	1 314 844.2	1 209 301.8	998 701.9
按工业行业大类分					
煤炭采选业					
石油和天然气开采业					
黑色金属矿采选业	105	2 057.8	748.3	742.4	1 210.2
有色金属矿采选业	1 152	16 034.3	5 563.2	4 437.6	8 939.3
非金属矿采选业	118	1 439.9	430.5	380.7	155.5
其他矿采选业					
木材及竹材采选业	1 043	10 936.4	2 918.0	2 917.5	7 050.4
食品加工业	8 935	151 886.5	56 531.5	53 261.4	56 747.6

7－14　续表5　　(2001年)　　单位:万元

分　组	全部职工年平均人数(人)	资产合计	流动资产小计	流动资产年平均余额	固定资产小计
食品制造业	5 785	117 076.3	50 188.3	47 705.6	57 413.6
饮料制造业	3 797	204 029.8	72 038.6	71 275.7	113 161.1
烟草加工业	138	3 278.8	476.1	564.3	2 291.5
纺织业	34 782	303 956.6	125 059.0	120 716.4	154 222.5
服装及其他纤维制品制造业	5 540	40 366.4	24 251.3	25 305.0	14 029.5
皮革、毛皮、羽绒及其他制品业	2 583	36 113.3	22 214.8	31 714.4	12 815.3
木材加工及竹、藤、棕、草制品业	395	17 123.0	6 589.7	6 436.3	9 751.3
家具制造业	1 945	25 394.3	12 157.6	9 601.2	7 750.5
造纸及纸制品业	7 943	83 076.7	36 733.3	33 486.5	40 060.5
印刷业、记录媒介的复制	11 623	326 198.9	137 060.3	139 245.2	141 706.3
文教体育用品制造业	132	1 036.6	910.9	910.9	125.7
石油加工及炼焦业	2 263	84 642.4	37 082.9	36 055.8	46 831.4
化学原料及化学制品制造业	24 599	430 590.3	149 109.0	150 009.3	234 609.4
医药制造业	19 934	799 785.7	450 875.2	415 737.9	176 142.8
化学纤维制造业	230	30 606.0	16 153.2	12 694.5	14 196.2
橡胶制品业	1 509	20 610.7	8 885.8	9 825.4	11 662.8
塑料制品业	728	26 032.1	11 384.2	9 245.9	12 227.8
非金属矿物制品业	16 072	220 114.2	73 168.8	69 697.5	114 459.9
黑色金属冶炼及压延加工业	2 587	135 499.3	77 153.3	77 139.0	47 690.2
有色金属冶炼及压延加工业	1 933	49 490.9	23 080.5	21 079.7	17 544.8
金属制品业	4 524	73 212.7	44 549.6	37 489.4	22 610.2
普通机械制造业	22 312	438 656.0	245 494.9	236 312.8	135 047.4
专用设备制造业	27 561	597 341.1	340 167.4	345 016.4	213 730.2
交通运输设备制造业	78 450	2 235 927.7	1 256 307.3	1 172 778.1	698 356.1
电气机械及器材制造业	27 778	1 047 179.4	604 871.3	596 969.3	265 399.1
电子及通信设备制造业	26 557	1 156 209.6	668 466.9	633 993.0	307 883.8
仪器仪表及文化办公用机械制造业	18 567	542 148.3	317 861.3	296 019.8	174 874.6
其他制造业	1 910	140 527.9	81 876.9	73 835.9	33 499.6
电力、蒸汽、热水的生产和供应业	7 634	569 897.6	138 245.5	130 854.2	422 133.7
煤气生产和供应业	1 124	14 558.6	6 372.1	6 303.6	7 381.1
自来水的生产和供应业	3 315	115 895.6	20 129.2	20 916.0	85 248.8

7-14　续表6　(2001年)　单位:万元

分组	固定资产原价合计	累计折旧	本年折旧	固定资产净值年平均余额	负债合计
总计	**5 012 568.6**	**1 675 931.1**	**200 032.8**	**3 188 235.5**	**6 578 811.4**
#市区	4 629 635.7	1 541 117.1	183 187.4	2 945 134.2	6 161 987.5
按隶属关系分					
中央企业	2 248 130.7	768 100.6	101 033.1	1 420 538.9	2 401 251.1
省属企业	691 167.9	245 655.6	23 373.2	416 649.1	1 356 361.5
市属企业	2 073 270.0	662 174.9	75 626.5	1 351 047.5	2 821 198.8
市直属企业	1 705 370.4	569 706.3	57 547.7	1 074 451.9	2 266 870.5
区直属企业	74 783.2	17 666.9	3 498.3	59 337.0	175 580.4
县直属企业	98 444.2	24 048.5	3 050.9	77 055.1	122 463.4
街道企业	17 155.2	4 707.6	1 149.2	12 274.7	27 542.2
镇办企业	22 208.7	5 321.4	1 402.3	18 817.7	28 614.0
乡办企业	73 770.5	25 800.6	4 737.1	42 764.5	97 667.7
居委会					
村委会	25 219.4	5 963.3	1 027.8	19 918.6	26 790.2
其他	56 318.4	8 960.3	3 213.2	46 428.0	75 670.4
市属中其中:					
区属:	201 830.6	52 166.0	10 587.8	150 051.8	356 701.1
县属:	166 069.0	40 302.6	7 491.0	126 543.8	197 627.2
按登记注册类型分组					
内资企业	4 587 697.8	1 538 236.1	175 029.5	2 908 029.1	5 912 870.5
国有经济	2 445 532.9	821 577.4	83 781.0	1 533 540.4	2 994 698.1
集体经济	129 122.7	41 791.4	7 071.5	84 538.0	196 456.4
股份合作	68 280.3	19 574.2	1 965.1	47 344.0	79 639.7
联营企业	26 805.3	9 953.3	2 125.1	14 884.4	27 418.3
国有联营	14 560.8	4 898.0	1 365.5	10 905.3	10 549.7
集体联营	9 378.9	3 631.0	602.0	2 528.4	13 447.0
国有与集体联营	2 049.0	1 043.6	93.1	1 015.7	2 813.9
其他联营	816.6	380.7	64.5	435.0	607.7
有限责任公司	1 425 313.4	508 456.5	61 942.6	938 010.6	1 912 022.0
国有独资企业	1 009 244.4	375 301.4	42 140.6	651 846.7	1 417 597.6
其他有限责任公司	416 069.0	133 155.1	19 802.0	286 163.9	494 424.4
股份有限公司	442 303.8	127 694.4	14 973.4	251 207.7	640 580.0
私营企业	50 339.4	9 188.9	3 170.8	38 504.0	62 056.0
私营独资企业	18 010.9	4 847.6	1 417.0	13 180.9	14 932.1
私营合伙企业	439.0	93.0	36.1	328.0	584.0
私营有限责任公司	25 577.8	2 881.3	1 440.5	20 020.8	35 297.9

7-14　续表7　　(2001年)　　单位:万元

分组	固定资产原价合计	累计折旧	本年折旧	固定资产净值年平均余额	负债合计
私营股份有限公司	6 311.7	1 367.0	277.2	4 974.3	11 242.0
其他内资企业					
港、澳、台商投资企业	136 316.2	42 497.6	7 580.0	92 203.9	174 243.7
与港、澳、台商合资经营	87 021.9	29 579.3	4 186.9	55 564.9	132 684.0
与港、澳、台商合作经营					
港、澳、台商独资	48 688.2	12 729.5	3 333.5	36 147.7	38 200.4
港、澳、台商投资股份有限公司	606.1	188.8	59.6	491.3	3 359.3
外商投资企业	288 554.6	95 197.4	17 423.3	188 002.5	491 697.2
中外合资经营	274 951.3	92 525.3	16 422.4	177 324.3	482 615.1
中外合作经营	3 075.8	1 676.5	324.2	1 556.3	630.6
外资企业	7 685.6	879.1	608.6	6 824.5	4 043.9
外商投资股份有限公司	2 841.9	116.5	68.1	2 297.4	4 407.6
在总计中:亏损企业	1 162 725.4	409 286.9	45 090.0	748 285.2	1 737 787.2
在总计中:国有控股企业	4 329 651.9	1 487 050.0	164 384.8	2 729 360.5	5 563 105.8
在总计中:农村工业	127 105.1	38 250.9	7 847.9	86 069.7	155 639.4
按轻重工业分					
轻工业	1 460 067.3	463 503.8	71 171.5	963 157.2	1 713 799.9
以农产品为原料	953 583.1	299 040.0	51 436.2	622 944.9	999 436.0
以非农产品为原料	506 484.2	164 463.8	19 735.3	340 212.3	714 363.9
重工业	3 552 501.3	1 212 427.3	128 861.3	2 225 078.3	4 865 011.5
采掘工业	23 130.5	7 347.5	1 117.8	15 760.2	19 461.3
原料工业	790 122.0	189 179.5	22 840.4	543 841.0	588 981.5
加工工业	2 739 248.8	1 015 900.3	104 903.1	1 665 477.1	4 256 568.7
按企业规模分					
大型工业	3 443 091.7	1 246 716.5	134 949.8	2 082 841.9	4 434 507.7
中型工业	457 716.7	163 929.6	18 571.9	301 959.1	586 982.1
小型工业	1 111 760.2	265 285.0	46 511.1	803 434.5	1 557 321.6
按工业行业大类分					
煤炭采选业					
石油和天然气开采业					
黑色金属矿采选业	1 317.9	107.7	107.7	1 191.4	2 408.0
有色金属矿采选业	12 082.2	4 656.9	840.7	7 398.2	11 671.9
非金属矿采选业	236.0	84.5	34.1	151.5	577.6
其他矿采选业					
木材及竹材采选业	9 494.4	2 498.4	135.3	7 019.1	4 803.8
食品加工业	78 663.2	24 752.9	2 883.9	51 103.7	116 571.7

7-14　续表8　(2001年)　单位:万元

分组	固定资产原价合计	累计折旧	本年折旧	固定资产净值年平均余额	负债合计
食品制造业	72 666.0	19 690.3	6 062.9	53 698.7	82 380.1
饮料制造业	146 100.5	33 923.6	7 538.8	108 595.0	138 370.8
烟草加工业	1 694.4	873.6	85.6	1 439.3	793.6
纺织业	232 817.2	90 061.2	14 158.5	149 704.7	199 240.5
服装及其他纤维制品制造业	19 285.7	6 195.8	525.9	11 759.4	50 268.2
皮革、毛皮、羽绒及其他制品业	21 517.7	10 034.3	1 285.3	12 158.3	28 342.1
木材加工及竹、藤、棕、草制品业	10 763.9	1 066.3	107.8	9 263.1	9 002.9
家具制造业	9 137.1	2 999.7	660.8	6 046.9	10 044.0
造纸及纸制品业	45 660.6	9 028.9	1 469.8	37 056.0	59 118.7
印刷业、记录媒介的复制	189 609.2	67 062.3	11 076.1	113 901.1	168 333.3
文教体育用品制造业	184.9	59.2	12.3	119.7	101.0
石油加工及炼焦业	57 766.0	16 091.2	2 189.6	43 404.1	73 213.2
化学原料及化学制品制造业	283 916.2	87 299.7	7 615.5	190 414.8	281 684.6
医药制造业	223 567.7	58 926.9	7 123.1	143 541.3	419 113.5
化学纤维制造业	28 081.4	13 885.2	2 152.2	14 195.9	5 407.5
橡胶制品业	11 673.2	2 345.5	306.7	9 294.1	26 267.5
塑料制品业	15 043.4	4 217.7	476.0	10 922.0	20 483.4
非金属矿物制品业	145 903.7	43 126.1	5 158.9	104 496.4	169 235.4
黑色金属冶炼及压延加工业	44 935.3	12 514.9	1 899.5	33 581.4	84 966.2
有色金属冶炼及压延加工业	19 391.7	2 139.1	243.1	17 554.8	25 070.0
金属制品业	34 910.4	12 756.3	1 693.6	20 613.5	37 963.7
普通机械制造业	175 812.0	64 050.5	5 822.6	115 426.9	321 864.3
专用设备制造业	319 479.8	130 994.6	14 729.8	176 565.8	388 418.6
交通运输设备制造业	808 193.1	328 259.1	41 398.1	464 590.7	1 452 193.6
电气机械及器材制造业	376 514.4	149 526.9	4 445.0	241 173.7	610 743.8
电子及通信设备制造业	378 903.3	129 733.5	13 716.6	205 197.0	791 976.4
仪器仪表及文化办公用机械制造业	221 361.8	82 847.7	8 089.8	141 505.2	351 265.4
其他制造业	10 938.8	3 119.2	523.4	7 935.3	47 625.1
电力、蒸汽、热水的生产和供应业	515 409.3	109 796.2	13 728.8	344 156.3	231 367.3
煤气生产和供应业	10 568.5	3 245.9	89.3	7 179.4	7 106.7
自来水的生产和供应业	125 324.5	56 212.1	8 607.7	72 106.4	57 845.0

7-14 续表9 (2001年) 单位:万元

分组	负债 流动负债小计	负债 长期负债小计	所有者权益合计	实收资本
总计	**4 997 166.6**	**1 320 024.7**	**3 846 505.7**	**2 549 066.7**
#市区	4 673 213.5	1 232 807.7	3 642 563.0	2 417 368.7
按隶属关系分				
中央企业	1 889 475.5	511 221.2	1 525 738.7	908 467.7
省属企业	1 022 110.5	332 138.1	347 715.4	380 846.8
市属企业	2 085 580.6	476 665.4	1 973 051.6	1 259 752.2
市直属企业	1 663 620.1	373 483.4	1 626 062.4	1 043 466.0
区直属企业	134 018.4	30 716.0	153 866.5	54 919.4
县直属企业	89 083.3	29 738.3	23 295.7	31 714.3
街道企业	24 427.2	1 196.1	19 972.7	13 471.7
镇办企业	23 725.8	2 634.2	16 419.6	11 179.8
乡办企业	65 347.2	23 313.8	55 917.3	46 805.4
居委会				
村委会	22 891.9	3 047.2	22 142.6	13 257.0
其他	62 466.7	12 536.4	55 374.8	44 938.6
市属中其中:				
区属:	278 464.5	52 692.7	275 261.6	143 201.9
县属:	143 496.0	50 489.3	71 727.6	73 084.3
按登记注册类型分组				
内资企业	4 408 781.6	1 257 181.0	3 333 338.9	2 216 965.9
国有经济	2 295 687.8	690 106.7	1 168 571.2	928 953.8
集体经济	158 829.6	31 289.5	101 984.9	68 887.6
股份合作	59 225.3	17 834.1	45 551.2	17 518.2
联营企业	14 597.0	5 636.5	17 844.9	14 751.9
国有联营	7 733.7	2 816.0	9 539.6	8 761.6
集体联营	3 555.0	2 707.2	6 752.5	5 187.8
国有与集体联营	2 710.8	103.1	1 432.8	688.4
其他联营	597.5	10.2	120.0	114.1
有限责任公司	1 428 074.6	455 414.1	1 148 810.6	840 835.1
国有独资企业	1 081 188.6	336 261.9	729 109.3	594 782.4
其他有限责任公司	346 886.0	119 152.2	419 701.3	246 052.7
股份有限公司	407 676.8	45 409.9	784 321.6	305 056.5
私营企业	44 690.5	11 490.2	66 254.5	40 962.8
私营独资企业	11 432.4	2 923.2	14 373.7	10 030.3
私营合伙企业	436.0	61.0	269.1	208.4
私营有限责任公司	22 084.8	8 001.3	40 756.1	21 474.1

7－14　续表10　(2001年)　单位:万元

分组	负债 流动负债小计	负债 长期负债小计	所有者权益合计	实收资本
私营股份有限公司	10 737.3	504.7	10 855.6	9 250.0
其他内资企业				
港、澳、台商投资企业	135 273.3	34 725.9	180 858.7	102 639.3
与港、澳、台商合资经营	111 911.6	17 899.9	149 061.4	76 589.3
与港、澳、台商合作经营				
港、澳、台商独资	20 002.4	16 826.0	31 322.3	25 652.0
港、澳、台商投资股份有限公司	3 359.3		475.0	398.0
外商投资企业	453 111.7	28 117.8	332 308.1	229 461.5
中外合资经营	447 029.6	25 117.8	322 435.4	219 794.2
中外合作经营	630.6		3 338.1	3 067.7
外资企业	4 043.9		4 358.0	4 499.6
外商投资股份有限公司	1 407.6	3 000.0	2 176.6	2 100.0
在总计中:亏损企业	1 349 908.4	366 648.9	198 435.8	539 869.3
在总计中:国有控股企业	4 175 091.7	1 172 374.9	2 957 707.3	2 022 287.4
在总计中:农村工业	119 847.1	29 590.9	97 251.8	70 092.8
按轻重工业分				
轻工业	1 275 600.6	246 211.5	1 353 934.4	820 848.8
以农产品为原料	817 370.7	161 578.1	630 481.0	486 281.7
以非农产品为原料	458 229.9	84 633.4	723 453.4	334 567.1
重工业	3 721 566.0	1 073 813.2	2 492 571.3	1 728 217.9
采掘工业	11 531.5	6 562.5	11 007.1	10 266.9
原料工业	398 683.2	166 181.3	488 083.0	125 187.9
加工工业	3 311 351.3	901 069.4	1 993 481.2	1 592 763.1
按企业规模分				
大型工业	3 446 449.5	951 871.6	2 415 448.2	1 612 522.5
中型工业	477 652.9	97 171.8	235 624.1	201 987.8
小型工业	1 073 064.2	270 981.3	1 195 433.4	734 556.4
按工业行业大类分				
煤炭采选业				
石油和天然气开采业				
黑色金属矿采选业	280.7	780.0	－350.2	151.6
有色金属矿采选业	7 042.2	4 629.7	4 362.4	4 595.6
非金属矿采选业	557.6		862.3	175.0
其他矿采选业				
木材及竹材采选业	3 651.0	1 152.8	6 132.6	5 344.7
食品加工业	88 357.8	25 504.3	35 314.8	52 595.2

7－14　续表11　　(2001年)　　单位:万元

分组	负债		所有者权益合计	
	流动负债小计	长期负债小计		实收资本
食品制造业	63 765.8	18 272.0	34 696.2	39 257.8
饮料制造业	130 374.7	7 996.1	65 659.0	87 304.0
烟草加工业	793.6		2 485.2	1 514.7
纺织业	177 253.2	21 465.9	104 716.1	51 733.1
服装及其他纤维制品制造业	47 217.7	3 050.4	－9 901.8	14 811.5
皮革、毛皮、羽绒及其他制品业	15 722.3	12 618.8	7 771.2	14 675.6
木材加工及竹、藤、棕、草制品业	5 349.9	3 653.0	8 120.1	3 020.9
家具制造业	9 392.4	651.6	15 350.3	9 294.0
造纸及纸制品业	39 411.5	17 392.7	23 958.0	22 590.8
印刷业、记录媒介的复制	123 445.8	34 377.2	157 865.6	94 438.2
文教体育用品制造业	101.0		935.6	368.0
石油加工及炼焦业	57 866.6	15 346.6	11 429.2	18 916.0
化学原料及化学制品制造业	173 212.4	97 071.3	148 905.7	92 091.5
医药制造业	299 418.1	20 114.3	380 672.2	195 512.9
化学纤维制造业	5 407.5		25 198.5	8 980.0
橡胶制品业	20 910.5	5 090.2	－5 656.8	9 261.5
塑料制品业	15 304.3	2 926.8	5 548.7	7 056.0
非金属矿物制品业	126 726.0	41 236.5	50 878.8	41 842.9
黑色金属冶炼及压延加工业	69 322.7	15 607.0	50 533.1	40 290.9
有色金属冶炼及压延加工业	7 494.5	800.7	24 420.9	10 933.3
金属制品业	30 032.1	4 697.9	35 249.0	27 978.6
普通机械制造业	248 828.1	57 998.3	116 791.7	80 786.5
专用设备制造业	318 858.9	67 248.5	208 922.5	208 012.2
交通运输设备制造业	1 103 271.1	347 035.9	665 409.1	581 014.0
电气机械及器材制造业	479 459.8	75 573.1	436 435.6	261 959.1
电子及通信设备制造业	573 814.1	196 715.0	364 233.2	220 204.4
仪器仪表及文化办公用机械制造业	295 216.1	43 408.8	190 882.9	164 472.8
其他制造业	46 944.1	681.0	92 902.8	20 773.9
电力、蒸汽、热水的生产和供应业	165 096.7	66 270.4	338 530.3	4 942.1
煤气生产和供应业	6 640.9	465.8	7 451.9	7 436.2
自来水的生产和供应业	17 842.9	40 002.1	58 050.6	44 204.2

7－14　续表12　　(2001年)　　单位：万元

分组	产品销售收入	产品销售成本	产品销售费用	产品销售税金及附加	产品销售利润
总计	**4 516 172.6**	**3 453 348.1**	**281 313.8**	**31 655.2**	**735 210.3**
#市区	4 229 470.1	3 219 831.1	270 527.0	30 329.7	694 137.1
按隶属关系分					
中央企业	1 459 535.1	1 166 364.9	30 395.2	7 916.7	240 213.1
省属企业	794 235.9	526 791.2	104 946.7	4 297.2	158 200.8
市属企业	2 262 401.6	1 760 192.0	145 971.9	19 441.3	336 796.4
市直属企业	1 715 867.1	1 325 746.8	115 901.8	14 146.5	260 072.0
区直属企业	128 427.2	95 885.7	5 399.9	1 246.5	25 895.1
县直属企业	62 132.5	51 593.0	4 946.6	248.5	5 344.4
街道企业	60 250.3	49 766.5	2 190.5	334.5	7 958.8
镇办企业	47 475.9	38 685.3	4 359.8	236.6	4 194.2
乡办企业	114 014.6	89 050.0	6 658.0	1 985.5	16 321.1
居委会					
村委会	59 096.0	49 283.5	3 082.7	769.0	5 960.8
其他	75 138.0	60 181.2	3 432.6	474.2	11 050.0
市属中其中：					
区属：	402 074.6	314 362.7	21 483.9	4 217.8	62 010.2
县属：	144 459.9	120 082.5	8 586.2	1 077.0	14 714.2
按登记注册类型分组					
内资企业	3 704 896.2	2 917 155.0	164 937.4	29 605.0	578 553.6
国有经济	1 429 993.7	1 140 696.3	46 052.4	10 446.3	218 283.1
集体经济	277 106.1	225 499.0	16 608.5	2 787.4	32 211.2
股份合作	47 297.5	38 073.5	2 049.4	384.6	6 790.0
联营企业	30 647.8	22 200.7	1 951.4	348.1	6 147.6
国有联营	12 525.9	9 149.3	852.4	54.1	2 470.1
集体联营	15 141.7	10 580.4	1 041.6	271.7	3 248.0
国有与集体联营	2 265.8	1 860.0	44.5	16.1	345.2
其他联营	714.4	611.0	12.9	6.2	84.3
有限责任公司	1 247 166.5	963 656.7	63 688.9	11 208.6	208 482.7
国有独资企业	817 039.4	657 029.7	29 733.9	7 177.0	122 969.2
其他有限责任	430 127.1	306 627.0	33 955.0	4 031.6	85 513.5
股份有限公司	573 590.5	448 481.9	29 818.1	3 786.9	91 503.6
私营企业	99 094.1	78 546.9	4 768.7	643.1	15 135.4
私营独资企业	34 403.3	26 980.1	1 036.4	278.9	6 107.9
私营合伙企业	1 010.9	762.3	16.7	3.7	228.2
私营有限责任公司	51 740.1	42 050.0	2 986.6	233.5	6 470.0

7-14　续表13　　(2001年)　　单位:万元

分组	产品销售收入	产品销售成本	产品销售费用	产品销售税金及附加	产品销售利润
私营股份有限公司	11 939.8	8 754.5	729.0	127.0	2 329.3
其他内资企业					
港、澳、台商投资企业	170 463.5	126 311.4	18 255.1	899.8	24 997.2
与港、澳、台商合资经营	111 753.8	84 148.1	8 717.7	722.0	18 166.0
与港、澳、台商合作经营					
港、澳、台商独资	52 835.4	37 471.9	8 544.1	174.7	6 644.7
港、澳、台商投资股份有限公司	5 874.3	4 691.4	993.3	3.1	186.5
外商投资企业	640 812.9	409 881.7	98 121.3	1 150.4	131 659.5
中外合资经营	626 313.3	396 735.3	97 910.6	1 150.4	130 517.0
中外合作经营	5 643.9	4 416.7	174.7		1 052.5
外资企业	8 146.5	8 096.9	0.5		49.1
外商投资股份有限公司	709.2	632.8	35.5		40.9
在总计中:亏损企业	485 513.6	444 621.4	31 013.9	2 908.4	6 857.6
在总计中:国有控股企业	3 277 440.7	2 582 757.7	137 130.6	24 263.6	518 643.6
在总计中:农村工业	234 875.4	193 340.2	13 624.9	2 570.5	25 339.8
按轻重工业分					
轻工业	1 583 057.6	1 103 919.6	173 706.4	15 249.4	290 182.2
以农产品为原料	896 583.6	697 750.0	73 754.1	10 797.8	114 281.7
以非农产品为原料	686 474.0	406 169.6	99 952.3	4 451.6	175 900.5
重工业	2 933 115.0	2 349 428.5	107 607.4	16 405.8	445 028.1
采掘工业	8 551.4	6 751.2	112.2	97.3	1 590.7
原料工业	354 524.5	305 519.8	6 901.5	5 200.5	22 369.8
加工工业	2 570 039.1	2 037 157.5	100 593.7	11 108.0	421 067.6
按企业规模分					
大型工业	2 857 270.0	2 146 461.2	169 552.3	16 904.4	509 706.9
中型工业	405 340.5	345 989.5	25 156.9	4 819.1	29 375.0
小型工业	1 253 562.1	960 897.4	86 604.6	9 931.7	196 128.4
按工业行业大类分					
煤炭采选业					
石油和天然气开采业					
黑色金属矿采选业	418.0	338.4	11.4	11.7	56.5
有色金属矿采选业	6 498.7	5 069.4	22.7	2.5	1 404.1
非金属矿采选业	1 501.7	1 212.7	78.1	80.8	130.1
其他矿采选业					
木材及竹材采选业	133.0	130.7		2.3	
食品加工业	105 876.5	94 887.5	6 130.2	294.1	4 564.7

7－14 续表14 (2001年) 单位:万元

分组	产品销售收入	产品销售成本	产品销售费用	产品销售税金及附加	产品销售利润
食品制造业	94 406.9	70 206.5	13 792.1	182.0	10 226.3
饮料制造业	131 567.3	100 029.9	17 419.5	6 015.5	8 102.4
烟草加工业	1 422.6	829.4	8.9	15.4	568.9
纺织业	139 164.2	121 764.4	2 514.4	826.9	14 058.5
服装及其他纤维制品制造业	35 324.2	27 934.3	3 849.5	186.7	3 353.7
皮革、毛皮、羽绒及其他制品业	19 488.9	18 425.7	751.8	190.3	121.1
木材加工及竹、藤、棕、草制品业	1 647.8	1 467.6	117.1	3.2	59.9
家具制造业	17 834.1	13 009.4	1 026.0	63.5	3 735.2
造纸及纸制品业	61 560.7	49 864.8	3 756.4	851.8	7 087.7
印刷业、记录媒介的复制	149 722.5	108 857.9	4 619.9	1 352.8	34 891.9
文教体育用品制造业	1 074.9	755.1	41.6	7.9	270.3
石油加工及炼焦业	118 266.5	109 033.1	742.2	3 179.0	5 312.2
化学原料及化学制品制造业	169 356.9	130 534.3	11 361.9	927.5	26 533.2
医药制造业	501 283.1	253 855.1	105 836.9	2 396.8	139 194.3
化学纤维制造业	26 789.3	19 876.3	80.6	1.1	6 831.3
橡胶制品业	6 268.2	5 276.7	255.2	26.7	709.6
塑料制品业	12 137.2	10 522.5	443.0	117.7	1 054.0
非金属矿物制品业	68 878.3	55 497.1	3 430.1	719.9	9 231.2
黑色金属冶炼及压延加工业	24 577.7	17 590.1	1 026.9	196.5	5 764.2
有色金属冶炼及压延加工业	20 375.3	17 650.5	499.2	102.5	2 123.1
金属制品业	43 279.4	35 110.5	2 124.7	355.1	5 689.1
普通机械制造业	229 242.5	174 333.6	8 969.5	1 709.6	44 229.8
专用设备制造业	230 266.6	172 001.8	9 613.7	1 050.3	47 600.8
交通运输设备制造业	883 519.2	704 981.4	21 858.5	2 477.1	154 219.5
电气机械及器材制造业	401 097.9	320 788.9	16 985.9	2 086.7	61 236.4
电子及通信设备制造业	573 017.6	458 584.6	30 275.7	3 119.0	81 038.3
仪器仪表及文化办公用机械制造业	147 664.4	108 421.1	10 675.9	827.0	27 740.4
其他制造业	47 758.9	34 379.9	738.4	706.3	11 934.3
电力、蒸汽、热水的生产和供应业	101 550.1	93 324.1	28.4	1 057.0	－7 392.3
煤气生产和供应业	1 446.9	1 933.5	231.1	5.8	－723.5
自来水的生产和供应业	23 385.6	20 965.5	415.4	140.4	1 864.3

7-14　续表15　　(2001年)　　单位:万元

分组	管理费用	利润总额	亏损企业亏损总额	利税总额	本年应交增值税
总计	**470 339.3**	**179 662.1**	**125 913.0**	**408 388.8**	**197 071.5**
#市区	434 783.6	177 627.4	113 865.3	395 967.0	188 009.9
按隶属关系分					
中央企业	192 731.0	20 670.2	42 551.6	72 770.4	44 183.5
省属企业	86 281.3	43 824.7	34 586.3	98 939.6	50 817.7
市属企业	191 327.0	115 167.2	48 775.1	236 678.8	102 070.3
市直属企业	158 973.2	90 698.0	38 673.8	189 061.9	84 217.4
区直属企业	7 065.3	14 260.7	1 124.2	21 138.5	5 631.3
县直属企业	6 059.2	-1 294.4	3 314.5	1 762.3	2 808.2
街道企业	4 757.2	2 044.4	142.9	4 139.3	1 760.4
镇办企业	1 567.1	1 346.4	39.0	2 709.1	1 126.1
乡办企业	5 445.2	5 088.6	1 370.2	10 094.8	3 020.7
居委会					
村委会	1 792.8	2 071.3	376.4	3 931.2	1 090.9
其他	5 667.0	952.2	3 734.1	3 841.7	2 415.3
市属中其中:					
区属:	21 153.7	25 178.9	3 697.1	41 749.1	12 352.4
县属:	11 200.1	-709.7	6 404.2	5 867.8	5 500.5
按登记注册类型分组					
内资企业	420 641.5	87 568.0	114 912.9	266 981.6	149 808.6
国有经济	198 181.9	-24 535.1	72 789.9	41 676.5	55 765.3
集体经济	17 521.5	8 849.3	2 933.8	21 652.0	10 015.3
股份合作	6 020.2	650.1	1 615.6	3 199.4	2 164.7
联营企业	2 246.3	2 532.1	42.2	4 181.2	1 301.0
国有联营	1 453.4	1 176.8	42.2	2 014.9	784.0
集体联营	491.9	1 283.5		1 851.2	296.0
国有与集体联营	266.6	42.3		217.7	159.3
其他联营	34.4	29.5		97.4	61.7
有限责任公司	147 301.1	41 984.0	31 649.8	101 801.3	48 608.7
国有独资企业	100 278.3	2 686.8	22 773.9	27 142.6	17 278.8
其他有限责任公司	47 022.8	39 297.2	8 875.9	74 658.7	31 329.9
股份有限公司	42 950.5	53 549.8	5 032.6	85 915.8	28 579.1
私营企业	6 420.0	4 537.8	849.0	8 555.4	3 374.5
私营独资企业	1 490.7	2 146.4	336.4	3 757.8	1 332.5
私营合伙企业	86.2	47.7		101.5	50.1
私营有限责任公司	4 072.7	1 711.9	364.8	3 562.0	1 616.6

7－14　续表16　(2001年)　单位:万元

分　组	管理费用	利润总额	亏损企业亏损总额	利税总额	本年应交增值税
私营股份有限公司	770.4	631.8	147.8	1 134.1	375.3
其他内资企业					
港、澳、台商投资企业	7 796.0	13 022.6	3 488.0	21 762.3	7 839.9
与港、澳、台商合资经营	5 807.3	9 998.6	2 934.5	15 541.1	4 820.5
与港、澳、台商合作经营					
港、澳、台商独资	1 790.2	3 106.7	470.8	6 048.3	2 766.9
港、澳、台商投资股份有限公司	198.5	－82.7	82.7	172.9	252.5
外商投资企业	41 901.8	79 071.5	7 512.1	119 644.9	39 423
中外合资经营	41 222.4	78 881.2	7 073.2	119 038.8	39 007.2
中外合作经营	403.1	455.2	83.4	714.5	259.3
外资企业	171.9	－124.6	215.2	27.4	152.0
外商投资股份有限公司	104.4	－140.3	140.3	－135.8	4.5
在总计中:亏损企业	87 291.7	－125 913.0	125 913.0	－108 732.1	14 272.5
在总计中:国有控股企业	388 185.0	68 361.9	109 873.7	227 824.0	135 198.5
在总计中:农村工业	9 239.9	7 123.9	1 685.2	15 554.1	5 859.7
按轻重工业分					
轻工业	142 152.0	145 393.2	50 245.0	263 960.9	103 318.3
以农产品为原料	70 566.4	30 522.9	41 411.6	83 870.5	42 549.8
以非农产品为原料	71 585.6	114 870.3	8 833.4	180 090.4	60 768.5
重工业	328 187.3	34 268.9	75 668.0	144 427.9	93 753.2
采掘工业	1 979.0	－340.7	402.6	－135.5	107.9
原料工业	22 044.1	－7 403.3	21 181.4	11 637.9	13 840.7
加工工业	304 164.2	42 012.9	54 084.0	132 925.5	79 804.6
按企业规模分					
大型工业	321 911.5	125 675.9	56 127.8	268 623.8	126 043.5
中型工业	36 862.6	－6 793.2	23 981.2	17 655.4	19 629.5
小型工业	111 565.2	60 779.4	45 804.0	122 109.6	51 398.5
按工业行业大类分					
煤炭采选业					
石油和天然气开采业					
黑色金属矿采选业	88.0	－60.5	60.5	－7.0	41.8
有色金属矿采选业	1 608.6	3.2	2.2	40.1	34.4
非金属矿采选业	60.5	56.5		168.3	31.0
其他矿采选业					
木材及竹材采选业	221.9	－339.9	339.9	－336.9	0.7
食品加工业	5 845.4	－2 231.5	3 759.7	－677.2	1 260.2

7－14　续表17　　(2001年)　　单位:万元

分组	管理费用	利润总额	亏损企业亏损总额	利税总额	本年应交增值税
食品制造业	5 865.9	3 006.0	1 438.9	7 968.5	4 780.5
饮料制造业	5 600.8	3 603.0	7 268.9	16 072.5	6 454.0
烟草加工业	283.6	339.8		501.2	146.0
纺织业	14 822.7	110.4	5 726.3	9 097.2	8 159.9
服装及其他纤维制品制造业	3 654.5	－787.3	2 745.5	873.6	1 474.2
皮革、毛皮、羽绒及其他制品业	2 346.7	－8 773.9	9 001.9	－8 316.0	267.6
木材加工及竹、藤、棕、草制品业	769.3	－133.2	149.5	－72.7	57.3
家具制造业	1 671.4	293.7	227.5	857.9	500.7
造纸及纸制品业	2 048.2	2 316.1	663.8	4 963.2	1 795.3
印刷业、记录媒介的复制	17 980.8	16 119.0	10 104.6	26 604.9	9 133.1
文教体育用品制造业	74.7	348.4		419.4	63.1
石油加工及炼焦业	3 629.6	157.4	420.6	7 757.3	4 420.9
化学原料及化学制品制造业	22 249.0	－137.5	4 404.6	7 006.3	6 216.3
医药制造业	55 858.5	87 873.9	1 088.6	140 837.5	50 566.8
化学纤维制造业	824.0	6 088.6		7 650.6	1 560.9
橡胶制品业	1 291.7	－751.4	939.3	－471.0	253.7
塑料制品业	686.2	－499.7	649.9	－192.4	189.6
非金属矿物制品业	7 746.5	－782.5	3 729.0	3 421.8	3 484.4
黑色金属冶炼及压延加工业	2 467.8	859.0	4 659.4	3 086.5	2 031.0
有色金属冶炼及压延加工业	1 029.9	895.6	391.9	1 182.0	183.9
金属制品业	3 285.2	1 027.1	667.4	2 917.3	1 535.1
普通机械制造业	20 880.7	12 148.2	4 909.6	26 940.3	13 082.5
专用设备制造业	31 987.9	9 187.1	12 609.7	22 032.2	11 794.8
交通运输设备制造业	116 282.5	18 008.1	7 379.6	36 169.5	15 684.3
电气机械及器材制造业	46 083.6	9 747.8	4 419.8	28 919.6	17 085.1
电子及通信设备制造业	39 559.4	30 329.2	8 974.0	55 193.9	21 745.7
仪器仪表及文化办公用机械制造业	23 695.1	254.0	6 161.6	5 446.4	4 365.4
其他制造业	884.8	10 359.7	325.6	13 132.8	2 066.8
电力、蒸汽、热水的生产和供应业	2 945.4	－8 146.6	11 132.3	－4 086.8	3 002.8
煤气生产和供应业	932.7	－796.7	796.7	－665.9	125.0
自来水的生产和供应业	3 068.2	－907.0	907.0	1 859.1	2 625.7

7－15　全部规模以上独立核算国有工业企业经济指标

(2001年)　单位：万元

分组	企业单位数(个)	亏损企业	工业总产值(当年价)	工业总产值(不变价)	工业增加值(生产法)	工业销售产值(当年价)
总计	**253**	**137**	**1 524 729.6**	**1 408 765.1**	**438 289.7**	**1 474 430.6**
#市区	194	103	1 376 981.6	1 271 769.3	395 262.1	1 330 376.1
按隶属关系分						
中央企业	51	19	604 227.6	450 120.3	188 399.7	586 197.6
省属企业	47	30	263 332.7	262 454.7	68 539.5	248 719.6
市属企业	155	88	657 169.3	696 190.1	181 350.5	639 513.4
市直属企业	80	44	558 021.7	598 171.9	155 704.2	547 618.6
区、县属企业	75	44	99 147.6	98 018.2	25 646.3	91 894.8
区属企业	30	15	55 925.0	54 066.2	13 294.4	50 586.4
县属企业	45	29	43 222.6	43 952.0	12 351.9	41 308.4
其中：区县直属	68	42	96 899.0	95 769.6	24 813.7	89 661.3
其他	7	2	2 248.6	2 248.6	832.6	2 233.5
在总计中：亏损企业	137	137	254 491.0	209 474.3	61 513.4	240 194.3
按轻重工业分						
轻工业	97	58	259 491.9	221 707.7	96 063.2	249 959.7
以农产品为原料	65	39	192 457.2	162 771.2	66 949.3	186 217.2
以非农产品为原料	32	19	67 034.7	58 936.5	29 113.9	63 742.5
重工业	156	79	1 265 237.7	1 187 057.4	342 226.5	1 224 470.9
采掘工业	4	3	2 900.5	2 319.1	1 270.9	2 741.3
原料工业	23	11	234 761.1	109 456.3	69 661.4	220 601.2
加工工业	129	65	1 027 576.1	1 075 282.0	271 294.2	1 001 128.4
按企业规模分						
大型工业	43	16	1 091 538.5	1 095 622.6	337 983.3	1 074 947.5
中型工业	40	22	256 031.5	151 918.5	47 432.4	236 327.0
小型工业	170	99	177 159.6	161 224.0	52 874.0	163 156.1
按工业行业大类分						
煤炭采选业						
石油和天然气开采业						
黑色金属矿采选业	1	1	414.5	266.6	145.5	417.8
有色金属矿采选业	2	1	2 426.0	1 992.5	1 107.4	2 266.4
非金属矿采选业						
其他矿采选业						
木材及竹材采选业	1	1	60.0	60.0	18.0	57.1
食品加工业	11	9	13 648.8	7 776.6	2 150.1	13 125.0
食品制造业	12	6	14 905.0	9 133.7	5 108.1	13 020.8
饮料制造业	3	2	3 002.3	2 163.5	681.8	3 113.5

7-15　续表1　(2001年)　单位:万元

分组	企业单位数(个)	亏损企业	工业总产值(当年价)	工业总产值(不变价)	工业增加值(生产法)	工业销售产值(当年价)
烟草加工业	1		843.5	995.7	399.0	1 119.9
纺织业	5	5	18 036.6	16 340.6	4 335.5	15 900.8
服装及其他纤维制品制造业	1	1	8 612.3	7 436.7	2 894.9	9 277.5
皮革、毛皮、羽绒及其他制品业	1	1	4 929.0	2 372.7	-511.4	6 837.6
木材加工及竹、藤、棕、草制品业	1		794.5	1 078.6	184.6	530.5
家具制造业	1	1	902.8	902.8	329.5	902.8
造纸及纸制品业	6	2	12 252.3	9 414.7	4 645.1	12 305.2
印刷业、记录媒介的复制	20	9	113 290.4	104 141.0	46 180.5	109 025.1
文教体育用品制造业	1		253.0	253.0	113.0	274.3
石油加工及炼焦业	2		111 821.0	33 519.0	12 598.9	99 579.4
化学原料及化学制品制造业	10	4	45 790.9	45 411.4	11 677.3	44 333.3
医药制造业	13	6	33 480.1	41 526.5	12 227.9	29 802.5
化学纤维制造业						
橡胶制品业	2	2	1 315.8	863.7	-87.8	1 891.1
塑料制品业	1	1	1 091.0	924.9	-593.8	615.3
非金属矿物制品业	25	13	39 883.2	29 069.1	11 006.5	36 225.4
黑色金属冶炼及压延加工业	1					
有色金属冶炼及压延加工业	3	3	444.8	387.5	31.8	453.7
金属制品业	5	2	2 729.0	2 763.2	606.5	2 606.7
普通机械制造业	14	7	92 685.1	94 766.0	24 262.9	87 163.9
专用设备制造业	30	19	34 743.6	33 264.7	9 943.7	31 202.6
交通运输设备制造业	27	11	345 052.2	311 454.5	91 509.4	336 082.8
电气机械及器材制造业	12	6	303 729.6	372 463.6	68 013.6	308 090.5
电子及通信设备制造业	11	6	98 481.9	113 072.6	28 533.2	94 071.6
仪器仪表及文化办公用机械制造业	13	7	64 698.6	71 108.1	27 448.4	63 316.7
其他制造业	3	2	299.1	306.2	108.2	296.1
电力、蒸汽、热水的生产和供应业	3	1	70 868.7	34 507.9	45 882.5	70 868.7
煤气生产和供应业	1	1	7 124.5	1 591.9	132.4	7 124.5
自来水的生产和供应业	7	7	23 129.0	7 007.1	14 422.0	23 095.9

7－15 续表2 (2001年) 单位：万元

分组	全部职工年平均人数（人）	资产合计	流动资产小计	流动资产年平均余额	固定资产小计
总计	**175 505**	**4 164 470.9**	**1 876 990.4**	**1 830 445.1**	**1 919 792.7**
#市区	155 286	3 846 037.4	1 732 914.7	1 689 532.4	1 764 484.9
按隶属关系分					
中央企业	67 794	1 635 067.7	672 689.9	659 352.2	903 911.4
省属企业	35 327	775 410.4	405 454.8	385 369.4	306 811.3
市属企业	72 384	1 753 992.8	798 845.7	785 723.5	709 070.0
市直属企业	58 602	1 575 164.1	732 770.1	719 109.1	610 061.2
区、县属企业	13 782	178 828.7	66 075.6	66 614.4	99 008.8
区属企业	5 320	86 640.0	37 252.3	36 887.1	40 028.0
县属企业	8 462	92 188.7	28 823.3	29 727.3	58 980.8
其中：区县直属	13 090	172 986.5	63 572.0	64 125.2	95 672.2
其他	692	5 842.2	2 503.6	2 489.2	3 336.6
在总计中：亏损企业	69 732	1 051 610.2	406 867.8	415 689.5	544 921.1
按轻重工业分					
轻工业	39 379	616 777.9	220 433.8	241 182.2	331 320.2
以农产品为原料	28 397	419 963.4	163 992.3	180 927.1	211 380.6
以非农产品为原料	10 982	196 814.5	56 441.5	60 255.1	119 939.6
重工业	136 126	3 547 693.0	1 656 556.6	1 589 262.9	1 588 472.5
采掘工业	1 665	22 884.9	7 844.2	6 893.7	13 904.1
原料工业	14 659	778 594.6	212 363.2	204 298.5	543 929.8
加工工业	119 802	2 746 213.5	1 436 349.2	1 378 070.7	1 030 638.6
按企业规模分					
大型工业	110 465	3 168 965.9	1 476 146.9	1 430 991.8	1 416 199.2
中型工业	27 985	418 163.6	190 301.0	195 547.6	209 876.3
小型工业	37 055	577 341.4	210 542.5	203 905.7	293 717.2
按工业行业大类分					
煤炭采选业					
石油和天然气开采业					
黑色金属矿采选业	105	2 057.8	748.3	742.4	1 210.2
有色金属矿采选业	517	9 890.7	4 177.9	3 233.8	5 643.5
非金属矿采选业					155.5
其他矿采选业					
木材及竹材采选业	1 043	10 936.4	2 918.0	2 917.5	7 050.4
食品加工业	3 547	45 848.1	17 798.1	18 771.2	17 392.4
食品制造业	2 695	33 593.5	12 981.8	12 629.9	18 681.6
饮料制造业	982	14 637.9	4 434.5	5 020.6	7 762.3

7－15　续表3　(2001年)　单位:万元

分　组	全部职工年平均人数(人)	资产合计	流动资产小计	流动资产年平均余额	固定资产小计
烟草加工业	138	3 278.8	476.1	564.3	2 291.5
纺织业	6 078	54 590.2	23 226.6	22 509.2	23 976.1
服装及其他纤维制品制造业	3 098	15 803.5	7 172.1	8 496.5	8 578.2
皮革、毛皮、羽绒及其他制品业	2 016	14 036.4	7 537.3	17 036.9	5 524.7
木材加工及竹、藤、棕、草制品业	347	10 521.5	3 300.8	3 300.0	7 018.6
家具制造业	120	336.6	334.6	334.5	2.0
造纸及纸制品业	1 673	29 910.1	10 141.3	9 400.3	19 192.0
印刷业、记录媒介的复制	7 463	196 552.7	76 225.3	82 472.6	101 758.8
文教体育用品制造业	64	748.6	730.9	730.9	17.7
石油加工及炼焦业	2 148	80 912.9	34 535.9	33 508.8	45 963.3
化学原料及化学制品制造业	6 678	127 338.8	37 252.4	36 430.0	75 792.9
医药制造业	3 631	43 864.1	24 124.5	25 522.7	17 847.5
化学纤维制造业					
橡胶制品业	1 063	10 638.7	3 887.3	5 912.0	6 695.3
塑料制品业	194	5 762.6	2 116.5	2 518.2	3 641.1
非金属矿物制品业	9 633	139 396.1	37 774.1	38 264.6	79 164.8
黑色金属冶炼及压延加工业					
有色金属冶炼及压延加工业	240	4 487.2	2 263.9	2 303.8	2 201.0
金属制品业	512	7 201.6	4 542.1	4 335.1	1 323.9
普通机械制造业	10 214	211 047.8	136 661.0	128 661.7	60 414.5
专用设备制造业	12 584	205 186.3	92 375.2	91 667.9	98 973.2
交通运输设备制造业	34 133	594 481.8	297 725.5	278 926.9	272 416.7
电气机械及器材制造业	20 076	723 501.2	408 377.3	404 480.1	181 112.1
电子及通信设备制造业	13 446	342 025.2	201 447.4	192 184.0	98 601.8
仪器仪表及文化办公用机械制造业	8 050	302 438.2	174 175.3	157 435.6	103 268.5
其他制造业	136	1 731.4	373.5	343.0	730.8
电力、蒸汽、热水的生产和供应业	5 275	542 924.9	127 918.5	121 134.9	406 570.6
煤气生产和供应业	1 124	14 558.6	6 372.1	6 303.6	7 381.1
自来水的生产和供应业	3 315	115 895.6	20 129.2	20 916.0	85 248.8

7－15 续表4 （2001年） 单位：万元

分组	固定资产原价合计	累计折旧	本年折旧	固定资产净值年平均余额	负债合计
总计	**2 445 532.9**	**821 577.4**	**83 781.0**	**1 533 540.4**	**2 994 698.1**
#市区	2 261 655.2	754 021.9	76 829.9	1 421 843.6	2 757 013.9
按隶属关系分					
中央企业	1 109 862.4	336 688.6	47 789.2	689 164.5	957 433.1
省属企业	383 415.0	129 101.6	10 740.2	225 044.7	780 783.6
市属企业	952 255.5	355 787.2	25 251.6	619 331.2	1 256 481.4
市直属企业	840 804.6	335 240.9	21 837.4	525 180.1	1 104 098.7
区、县属企业	111 450.9	20 546.3	3 414.2	94 151.1	152 382.7
区属企业	45 651.4	8 119.4	1 966.3	38 490.7	70 215.4
县属企业	65 799.5	12 426.9	1 447.9	55 660.4	82 167.3
其中：区县直属	107 708.4	20 140.1	3 380.6	91 046.5	150 111.5
其他	3 742.5	406.2	33.6	3 104.6	2 271.2
在总计中：亏损企业	717 571.3	270 386.2	26 862.2	440 842.1	1 065 264.5
按轻重工业分					
轻工业	458 481.1	168 033.4	22 993.3	286 397.1	489 962.0
以农产品为原料	288 825.8	96 358.8	13 417.1	184 608.8	357 540.6
以非农产品为原料	169 655.3	71 674.6	9 576.2	101 788.3	132 421.4
重工业	1 987 051.8	653 544.0	60 787.7	1 247 143.3	2 504 736.1
采掘工业	16 487.7	4 152.0	285.2	12 262.9	13 862.8
原料工业	656 012.6	147 062.6	17 653.3	450 895.7	408 995.8
加工工业	1 314 551.5	502 329.4	42 849.2	783 984.7	2 081 877.5
按企业规模分					
大型工业	1 816 103.7	641 096.0	66 943.8	1 079 907.9	2 193 018.9
中型工业	272 111.8	88 686.5	8 367.2	188 036.9	362 292.1
小型工业	357 317.4	91 794.9	8 470.0	265 595.6	439 387.1
按工业行业大类分					
煤炭采选业					
石油和天然气开采业					
黑色金属矿采选业	1 317.9	107.7	107.7	1 191.4	2 408.0
有色金属矿采选业	5 675.4	1 545.9	42.2	4 052.4	6 651.0
非金属矿采选业					
其他矿采选业					
木材及竹材采运业	9 494.4	2 498.4	135.3	7 019.1	4 803.8
食品加工业	25 472.6	9 346.8	460.2	13 675.0	40 578.8
食品制造业	20 733.2	4 928.7	1 804.7	15 966.0	31 758.2
饮料制造业	10 058.8	2 376.5	146.2	7 553.6	21 653.9

7－15　续表5　　(2001年)　　单位:万元

分　组	固定资产原价合计	累计折旧	本年折旧	固定资产净值年平均余额	负债合计
烟草加工业	1 694.4	873.6	85.6	1 439.3	793.6
纺织业	33 273.0	12 123.1	1 244.2	21 960.6	73 349.2
服装及其他纤维制品制造业	12 466.2	4 742.5	309.0	7 853.6	37 206.9
皮革、毛皮、羽绒及其他制品业	9 842.5	5 019.5	379.7	5 499.4	13 723.1
木材加工及竹、藤、棕、草制品业	7 913.8	948.8	39.6	6 958.5	4 517.7
家具制造业	27.7	25.7	1.2	1.5	320.2
造纸及纸制品业	20 579.2	2 258.4	104.3	18 394.9	27 255.6
印刷业、记录媒介的复制	147 174.2	53 339.8	8 669.6	86 108.0	103 541.5
文教体育用品制造业	52.9	35.2	5.8	17.7	46.0
石油加工及炼焦业	56 365.6	15 558.8	1 916.0	42 549.6	69 975.2
化学原料及化学制品制造业	96 901.3	34 856.5	3 032.3	63 796.5	104 630.8
医药制造业	21 046.8	5 882.1	829.0	15 955.9	29 908.6
化学纤维制造业					
橡胶制品业	6 145.1	1 784.9	105.7	4 327.2	25 061.6
塑料制品业	3 972.6	1 363.9		2 608.8	8 705.3
非金属矿物制品业	96 486.7	26 246.8	2 172.3	71 706.0	106 775.3
黑色金属冶炼及压延加工业					
有色金属冶炼及压延加工业	3 015.9	1 106.8	48.2	2 212.8	5 281.7
金属制品业	2 490.1	1 185.2	127.8	1 311.5	4 858.2
普通机械制造业	85 770.5	38 439.0	2 865.5	52 654.0	182 846.6
专用设备制造业	135 828.3	52 395.3	2 358.3	86 325.5	215 831.4
交通运输设备制造业	317 178.1	115 677.9	15 403.9	160 850.0	444 615.2
电气机械及器材制造业	280 200.6	134 875.2	980.9	161 132.6	463 408.2
电子及通信设备制造业	125 910.8	45 842.6	3 999.4	73 357.2	345 073.0
仪器仪表及文化办公用机械制造业	120 124.4	43 481.6	5 006.2	83 073.8	197 453.1
其他制造业	910.9	209.0	9.7	712.2	1 048.0
电力、蒸汽、热水的生产和供应业	483 589.3	92 811.8	12 631.1	328 515.2	220 956.8
煤气生产和供应业	10 568.5	3 245.9	89.3	7 179.4	7 106.7
自来水的生产和供应业	125 324.5	56 212.1	8 607.7	72 106.4	57 845.0

7－15　续表6　(2001年)　单位:万元

分组	负债 流动负债小计	负债 长期负债小计	所有者权益合计	实收资本
总计	**2 295 687.8**	**690 106.7**	**1 168 571.2**	**928 953.8**
#市区	2 106 813.5	646 950.5	1 087 865.8	877 571.7
按隶属关系分				
中央企业	782 779.4	174 653.6	676 433.0	314 839.4
省属企业	558 936.3	219 834.9	－5 373.2	121 719.7
市属企业	953 972.1	295 618.2	1 973 051.6	492 394.7
市直属企业	848 896.8	252 284.4	471 065.4	458 852.6
区、县属企业	105 075.3	43 333.8	26 446.0	33 542.1
区属企业	46 813.9	23 069.7	16 424.6	13 625.1
县属企业	58 261.4	20 264.1	10 021.4	19 917.0
其中:区县直属	102 909.7	43 228.2	22 875.0	30 823.1
其他	2 165.6	105.6	3 571.0	2 719.0
在总计中:亏损企业	831 865.4	227 632.1	－14 812.0	258 438.3
按轻重工业分				
轻工业	373 536.2	115 945.5	126 815.9	193 617.2
以农产品为原料	287 930.4	69 390.7	62 422.8	130 102.4
以非农产品为原料	85 605.8	46 554.8	64 393.1	63 514.8
重工业	1 922 151.6	574 161.2	1 041 755.3	735 336.6
采掘工业	8 598.0	3 917.5	9 022.1	9 091.9
原料工业	278 326.2	130 546.9	369 598.8	51 363.8
加工工业	1 635 227.4	439 696.8	663 134.4	674 880.9
按企业规模分				
大型工业	1 667 408.3	522 693.3	974 745.4	698 818.9
中型工业	302 580.7	59 492.2	55 871.5	97 726.2
小型工业	325 698.8	107 921.2	137 954.3	132 408.7
按工业行业大类分				
煤炭采选业				
石油和天然气开采业				
黑色金属矿采选业	280.7	780.0	－350.2	151.6
有色金属矿采选业	4 666.3	1 984.7	3 239.7	3 595.6
非金属矿采选业				
其他矿采选业				
木材及竹材采选业	3 651.0	1 152.8	6 132.6	5 344.7
食品加工业	28 817.7	11 761.1	5 269.3	21 010.2
食品制造业	30 202.3	1 336.9	1 835.3	12 726.7
饮料制造业	17 347.6	4 306.3	－7 016.0	2 822.5

7－15　续表7　　(2001年)　　单位:万元

分组	负债		所有者权益合计	
	流动负债小计	长期负债小计		实收资本
烟草加工业	793.6		2 485.2	1 514.7
纺织业	63 279.3	10 069.9	－18 759.0	9 972.6
服装及其他纤维制品制造业	36 452.4	754.4	－21 403.4	5 599.2
皮革、毛皮、羽绒及其他制品业	11 349.6	2 373.5	313.3	8 369.0
木材加工及竹、藤、棕、草制品业	3 864.7	653.0	6 003.8	799.9
家具制造业	320.2		16.4	16.4
造纸及纸制品业	14 710.3	12 545.1	2 654.5	5 904.8
印刷业、记录媒介的复制	78 682.1	24 859.3	93 011.2	56 918.8
文教体育用品制造业	46.0		702.6	200.0
石油加工及炼焦业	55 306.7	14 668.5	10 937.7	16 737.5
化学原料及化学制品制造业	53 428.1	47 167.3	22 708.0	29 441.4
医药制造业	27 976.2	1 932.3	13 955.5	10 037.9
化学纤维制造业				
橡胶制品业	19 981.4	5 080.2	－14 422.9	2 615.5
塑料制品业	8 685.2	20.1	－2 942.7	1 191.0
非金属矿物制品业	78 554.9	27 949.5	32 620.8	22 964.5
黑色金属冶炼及压延加工业				
有色金属冶炼及压延加工业	4 388.8	780.3	－794.5	2 291.2
金属制品业	4 794.1	64.1	2 343.4	1 552.9
普通机械制造业	160 046.0	22 532.0	28 201.2	42 822.4
专用设备制造业	185 615.0	30 216.2	－10 645.1	52 281.1
交通运输设备制造业	363 179.1	81 436.1	148 665.0	98 801.6
电气机械及器材制造业	393 684.3	69 723.9	260 093.0	210 699.3
电子及通信设备制造业	198 706.3	146 366.6	－3 047.8	71 765.7
仪器仪表及文化办公用机械制造业	169 968.3	24 835.9	104 985.1	104 181.1
其他制造业	567.0	481.0	683.4	645.7
电力、蒸汽、热水的生产和供应业	155 888.0	65 068.7	321 968.1	1 844.3
煤气生产和供应业	6 640.9	465.8	7 451.9	7 436.2
自来水的生产和供应业	17 842.9	40 002.1	58 050.6	44 204.2

7-15　续表8　　　　(2001年)　　　　单位:万元

分　　组	产品销售收入	产品销售成本	产品销售费用	产品销售税金及附加	产品销售利润
总　　计	**1 429 993.7**	**1 140 696.3**	**46 052.4**	**10 446.3**	**218 283.1**
#市　　区	1 323 909.1	1 056 683.3	43 410.9	10 105.4	199 193.9
按隶属关系分					
中央企业	595 139.1	467 144.9	7 812.8	5 985.0	99 680.8
省属企业	232 078.8	185 515.7	8 646.3	4 297.2	36 796.3
市属企业	602 775.8	488 035.7	29 593.3	3 340.8	81 806.0
市直属企业	522 180.2	420 619.0	26 814.9	2 853.5	71 892.8
区、县属企业	80 595.6	67 416.7	2 778.4	487.3	9 913.2
区属企业	50 141.8	42 130.9	971.4	295.5	6 744.0
县属企业	30 453.8	25 285.8	1 807.0	191.8	3 169.2
其中:区县直属	78 064.6	65 472.0	2 696.7	471.1	9 424.8
其他	2 531.0	1 944.7	81.7	16.2	488.4
在总计中:亏损企业	217 291.3	193 838.1	12 060.8	1 420.6	9 989.1
按轻重工业分					
轻工业	240 757.5	189 726.9	11 079.6	2 037.1	37 913.9
以农产品为原料	185 964.6	144 076.4	7 947.6	1 690.4	32 250.2
以非农产品为原料	54 792.9	45 650.5	3 132.0	346.7	5 663.7
重工业	1 189 236.2	950 969.4	34 972.8	8 409.2	180 369.2
采掘工业	2 817.1	1 986.6	34.1	16.5	779.9
原料工业	249 813.0	218 822.5	1 474.0	4 321.6	10 662.0
加工工业	936 606.1	730 160.3	33 464.7	4 071.1	168 927.3
按企业规模分					
大型工业	1 058 737.1	815 672.8	32 660.8	5 158.9	190 729.0
中型工业	221 429.4	196 710.5	6 744.3	3 925.6	14 049.0
小型工业	149 827.2	128 313.0	6 647.3	1 361.8	13 505.1
按工业行业大类分					
煤炭采选业					
石油和天然气开采业					
黑色金属矿采选业	418.0	338.4	11.4	11.7	56.5
有色金属矿采选业	2 266.1	1 517.5	22.7	2.5	723.4
非金属矿采选业					
其他矿采选业					
木材及竹材采选业	133.0	130.7		2.3	
食品加工业	9 920.3	8 864.6	582.7	118.1	354.9
食品制造业	12 507.8	8 744.3	1 589.1	92.6	2 081.8
饮料制造业	2 602.2	1 729.5	180.9	185.9	505.9

7－15　续表9　　(2001年)　　单位:万元

分　组	产品销售收入	产品销售成本	产品销售费用	产品销售税金及附加	产品销售利润
烟草加工业	1 422.6	829.4	8.9	15.4	568.9
纺织业	15 428.1	13 764.6	536.5	54.7	1 072.3
服装及其他纤维制品制造业	10 005.7	9 946.3	615.4	5.5	－561.5
皮革、毛皮、羽绒及其他制品业	6 777.0	7 204.5	652.9	31.3	－1 111.7
木材加工及竹、藤、棕、草制品业	528.4	479.7	17.3	3.2	28.2
家具制造业	977.4	880.0	75.0	5.8	16.6
造纸及纸制品业	11 738.8	9 497.2	408.6	51	1 782.0
印刷业、记录媒介的复制	113 005.5	81 734.8	2 733.9	1 115.6	27 421.2
文教体育用品制造业	294.9	94.3	3.2	3.7	193.7
石油加工及炼焦业	114 009.0	105 133.6	535.5	3 160.5	5 179.4
化学原料及化学制品制造业	42 483.8	35 863.5	673.2	203.0	5 744.1
医药制造业	20 513.3	14 959.6	2 747.4	126.0	2 680.3
化学纤维制造业					
橡胶制品业	1 874.7	1 799.5	103.8	0.3	－28.9
塑料制品业	42.0	36.4			5.6
非金属矿物制品业	29 886.3	25 101.6	1 442.9	352.3	2 989.5
黑色金属冶炼及压延加工业					
有色金属冶炼及压延加工业	447.6	406.2	2.0	3.0	36.4
金属制品业	2 232.3	1 772.3	151.1	3.9	305.0
普通机械制造业	89 252.8	67 930.3	3 812.7	736.7	16 773.1
专用设备制造业	26 304.0	22 359.0	1 219.6	168.2	2 557.2
交通运输设备制造业	307 575.2	245 405.3	3 883.8	858.8	57 444.6
电气机械及器材制造业	284 752.5	229 543.3	12 998.8	872.0	41 338.4
电子及通信设备制造业	79 920.1	55 677.2	3 103.7	347.9	20 791.3
仪器仪表及文化办公用机械制造业	71 890.0	50 616.0	6 638.9	556.8	14 078.3
其他制造业	299.1	185.7	9.2	6.5	97.7
电力、蒸汽、热水的生产和供应业	93 448.4	77 816.6		927.6	171.3
煤气生产和供应业	1 446.9	1 933.5	231.1	5.8	－723.5
自来水的生产和供应业	23 385.6	20 965.5	415.4	140.4	1 864.3

7-15　续表10　　(2001年)　　单位:万元

分组	管理费用	利润总额	亏损企业亏损总额	利税总额	本年应交增值税
总计	**198 181.9**	**-24 535.1**	**72 789.9**	**41 676.5**	**55 765.3**
#市区	178 057.9	-20 593.9	65 117.1	42 196.1	52 684.6
按隶属关系分					
中央企业	83 708.3	6 413.8	24 415.7	34 071.7	21 672.9
省属企业	33 170.6	-18 064.2	22 730.3	-11 224.4	5 719.3
市属企业	81 303.0	-12 884.7	25 643.9	18 829.2	28 373.1
市直属企业	75 527.1	-13 530.2	22 715.7	14 658.6	25 335.3
区、县属企业	5 775.9	645.5	2 928.2	4 170.6	3 037.8
区属企业	2 549.3	1 049.1	686.6	2 619.6	1 275.0
县属企业	3 226.6	-403.6	2 241.6	1 551.0	1 762.8
其中:区县直属	5 522.2	300.0	2 909.1	3 651.0	2 879.9
其他	253.7	345.5	19.1	519.6	157.9
在总计中:亏损企业	-72 789.9	-72 789.9	72 789.9	-63 521.2	7 848.1
按轻重工业分					
轻工业	37 011.4	-7 995.7	33 247.2	7 979.0	13 937.6
以农产品为原料	27 696.2	-5 292.2	29 187.3	5 928.2	9 530.0
以非农产品为原料	9 315.2	-2 703.5	4 059.9	2 050.8	4 407.6
重工业	161 170.5	-16 539.4	39 542.7	33 697.5	41 827.7
采掘工业	1 027.4	-400.4	402.6	-341.9	42.0
原料工业	12 644.4	-2 478.6	6 064.4	11 043.1	9 200.1
加工工业	147 498.7	-13 660.4	33 075.7	22 996.3	32 585.6
按企业规模分					
大型工业	148 028.0	4 137.8	36 131.6	49 746.3	40 449.6
中型工业	23 419.0	-10 571.5	13 863.0	3 712.9	10 358.8
小型工业	26 734.9	-18 101.4	22 795.3	-11 782.7	4 956.9
按工业行业大类分					
煤炭采选业					
石油和天然气开采业					
黑色金属矿采选业	88.0	-60.5	60.5	-7.0	41.8
有色金属矿采选业	717.5		2.2	2.0	-0.5
非金属矿采选业					
其他矿采选业					
木材及竹材采运业	221.9	-339.9	339.9	-336.9	0.7
食品加工业	2 429.1	-1 582.8	1 689.0	-1 429.4	35.3
食品制造业	2 825.0	-856.7	1 128.8	111.2	875.3
饮料制造业	682.0	-865.9	866.1	-491.9	188.1

7-15　续表11　(2001年)　单位:万元

分组	管理费用	利润总额	亏损企业亏损总额	利税总额	本年应交增值税
烟草加工业	283.6	339.8		501.2	146.0
纺织业	2 292.3	-3 653.5	3 653.5	-3 071.5	527.3
服装及其他纤维制品制造业	1 466.4	-2 658.8	2 658.8	-2 587.1	66.2
皮革、毛皮、羽绒及其他制品业	1 723.3	-8 949.9	8 949.9	-8 534.5	384.1
木材加工及竹、藤、棕、草制品业	641.8	16.3		51.2	31.7
家具制造业	29.1	-14.0	14.0	50.4	58.6
造纸及纸制品业	662.8	1 270.7	150.9	1 929.4	607.7
印刷业、记录媒介的复制	14 931.4	11 672.6	9 812.8	19 273.9	6 485.7
文教体育用品制造业	67.0	284.0		324.8	37.1
石油加工及炼焦业	3 403.6	557.6		8 054.6	4 336.5
化学原料及化学制品制造业	6 185.2	-2 058.9	2 123.8	256.8	2 112.7
医药制造业	2 299.9	649.5	472.7	2 093.2	1 317.7
化学纤维制造业					
橡胶制品业	739.7	-881.7	881.7	-878.8	2.6
塑料制品业	113.3	-431.9	431.9	-428.5	3.4
非金属矿物制品业	5 008.2	-2 299.1	2 435.8	-322.4	1 624.4
黑色金属冶炼及压延加工业					
有色金属冶炼及压延加工业	131.0	-216.5	216.5	-197.0	16.5
金属制品业	401.6	-181.8	208.4	-78.7	99.2
普通机械制造业	10 619.0	-52.0	2 820.0	5 639.2	4 954.5
专用设备制造业	9 577.2	-11 800.6	12 291.1	-10 439.6	1 192.8
交通运输设备制造业	50 485.5	2 625.7	5 499.1	11 632.9	8 148.4
电气机械及器材制造业	35 623.8	2 217.0	884.9	15 056.3	11 967.3
电子及通信设备制造业	16 209.1	-8 034.6	8 909.9	-5 288.4	2 398.3
仪器仪表及文化办公用机械制造业	10 486.9	2 766.4	804.2	6 114.1	2 790.9
其他制造业	89.1	4.5	9.2	29.0	18.0
电力、蒸汽、热水的生产和供应业	2 270.4	-838.9	3 770.6	2 664.6	2 575.9
煤气生产和供应业	932.7	-796.7	796.7	-665.9	125.0
自来水的生产和供应业	3 068.2	-907.0	907.0	1 859.1	2 625.7

7－16　全部规模以上独立核算集体工业企业经济指标

(2001年)　　单位:万元

分组	企业单位数(个)	亏损企业	工业总产值(当年价)	工业总产值(不变价)	工业增加值(生产法)	工业销售产值(当年价)
总计	**198**	**40**	**317 594.3**	**309 625.0**	**88 966.4**	**294 754.7**
#市区	164	31	288 201.9	285 405.2	80 755.6	267 746.1
按隶属关系分						
省属企业	1	1	1 986.9	1 458.1	396.7	1 977.0
市属企业	197	39	315 607.4	308 166.9	88 569.7	292 777.7
市直属企业	39	10	78 775.8	84 541.1	31 065.6	72 721.2
县、区属企业	158	29	236 831.6	223 625.8	57 504.1	220 056.5
区属企业	126	22	209 611.7	201 035.7	49 706.4	195 203.4
县属企业	32	7	27 219.9	22 590.1	7 797.7	24 853.1
县区属中:区县直属	6	1	4 879.2	4 488.5	1 411.5	5 035.5
街道企业						
镇办企业	2	1	1 508.5	1 085.8	428.5	1 464.3
乡办企业	15	2	13 372.1	10 035.0	3 762.2	11 573.1
居委会						
村委会	9	3	7 460.1	6 980.8	2 195.5	6 780.2
其他						
在总计中:亏损企业	40	40	32 073.3	34 564.0	8 053.6	29 334.0
在总计中:农村工业	108	18	152 919.8	142 567.9	36 387.2	141 722.5
在总计中:轻工业	95	14	153 885.3	148 185.0	41 654.3	140 853.0
以农产品为原料	71	10	121 885.7	116 816.7	34 304.7	111 528.6
以非农产品为原料	24	4	31 999.6	31 368.3	7 349.6	29 324.4
重工业	103	26	163 709.0	161 440.0	47 312.1	153 901.7
采掘工业	1		1 129.0	1 044.0	128.3	1 124.4
原料工业	23	9	20 381.3	16 364.1	5 417.8	18 600.3
加工工业	79	17	142 198.7	144 031.9	41 766.0	134 177.0
在总计中:大型工业						
中型工业	4	1	2 223.8	4 745.1	458.4	2 175.0
小型工业	194	39	315 370.5	304 879.9	88 508.0	292 579.7
按工业行业大类分						
煤炭采选业						
石油和天然气开采业						
黑色金属矿采选业						
有色金属矿采选业						
非金属矿采选业	1		1 129.0	1 044.0	128.3	1 124.4
其他矿采选业						
木材及竹材采选业						

7-16　续表1　　(2001年)　　单位:万元

分组	企业单位数(个)	亏损企业	工业总产值(当年价)	工业总产值(不变价)	工业增加值(生产法)	工业销售产值(当年价)
食品加工业	17	3	26 717.2	23 655.2	6 163.1	25 770.7
食品制造业	6	1	7 731.5	6 620.7	1 620.7	7 214.3
饮料制造业	1		1 240.0	1 040.6	288.4	1 023.8
烟草加工业						
纺织业	7	2	5 187.6	4 623.6	1 387.6	4 830.5
服装及其他纤维制品制造业	3	1	3 901.8	3 763.7	941.5	2 851.5
皮革、毛皮、羽绒及其他制品业						
木材加工及竹、藤、棕、草制品业						
家具制造业	4	1	2 821.8	2 917.5	563.7	3 075.3
造纸及纸制品业	22	1	39 950.9	38 253.8	8 919.0	36 637.3
印刷业、记录媒介的复制	5	1	15 985.0	18 401.0	8 196.7	14 014.2
文教体育用品制造业	1		830.0	811.0	120.0	813.4
石油加工及炼焦业	1		2 423.6	2 423.6	414.3	2 418.5
化学原料及化学制品制造业	10	4	8 619.9	8 312.0	2 407.4	7 739.5
医药制造业	9		22 611.1	21 545.5	7 710.9	20 104.5
化学纤维制造业	1		409.2	409.2	123.2	412.7
橡胶制品业	2		1 645.8	1 909.3	468.0	1 594.8
塑料制品业	5		5 876.9	5 910.1	1 321.4	5 467.1
非金属矿物制品业	22	7	21 459.7	18 810.8	6 218.5	19 858.5
黑色金属冶炼及压延加工业	3		1 098.0	1 069.8	251.0	1 061.6
有色金属冶炼及压延加工业	2	1	1 180.5	1 185.6	118.1	1 122.3
金属制品业	19	5	21 909.9	21 184.2	4 921.7	20 159.6
普通机械制造业	16	4	27 017.4	25 950.0	6 139.8	26 261.4
专用设备制造业	7	2	4 643.2	4 553.5	1 153.5	4 143.9
交通运输设备制造业	4		14 114.6	13 801.2	3 253.1	13 634.9
电气机械及器材制造业	22	5	66 019.1	68 291.5	23 334.9	60 917.3
电子及通信设备制造业	5		5 529.7	5 504.1	1 631.9	5 299.7
仪器仪表及文化办公用机械制造业	1		2 261.2	2 157.7	509.3	2 057.0
其他制造业	1	1	3 292.8	4 017.7	263.7	3 169.0
电力、蒸汽、热水的生产和供应业	1	1	1 986.9	1 458.1	396.7	1 977.0
煤气生产和供应业						
自来水的生产和供应业						

7－16　续表2　　　　(2001年)　　　　单位:万元

分　组	全部职工年平均人数(人)	资产合计	流动资产小计	流动资产年平均余额	固定资产小计
总　计	**31 045**	**298 441**	**172 755.7**	**159 696.3**	**96 472.6**
#市　区	25 642	257 901	152 656.6	141 956.0	79 643.2
按隶属关系分					
省属企业	620	3 223	1 110.0	838.5	1 033.0
市属企业	30 425	295 217	171 645.7	158 857.8	95 439.6
市直属企业	9 695	103 219	71 308.5	67 701.8	25 271.5
县、区属企业	20 730	191 997	100 337.2	91 156.0	70 168.1
区属企业	16 623	157 491	83 560.2	76 447.5	54 964.0
县属企业	4 107	34 506	16 777.0	14 708.5	15 204.1
县区属中:区县直属	787	6 471	3 404.3	3 190.8	2 407.1
街道企业					
镇办企业	98	2 487	1 272.7	1 237.4	1 198.1
乡办企业	1 905	16 753	7 308.8	5 967.1	8 683.4
居委会					
村委会	1 317	8 794	4 791.2	4 313.2	2 915.5
其他					
在总计中:亏损企业	5 724	70 570	39 375.8	37 308.5	21 239.2
在总计中:农村工业	14 633	125 727	58 481.2	51 968.6	52 426.4
在总计中:轻工业	15 667	134 226	67 007.4	62 310.7	54 630.9
以农产品为原料	12 800	113 025	54 798.9	50 931.3	46 441.7
以非农产品为原料	2 867	21 201	12 208.5	11 379.4	8 189.2
重工业	15 378	164 214	105 748.3	97 385.6	41 841.7
采掘工业	43	1 045	172.0	172.0	19.1
原料工业	3 585	26 036	12 449.0	10 711.6	10 685.0
加工工业	11 750	137 133	93 127.3	86 502.0	31 137.6
在总计中:大型工业					
中型工业	262	5 298	2 723.3	2 735.0	2 544.3
小型工业	30 783	293 143	170 032.4	156 961.3	93 928.3
按工业行业大类分					
煤炭采选业					
石油和天然气开采业					
黑色金属矿采选业					
有色金属矿采选业					
非金属矿采选业	43	1 045	172.0	172.0	155.5
其他矿采选业					
木材及竹材采选业					

7－16　续表3　(2001年)　单位:万元

分　组	全部职工年平均人数(人)	资产合计	流动资产小计	流动资产年平均余额	固定资产小计
食品加工业	3 283	26 187	10 116.9	9 861.6	12 457.6
食品制造业	385	5 391	2 651.3	2 298.3	2 445.7
饮料制造业	50	662	274.0	233.0	376.0
烟草加工业					
纺织业	646	2 489	1 005.0	952.6	1 178.5
服装及其他纤维制品制造业	492	3 790	3 067.2	3 009.9	589.6
皮革、毛皮、羽绒及其他制品业					
木材加工及竹、藤、棕、草制品业					
家具制造业	207	1 933	957.7	758.0	322.1
造纸及纸制品业	4 055	26 934	13 287.9	12 116.0	11 772.4
印刷业、记录媒介的复制	2 636	25 003	10 667.3	9 002.1	12 663.6
文教体育用品制造业	68	288	180.0	180.0	108.0
石油加工及炼焦业	27	646	605.8	605.8	41.1
化学原料及化学制品制造业	543	6 678	3 457.0	3 390.5	2 866.2
医药制造业	1 567	21 412	14 024.8	13 824.2	3 926.5
化学纤维制造业	52	2 143	903.6	903.6	1 239.4
橡胶制品业	140	1 322	1 058.1	987.4	264.6
塑料制品业	297	2 328	888.1	878.3	688.9
非金属矿物制品业	3 433	28 326	13 294.0	11 020.1	10 891.4
黑色金属冶炼及压延加工业	215	1 523	836.0	830.7	580.5
有色金属冶炼及压延加工业	181	810	324.5	325.0	458.4
金属制品业	2 225	17 713	11 345.1	9 103.1	5 720.5
普通机械制造业	2 955	31 025	20 139.6	18 441.5	6 741.0
专用设备制造业	747	7 559	5 206.0	5 404.8	1 689.0
交通运输设备制造业	1 283	4 263	1 857.9	1 707.1	1 981.5
电气机械及器材制造业	4 068	65 197	48 254.9	45 806.9	13 697.4
电子及通信设备制造业	546	6 730	5 404.5	5 367.1	577.6
仪器仪表及文化办公用机械制造业	17	354	129.8	129.8	224.4
其他制造业	264	3 455	1 536.7	1 548.4	1 918.6
电力、蒸汽、热水的生产和供应业	620	3 223	1 110.0	838.5	1 033.0
煤气生产和供应业					
自来水的生产和供应业					

7-16　续表4　　　　(2001年)　　　　单位:万元

分组	固定资产原价合计	累计折旧	本年折旧	固定资产净值年平均余额	负债合计
总计	**129 122.7**	**41 791.4**	**7 071.5**	**84 538.0**	**196 456.4**
#市区	103 717.8	32 247.3	5 717.4	68 449.0	167 486.0
按隶属关系分					
省属企业	1 229.3	196.3	124.2	1 030.0	1 398.9
市属企业	127 893.4	41 595.1	6 947.3	83 508.0	195 057.5
市直属企业	31 900.3	10 470.3	1 959.3	19 240.2	62 824.7
县、区属企业	95 993.1	31 124.8	4 988.0	64 267.8	132 232.8
区属企业	72 194.2	21 923.4	3 758.1	49 439.1	106 787.5
县属企业	23 798.9	9 201.4	1 229.9	14 828.7	25 445.3
县区属中:区县直属	3 422.6	1 104.8	109.3	2 522.2	3 512.1
街道企业					
镇办企业	1 430.9	282.2	29.2	1 141.3	2 054.9
乡办企业	13 852.3	5 538.6	824.8	8 223.3	12 876.2
居委会					
村委会	5 093.1	2 275.8	266.6	2 941.9	7 002.1
其他					
在总计中:亏损企业	30 281.5	10 971.3	1 152.3	19 194.2	60 625.2
在总计中:农村工业	72 138.0	23 297.3	3 943.2	48 434.8	86 189.8
在总计中:轻工业	71 135.6	21 307.0	3 998.1	47 924.9	78 244.0
以农产品为原料	58 226.8	16 274.7	3 049.8	40 022.7	65 411.9
以非农产品为原料	12 908.8	5 032.3	948.3	7 902.2	12 832.1
重工业	57 987.1	20 484.4	3 073.4	36 613.1	118 212.4
采掘工业	19.8	0.7	0.1	19.1	470.0
原料工业	15 109.7	5 196.9	883.3	9 827.5	19 559.9
加工工业	42 857.6	15 286.8	2 190.0	26 766.5	98 182.5
在总计中:大型工业					
中型工业	3 391.7	1 033.3	80.0	2 023.7	4 457.5
小型工业	125 731.0	40 758.1	6 991.5	82 514.3	191 998.9
按工业行业大类分					
煤炭采选业					
石油和天然气开采业					
黑色金属矿采选业					
有色金属矿采选业					
非金属矿采选业	19.8	0.7	0.1	19.1	470.0
其他矿采选业					
木材及竹材采选业					

7－16　续表5　　(2001年)　　单位:万元

分　组	固定资产原价合计	累计折旧	本年折旧	固定资产净值年平均余额	负债合计
食品加工业	16 057.9	3 725.6	777.6	12 118.8	17 471.0
食品制造业	3 554.9	1 254.0	233.9	2 337.3	3 643.9
饮料制造业	420.0	44.0	7.0	180.0	380.0
烟草加工业					
纺织业	1 877.6	808.3	74.6	1 343.5	1 427.1
服装及其他纤维制品制造业	1 063.2	473.6	63.3	589.6	2 185.5
皮革、毛皮、羽绒及其他制品业					
木材加工及竹、藤、棕、草制品业					
家具制造业	605.0	285.9	31.9	285.2	1 261.4
造纸及纸制品业	14 351.3	3 746.9	519.5	10 992.8	14 774.1
印刷业、记录媒介的复制	14 049.3	3 654.5	815.4	8 377.4	11 958.4
文教体育用品制造业	132.0	24.0	6.5	102.0	55.0
石油加工及炼焦业	150.1	109.0	16.5	41.1	521.5
化学原料及化学制品制造业	3 608.5	845.3	112.0	2 756.0	5 248.1
医药制造业	5 868.2	2 694.0	644.0	2 972.5	12 034.8
化学纤维制造业	1 272.7	33.3	33.3	1 239.4	1 910.6
橡胶制品业	411.9	147.3	56.9	264.0	763.1
塑料制品业	1 579.6	915.4	133.6	665.6	1 612.5
非金属矿物制品业	16 726.5	7 065.2	960.1	10 105.9	26 885.1
黑色金属冶炼及压延加工业	702.0	131.5	48.0	480.2	847.0
有色金属冶炼及压延加工业	839.2	381.0	64.6	457.6	665.0
金属制品业	8 395.2	2 945.7	630.9	3 762.3	10 923.0
普通机械制造业	8 936.4	3 506.9	463.1	5 842.3	20 973.7
专用设备制造业	2 510.6	1 026.0	174.3	1 680.9	5 640.9
交通运输设备制造业	2 416.6	462.6	39.1	1 980.4	1 738.1
电气机械及器材制造业	19 090.9	6 710.9	884.2	12 212.8	44 203.2
电子及通信设备制造业	899.8	322.2	61.4	551.3	5 042.3
仪器仪表及文化办公用机械制造业	244.4	90.1	49.5	224.4	60.0
其他制造业	2 109.8	191.2	46.0	1 925.6	2 362.2
电力、蒸汽、热水的生产和供应业	1 229.3	196.3	124.2	1 030.0	1 398.9
煤气生产和供应业					
自来水的生产和供应业					

7－16　续表6　(2001年)　单位:万元

分组	负债 流动负债小计	负债 长期负债小计	所有者权益合计	实收资本
总计	**158 829.6**	**31 289.5**	**101 984.9**	**68 887.6**
#市区	139 032.4	22 116.4	90 415.3	58 537.1
按隶属关系分				
省属企业	1 398.9		1 824.7	1 067.8
市属企业	157 430.7	31 289.5	1 973 051.6	67 819.8
市直属企业	57 405.1	5 419.6	40 395.2	27 714.1
县、区属企业	100 025.6	25 869.9	59 765.0	40 105.7
区属企业	83 488.3	16 962.0	50 703.6	31 506.5
县属企业	16 537.3	8 907.9	9 061.4	8 599.2
县区属中:区县直属	2 753.7	758.4	2 959.8	1 823.9
街道企业				
镇办企业	945.7	1 109.2	432.6	411.1
乡办企业	7 182.3	5 693.9	3 876.8	4 570.3
居委会				
村委会	5 655.6	1 346.4	1 792.2	1 793.9
其他				
在总计中:亏损企业	45 626.6	14 695.9	9 945.3	13 970.6
在总计中:农村工业	59 958.4	20 820.7	39 537.9	26 669.1
在总计中:轻工业	58 193.6	15 029.5	55 982.9	43 241.7
以农产品为原料	48 290.3	12 344.9	47 613.9	34 810.4
以非农产品为原料	9 903.3	2 684.6	8 369.0	8 431.3
重工业	100 636.0	16 260.0	46 002.0	25 645.9
采掘工业	450.0		575.0	10.0
原料工业	13 644.9	5 767.8	6 476.4	3 568.6
加工工业	86 541.1	10 492.2	38 950.6	22 067.3
在总计中:大型工业				
中型工业	1 565.4	2 892.1	840.7	1 001.0
小型工业	157 264.2	28 397.4	101 144.2	67 886.6
按工业行业大类分				
煤炭采选业				
石油和天然气开采业				
黑色金属矿采选业				
有色金属矿采选业				
非金属矿采选业	450.0		575.0	10.0
其他矿采选业				
木材及竹材采运业				

7-16　续表7　　(2001年)　　单位:万元

分组	负债 流动负债小计	负债 长期负债小计	所有者权益合计	实收资本
食品加工业	10 749.8	4 270.6	8 716.2	5 149.0
食品制造业	2 662.3	858.3	1 747.7	1 282.7
饮料制造业	380.0		282.0	169.6
烟草加工业				
纺织业	1 155.8	257.4	1 062.5	1 167.3
服装及其他纤维制品制造业	1 829.5	356.0	1 605.4	1 562.3
皮革、毛皮、羽绒及其他制品业				
木材加工及竹、藤、棕、草制品业				
家具制造业	1 259.8	1.6	672.2	566.7
造纸及纸制品业	10 755.8	1 829.4	12 160.0	6 786.7
印刷业、记录媒介的复制	7 918.8	4 039.6	13 044.9	12 999.0
文教体育用品制造业	55.0		233.0	168.0
石油加工及炼焦业	122.6	398.9	125.4	100.0
化学原料及化学制品制造业	3 373.9	1 693.6	1 430.5	1 053.9
医药制造业	11 301.2	733.6	9 377.6	5 966.1
化学纤维制造业	1 910.6		232.4	180.0
橡胶制品业	753.1	10.0	559.7	346.0
塑料制品业	1 047.1	565.4	716.2	375.5
非金属矿物制品业	18 466.0	8 200.7	1 441.6	3 634.7
黑色金属冶炼及压延加工业	536.5	274.0	676.0	328.0
有色金属冶炼及压延加工业	654.8	10.2	145.5	141.1
金属制品业	9 466.8	1 329.5	6 790.6	4 498.5
普通机械制造业	19 148.7	1 523.9	10 051.5	5 295.0
专用设备制造业	4 391.4	620.0	1 919.0	1 492.6
交通运输设备制造业	1 337.8	400.3	2 525.0	2 437.2
电气机械及器材制造业	41 742.5	2 412.9	20 994.6	9 941.2
电子及通信设备制造业	3 538.7	1 503.6	1 688.3	894.7
仪器仪表及文化办公用机械制造业	60.0		294.3	103.0
其他制造业	2 362.2		1 093.1	1 171.0
电力、蒸汽、热水的生产和供应业	1 398.9		1 824.7	1 067.8
煤气生产和供应业				
自来水的生产和供应业				

7-16 续表8 (2001年) 单位:万元

分 组	产品销售收入	产品销售成本	产品销售费用	产品销售税金及附加	产品销售利润
总 计	**277 106.1**	**225 499.0**	**16 608.5**	**2 787.4**	**32 211.2**
# 市 区	251 364.9	203 525.6	15 326.0	2 427.1	30 086.2
按隶属关系分					
省属企业	2 542.7	2 678.5		55.3	-191.1
市属企业	274 563.4	222 820.5	16 608.5	2 732.1	32 402.3
市直属企业	73 810.4	60 032.9	4 073.0	504.4	9 200.1
县、区属企业	200 753.0	162 787.6	12 535.5	2 227.7	23 202.2
区属企业	177 809.7	143 778.6	11 253.2	1 923.9	20 854.0
县属企业	22 943.3	19 009.0	1 282.3	303.8	2 348.2
县区属中:区县直属	2 672.7	2 100.9	109.9	15.1	446.8
街道企业					
镇办企业	1 188.2	1 026.0	50.5	3.8	107.9
乡办企业	11 169.8	8 947.2	781.2	213.1	1 228.3
居委会					
村委会	7 912.6	6 934.9	340.7	71.8	565.2
其他					
在总计中:亏损企业	26 484.4	23 868.4	1 416.3	160.9	1 038.8
在总计中:农村工业	131 082.9	108 767.1	6 845.9	1 693.4	13 776.5
在总计中:轻工业	125 256.0	96 638.0	11 360.0	1 536.9	15 721.1
以农产品为原料	97 292.9	73 273.6	9 581.4	1 178.7	13 259.2
以非农产品为原料	27 963.1	23 364.4	1 778.6	358.2	2 461.9
重工业	151 850.1	128 861.0	5 248.5	1 250.5	16 490.1
采掘工业	1 034.0	909.4		47.7	76.9
原料工业	18 768.0	16 371.1	759.1	207.2	1 430.6
加工工业	132 048.1	111 580.5	4 489.4	995.6	14 982.6
在总计中:大型工业					
中型工业	1 974.2	1 700.0	14.1	7.4	252.7
小型工业	275 131.9	223 799.0	16 594.4	2 780.0	31 958.5
按工业行业大类分					
煤炭采选业					
石油和天然气开采业					
黑色金属矿采选业					
有色金属矿采选业					
非金属矿采选业	1 034.0	909.4		47.7	76.9
其他矿采选业					
木材及竹材采选业					

7－16　续表9　　　　(2001年)　　　　单位:万元

分　组	产品销售收入	产品销售成本	产品销售费用	产品销售税金及附加	产品销售利润
食品加工业	22 422.1	19 727.5	869.7	156.0	1 668.9
食品制造业	6 708.6	5 425.9	543.4	64.6	674.7
饮料制造业	860.8	454.1	319.2	1.2	86.3
烟草加工业					
纺织业	3 026.5	2 785.0	110.8	25.1	105.6
服装及其他纤维制品制造业	2 489.6	2 008.1	384.7	16.6	80.2
皮革、毛皮、羽绒及其他制品业					
木材加工及竹、藤、棕、草制品业					
家具制造业	2 720.9	2 270.5	118.7	14	317.7
造纸及纸制品业	31 651.7	25 141.7	1 823.6	604.7	4 081.7
印刷业、记录媒介的复制	13 635.3	9 112.9	1 221.6	112.4	3 188.4
文教体育用品制造业	780.0	660.8	38.4	4.2	76.6
石油加工及炼焦业	2 418.5	2 278.9	25.0	4.9	109.7
化学原料及化学制品制造业	7 197.7	5 763.2	600.8	70.3	763.4
医药制造业	17 723.5	9 250.7	4 566.1	202.8	3 703.9
化学纤维制造业	364.0	338.0	12.6	1.1	12.3
橡胶制品业	1 783.7	1 302.5	3.6	13.2	464.4
塑料制品业	5 870.8	5 154.8	198.6	102.4	415.0
非金属矿物制品业	18 317.8	15 233.1	943.2	174.2	1 967.3
黑色金属冶炼及压延加工业	995.9	797.1	33.4	11.5	153.9
有色金属冶炼及压延加工业	1 524.6	1 513.2	82.6	9.2	－80.4
金属制品业	19 124.5	16 184.2	808.9	295.6	1 835.8
普通机械制造业	25 345.7	21 340.8	857.8	287.2	2 859.9
专用设备制造业	4 039.9	3 252.9	239.0	27.6	520.4
交通运输设备制造业	13 481.1	10 752.7	33.7	29.0	2 665.7
电气机械及器材制造业	60 833.4	52 367.7	2 129.9	392.2	5 943.6
电子及通信设备制造业	5 124.6	4 348.6	197.5	27.4	551.1
仪器仪表及文化办公用机械制造业	1 918.9	1 583.3	287.9	25.7	22.0
其他制造业	3 169.3	2 862.9	157.8	11.3	137.3
电力、蒸汽、热水的生产和供应业	2 542.7	2 678.5		55.3	－191.1
煤气生产和供应业					
自来水的生产和供应业					

7－16　续表10　　(2001年)　　单位：万元

分　组	管理费用	利润总额	亏损企业亏损总额	利税总额	本年应交增值税
总　计	**17 521.5**	**8 849.3**	**2 933.8**	**21 652.0**	**10 015.3**
#市　区	15 334.2	9 051.0	2 228.6	20 188.1	8 710.0
按隶属关系分					
省属企业	575.5	－51.9	51.9	217.3	213.9
市属企业	16 946.0	8 901.2	2 881.9	21 434.7	9 801.4
市直属企业	6 175.2	3 180.9	938.1	7 843.6	4 158.3
县、区属企业	10 770.8	5 720.3	1 943.8	13 591.1	5 643.1
区属企业	9 292.6	5 709.7	1 450.9	12 194.1	4 560.5
县属企业	1 478.2	10.6	492.9	1 397.0	1 082.6
县区属中：区县直属	445.0	－38.2	133.8	120.4	143.5
街道企业					
镇办企业	64.4	－2.3	3.4	88.1	86.6
乡办企业	615.6	179.0	35.8	904.5	512.4
居委会					
村委会	353.2	－127.9	319.9	284.0	340.1
其他					
在总计中：亏损企业	－2 933.8	－2 933.8	2 933.8	－1 758.0	1 014.9
在总计中：农村工业	4 305.5	3 864.5	1 181.2	8 420.4	2 862.5
在总计中：轻工业	7 073.3	5 818.0	871.4	12 080.9	4 726.0
以农产品为原料	5 570.0	5 110.7	522.3	10 133.7	3 844.3
以非农产品为原料	1 503.3	707.3	349.1	1 947.2	881.7
重工业	10 448.2	3 031.3	2 062.4	9 571.1	5 289.3
采掘工业	33.0	39.8		96.8	9.3
原料工业	1 655.7	－135.6	588.3	1 026.7	955.1
加工工业	8 759.5	3 127.1	1 474.1	8 447.6	4 324.9
在总计中：大型工业					
中型工业	307.0	－130.4	130.4	－48.4	74.6
小型工业	17 214.5	8 979.7	2 803.4	21 700.4	9 940.7
按工业行业大类分					
煤炭采选业					
石油和天然气开采业					
黑色金属矿采选业					
有色金属矿采选业					
非金属矿采选业	33.0	39.8		96.8	9.3
其他矿采选业					
木材及竹材采选业					

7-16　续表11　　　　(2001年)　　　　单位:万元

分　组	管理费用	利润总额	亏损企业亏损总额	利税总额	本年应交增值税
食品加工业	712.2	600.3	228.4	1 070.7	314.4
食品制造业	209.8	321.8	8.9	564.5	178.1
饮料制造业	22.0	4.2		21.0	15.6
烟草加工业					
纺织业	179.2	-101.3	112.5	-24.4	51.8
服装及其他纤维制品制造业	204.6	-4.8	26.1	128.4	116.6
皮革、毛皮、羽绒及其他制品业					
木材加工及竹、藤、棕、草制品业					
家具制造业	166.8	73.3	10.5	171.0	83.7
造纸及纸制品业	754.7	1 097.8	5.5	2 206.2	503.7
印刷业、记录媒介的复制	1 489.6	2 036.7	130.4	3 276.7	1 127.6
文教体育用品制造业	7.7	64.4		94.6	26.0
石油加工及炼焦业	79.3	18.5		79.9	56.5
化学原料及化学制品制造业	526.6	145.2	183.1	383.5	168.0
医药制造业	2 189.8	1 302.4		3 169.3	1 664.1
化学纤维制造业	13.5	12.3		13.8	0.4
橡胶制品业	392.0	69.0		196.9	114.7
塑料制品业	249.4	106.0		314.1	105.7
非金属矿物制品业	966.7	-519.3	1 090.2	393.2	738.3
黑色金属冶炼及压延加工业	27.6	37.3		83.5	34.7
有色金属冶炼及压延加工业	36.8	-138.6	170.5	-66.2	63.2
金属制品业	954.7	476.4	162.8	1 322.1	550.1
普通机械制造业	1 128.8	525.9	98.9	1 292.0	478.9
专用设备制造业	466.4	167.0	201.9	435.7	241.1
交通运输设备制造业	2 205.3	476.3		777.3	272.0
电气机械及器材制造业	3 282.0	2 119.1	289.0	5 148.9	2 637.6
电子及通信设备制造业	382.7	126.7		372.1	218.0
仪器仪表及文化办公用机械制造业	8.2	8.0		45.5	11.8
其他制造业	256.6	-163.2	163.2	-132.4	19.5
电力、蒸汽、热水的生产和供应业	575.5	-51.9	51.9	217.3	213.9
煤气生产和供应业					
自来水的生产和供应业					

7－17 全部规模以上独立核算三资工业企业经济指标

(2001年) 单位:万元

分 组	企业单位数(个)	亏损企业	工业总产值(当年价)	工业总产值(不变价)	工业增加值(生产法)	工业销售产值(当年价)
总 计	**93**	**40**	**879 251.5**	**812 074.9**	**327 583.3**	**862 002.5**
#市 区	86	35	847 335.2	780 973.5	314 942.2	830 999.9
按隶属关系分						
市属企业	78	33	541 920.6	553 087.6	167 636.6	528 635.0
按登记注册类型分组						
港、澳、台商投资企业	41	21	207 246.1	206 409.7	61 045.4	199 592.9
与港、澳、台商合资经营	33	16	154 778.5	148 666.1	42 694.4	147 716.8
与港、澳、台商合作经营						
港、澳、台商独资	7	4	50 650.8	55 926.8	17 589.8	50 059.3
港、澳、台商投资股份有限公司	1	1	1 816.8	1 816.8	761.2	1 816.8
外商投资企业	52	19	672 005.4	605 665.2	266 537.9	662 409.6
中外合资经营	47	16	657 735.0	590 586.7	263 591.2	647 894.3
中外合作经营	2	1	5 447.5	5 350.2	2 119.3	5 659.5
外资企业	2	1	8 146.6	9 052.0	713.6	8 146.6
外商投资股份有限公司	1	1	676.3	676.3	113.8	709.2
在总计中:亏损企业	40	40	107 840.5	106 091.0	26 573.6	107 684.9
在总计中:农村工业	4		24 353.5	13 833.5	3 546.8	22 705.7
按轻重工业分						
轻工业	55	26	598 902.8	517 349.3	233 118.8	587 138.0
以农产品为原料	33	16	220 323.2	202 487.4	63 521.2	217 950.1
以非农产品为原料	22	10	378 579.6	314 861.9	169 597.6	369 187.9
重工业	38	14	280 348.7	294 725.6	94 464.5	274 864.5
采掘工业						
原料工业	7	4	13 173.1	12 865.5	5 656.8	12 002.4
加工工业	31	10	267 175.6	281 860.1	88 807.7	262 862.1
按企业规模分						
大型工业	6	1	413 403.2	337 635.9	164 330.5	409 725.3
中型工业	11	5	72 334.0	67 931.4	24 040.9	72 220.1
小型工业	76	34	393 514.3	406 507.6	139 211.9	380 057.1
按工业行业大类分						
煤炭采选业						
石油和天然气开采业						
黑色金属矿采选业						
有色金属矿采选业						
非金属矿采选业						
其他矿采选业						

7－17　续表1　　(2001年)　　单位:万元

分　组	企业单位数(个)	亏损企业	工业总产值(当年价)	工业总产值(不变价)	工业增加值(生产法)	工业销售产值(当年价)
木材及竹材采选业						
食品加工业	1	1	36 313.1	26 906.7	9 293.4	36 313.1
食品制造业	5	1	65 435.6	57 180.7	17 941.1	63 961.5
饮料制造业	7	4	52 963.4	55 243.6	11 851.9	52 629.9
烟草加工业						
纺织业	3	2	3 609.3	4 070.1	419.1	3 779.4
服装及其他纤维制品制造业						
皮革、毛皮、羽绒及其他制品业	2	1	12 419.6	12 155.7	3 836.3	12 382.3
木材加工及竹、藤、棕、草制品业	2	2	1 086.5	1 086.5	237.5	1 119.4
家具制造业	3	1	4 496.3	4 507.5	877.4	4 398.9
造纸及纸制品业	2	2	2 046.8	1 903.2	846.5	2 041.8
印刷业、记录媒介的复制	4	1	5 561.2	6 716.4	2 082.3	5 688.2
文教体育用品制造业						
石油加工及炼焦业	2	2	1 321.6	1 453.0	475.3	1 166.2
化学原料及化学制品制造业	5	3	6 910.9	7 194.5	1 922.5	6 091.0
医药制造业	6	1	250 461.5	176 085.0	133 266.0	244 140.1
化学纤维制造业	1		27 254.4	27 254.4	11 244.9	26 425.3
橡胶制品业						
塑料制品业	5	2	6 887.3	7 143.8	2 166.8	6 841.8
非金属矿物制品业	4	2	7 433.0	9 310.4	2 721.7	6 983.2
黑色金属冶炼及压延加工业						
有色金属冶炼及压延加工业	1		4 701.6	4 701.6	3 197.1	4 701.6
金属制品业	7	3	15 417.2	18 505.0	5 893.7	17 812.4
普通机械制造业	3	1	45 337.1	45 418.1	20 207.2	40 992.7
专用设备制造业	6	1	66 093.6	71 818.6	20 787.9	67 714.3
交通运输设备制造业	4	2	18 445.7	20 440	5 128.7	18 201.5
电气机械及器材制造业	8	3	8 680.8	10 125.5	3 802.1	8 612.9
电子及通信设备制造业	5		155 771.9	163 749.8	45 823.5	155 450.9
仪器仪表及文化办公用机械制造业	3	2	3 285.9	3 285.9	1 448.5	3 645.9
其他制造业	3	2	76 340.3	75 507.3	21 866.3	69 931.3
电力、蒸汽、热水的生产和供应业	1	1	976.9	311.6	245.6	976.9
煤气生产和供应业						
自来水的生产和供应业						

7-17 续表2　　(2001年)　　单位:万元

分组	全部职工年平均人数(人)	资产合计	流动资产小计	流动资产年平均余额	固定资产小计
总计	**18 338**	**1 179 107.7**	**767 101.4**	**705 057.6**	**324 329.1**
#市区	16 731	1 132 376.7	742 885.6	683 845.9	304 734.7
按隶属关系分					
市属企业	13 589	893 006.7	545 011.8	494 427.3	271 176.5
按登记注册类型分组					
港、澳、台商投资企业	7 339	355 102.4	190 503.0	170 313.8	122 385.4
与港、澳、台商合资经营	4 721	281 745.4	160 727.6	141 952.1	85 926.0
与港、澳、台商合作经营					
港、澳、台商独资	2 110	69 522.7	26 591.9	25 738.9	35 958.7
港、澳、台商投资股份有限公司	508	3 834.3	3 183.5	2 622.8	500.7
外商投资企业	10 999	824 005.3	576 598.4	534 743.8	201 943.7
中外合资经营	10 486	805 050.5	570 361.1	528 588.3	191 012.2
中外合作经营	233	3 968.7	2 304.7	2 219.2	1 399.5
外资企业	252	8 401.9	649.1	805.4	6 806.5
外商投资股份有限公司	28	6 584.2	3 283.5	3 130.9	2 725.5
在总计中:亏损企业	5 663	217 061.3	109 638.5	100 191.3	93 252.6
在总计中:农村工业	915	29 050.9	13 781.4	12 181.9	9 032.5
按轻重工业分					
轻工业	10 964	739 995.1	457 845.8	416 135.1	225 060.6
以农产品为原料	6 975	345 379.8	177 301.8	150 990.3	147 198.7
以非农产品为原料	3 989	394 615.3	280 544.0	265 144.8	77 861.9
重工业	7 374	439 112.6	309 255.6	288 922.5	99 268.5
采掘工业					
原料工业	769	22 698.9	9 367.4	8 857.9	8 110.5
加工工业	6 605	416 413.7	299 888.2	280 064.6	91 158.0
按企业规模分					
大型工业	5 194	452 799.7	363 754.3	346 355.3	69 230.2
中型工业	2 610	105 262.6	60 958.8	56 529.2	41 102.4
小型工业	10 534	621 045.4	342 388.3	302 173.1	213 996.5
按工业行业大类分					
煤炭采选业					
石油和天然气开采业					
黑色金属矿采选业					
有色金属矿采选业					
非金属矿采选业					
其他矿采选业					

7－17　续表3　　(2001年)　　单位:万元

分　组	全部职工年平均人数(人)	资产合计	流动资产小计	流动资产年平均余额	固定资产小计
木材及竹材采选业					
食品加工业	254	16 987.5	11 364.5	7 248.6	4 511.5
食品制造业	1 895	67 887.8	30 297.4	30 123.7	31 140.4
饮料制造业	1 855	131 455.5	49 760.2	46 823.1	75 307.5
烟草加工业					
纺织业	326	6 131.5	3 750.3	3 743.0	2 149.9
服装及其他纤维制品制造业					
皮革、毛皮、羽绒及其他制品业	505	21 126.9	13 809.6	13 809.6	7 209.2
木材加工及竹、藤、棕、草制品业	48	6 601.5	3 288.9	3 136.3	2 732.7
家具制造业	399	13 634.9	6 834.0	5 073.8	2 278.7
造纸及纸制品业	523	4 115.0	3 367.5	2 806.8	581.8
印刷业、记录媒介的复制	327	9 180.2	5 925.4	3 914.7	2 944.0
文教体育用品制造业					
石油加工及炼焦业	55	2 510.1	1 511.2	1 511.2	693.5
化学原料及化学制品制造业	404	8 561.5	5 776.9	5 553.8	2 179.2
医药制造业	2 052	209 391.6	180 994.0	169 969.5	21 588.4
化学纤维制造业	178	28 463.0	15 249.6	11 790.9	12 956.8
橡胶制品业					
塑料制品业	235	17 940.8	8 379.6	5 849.4	7 897.8
非金属矿物制品业	357	20 838.4	9 294.4	8 360.4	10 112.3
黑色金属冶炼及压延加工业					
有色金属冶炼及压延加工业	293	13 662.0	4 029.0	3 834.2	5 020.6
金属制品业	896	35 934.1	20 747.4	16 852.7	12 829.8
普通机械制造业	395	38 218.5	26 635.8	26 098.5	10 119.6
专用设备制造业	2 146	59 535.7	42 233.8	41 939.5	14 527.1
交通运输设备制造业	523	42 540.0	20 323.4	18 271.5	18 852.8
电气机械及器材制造业	1 182	22 867.7	12 613.9	11 546.4	7 358.3
电子及通信设备制造业	1 902	244 246.1	195 099.6	179 195.3	35 025.6
仪器仪表及文化办公用机械制造业	702	21 500.9	16 411.6	16 347.4	4 461.1
其他制造业	760	133 461.4	78 620.4	70 604.6	30 318.4
电力、蒸汽、热水的生产和供应业	126	2 315.1	783.0	652.7	1 532.1
煤气生产和供应业					
自来水的生产和供应业					

7-17 续表4　　(2001年)　　单位:万元

分组	固定资产原价合计	累计折旧	折旧	固定资产净值年平均余额	负债合计
总计	**424 870.8**	**137 695.0**	**25 003.3**	**280 206.4**	**665 940.9**
#市区	389 218.4	121 553.2	22 442.3	260 911.1	650 040.8
按隶属关系分					
市属企业	321 414.1	84 605.6	19 759.5	230 426.3	503 258.2
按登记注册类型分组					
港、澳、台商投资企业	136 316.2	42 497.6	7 580.0	92 203.9	174 243.7
与港、澳、台商合资经营	87 021.9	29 579.3	4 186.9	55 564.9	132 684.0
与港、澳、台商合作经营					
港、澳、台商独资	48 688.2	12 729.5	3 333.5	36 147.7	38 200.4
港、澳、台商投资股份有限公司	606.1	188.8	59.6	491.3	3 359.3
外商投资企业	288 554.6	95 197.4	17 423.3	188 002.5	491 697.2
中外合资经营	274 951.3	92 525.3	16 422.4	177 324.3	482 615.1
中外合作经营	3 075.8	1 676.5	324.2	1 556.3	630.6
外资企业	7 685.6	879.1	608.6	6 824.5	4 043.9
外商投资股份有限公司	2 841.9	116.5	68.1	2 297.4	4 407.6
在总计中:亏损企业	127 139.4	34 080.2	9 124.7	90 797.0	154 685.7
在总计中:农村工业	9 985.8	2 144.2	599.6	8 611.4	13 820.0
按轻重工业分					
轻工业	294 011.6	100 219.2	17 127.5	190 036.0	397 660.2
以农产品为原料	207 112.7	63 159.4	13 937.6	142 636.8	208 778.0
以非农产品为原料	86 898.9	37 059.8	3 189.9	47 399.2	188 882.2
重工业	130 859.2	37 475.8	7 875.8	90 170.4	268 280.7
采掘工业					
原料工业	9 377.1	1 266.7	494.1	8 126.7	12 842.5
加工工业	121 482.1	36 209.1	7 381.7	82 043.7	255 438.2
按企业规模分					
大型工业	97 751.2	37 422.9	4 002.1	59 869.0	314 288.0
中型工业	72 268.5	31 593.8	5 004.3	40 239.5	44 789.4
小型工业	254 851.1	68 678.3	15 996.9	180 097.9	306 863.5
按工业行业大类分					
煤炭采选业					
石油和天然气开采业					
黑色金属矿采选业					
有色金属矿采选业					
非金属矿采选业					
其他矿采选业					

7－17 续表5 (2001年) 单位:万元

分 组	固定资产原价合计	累计折旧	本年折旧	固定资产净值年平均余额	负债合计
木材及竹材采选业					
食品加工业	9 367.5	4 856.0	697.5	4 500.0	13 235.0
食品制造业	42 475.1	12 564.8	3 659.2	31 545.2	39 331.2
饮料制造业	92 192.5	17 337.9	5 111.9	72 497.8	100 002.8
烟草加工业					
纺织业	4 321.1	2 171.2	218.3	2 200.5	8 105.8
服装及其他纤维制品制造业					
皮革、毛皮、羽绒及其他制品业	11 565.5	4 986.5	900.2	6 578.9	13 698.8
木材加工及竹、藤、棕、草制品业	2 850.1	117.5	68.2	2 304.6	4 485.2
家具制造业	4 227.8	1 965.6	239.1	1 962.0	3 426.3
造纸及纸制品业	708.2	209.8	80.6	572.4	3 569.5
印刷业、记录媒介的复制	5 165.3	3 015.9	404.8	2 130.9	5 333.6
文教体育用品制造业					
石油加工及炼焦业	1 086.8	393.4	247.3	693.4	2 227.3
化学原料及化学制品制造业	3 547.7	1 368.5	189.4	2 124.6	5 907.6
医药制造业	40 309.9	20 776.2	1 005.9	19 335.0	127 571.8
化学纤维制造业	26 808.7	13 851.9	2 118.9	12 956.5	3 496.9
橡胶制品业					
塑料制品业	9 491.2	1 938.4	342.4	7 647.6	10 165.6
非金属矿物制品业	14 131.6	4 361.9	566.2	9 957.4	14 266.7
黑色金属冶炼及压延加工业					
有色金属冶炼及压延加工业	5 020.6			5 020.6	6 420.9
金属制品业	20 540.3	7 718.7	667.5	12 828.6	15 904.7
普通机械制造业	12 701.8	2 942.6	1 024.2	9 713.9	10 236.2
专用设备制造业	30 415.3	15 888.5	2 388.4	14 471.8	16 860.6
交通运输设备制造业	22 473.8	3 622.1	1 944.3	17 590.4	24 384.0
电气机械及器材制造业	10 283.8	2 925.5	411.3	5 487.3	12 494.2
电子及通信设备制造业	37 601.6	7 730.9	1 814.3	27 984.6	170 719.7
仪器仪表及文化办公用机械制造业	8 425.7	3 991.7	588.4	4 008.8	9 521.7
其他制造业	7 080.3	2 413.0	161.7	4 488.2	43 526.5
电力、蒸汽、热水的生产和供应业	2 078.6	546.5	153.3	1 605.4	1 048.3
煤气生产和供应业					
自来水的生产和供应业					

7－17　续表6　(2001年)　单位:万元

分　组	负债 流动负债小计	负债 长期负债小计	所有者权益合计	实收资本
总　计	**588 385.0**	**62 843.7**	**513 166.8**	**332 100.8**
#市　区	574 630.8	60 697.8	482 335.9	317 872.8
按隶属关系分				
市属企业	432 087.8	56 458.2	389 748.5	255 113.2
按登记注册类型分组				
港、澳、台商投资企业	135 273.3	34 725.9	180 858.7	102 639.3
与港、澳、台商合资经营	111 911.6	17 899.9	149 061.4	76 589.3
与港、澳、台商合作经营				
港、澳、台商独资	20 002.4	16 826.0	31 322.3	25 652.0
港、澳、台商投资股份有限公司	3 359.3		475.0	398.0
外商投资企业	453 111.7	28 117.8	332 308.1	229 461.5
中外合资经营	447 029.6	25 117.8	322 435.4	219 794.2
中外合作经营	630.6		3 338.1	3 067.7
外资企业	4 043.9		4 358.0	4 499.6
外商投资股份有限公司	1 407.6	3 000.0	2 176.6	2 100.0
在总计中:亏损企业	133 152.6	19 807.1	62 375.6	88 865.8
在总计中:农村工业	13 310.0	510.0	15 230.9	9 797.0
按轻重工业分				
轻工业	356 661.3	38 745.4	342 334.9	223 975.1
以农产品为原料	174 573.4	34 203.6	136 601.8	141 429.8
以非农产品为原料	182 087.9	4 541.8	205 733.1	82 545.3
重工业	231 723.7	24 098.3	170 831.9	108 125.7
采掘工业				
原料工业	5 841.7	579.9	9 856.4	4 077.2
加工工业	225 882.0	23 518.4	160 975.5	104 048.5
按企业规模分				
大型工业	288 128.6	23 733.1	138 511.7	87 622.0
中型工业	41 588.9	3 200.5	60 473.2	50 248.3
小型工业	258 667.5	35 910.1	314 181.9	194 230.5
按工业行业大类分				
煤炭采选业				
石油和天然气开采业				
黑色金属矿采选业				
有色金属矿采选业				
非金属矿采选业				
其他矿采选业				

7－17　续表7　(2001年)　单位:万元

分组	负债		所有者权益合计	
	流动负债小计	长期负债小计		实收资本
木材及竹材采选业				
食品加工业	13 235.0		3 752.5	9 135.0
食品制造业	23 831.2	15 500.0	28 556.6	24 168.4
饮料制造业	96 517.8	3 485.0	31 452.7	54 951.0
烟草加工业				
纺织业	8 105.8		－1 974.3	2 998.1
服装及其他纤维制品制造业				
皮革、毛皮、羽绒及其他制品业	3 464.7	10 233.1	7 428.1	6 276.8
木材加工及竹、藤、棕、草制品业	1 485.2	3 000.0	2 116.3	2 221.0
家具制造业	3 426.3		10 208.6	5 139.4
造纸及纸制品业	3 569.5		545.5	448.0
印刷业、记录媒介的复制	4 548.6	785.0	3 846.6	3 452.1
文教体育用品制造业				
石油加工及炼焦业	1 977.3	250.0	282.8	1 995.2
化学原料及化学制品制造业	5 897.5	10.0	2 653.9	2 739.6
医药制造业	125 089.5	2 482.2	81 819.8	47 541.7
化学纤维制造业	3 496.9		24 966.1	8 800.0
橡胶制品业				
塑料制品业	5 572.0	2 341.3	7 775.2	5 489.5
非金属矿物制品业	11 369.5	2 286.5	6 571.7	8 279.5
黑色金属冶炼及压延加工业				
有色金属冶炼及压延加工业			7 241.1	
金属制品业	9 902.9	3 000.0	20 029.4	18 039.9
普通机械制造业	10 146.2	90.0	27 982.3	3 256.9
专用设备制造业	16 800.5	60.1	42 675.1	24 038.8
交通运输设备制造业	20 220.8	4 163.2	18 156.0	13 029.1
电气机械及器材制造业	10 589.6	1 904.6	10 373.5	8 726.6
电子及通信设备制造业	157 561.6	10 732.8	73 526.4	48 377.8
仪器仪表及文化办公用机械制造业	7 521.7	2 000.0	11 979.2	13 807.2
其他制造业	43 326.5	200.0	89 934.9	17 889.2
电力、蒸汽、热水的生产和供应业	728.4	319.9	1 266.8	1 300.0
煤气生产和供应业				
自来水的生产和供应业				

7－17　续表 8　　(2001 年)　　单位：万元

分　组	产品销售收入	产品销售成本	产品销售费用	产品销售税金及附加	产品销售利润
总　计	**811 276.4**	**536 193.1**	**116 376.4**	**2 050.2**	**156 656.7**
＃市　区	776 197.6	509 883.8	115 126.0	2 044.9	149 142.9
按隶属关系分					
市属企业	480 723.1	357 379.8	46 446.9	1 977.0	74 919.4
按登记注册类型分组					
港、澳、台商投资企业	170 463.5	126 311.4	18 255.1	899.8	24 997.2
与港、澳、台商合资经营	111 753.8	84 148.1	8 717.7	722.0	18 166.0
与港、澳、台商合作经营					
港、澳、台商独资	52 835.4	37 471.9	8 544.1	174.7	6 644.7
港、澳、台商投资股份有限公司	5 874.3	4 691.4	993.3	3.1	186.5
外商投资企业	640 812.9	409 881.7	98 121.3	1 150.4	131 659.5
中外合资经营	626 313.3	396 735.3	97 910.6	1 150.4	130 517.0
中外合作经营	5 643.9	4 416.7	174.7		1 052.5
外资企业	8 146.5	8 096.9	0.5		49.1
外商投资股份有限公司	709.2	632.8	35.5		40.9
在总计中：亏损企业	103 268.6	91 431.8	10 935.7	203.1	698.0
在总计中：农村工业	20 438.2	15 400.8	3 483.0	2.6	1 551.8
按轻重工业分					
轻工业	548 869.6	345 176.5	94 118.5	916.5	108 658.1
以农产品为原料	222 590.0	174 280.4	27 681.7	186.5	20 441.4
以非农产品为原料	326 279.6	170 896.1	66 436.8	730.0	88 216.7
重工业	262 406.8	191 016.6	22 257.9	1 133.7	47 998.6
采掘工业					
原料工业	9 043.7	7 586.4	407.2	7.4	1 042.7
加工工业	253 363.1	183 430.2	21 850.7	1 126.3	46 955.9
按企业规模分					
大型工业	383 851.7	214 326.6	80 700.7	838.2	87 986.2
中型工业	80 176.9	58 172.7	9 980.1	73.2	11 950.9
小型工业	347 247.8	263 693.8	25 695.6	1 138.8	56 719.6
按工业行业大类分					
煤炭采选业					
石油和天然气开采业					
黑色金属矿采选业					
有色金属矿采选业					
非金属矿采选业					
其他矿采选业					

7－17 续表9 (2001年) 单位:万元

分 组	产品销售收入	产品销售成本	产品销售费用	产品销售税金及附加	产品销售利润
木材及竹材采选业					
食品加工业	36 313.1	33 436.5	1 998.5		878.1
食品制造业	62 588.7	44 421.7	11 318.2		6 848.8
饮料制造业	58 143.8	48 327.0	9 520.0		296.8
烟草加工业					
纺织业	2 118.9	2 008.6	108.1		2.2
服装及其他纤维制品制造业					
皮革、毛皮、羽绒及其他制品业	12 562.0	11 097.3	90.2	158.8	1 215.7
木材加工及竹、藤、棕、草制品业	1 119.4	987.9	99.8		31.7
家具制造业	3 383.1	2 194.9	572.5	22.4	593.3
造纸及纸制品业	6 094.3	4 874.4	1 015.8	5.3	198.8
印刷业、记录媒介的复制	5 220.3	4 628.9	115.0		476.4
文教体育用品制造业					
石油加工及炼焦业	1 119.0	1 030.6	121.6	0.6	－33.8
化学原料及化学制品制造业	5 982.4	5 037.8	332.0	6.8	605.8
医药制造业	236 116.9	98 183.9	66 720.2		71 212.8
化学纤维制造业	26 425.3	19 538.3	68.0		6 819.0
橡胶制品业					
塑料制品业	6 224.4	5 331.3	244.4	15.3	633.4
非金属矿物制品业	6 487.9	4 475.1	166.8	0.6	1 845.4
黑色金属冶炼及压延加工业					
有色金属冶炼及压延加工业	1 961.4	1 456.7	33.2		471.5
金属制品业	14 565.5	11 496.2	905.1	11.8	2 152.4
普通机械制造业	37 925.2	28 657.4	1 815.0		7 452.8
专用设备制造业	60 964.1	44 969.1	1 556.8		14 438.2
交通运输设备制造业	20 259.9	13 920.1	938.1		5 401.7
电气机械及器材制造业	8 916.9	6 695.5	653.3	208.1	1 360.0
电子及通信设备制造业	142 924.1	105 303.1	15 548.3	881.1	21 191.6
仪器仪表及文化办公用机械制造业	11 844.7	8 730.8	2 184.5	73.2	856.2
其他制造业	41 115.0	28 608.7	245.6	666.2	11 594.5
电力、蒸汽、热水的生产和供应业	900.1	781.3	5.4		113.4
煤气生产和供应业					
自来水的生产和供应业					

7－17　续表10　(2001年)　单位:万元

分组	管理费用	利润总额	亏损企业亏损总额	利税总额	本年应交增值税
总计	**49 697.8**	**92 094.1**	**11 000.1**	**141 407.2**	**47 262.9**
#市区	48 288.3	86 205.4	10 765.1	133 555.8	45 305.5
按隶属关系分					
市属企业	27 503.2	35 850.4	9 757.8	56 631.6	18 804.2
按登记注册类型分组					
港、澳、台商投资企业	7 796.0	13 022.6	3 488.0	21 762.3	7 839.9
与港、澳、台商合资经营	5 807.3	9 998.6	2 934.5	15 541.1	4 820.5
与港、澳、台商合作经营					
港、澳、台商独资	1 790.2	3 106.7	470.8	6 048.3	2 766.9
港、澳、台商投资股份有限公司	198.5	－82.7	82.7	172.9	252.5
外商投资企业	41 901.8	79 071.5	7 512.1	119 644.9	39 423
中外合资经营	41 222.4	78 881.2	7 073.2	119 038.8	39 007.2
中外合作经营	403.1	455.2	83.4	714.5	259.3
外资企业	171.9	－124.6	215.2	27.4	152.0
外商投资股份有限公司	104.4	－140.3	140.3	－135.8	4.5
在总计中:亏损企业	8 400.9	－11 000.1	11 000.1	－8 899.9	1 897.1
在总计中:农村工业	916.8	419.0		1 139.2	717.6
按轻重工业分					
轻工业	31 140.1	71 482.6	9 015.6	108 858.7	36 459.6
以农产品为原料	11 583.9	5 619.6	7 948.2	15 087.4	9 281.3
以非农产品为原料	19 556.2	65 863.0	1 067.4	93 771.3	27 178.3
重工业	18 557.7	20 611.5	1 984.5	32 548.5	10 803.3
采掘工业					
原料工业	538.2	－57.4	424.9	170.1	220.1
加工工业	18 019.5	20 668.9	1 559.6	32 378.4	10 583.2
按企业规模分					
大型工业	24 802.2	54 397.5	137.0	84 922.1	29 686.4
中型工业	5 760.9	6 137.3	2 155.7	10 998.5	4 788.0
小型工业	19 134.7	31 559.3	8 707.4	45 486.6	12 788.5
按工业行业大类分					
煤炭采选业					
石油和天然气开采业					
黑色金属矿采选业					
有色金属矿采选业					
非金属矿采选业					
其他矿采选业					

7-17 续表11 (2001年) 单位:万元

分 组	管理费用	利润总额	亏损企业亏损总额	利税总额	本年应交增值税
木材及竹材采选业					
食品加工业	858.2	-420.3	420.3	-205.3	215.0
食品制造业	2 435.8	3 456.3	210.1	6 988.0	3 531.7
饮料制造业	4 001.4	-4 511.6	6 290.8	-2 435.4	2 076.2
烟草加工业					
纺织业	547.6	-403.3	493.9	-309.5	93.8
服装及其他纤维制品制造业					
皮革、毛皮、羽绒及其他制品业	586.9	213.2	14.8	260.0	-112.0
木材加工及竹、藤、棕、草制品业	127.5	-149.5	149.5	-123.9	25.6
家具制造业	373.7	123.7	83.1	363.1	217.0
造纸及纸制品业	219.9	-103.8	103.8	157.0	255.5
印刷业、记录媒介的复制	144.2	237.9	161.2	503.1	265.2
文教体育用品制造业					
石油加工及炼焦业	121.7	-420.6	420.6	-400.8	19.2
化学原料及化学制品制造业	394.2	-50.6	92.4	67.0	110.8
医药制造业	17 538.9	50 166.1	203.6	75 577.7	25 411.6
化学纤维制造业	810.5	6 076.3		7 636.8	1 560.5
橡胶制品业					
塑料制品业	323.5	-173.8	218.0	-78.0	80.5
非金属矿物制品业	521.6	1 387.3	55.5	1 661.6	273.7
黑色金属冶炼及压延加工业					
有色金属冶炼及压延加工业	73.6	325.7		325.7	
金属制品业	1 258.6	553.2	281.7	1 229.0	664.0
普通机械制造业	693.6	6 101.4	16.0	8 025.3	1 923.9
专用设备制造业	5 059.4	9 073.7	75.6	10 968.1	1 894.4
交通运输设备制造业	3 324.0	1 290.9	883.0	1 966.1	675.2
电气机械及器材制造业	845.0	814.0	223.8	1 534.8	512.7
电子及通信设备制造业	7 744.8	8 353.2		14 271.7	5 037.4
仪器仪表及文化办公用机械制造业	1 133.1	-325.8	448.4	260.6	513.2
其他制造业	474.7	10 481.3	153.2	13 046.8	1 899.3
电力、蒸汽、热水的生产和供应业	85.4	-0.8	0.8	117.7	118.5
煤气生产和供应业					
自来水的生产和供应业					

7－18　分区县全部规模以上独立核算工业企业经济指标

(2001年)　　　　单位:万元

分组	企业单位数(个)	亏损企业	工业总产值(当年价)	工业总产值(不变价)	工业增加值(生产法)	工业销售产值(当年价)
新城区	78	30	898 666.3	825 566.2	326 887.7	873 295.2
区属	23	5	111 725.4	110 277.5	28 374.2	104 189.7
碑林区	62	24	231 485.7	225 026.0	95 389.8	222 201.4
区属	9		15 542.5	15 366.2	5 068.5	14 534.9
莲湖区	100	42	937 803.9	1 028 197.2	286 643.3	897 347.0
区属	13	3	23 261.0	20 160.5	7 075.8	21 733.9
灞桥区	57	24	205 590.7	193 664.8	63 540.4	187 203.8
区属	26	6	33 175.9	31 226.4	8 277.9	24 011.3
未央区	136	30	736 262.3	587 319.5	180 186.1	706 912.1
区属	80	9	197 173.9	188 703.1	43 457.8	184 072.2
雁塔区	157	49	1 025 800.5	1 337 501.2	346 312.4	1 003 564.6
区属	44	23	59 501.5	61 752.8	19 972.2	54 808.6
阎良区	14	4	362 169.6	369 102.4	74 301.3	366 656.7
区属	13	4	12 021.5	10 255.6	2 067.4	10 701.9
临潼区	22	8	93 610.6	83 659.2	27 146.9	85 818.2
区属	13	3	42 378.4	29 892.7	8 805.7	39 666.8
长安县	38	14	84 194.1	83 928.4	24 131.5	78 778.9
县属	34	14	29 474.4	27 126.7	6 871.9	25 685.1
蓝田县	31	13	47 638.1	42 370.9	13 182.3	45 511.3
县属	27	12	17 403.9	12 423.3	4 940.6	15 460.5
周至县	16	9	17 349.5	15 594.4	4 734.5	17 277.0
县属	14	8	16 935.0	15 327.8	4 589.0	16 859.2
户县	45	19	152 722.9	135 121.5	41 680.9	151 477.9
县属	36	14	68 788.9	71 203.9	20 359.7	66 794.5
高陵县	29	13	32 810.5	31 718.0	6 414.4	32 032.5
县属	29	13	32 810.5	31 718.0	6 414.4	32 032.5

7-18　续表1　　(2001年)　　单位:万元

分组	全部职工年平均人数(人)	资产合计	流动资产小计	流动资产年平均余额	固定资产小计
新城区	68 677	2 215 811.6	984 781.7	944 024.6	1 098 877.2
区属	2 658	153 117.3	90 937.3	82 145.7	36 059.0
碑林区	19 118	658 423.4	275 345.3	275 187.7	204 989.8
区属	1 326	16 126.0	10 630.3	10 432.0	3 252.4
莲湖区	83 053	2 075 297.6	981 125.1	978 237.9	772 279.0
区属	2 585	28 574.7	13 218.5	12 871.2	9 430.3
灞桥区	43 399	508 322.1	207 351.1	200 646.7	267 194.8
区属	3 337	26 313.3	14 126.2	12 856.2	8 920.5
未央区	54 852	1 245 383.3	540 286.8	502 971.5	505 342.7
区属	11 700	210 441.4	102 713.8	94 703.7	64 138.9
雁塔区	56 506	2 118 929.5	1 228 936.9	1 153 642.5	609 488.2
区属	5 282	142 633.7	57 694.4	52 828.9	50 556.1
阎良区	20 501	922 845.1	668 688.7	623 808.7	160 021.7
区属	863	9 297.6	4 324.6	4 094.2	4 450.4
临潼区	11 211	177 819.0	109 703.6	102 297.5	58 487.0
区属	4 871	45 458.7	23 346.2	22 919.7	20 042.6
长安县	9 124	184 350.3	88 744.6	83 804.9	80 553.7
县属	4 833	40 484.2	15 401.0	13 959.2	22 135.0
蓝田县	5 631	74 805.5	34 017.2	30 726.4	36 740.3
县属	2 770	35 342.5	12 414.7	10 860.7	19 521.0
周至县	3 187	33 094.2	11 555.2	11 971.1	14 662.8
县属	3 082	31 036.4	10 806.9	11 228.7	13 452.6
户县	23 549	270 508.0	114 228.1	113 822.5	136 447.7
县属	10 588	104 439.2	48 854.8	47 658.6	53 606.7
高陵县	2 386	58 052.5	25 869.3	25 650.8	25 490.2
县属	2 386	58 052.5	25 869.3	25 650.8	25 490.2

7－18　续表2　　(2001年)　　单位:万元

分组	固定资产原价合计	累计折旧	本年折旧	固定资产净值年平均余额	负债合计
新城区	1 228 640.3	318 821.8	39 764.0	812 095.7	1 306 444.1
区属	14 547.4	4 463.3	440.1	10 203.2	55 755.2
碑林区	235 929.1	54 770.2	8 208.7	159 306.9	377 581.6
区属	3 724.9	1 014.3	217.2	2 483.2	11 840.9
莲湖区	1 064 624.1	425 431.9	40 769.0	627 459.1	1 301 708.2
区属	11 727.8	3 380.9	723.6	8 186.0	17 030.5
灞桥区	368 826.5	133 162.2	17 231.7	242 723.6	302 579.5
区属	12 832.3	4 228.0	780.2	8 042.5	15 189.6
未央区	652 379.2	222 903.9	30 071.6	465 566.6	863 422.3
区属	71 221.0	21 687.3	4 853.9	50 240.4	115 320.5
雁塔区	762 825.5	245 111.0	28 299.6	460 154.7	1 272 654.4
区属	58 500.3	10 739.0	2 259.2	47 380.6	103 695.1
阎良区	233 900.5	108 235.3	15 960.8	126 579.0	602 519.7
区属	5 534.7	1 410.3	393.9	3 949.4	7 061.8
临潼区	82 510.5	32 680.8	2 882.0	51 248.6	135 077.7
区属	23 742.2	5 242.9	919.7	19 566.5	30 807.5
长安县	79 355.6	27 589.1	4 727.9	44 502.1	136 143.8
县属	28 184.9	6 859.8	1 893.6	20 998.0	29 699.1
蓝田县	53 548.3	20 818.2	2 202.7	32 351.2	47 206.3
县属	25 062.9	6 069.6	633.4	18 919.7	28 784.4
周至县	21 587.9	6 925.2	1 233.8	14 808.5	23 435.3
县属	20 270.0	6 817.5	1 126.1	13 617.1	21 027.3
户县	199 631.3	74 635.7	7 254.3	128 283.3	175 389.1
县属	63 741.4	15 709.9	2 411.2	49 852.8	83 467.0
高陵县	28 809.8	4 845.8	1 426.7	23 156.2	34 649.4
县属	28 809.8	4 845.8	1 426.7	23 156.2	34 649.4

7－18 续表3 (2001年) 单位:万元

分组	负债		所有者权益合计	
	流动负债小计	长期负债小计		实收资本
新城区	1 006 825.3	298 738.3	909 367.5	369 082.7
区属	54 776.7	978.4	97 362.1	22 437.0
碑林区	287 826.4	71 028.0	280 841.8	148 030.1
区属	9 824.9	2 012.0	4 285.1	2 639.0
莲湖区	1 024 495.4	277 127.2	772 431.7	678 049.5
区属	13 092.9	3 937.5	11 544.2	7 881.8
灞桥区	253 696.1	47 781.6	205 742.6	85 583.8
区属	11 403.2	3 752.4	11 123.7	8 534.4
未央区	618 021.5	220 794.4	381 961.0	403 174.6
区属	82 236.4	8 625.0	95 120.9	57 012.1
雁塔区	863 339.1	200 060.5	846 275.1	497 000.8
区属	72 381.6	31 308.5	38 938.6	33 798.2
阎良区	498 953.5	102 743.6	203 202.0	203 395.1
区属	5 423.3	815.9	2 235.8	1 712.2
临潼区	120 056.2	14 534.1	42 741.3	33 052.1
区属	29 325.5	1 263.0	14 651.2	9 187.2
长安县	106 281.6	26 220.4	48 162.6	25 370.1
县属	17 693.3	8 364.0	10 785.1	12 798.7
蓝田县	36 084.4	11 121.9	27 599.2	19 094.1
县属	19 281.0	9 503.4	6 558.1	6 745.9
周至县	14 415.9	7 672.1	9 658.9	9 781.0
县属	14 135.2	6 892.1	10 009.1	9 629.4
户县	142 611.9	32 112.5	95 118.9	55 060.3
县属	67 827.2	15 639.7	20 972.2	21 517.8
高陵县	24 559.3	10 090.1	23 403.1	22 392.5
县属	24 559.3	10 090.1	23 403.1	22 392.5

7－18　续表4　　　　(2001年)　　　　单位:万元

分　组	产品销售收入	产品销售成本	产品销售费用	产品销售税金及附加	产品销售利润
新城区	854 430.8	597 018.3	78 066.1	3 947.3	160 736.6
区属	74 685.1	57 066.6	861.3	853.5	15 903.7
碑林区	224 236.2	159 233.0	22 721.0	2 251.0	40 031.2
区属	13 706.5	7 532.3	2 853.5	127.4	3 193.3
莲湖区	894 224.5	685 181.9	48 001.6	4 690.4	156 367.9
区属	19 640.1	16 862.1	603.6	91.3	2 083.1
灞桥区	172 487.6	152 811.7	5 176	1 056.6	13 443.3
区属	23 887.6	21 089.2	472.5	254.2	2 071.7
未央区	687 883.2	545 932.4	37 530.8	12 024.5	92 395.5
区属	168 124.4	129 782.8	9 345.0	2 156.7	26 839.9
雁塔区	983 981.6	754 070.3	60 906.8	5 494.0	163 510.5
区属	52 450.5	41 868.0	3 284.5	529.1	6 768.9
阎良区	323 890.5	258 469.4	10 952.0	316.0	54 153.1
区属	10 190.9	8 849.6	244.8	137.2	959.3
临潼区	88 335.7	67 114.1	7 172.7	549.9	13 499.0
区属	39 389.5	31 312.1	3 818.7	68.4	4 190.3
长安县	70 631.1	55 333.7	1 299.4	578.0	13 420.0
县属	26 574.2	23 659.2	907.4	493.4	1 514.2
蓝田县	34 206.1	24 401.1	978.3	209.1	8 617.6
县属	13 486.3	11 297.6	687.4	198.3	1 303.0
周至县	13 727.3	11 343.6	491.8	81.3	1 810.6
县属	13 309.3	11 005.2	480.4	69.6	1 754.1
户　县	137 621.1	118 762.9	5 565.1	412.7	12 880.4
县属	60 573.2	50 444.8	4 058.8	271.3	5 798.3
高陵县	30 516.9	23 675.7	2 452.2	44.4	4 344.6
县属	30 516.9	23 675.7	2 452.2	44.4	4 344.6

7－18　续表5　　　　(2001年)　　　　单位:万元

分组	管理费用	利润总额	亏损企业亏损总额	利税总额	本年应交增值税
新城区	88 307.4	52 415.9	20 220.4	96 744.0	40 380.8
区属	3 380.8	11 691.6	245.9	15 336.4	2 791.3
碑林区	26 113.6	14 330.8	14 748.6	30 332.9	13 751.1
区属	2 090.5	948.3		2 276.1	1 200.4
莲湖区	114 912.2	26 824.8	31 548.4	78 444.2	46 929.0
区属	1 862.0	394.1	336.8	1 355.0	869.6
灞桥区	22 036.8	－6 025.3	12 883.7	3 897.0	8 865.7
区属	1 092.1	543.1	207.1	1 321.6	524.3
未央区	53 492.3	13 569.0	16 632.1	50 595.5	25 002.0
区属	5 250.7	8 297.3	104.9	13 882.7	3 428.7
雁塔区	83 837.0	64 633.9	15 914.5	114 233.8	44 105.9
区属	4 940.2	850.5	2 493.0	3 387.5	2 007.9
阎良区	36 146.7	9 816.3	15.7	13 806.4	3 674.1
区属	339.8	769.4	15.7	1 075.8	169.2
临潼区	9 937.6	2 062.0	1 901.9	7 913.2	5 301.3
区属	2 197.6	1 684.6	293.7	3 114.0	1 361.0
长安县	9 316.6	1 428.4	1 211.7	2 950.5	944.1
县属	1 278.7	－449.9	1 211.7	587.2	543.7
蓝田县	8 016.0	146.6	375.9	894.7	539.0
县属	1 172.0	－223.9	373.7	773.1	798.7
周至县	1 714.7	－152.1	533.0	253.8	324.6
县属	1 626.7	－91.6	472.5	260.8	282.8
户县	13 737.9	1 101.4	7 257.9	7 952.8	6 438.7
县属	4 352.2	545.3	1 677.1	3 876.7	3 060.1
高陵县	2 770.5	－489.6	2 669.2	370.0	815.2
县属	2 770.5	－489.6	2 669.2	370.0	815.2

7－19　全部规模以上国有控股工业企业主要经济指标

（2001年）　　单位：万元

分组	企业单位数（个）	亏损企业	工业总产值（当年价）	工业总产值（不变价）	工业增加值（生产法）	工业销售产值（当年价）
总计	**367**	**169**	**3 498 860.1**	**3 717 883.7**	**1 003 216.7**	**3 404 060.8**
#市区	302	134	3 284 113.3	3 523 547.0	942 078.9	3 191 694.4
按隶属关系分						
中央企业	76	25	1 540 089.2	1 465 099.9	415 531.7	1 494 916.2
省属企业	62	37	494 519.8	487 358.6	150 945.7	470 962.9
市属企业	229	107	1 464 251.1	1 765 425.2	436 739.3	1 438 181.7
市直属企业	144	61	1 336 113.0	1 640 337.7	400 761.2	1 318 659.8
区、县属企业	85	46	128 138.1	125 087.5	35 978.1	119 521.9
区属企业	36	16	74 776.6	72 996.5	19 499.4	67 582.0
县属企业	49	30	53 361.5	52 091.0	16 478.7	51 939.9
其中：区县直属	72	43	113 968.9	110 710.3	30 284.3	106 237.9
在总计中：亏损企业	169	169	380 527.8	327 781.9	84 310.8	361 485.8
按轻重工业分						
轻工业	149	75	820 381.1	714 653.0	324 354.2	796 601.5
以农产品为原料	92	48	481 543.6	415 626.7	158 542.0	472 182.5
以非农产品为原料	57	27	338 837.5	299 026.3	165 812.2	324 419.0
重工业	218	94	2 678 479.0	3 003 230.7	678 862.5	2 607 459.3
采掘工业	5	3	7 384.5	5 362.3	2 413.8	7 225.3
原料工业	28	14	254 830.9	123 815.4	71 726.7	239 387.1
加工工业	185	77	2 416 263.6	2 874 053.0	604 722.0	2 360 846.9
按企业规模分						
大型工业	75	22	2 715 848.4	3 055 783.7	757 434.4	2 672 070.7
中型工业	53	28	354 825.4	244 060.5	79 900.3	333 374.1
小型工业	239	119	428 186.3	418 039.5	165 882.0	398 616.0
按工业行业大类分						
煤炭采选业						
石油和天然气开采业						
黑色金属矿采选业	1	1	414.5	266.6	145.5	417.8
有色金属矿采选业	3	1	6 910.0	5 035.7	2 250.3	6 750.4
非金属矿采选业						
其他矿采选业						
木材及竹材采选业	1	1	60.0	60.0	18.0	57.1
食品加工业	13	10	21 495.8	11 411.5	6 384.3	22 538.1
食品制造业	16	7	22 389.3	12 988.5	8 173.2	20 450.9
饮料制造业	6	3	82 042.2	50 115.5	24 837.0	81 695.8
烟草加工业	1		843.5	995.7	399.0	1 119.9

7－19　续表1　(2001年)　单位:万元

分　组	企业单位数(个)	亏损企业	工业总产值(当年价)	工业总产值(不变价)	工业增加值(生产法)	工业销售产值(当年价)
纺织业	16	10	143 024.4	143 519.5	44 679.1	137 605.4
服装及其他纤维制品制造业	1	1	8 612.3	7 436.7	2 894.9	9 277.5
皮革、毛皮、羽绒及其他制品业	1	1	4 929.0	2 372.7	－511.4	6 837.6
木材加工及竹、藤、棕、草制品业	1		794.5	1 078.6	184.6	530.5
家具制造业	1	1	902.8	902.8	329.5	902.8
造纸及纸制品业	7	3	12 955.2	10 006.6	4 697.4	13 008.1
印刷业、记录媒介的复制	23	9	123 526.4	114 247.7	49 684.6	119 394.9
文教体育用品制造业	1		253.0	253.0	113.0	274.3
石油加工及炼焦业	3		112 184.3	33 882.3	12 716.6	99 942.7
化学原料及化学制品制造业	15	5	120 984.0	108 080.1	24 354.7	121 123.8
医药制造业	21	7	208 480.5	181 337.7	94 187.1	196 730.9
化学纤维制造业	1		27 254.4	27 254.4	11 244.9	26 425.3
橡胶制品业	4	3	3 828.7	3 376.6	888.0	4 620.3
塑料制品业	4	2	4 997.7	4 831.6	669.2	4 456.1
非金属矿物制品业	29	13	46 862.1	35 178.7	14 389.1	42 626.1
黑色金属冶炼及压延加工业	3	2	5 612.3	5 471.2	－1 788.0	4 328.4
有色金属冶炼及压延加工业	4	3	5 146.4	5 089.1	3 228.9	5 155.3
金属制品业	7	3	4 404.8	4 439.0	1 269.0	4 189.6
普通机械制造业	23	10	193 179.5	206 568.1	69 974.9	178 894.8
专用设备制造业	42	20	185 995.7	222 952.5	71 846.8	174 794.4
交通运输设备制造业	37	14	951 339.9	1 010 377.8	233 640.5	925 754.0
电气机械及器材制造业	20	7	328 671.6	399 163.6	81 295.2	329 853.6
电子及通信设备制造业	21	6	522 021.3	830 512.2	125 174.0	522 246.5
仪器仪表及文化办公用机械制造业	19	11	117 940.7	123 189.6	34 021.5	115 958.0
其他制造业	5	4	2 781.4	2 788.5	903.8	2 697.4
电力、蒸汽、热水的生产和供应业	4	2	80 261.3	38 330.9	46 421.0	80 261.3
煤气生产和供应业	1	1	7 124.5	1 591.9	132.4	7 124.5
自来水的生产和供应业	7	7	23 129.0	7 007.1	14 422.0	23 095.9

7－19　续表2　　(2001年)　　单位:万元

分组	全部职工年平均人数(人)	资产合计	流动资产小计	流动资产年平均余额	固定资产小计
总计	**328 622**	**8 639 138.1**	**4 219 985.0**	**4 074 015.1**	**3 407 235.3**
#市区	299 502	8 180 714.5	4 021 442.9	3 878 635.0	3 182 505.5
按隶属关系分					
中央企业	170 732	4 021 794.7	1 924 397.8	1 860 058.3	1 728 467.8
省属企业	56 513	1 294 404.9	632 519.6	597 120.7	531 270.6
市属企业	101 377	3 322 938.5	1 663 067.6	1 616 836.1	1 147 496.9
市直属企业	84 775	3 042 625.7	1 541 285.3	1 495 037.0	1 024 066.7
区、县属企业	16 602	280 312.8	121 782.3	121 799.1	123 430.2
区属企业	6 314	164 717.0	79 848.1	78 996.6	56 083.7
县属企业	10 288	115 595.8	41 934.2	42 802.5	67 346.5
其中:区县直属	15 247	259 424.7	108 165.5	108 323.1	117 470.2
在总计中:亏损企业	89 878	1 571 042.0	596 754.1	597 679.5	807 601.3
按轻重工业分					
轻工业	88 821	1 909 124.8	849 028.0	840 832.7	756 533.0
以农产品为原料	60 195	920 538.2	375 796.5	386 532.5	446 832.9
以非农产品为原料	28 626	988 586.6	473 231.5	454 300.2	309 700.1
重工业	239 801	6 730 013.3	3 370 957.0	3 233 182.4	2 650 702.3
采掘工业	2 300	29 028.5	9 229.5	8 097.5	17 199.9
原料工业	18 218	841 611.8	235 518.8	227 157.9	576 967.0
加工工业	219 283	5 859 373.0	3 126 208.7	2 997 927.0	2 056 535.4
按企业规模分					
大型工业	242 668	6 639 034.6	3 309 115.0	3 200 104.2	2 570 908.8
中型工业	34 063	642 426.5	311 115.8	310 913.5	282 031.2
小型工业	51 891	1 357 677.0	599 754.2	562 997.4	554 295.3
按工业行业大类分					
煤炭采选业					
石油和天然气开采业					
黑色金属矿采选业	105	2 057.8	748.3	742.4	1 210.2
有色金属矿采选业	1 152	16 034.3	5 563.2	4 437.6	8 939.3
非金属矿采选业					155.5
其他矿采选业					
木材及竹材采选业	1 043	10 936.4	2 918.0	2 917.5	7 050.4
食品加工业	4 379	67 447.9	25 249.0	26 642.7	24 924.1
食品制造业	3 178	42 814.7	16 989.9	16 350.5	22 963.0
饮料制造业	2 325	106 526.0	37 019.8	37 842.0	58 238.8
烟草加工业	138	3 278.8	476.1	564.3	2 291.5

7－19 续表3　　(2001年)　　单位:万元

分组	全部职工年平均人数(人)	资产合计	流动资产小计	流动资产年平均余额	固定资产小计
纺织业	32 990	291 519.6	117 375.1	113 689.1	150 014.2
服装及其他纤维制品制造业	3 098	15 803.5	7 172.1	8 496.5	8 578.2
皮革、毛皮、羽绒及其他制品业	2 016	14 036.4	7 537.3	17 036.9	5 524.7
木材加工及竹、藤、棕、草制品业	347	10 521.5	3 300.8	3 300.0	7 018.6
家具制造业	120	336.6	334.6	334.5	2.0
造纸及纸制品业	1 863	33 012.6	11 413.3	10 528.9	20 555.8
印刷业、记录媒介的复制	8 063	269 097.8	113 510.9	119 468.6	118 355.7
文教体育用品制造业	64	748.6	730.9	730.9	17.7
石油加工及炼焦业	2 181	81 485.4	34 965.9	33 938.8	46 096.8
化学原料及化学制品制造业	21 086	338 106.0	109 595.3	113 232.1	199 218.9
医药制造业	13 425	375 617.0	196 753.2	174 879.9	92 535.9
化学纤维制造业	178	28 463.0	15 249.6	11 790.9	12 956.8
橡胶制品业	1 369	19 287.9	7 827.7	8 838.0	11 398.2
塑料制品业	301	13 385.4	4 798.4	5 000.3	7 905.3
非金属矿物制品业	10 826	161 700.0	48 597.5	48 925.7	89 824.6
黑色金属冶炼及压延加工业	1 760	28 365.2	10 512.6	10 567.1	15 651.1
有色金属冶炼及压延加工业	533	18 149.2	6 292.9	6 138.0	7 221.6
金属制品业	661	9 521.5	5 792.5	5 435.5	1 873.6
普通机械制造业	16 270	371 017.9	213 025.8	208 345.1	114 069.4
专用设备制造业	24 045	523 498.4	292 045.0	297 946.4	195 710.1
交通运输设备制造业	76 208	2 198 833.2	1 237 168.5	1 155 602.8	683 525.4
电气机械及器材制造业	21 314	944 871.4	534 133.8	530 068.5	241 070.2
电子及通信设备制造业	23 052	966 434.0	550 969.0	525 753.1	270 318.4
仪器仪表及文化办公用机械制造业	17 450	503 270.7	291 093.0	269 265.9	167 997.0
其他制造业	304	4 452.4	2 694.3	2 703.8	1 130.9
电力、蒸汽、热水的生产和供应业	6 748	563 342.4	136 102.5	129 163.0	418 802.6
煤气生产和供应业	1 124	14 558.6	6 372.1	6 303.6	7 381.1
自来水的生产和供应业	3 315	115 895.6	20 129.2	20 916.0	85 248.8

7-19　续表4　　(2001年)　　单位:万元

分组	固定资产原价合计	累计折旧	本年折旧	固定资产净值年平均余额	负债合计
总计	**4 329 651.9**	**1 487 050.0**	**164 384.8**	**2 729 360.5**	**5 563 105.8**
#市区	4 036 283.5	1 374 968.4	152 810.6	2 551 375.9	5 249 878.6
按隶属关系分					
中央企业	2 236 972.5	764 998.4	100 731.6	1 412 484.1	2 389 985.5
省属企业	594 289.8	206 333.6	18 472.9	356 604.5	1 113 425.6
市属企业	1 498 389.6	515 718.0	45 180.3	960 271.9	2 059 694.7
市直属企业	1 360 292.0	484 182.2	39 929.3	848 302.8	1 853 272.5
区、县属企业	138 097.6	31 535.8	5 251.0	111 969.1	206 422.2
区属企业	59 042.2	13 358.5	2 829.6	48 671.4	108 418.0
县属企业	79 055.4	18 177.3	2 421.4	63 297.7	98 004.2
其中:区县直属	130 330.8	29 721.7	4 958.6	106 316.0	194 551.2
在总计中:亏损企业	986 538.9	362 519.3	36 401.8	620 260.9	1 474 079.6
按轻重工业分					
轻工业	1 021 124.2	343 998.2	48 678.1	674 875.8	1 114 046.3
以农产品为原料	630 140.4	223 138.4	33 894.7	403 872.4	618 742.9
以非农产品为原料	390 983.8	120 859.8	14 783.4	271 003.4	495 303.4
重工业	3 308 527.7	1 143 051.8	115 706.7	2 054 484.7	4 449 059.5
采掘工业	22 894.5	7 263.0	1 083.7	15 608.7	18 883.7
原料工业	700 652.7	167 010.7	19 071.9	478 514.8	472 356.9
加工工业	2 584 980.5	968 778.1	95 551.1	1 560 361.2	3 957 818.9
按企业规模分					
大型工业	3 354 255.3	1 212 841.8	131 819.1	2 027 619.9	4 252 579.2
中型工业	383 952.8	137 848.2	13 885.2	252 384.5	472 398.8
小型工业	591 443.8	136 360.0	18 680.5	449 356.1	838 127.8
按工业行业大类分					
煤炭采选业					
石油和天然气开采业					
黑色金属矿采选业	1 317.9	107.7	107.7	1 191.4	2 408.0
有色金属矿采选业	12 082.2	4 656.9	840.7	7 398.2	11 671.9
非金属矿采选业					
其他矿采选业					
木材及竹材采选业	9 494.4	2 498.4	135.3	7 019.1	4 803.8
食品加工业	37 901.1	14 409.9	862.9	20 409.5	57 816.5
食品制造业	27 785.5	7 740.8	3 003.9	20 201.0	35 113.0
饮料制造业	74 685.1	17 010.8	2 713.5	55 307.8	79 674.0
烟草加工业	1 694.4	873.6	85.6	1 439.3	793.6

7－19　续表5　　(2001年)　　单位:万元

分　组	固定资产原价合计	累计折旧	本年折旧	固定资产净值年平均余额	负债合计
纺织业	227 482.1	88 825.2	14 027.0	145 488.1	194 206.9
服装及其他纤维制品制造业	12 466.2	4 742.5	309.0	7 853.6	37 206.9
皮革、毛皮、羽绒及其他制品业	9 842.5	5 019.5	379.7	5 499.4	13 723.1
木材加工及竹、藤、棕、草制品业	7 913.8	948.8	39.6	6 958.5	4 517.7
家具制造业	27.7	25.7	1.2	1.5	320.2
造纸及纸制品业	21 453.7	2 475.3	121.2	19 052.1	30 459.3
印刷业、记录媒介的复制	160 112.5	57 694.1	9 420.1	96 867.8	135 267.8
文教体育用品制造业	52.9	35.2	5.8	17.7	46.0
石油加工及炼焦业	56 529.1	15 588.8	1 925.8	42 669.6	70 464.4
化学原料及化学制品制造业	248 993.7	79 978.8	6 181.6	169 514.9	221 447.1
医药制造业	113 653.1	29 669.1	3 709.3	81 610.7	201 429.6
化学纤维制造业	26 808.7	13 851.9	2 118.9	12 956.5	3 496.9
橡胶制品业	11 261.3	2 198.2	249.8	9 030.1	25 504.4
塑料制品业	9 308.4	2 780.5	218.7	6 569.6	13 290.7
非金属矿物制品业	113 236.6	32 594.9	3 272.3	82 073.5	121 980.4
黑色金属冶炼及压延加工业	13 218.9	5 242.5	658.6	10 238.8	48 754.7
有色金属冶炼及压延加工业	8 036.5	1 106.8	48.2	7 233.4	11 702.6
金属制品业	3 039.8	1 193.4	136.0	1 861.2	5 953.8
普通机械制造业	147 067.8	54 286.4	4 615.7	98 145.6	281 726.0
专用设备制造业	288 501.6	117 721.6	12 443	158 484.2	362 465.2
交通运输设备制造业	789 782.0	323 839.5	40 682.9	451 340.3	1 438 858.6
电气机械及器材制造业	342 344.9	138 357.3	2 597.4	220 114.9	547 202.3
电子及通信设备制造业	339 671.2	121 205.6	10 591.5	173 357.6	678 918.4
仪器仪表及文化办公用机械制造业	212 226.9	80 482.9	7 706.8	134 642.5	332 868.1
其他制造业	2 296.8	1 194.8	58.8	997.0	2 437.1
电力、蒸汽、热水的生产和供应业	509 826.4	107 487.4	13 381.3	340 754.9	228 653.1
煤气生产和供应业	10 568.5	3 245.9	89.3	7 179.4	7 106.7
自来水的生产和供应业	125 324.5	56 212.1	8 607.7	72 106.4	57 845.0

7-19 续表6 (2001年) 单位:万元

分组	负债		所有者权益合计	
	流动负债小计	长期负债小计		实收资本
总计	**4 175 091.7**	**1 172 374.9**	**2 957 707.3**	**2 022 287.4**
#市区	3 927 391.5	1 112 501.6	2 812 554.8	1 943 060.5
按隶属关系分				
中央企业	1 881 209.9	508 221.2	1 513 484.2	897 458.8
省属企业	800 550.5	310 812.6	180 979.3	302 380.7
市属企业	1 493 331.3	353 341.1	1 973 051.6	822 447.9
市直属企业	1 348 202.6	306 531.4	1 189 353.2	767 140.8
区、县属企业	145 128.7	46 809.7	73 890.6	55 307.1
区属企业	74 177.1	23 398.9	56 299.0	30 876.0
县属企业	70 951.6	23 410.8	17 591.6	24 431.1
其中:区县直属	133 692.5	46 374.9	64 873.5	50 615.6
在总计中:亏损企业	1 138 609.2	315 691.6	95 804.7	428 480.1
按轻重工业分				
轻工业	765 571.0	167 414.2	795 078.5	483 515.3
以农产品为原料	517 010.5	90 545.6	301 795.3	248 496.2
以非农产品为原料	248 560.5	76 868.6	493 283.2	235 019.1
重工业	3 409 520.7	1 004 960.7	2 162 628.8	1 538 772.1
采掘工业	10 973.9	6 562.5	10 144.8	10 091.9
原料工业	320 022.3	145 790.9	369 254.9	64 740.4
加工工业	3 078 524.5	852 607.3	1 783 229.1	1 463 939.8
按企业规模分				
大型工业	3 279 255.1	937 138.5	2 268 130.4	1 543 414.7
中型工业	392 138.3	68 103.1	170 027.7	159 679.8
小型工业	503 698.3	167 133.3	519 549.2	319 192.9
按工业行业大类分				
煤炭采选业				
石油和天然气开采业				
黑色金属矿采选业	280.7	780.0	-350.2	151.6
有色金属矿采选业	7 042.2	4 629.7	4 362.4	4 595.6
非金属矿采选业				
其他矿采选业				
木材及竹材采选业	3 651.0	1 152.8	6 132.6	5 344.7
食品加工业	40 069.8	17 746.7	9 631.4	24 275.2
食品制造业	33 557.1	1 336.9	7 701.7	18 176.8
饮料制造业	75 367.7	4 306.3	26 852.0	38 492.5
烟草加工业	793.6		2 485.2	1 514.7

7－19　续表7　　(2001年)　　单位:万元

分组	负债		所有者权益合计	
	流动负债小计	长期负债小计		实收资本
纺织业	173 111.3	20 638.5	97 312.7	45 672.5
服装及其他纤维制品制造业	36 452.4	754.4	－21 403.4	5 599.2
皮革、毛皮、羽绒及其他制品业	11 349.6	2 373.5	313.3	8 369.0
木材加工及竹、藤、棕、草制品业	3 864.7	653.0	6 003.8	799.9
家具制造业	320.2		16.4	16.4
造纸及纸制品业	17 412.3	13 046.8	2 553.3	6 723.6
印刷业、记录媒介的复制	99 898.2	24 859.3	133 830.0	75 158.8
文教体育用品制造业	46.0		702.6	200.0
石油加工及炼焦业	55 766.7	14 697.7	11 021.0	16 820.8
化学原料及化学制品制造业	139 675.1	77 736.5	116 658.9	66 738.3
医药制造业	91 993.4	13 943.1	174 187.4	95 956.1
化学纤维制造业	3 496.9		24 966.1	8 800.0
橡胶制品业	20 157.4	5 080.2	－6 216.5	8 915.5
塑料制品业	10 049.0	2 361.4	94.7	5 180.5
非金属矿物制品业	91 501.1	29 597.7	39 719.6	30 197.2
黑色金属冶炼及压延加工业	34 421.7	14 333.0	－20 389.5	13 293.3
有色金属冶炼及压延加工业	4 388.8	780.3	6 446.6	2 291.2
金属制品业	4 905.0	64.1	3 567.7	2 252.9
普通机械制造业	215 986.6	51 466.4	89 291.9	66 476.1
专用设备制造业	296 548.5	65 866.2	161 033.2	179 983.8
交通运输设备制造业	1 092 198.5	345 135.6	641 649.6	568 329.6
电气机械及器材制造业	421 650.0	69 923.9	397 669.1	240 482.7
电子及通信设备制造业	488 401.5	170 612.7	287 515.6	178 137.0
仪器仪表及文化办公用机械制造业	288 810.4	41 408.8	170 402.6	147 480.1
其他制造业	1 956.1	481.0	2 015.3	1 850.1
电力、蒸汽、热水的生产和供应业	162 702.4	65 950.5	334 689.3	1 844.3
煤气生产和供应业	6 640.9	465.8	7 451.9	7 436.2
自来水的生产和供应业	17 842.9	40 002.1	58 050.6	44 204.2

7－19　续表8　　(2001年)　　单位:万元

分组	产品销售收入	产品销售成本	产品销售费用	产品销售税金及附加	产品销售利润
总计	**3 277 440.7**	**2 582 757.7**	**137 130.6**	**24 263.6**	**518 643.6**
#市区	3 103 899.8	3 445 167.0	133 125.3	23 852.7	487 109.6
按隶属关系分					
中央企业	1 452 492.6	1 159 946.1	29 963.3	7 916.7	240 021.3
省属企业	454 770.3	338 809.2	33 623.5	4 297.2	78 758.2
市属企业	1 370 177.8	1 084 002.4	73 543.8	12 767.5	199 864.1
市直属企业	1 263 825.8	996 956.5	70 032.7	12 162.6	184 674
区、县属企业	106 352.0	87 045.9	3 511.1	604.9	15 190.1
区属企业	66 515.2	54 893.9	1 558.5	386.0	9 676.8
县属企业	39 836.8	32 152.0	1 952.6	218.9	5 513.3
其中:区县直属	93 924.3	77 364.4	3 124.0	543.6	12 892.3
在总计中:亏损企业	331 219.0	306 766.8	18 677.8	2 381.4	3 280.7
按轻重工业分					
轻工业	778 876.9	570 565.3	52 916.1	11 629.0	143 766.5
以农产品为原料	467 277.9	372 791.3	22 079.0	8 455.2	63 952.4
以非农产品为原料	311 599.0	197 774.0	30 837.1	3 173.8	79 814.1
重工业	2 498 563.8	2 012 192.4	84 214.5	12 634.6	374 877.1
采掘工业	7 049.7	5 538.5	34.1	16.5	1 460.6
原料工业	263 052.1	239 351.9	2 397.4	4 396.8	2 373.1
加工工业	2 228 462.0	1 767 302.0	81 783.0	8 221.3	371 043.4
按企业规模分					
大型工业	2 582 656.2	2 015 439.1	103 200.8	16 793.7	432 577.4
中型工业	307 977.9	268 536.8	14 352.4	4 119.4	20 889.3
小型工业	386 806.6	298 781.8	19 577.4	3 270.5	65 176.9
按工业行业大类分					
煤炭采选业					
石油和天然气开采业					
黑色金属矿采选业	418.0	338.4	11.4	11.7	56.5
有色金属矿采选业	6 498.7	5 069.4	22.7	2.5	1 404.1
非金属矿采选业					
其他矿采选业					
木材及竹材采选业	133.0	130.7		2.3	
食品加工业	20 194.5	18 028.3	2 138.6	109.7	3 084.9
食品制造业	19 691.8	14 358.6	2 138.6	109.7	3 084.9
饮料制造业	81 362.2	59 548.0	9 431.8	5 964.4	6 418.0
烟草加工业	1 422.6	829.4	8.9	15.4	568.9

7-19 续表9　　(2001年)　　单位:万元

分组	产品销售收入	产品销售成本	产品销售费用	产品销售税金及附加	产品销售利润
纺织业	131 058.5	114 342.5	2 339.1	787.3	13 589.6
服装及其他纤维制品制造业	10 005.7	9 946.3	615.4	5.5	-561.5
皮革、毛皮、羽绒及其他制品业	6 777.0	7 204.5	652.9	31.3	-1 111.7
木材加工及竹、藤、棕、草制品业	528.4	479.7	17.3	3.2	28.2
家具制造业	977.4	880.0	75.0	5.8	16.6
造纸及纸制品业	12 328.6	10 099.9	421.7	51.3	1 755.7
印刷业、记录媒介的复制	124 616.8	89 978.5	3 080.1	1 202.2	30 356.0
文教体育用品制造业	294.9	94.3	3.2	3.7	193.7
石油加工及炼焦业	114 729.0	105 723.6	595.6	3 173.5	5 236.3
化学原料及化学制品制造业	119 093.3	100 068.5	4 396.0	415.0	14 213.8
医药制造业	186 890.4	107 821.9	26 695.0	1 782.8	50 590.7
化学纤维制造业	26425.3	19 538.3	68.0		6 819.0
橡胶制品业	4 484.5	3 974.2	251.6	13.5	245.2
塑料制品业	3 882.8	3 203.3	219.4		460.1
非金属矿物制品业	33 326.2	27 694.4	1 616.0	372.8	3 643.0
黑色金属冶炼及压延加工业	7 310.8	7 680.9	830.1	54.2	-1 254.4
有色金属冶炼及压延加工业	2 409.0	1 862.9	35.2	3.0	507.9
金属制品业	3 731.0	3 033.6	187.6	4.0	505.8
普通机械制造业	177 204.4	131 434.2	68 12.9	1 045.7	37 911.6
专用设备制造业	174 973.6	130 097.7	7 097.7	892.4	36 885.8
交通运输设备制造业	853 031.3	682 711.9	20 993.9	2 344.1	146 998.7
电气机械及器材制造业	314 879.1	249 278.7	13 616.2	1 323.8	50 660.4
电子及通信设备制造业	471 564.7	376 387.9	23 885.2	2 444.5	68 847.1
仪器仪表及文化办公用机械制造业	124 430.0	92 840.2	7 508.5	612.4	23 468.9
其他制造业	2 870.4	2 655.8	109.0	6.5	99.1
电力、蒸汽、热水的生产和供应业	96 695.3	88 618.4		935.6	-7 391.6
煤气生产和供应业	1 446.9	1 933.5	231.1	5.8	-723.5
自来水的生产和供应业	23 385.6	20 965.5	415.4	140.4	1 864.3

7-19　续表10　　(2001年)　　单位:万元

分组	管理费用	利润总额	亏损企业亏损总额	利税总额	本年应交增值税
总计	**388 185.0**	**68 361.9**	**109 873.7**	**227 824.0**	**135 198.5**
#市区	360 022.6	65 209.9	102 131.2	218 604.1	129 541.5
按隶属关系分					
中央企业	192 542.5	20 807.2	42 414.6	72 703.3	43 979.4
省属企业	64 787.3	-12 580.7	33 948.6	14 072.7	23 074.0
市属企业	130 855.2	60 135.4	33 510.5	141 048.0	68 145.1
市直属企业	122 702.9	57 010.2	30 496.8	132 771.4	63 598.6
区、县属企业	8 152.3	3 125.2	3 013.7	8 276.6	4 546.5
区属企业	3 456.6	2 530.4	702.4	5 144.3	2 227.9
县属企业	4 695.7	594.8	2 311.3	3 132.3	2 318.6
其中:区县直属	7 268.3	1 666.4	2 978.8	5 936.6	3 726.6
在总计中:亏损企业	-109 873.7	-109 873.7	109 873.7	-96 540.7	10 951.6
按轻重工业分					
轻工业	94 253.0	60 349.7	40 322.4	129 444.6	57 465.9
以农产品为原料	46 048.6	14 987.9	32 438.2	49 802.0	26 358.9
以非农产品为原料	48 204.4	45 361.8	7 884.2	79 642.6	31 107.0
重工业	293 932.0	8 012.2	69 551.3	98 379.4	77 732.6
采掘工业	1 918.5	-397.2	402.6	-303.8	76.9
原料工业	14 248.6	-14 119.4	18 032.8	107.6	9 830.2
加工工业	277 764.9	22 528.8	51 115.9	98 575.6	67 825.5
按企业规模分					
大型工业	304 135.4	70 780.3	55 990.8	187 420.9	99 846.9
中型工业	29 630.6	-10 639.1	23 538.0	9 324.7	15 764.4
小型工业	54 419.0	8 220.7	30 344.9	31 078.4	19 587.2
按工业行业大类分					
煤炭采选业					
石油和天然气开采业					
黑色金属矿采选业	88.0	-60.5	60.5	-7.0	41.8
有色金属矿采选业	1 608.6	3.2	2.2	40.1	34.4
非金属矿采选业					
其他矿采选业					
木材及竹材采选业	221.9	-339.9	339.9	-336.9	0.7
食品加工业	3 087.5	-1 589.5	1 704.8	-892.2	565.8
食品制造业	3 723.3	-318.3	1 338.9	1 176.1	1 384.7
饮料制造业	2 373.8	6 674.0	2 235.3	17 473.5	4 835.1
烟草加工业	283.6	339.8		501.2	146.0

7-19　续表11　　(2001年)　　单位:万元

分组	管理费用	利润总额	亏损企业亏损总额	利税总额	本年应交增值税
纺织业	14 497.4	495.3	5 239.6	9 362.1	8 079.5
服装及其他纤维制品制造业	1 466.4	-2 658.8	2 658.8	-2 587.1	66.2
皮革、毛皮、羽绒及其他制品业	1 723.3	-8 949.9	8 949.9	-8 534.5	384.1
木材加工及竹、藤、棕、草制品业	641.8	16.3		51.2	31.7
家具制造业	29.1	-14.0	14.0	50.4	58.6
造纸及纸制品业	704.0	1 201.0	220.6	1 855.6	603.3
印刷业、记录媒介的复制	15 686.3	13 450.3	9 812.8	22 065.0	7 412.5
文教体育用品制造业	67.0	284.0		324.8	37.1
石油加工及炼焦业	3 428.6	559.5		8 078.2	4 345.2
化学原料及化学制品制造业	16 912.2	-1 837.1	2 192.0	2 594.8	4 016.9
医药制造业	31 035.9	27 412.6	844.2	49 755.1	20 559.7
化学纤维制造业	810.5	6 076.3		7 636.8	1 560.5
橡胶制品业	899.7	-820.4	939.3	-667.9	139.0
塑料制品业	291.0	-448.8	461.8	-335.1	113.7
非金属矿物制品业	5 429.5	-2 278.0	2 435.8	-16.1	1 889.1
黑色金属冶炼及压延加工业	1 505.6	-4 659.4	4 659.4	-4 064.1	541.1
有色金属冶炼及压延加工业	204.6	109.2	216.5	128.7	16.5
金属制品业	573.1	-116.3	255.1	22.8	135.1
普通机械制造业	18 137.5	11 103.3	3 877.1	24 229.5	12 080.5
专用设备制造业	28 135.8	1 405.1	12 366.7	12 171.2	9 873.7
交通运输设备制造业	111 571.3	15 245.6	7 378.2	31 952.8	14 363.1
电气机械及器材制造业	40 102.8	5 752.9	3 796.9	20 263.7	13 187
电子及通信设备制造业	32 295.4	23 953.6	8 909.9	45 728.5	19 330.4
仪器仪表及文化办公用机械制造业	22 140.6	-2 506.9	6 160.6	1 161.5	3 056.0
其他制造业	230.0	-148.7	162.4	-90.6	51.6
电力、蒸汽、热水的生产和供应业	2 270.4	-8 147.9	11 079.6	-4 556.1	2 656.2
煤气生产和供应业	932.7	-796.7	796.7	-665.9	125.0
自来水的生产和供应业	3 068.2	-907.0	907.0	1 859.1	2 625.7

7－20　独立核算工业企业主要经济效益指标

（2001年）　　单位：%

分　组	工业增加值率	资产负债率	资金利税率	总资本贡献率
总　计	**27.04**	**62.40**	**3.87**	**5.82**
#市　区	27.22	62.10	3.99	5.95
按隶属关系分				
中央企业	24.40	59.36	1.80	3.88
省属企业	32.68	79.60	5.81	7.78
市属企业	26.81	58.85	4.94	6.74
市直属企业	28.44	58.23	4.86	6.52
区县属企业	22.20	61.50	5.28	7.72
区属企业	21.92	56.44	6.61	9.27
县属企业	23.02	73.37	2.18	4.29
区县直属	24.28	62.72	4.82	6.38
街道企业	21.66	57.97	8.71	12.36
镇办企业	14.64	63.54	6.02	9.01
乡办企业	22.76	63.59	6.57	9.46
居委会				
村委会	20.51	54.75	8.03	11.71
其他	22.13	57.74	2.93	7.11
按登记注册类型分组				
内资企业	25.74	63.14	2.85	4.80
国有经济	25.16	71.91	1.00	2.53
集体经济	24.42	65.83	7.26	9.44
股份合作	30.75	63.61	2.56	3.82
联营企业	27.19	60.58	9.24	12.20
国有联营	32.55	52.51	10.03	10.70
集体联营	20.98	66.57	9.16	14.75
国有与集体联营	47.07	66.26	5.13	7.95
其他联营	22.62	83.51	13.38	33.23
有限责任公司	25.90	60.17	3.20	6.51
国有独资企业	21.80	62.62	1.20	4.17
其他有限责任公司	33.44	54.09	8.17	11.84
股份有限公司	25.85	44.96	6.03	7.92
私营企业	32.19	48.36	6.67	10.80
私营独资企业	21.87	50.95	12.82	21.87
私营合伙企业	23.42	68.46	11.90	9.87
私营有限责任公司	39.19	46.41	4.68	7.59
私营股份有限公司	35.82	50.87	5.13	8.28

7-20　续表1　　　　(2001年)　　　　单位:%

分组	工业增加值率	资产负债率	资金利税率	总资本贡献率
港、澳、台商投资企业	26.06	49.07	6.13	7.65
与港、澳、台商合资经营	24.83	47.09	5.52	6.98
与港、澳、台商合作经营				
港、澳、台商独资	29.56	54.95	8.70	10.39
港、澳、台商投资股份有限公司	27.08	87.61	4.51	5.10
外商投资企业	35.09	59.67	14.52	16.56
中外合资经营	35.48	59.95	14.79	16.73
中外合作经营	33.78	15.89	18.00	17.52
外资企业	7.43	48.13	0.33	0.63
外商投资股份有限公司	14.28	66.94	-2.06	-4.13
在总计中:亏损企业	20.62	89.70	-5.61	2.96
在总计中:国有控股企业	25.15	64.39	2.64	4.48
在总计中:农村工业	20.50	61.54	6.15	17.03
按轻重工业分				
轻工业	33.39	55.87	8.60	10.33
以农产品为原料	27.92	61.32	5.15	6.82
以非农产品为原料	40.24	49.68	12.53	14.65
重工业	23.53	65.08	1.93	4.00
采掘工业	27.54	63.87	-0.44	1.42
原料工业	27.10	54.68	1.08	2.55
加工工业	23.07	66.84	2.09	4.26
按企业规模分				
大型工业	26.09	63.64	3.85	5.97
中型工业	20.39	71.36	2.15	3.64
小型工业	31.07	56.57	4.44	6.16
按工业行业大类分				
煤炭采选业				
石油和天然气开采业				
黑色金属矿采选业	31.03	117.02	-0.34	0.75
有色金属矿采选业	29.83	72.79	0.25	3.08
非金属矿采选业	16.20	40.11	11.69	26.54
其他矿采选业				
木材及竹材采选业	30.00	43.92	-3.08	-
食品加工业	21.22	76.75	-0.45	1.67
食品制造业	23.27	70.36	6.81	8.87
饮料制造业	23.24	67.82	7.88	9.26

7－20　续表2　　(2001年)　　单位:%

分组	工业增加值率	资产负债率	资金利税率	总资本贡献率
烟草加工业	36.74	24.20	15.29	16.73
纺织业	26.81	65.55	2.99	4.29
服装及其他纤维制品制造业	34.44	124.53	2.16	4.24
皮革、毛皮、羽绒及其他制品业	17.13	78.48	－23.03	－16.25
木材加工及竹、藤、棕、草制品业	20.38	52.58	－0.42	0.07
家具制造业	20.44	39.55	3.38	7.83
造纸及纸制品业	22.83	71.16	5.97	7.59
印刷业、记录媒介的复制	35.41	51.60	8.16	9.72
文教体育用品制造业	18.74	9.74	40.46	69.66
石油加工及炼焦业	9.98	86.50	9.16	11.54
化学原料及化学制品制造业	21.6	65.42	1.63	3.46
医药制造业	43.82	52.40	17.61	21.37
化学纤维制造业	35.27	17.67	25.00	27.78
橡胶制品业	21.42	127.45	－2.29	－1.33
塑料制品业	18.66	78.69	－0.74	2.70
非金属矿物制品业	28.56	76.89	1.55	2.87
黑色金属冶炼及压延加工业	13.6	62.71	2.28	4.34
有色金属冶炼及压延加工业	44.28	50.66	2.39	4.61
金属制品业	25.47	51.85	3.98	4.51
普通机械制造业	28.06	73.38	6.14	9.71
专用设备制造业	32.76	65.02	3.69	5.64
交通运输设备制造业	22.38	64.95	1.62	3.72
电气机械及器材制造业	22.36	58.32	2.76	4.40
电子及通信设备制造业	22.99	68.50	4.77	6.86
仪器仪表及文化办公用机械制造业	28.93	64.79	1.00	3.01
其他制造业	25.52	33.89	9.35	10.56
电力、蒸汽、热水的生产和供应业	54.09	40.60	－0.72	0.11
煤气生产和供应业	1.63	48.81	－4.57	－4.56
自来水的生产和供应业	55.91	49.91	1.60	1.79

7－20　续表3　　(2001年)　　单位:%

分　　组	工业成本费用利润率	流动资产周转次数(次)	资本保值增值率	全员劳动生产率(元/人)	工业产品销售率
总　　计	**4.10**	**0.89**	**118.15**	**38 267**	**96.73**
#市　区	4.35	0.88	118.59	40 368	96.70
按隶属关系分					
中央企业	1.41	0.78	115.67	25 192	97.21
省属企业	5.83	0.90	86.46	50 570	96.12
市属企业	5.32	0.99	128.76	47 032	96.62
市直属企业	5.48	0.91	130.26	55 313	98.13
区县属企业	4.79	1.36	122.16	30 430	92.48
区属企业	6.87	1.37	121.07	38 867	91.70
县属企业	－0.49	1.32	126.52	18 797	94.81
区县直属	7.33	0.86	107.22	31 050	94.08
街道企业	3.56	2.21	135.27	35 303	82.53
镇办企业	2.97	2.16	140.59	26 919	95.83
乡办企业	4.89	1.89	118.04	33 053	92.49
居委会					
村委会	3.73	3.25	114.15	21 311	92.46
其他	1.32	1.39	217.23	32 982	93.95
按登记注册类型分组					
内资企业	2.39	0.85	120.87	31 287	96.43
国有经济	－1.69	0.78	86.63	25 722	96.70
集体经济	3.35	1.74	106.95	29 517	92.81
股份合作	1.37	1.23	100.21	22 204	100.90
联营企业	9.23	2.39	84.16	43 458	94.81
国有联营	9.88	1.45	80.48	39 082	99.71
集体联营	10.17	11.05	78.73	70 563	92.13
国有与集体联营	1.91	0.89	185.14	26 048	92.93
其他联营	4.35	2.90	－	15 537	90.66
有限责任公司	3.41	0.83	177.39	30 722	96.76
国有独资企业	0.32	0.71	188.88	26 368	97.27
其他有限责任公司	9.79	1.22	158.02	38 314	95.81
股份有限公司	9.93	0.79	134.49	70 241	96.84
私营企业	4.91	1.53	142.02	52 050	95.47
私营独资企业	7.04	2.89	227.83	39 105	90.22
私营合伙企业	5.35	2.02	42.36	10 142	99.22
私营有限责任公司	3.40	1.27	126.66	58 416	98.84
私营股份有限公司	5.90	1.02	144.15	82 787	97.60

7-20　续表4　　　　(2001年)　　　　单位:%

分　组	工业成本费用利润率	流动资产周转次数(次)	资本保值增值率	全员劳动生产率(元/人)	工业产品销售率
港、澳、台商投资企业	8.31	1.00	112.88	85 675	96.31
与港、澳、台商合资经营	9.79	0.79	117.23	93 148	95.44
与港、澳、台商合作经营					
港、澳、台商独资	6.37	2.05	97.71	85 865	98.83
港、澳、台商投资股份有限公司	-1.41	2.24	46.50	15 434	100.00
外商投资企业	14.04	1.20	97.77	249 599	98.57
中外合资经营	14.37	1.18	96.01	258 916	98.50
中外合作经营	8.88	2.54	94.80	93 686	103.89
外资企业	-1.51	10.11	836.79	29 167	100.00
外商投资股份有限公司	-16.42	0.23	-	41 862	104.86
在总计中:亏损企业	-20.71	0.64	48.74	12 220	94.03
在总计中:国有控股企业	2.10	0.80	114.97	31 444	97.29
在总计中:农村工业	3.21	2.16	-	26 949	90.49
按轻重工业分					
轻工业	9.96	1.13	116.86	52 836	96.77
以农产品为原料	3.53	1.35	113.79	35 140	97.10
以非农产品为原料	19.30	0.92	119.66	94 069	96.36
重工业	1.17	0.81	118.83	31 459	96.70
采掘工业	-3.66	1.01	87.09	11 442	98.18
原料工业	-2.13	1.02	122.65	40 994	91.48
加工工业	1.64	0.78	118.22	30 610	97.36
按企业规模分					
大型工业	4.55	0.83	115.03	37 608	98.35
中型工业	-1.62	1.03	95.40	26 167	94.68
小型工业	5.08	1.04	131.92	43 623	93.88
按工业行业大类分					
煤炭采选业					
石油和天然气开采业					
黑色金属矿采选业	-13.15	0.56	129.13	14 273	100.80
有色金属矿采选业	0.04	1.46	81.64	20 120	97.69
非金属矿采选业	4.16	3.94	4 491.15	23 769	99.71
其他矿采选业					
木材及竹材采选业	-89.68	0.05	81.25	178	95.17
食品加工业	-2.04	1.99	178.34	30 420	100.66
食品制造业	3.26	1.98	91.92	48 179	95.74
饮料制造业	2.88	1.85	84.88	95 085	99.00

7-20 续表5 (2001年) 单位:%

分 组	工业成本费用利润率	流动资产周转次数(次)	资本保值增值率	全员劳动生产率(元/人)	工业产品销售率
烟草加工业	30.99	2.52	225.56	29 780	132.77
纺织业	0.08	1.15	99.25	14 087	96.18
服装及其他纤维制品制造业	-2.17	1.40	-82.87	24 354	105.66
皮革、毛皮、羽绒及其他制品业	-38.43	0.61	55.21	13 561	110.40
木材加工及竹、藤、棕、草制品业	-5.34	0.26	101.46	11 007	87.71
家具制造业	1.80	1.86	186.69	25 640	97.40
造纸及纸制品业	4.10	1.84	128.09	24 063	92.76
印刷业、记录媒介的复制	11.97	1.08	97.78	55 282	96.11
文教体育用品制造业	39.82	1.18	779.67	18 181	100.43
石油加工及炼焦业	0.14	3.28	102.53	61 928	89.30
化学原料及化学制品制造业	-0.08	1.13	93.66	18 462	96.22
医药制造业	20.47	1.21	136.15	141 512	95.44
化学纤维制造业	29.35	2.11	123.37	509 093	97.02
橡胶制品业	-10.72	0.64	-81.26	9 256	113.53
塑料制品业	-4.02	1.31	107.17	40 951	93.28
非金属矿物制品业	-1.13	0.99	78.73	17 675	92.80
黑色金属冶炼及压延加工业	3.61	0.32	124.81	11 067	72.13
有色金属冶炼及压延加工业	4.46	0.97	226.77	70 061	73.25
金属制品业	2.48	1.15	99.26	32 522	100.14
普通机械制造业	5.62	0.97	122.06	38 088	93.48
专用设备制造业	4.09	0.67	114.15	34 816	95.46
交通运输设备制造业	2.04	0.75	124.70	31 866	97.31
电气机械及器材制造业	2.46	0.67	149.78	41 899	99.20
电子及通信设备制造业	5.52	0.90	125.53	63 863	98.98
仪器仪表及文化办公用机械制造业	0.17	0.50	113.21	23 675	99.09
其他制造业	27.78	0.65	110.61	123 808	92.12
电力、蒸汽、热水的生产和供应业	-8.08	0.78	126.17	63 816	99.96
煤气生产和供应业	-25.82	0.23	104.25	1 213	100.00
自来水的生产和供应业	-3.71	1.12	100.59	44 810	99.86

7－21　全部大中型工业企业基本情况

(2001 年)　　　　单位：千元

分组	工业总产值(现价)	工业总产值(不变价)	职工人数(人)	流动资产小计
陕西省骊山床单厂	5 435	5 435	845	6 059
西安飞机工业(集团)有限责任公司	3 501 481	3 588 468	19 638	6 643 641
西安新华印刷厂	91 066	73 888	939	30 156
西仪集团有限责任公司(西安仪表厂)	30 325	29 693	3 006	260 464
西安北方庆华电器(集团)有限责任公司	144 220	108 683	6 061	246 583
西安东风仪表厂	124 810	128 900	2 414	243 152
陕西省红旗电机厂	14 860	16 235	728	42 839
西安三五一三工厂	49 290	23 727	2 016	75 373
中国人民解放军第三五三八工厂	12 334	7 583	803	36 884
西安冶金机械有限公司	189 541	178 220	3 063	236 562
西安卫光电工厂	53 150	62 050	1 343	70 127
陕西省印刷厂	123 010	100 465	1 108	63 271
陕西省公路机械厂	13 640	13 640	363	29 201
西安海红轴承总厂	39 707	31 998	1 020	168 894
陕西建设机械(集团)有限责任公司	350 538	610 994	1 844	289 126
陕西省水利机械厂	17 084	13 461	325	15 462
陕西汽车制造总厂	1 220 075	1 241 720	6 162	990 000
西安东方机械厂	301 461	273 106	6 174	357 579
陕西省延河水泥机械厂	20 819	18 166	508	99 003
西安毛巾厂	68 105	43 142	1 801	62 896
陕西省建筑木材厂	7 945	10 786	347	33 008
中国航天工业总公司七一七一厂	183 194	158 494	1 421	226 223
西安华山机械工业有限公司	433 352	397 059	5 674	302 555
西安惠安化学工业有限公司	296 055	219 475	6 897	261 059
西安亚西光电仪器厂	21 479	21 322	1 545	72 659
国营陕西第三印染厂	43 923	66 514	2 489	112 768
中国人民解放军第 3507 工厂(西安康贝制衣)	86 123	74 367	3 098	71 721
陕西省红旗水泥制品总厂	47 507	32 889	1 229	95 627
陕西省唐都机械厂	3 850	3 530	110	10 014
西安北方光电有限公司	464 150	454 750	4 875	563 782
西安昆仑机械厂	103 634	102 279	4 579	326 620
西安石油勘探仪器总厂	232 145	285 246	2 216	1 005 883
陕西省建筑构件公司	40 339	20 472	937	53 174
西安灞桥热电有限责任公司	93 926	38 230	1 473	81 840
西京电气总公司	213 580	271 690	3 094	376 806
户县热电厂(西安户县热力公司)	186 009	87 177	1 823	112 134
西安航空发动机厂	306 557	338 942	2 780	495 836
陕西省冷冻厂	3 388	2 666	508	31 624
秦川电站仪表厂	13 409	11 108	430	43 814

7－21　续表 1　　　　(2001 年)　　　　单位:千元

分组	工业总产值(现价)	工业总产值(不变价)	职工人数(人)	流动资产小计
陕西省骊山棉织厂	17 372	15 745	324	5 617
陕西重型机器厂	37 333	38 138	1 797	212 628
西安铁路信号工厂	135 429	69 433	2 610	149 363
西安印钞厂	738 602	672 634	2 073	444 270
西安航天动力机械厂	160 975	140 114	1 156	124 140
彩虹显示器件股份有限公司	2 401 129	5 305 459	3 854	1 157 628
陕西精密合金股份有限责任公司	67 375	63 658	340	651 851
长安信息产业(集团)股份有限公司	170 029	208 804	713	511 902
西安航天化学动力厂	200 860	200 360	1 320	134 280
西仪股份有限公司	17 731	16 614	1 028	278 865
陕西省金叶印务股份有限公司	88 229	86 936	394	352 117
金牛股份有限公司	47 071	64 966	593	116 768
陕西精密金属(集团)有限责任公司	46 695	45 284	1 461	79 865
中国航空工业总公司西安远东公司	205 159	203 529	5 981	280 626
西安电力树脂厂	14 682	21 133	492	88 545
国营西安骊山汽车制造厂	75 129	44 358	1 462	43 132
西安普天通信设备厂	31 449	30 596	1 050	57 157
西安市煤气公司	71 245	15 919	1 124	63 721
黄河机电股份有限公司	4 877	4 971	2 621	203 654
西安焦化厂	122 794	81 343	979	151 574
西安塑料制品厂	10 910	9 249	194	21 165
西安硫酸厂	27 650	24 494	498	35 064
西安车辆厂	813 551	573 966	7 905	394 026
西安市人民面粉厂	50 630	19 187	549	54 292
西安核仪器厂	5 677	5 316	551	67 389
西安矿山机械厂	28 330	31 422	496	7 648
西安内燃机配件厂	1 088	750	207	21 010
西安电机总厂	165 579	171 482	2 456	246 968
西安市第二印刷厂	5 980	4 225	353	12 095
西安泵阀总厂	50 055	58 572	862	74 552
西安市水泥制管厂	58 608	42 715	797	40 256
西安化学试剂厂	14 320	12 710	505	7 955
中国人民解放军第 7226 工厂	43 105	39 779	589	18 217
西安第一印刷厂	12 800	10 518	236	23 851
西安石油化工总厂	995 416	253 847	1 169	193 785
国营西安帆布厂	45 531	32 570	619	44 926
西安化工厂	285 730	276 376	2 422	177 588
西安锅炉总厂	67 816	63 650	1 994	63 951
陕西省西安农业机械厂	2 581	2 128	287	56 655

7-21 续表2　　(2001年)　　单位:千元

分组	工业总产值(现价)	工业总产值(不变价)	职工人数(人)	流动资产小计
西安煤矿机械厂	48 620	51 437	1 841	146 286
西安市群众面粉厂	67 479	25 358	724	69 982
西安市自来水公司	217 584	65 680	2 568	197 111
西安太阳食品集团公司	66 033	38 118	733	63 157
西安航空发动机(集团)有限公司	1 008 890	845 780	12 839	1 472 439
西安秦川(集团)发展总公司	211 814	156 353	6 750	225 363
西安市肉类联合加工总厂	66 616	43 504	1 451	55 974
西安市硅酸盐制品厂	9 685	6 102	524	8 067
西安电力机械制造公司	2 773 670	3 460 420	15 514	3 607 920
西安电力机械厂	10 844	8 950	804	48 452
国营黄河机器制造厂	345 740	322 762	3 351	1 085 443
西安高科(集团)公司	329 875	340 981	1 953	443 056
电信科学技术第十研究所	91 795	91 923	842	108 740
西安市塑料彩印厂	22 238	47 451	222	27 233
西安交大开元(集团)有限责任公司	425 788	425 788	943	263 170
西安无线电二厂	132 418	232 030	1 573	158 595
西安电梯厂	25 029	28 349	791	47 372
西安航天兰凌机械厂	62 603	63 931	907	38 950
西安骊山乳业集团	23 281	18 875	450	13 384
陕西省户县造纸厂	83 243	52 084	754	68 189
西安京西制药厂	164 291	242 180	1 467	54 875
陕西省户县水泥厂	29 394	17 142	718	34 577
陕西秦宝(集团)有限公司	30 601	26 120	938	67 245
西安博爱制药有限公司	27 167	27 167	316	39 425
五环(集团)实业有限责任公司	365 402	375 368	6 625	259 581
西安油漆厂	70 234	77 500	952	37 053
西安天马机械厂	13 037	13 037	293	8 535
西安供电局	437 840	234 410	2 429	1 053 683
西安雁塔水泥厂	39 228	21 581	420	10 847
庆安集团有限公司	1 049 810	2 013 650	7 786	748 777
青岛啤酒西安有限责任公司	670 009	353 061	732	132 514
西安南风日化有限责任工司	295 086	285 926	1 182	185 941
陕西鼓风机集团公司	376 291	408 802	3 446	709 029
西安标准工业股份有限公司	348 979	398 778	1 660	677 006
北方苏拿光学有限公司	8 574	8 574	122	18 011
维美德西安造纸机械有限公司	121 645	142 147	1 310	91 698
西安扬森制药有限公司	2 374 895	1 668 447	1 168	1 436 016
横河西仪有限公司	13 789	13 789	319	108 053
西安正大制药有限公司	60 126	22 809	504	57 548

7-21　续表3　　(2001年)　　单位:千元

分组	工业总产值(现价)	工业总产值(不变价)	职工人数(人)	流动资产小计
西安昆仑富特玻尔容器有限公司	76 683	114 263	183	144 676
西安中萃汉斯食品有限公司	189 577	181 902	380	75 730
西安裕民毛纺有限公司	23 005	16 484	141	28 862
西安西城彩色印刷有限公司	13 370	17 990	123	13 397
西安银桥企业集团	206 710	98 880	680	101 814
福乐家具有限公司	36 099	36 099	272	39 467
西安华联制皮工业有限公司	108 475	106 998	205	129 063
西安大唐电信有限公司	1 245 624	1 245 624	1 648	1 734 276
西安惠大化学工业有限公司	272 544	272 544	178	152 496
西安利达光电仪器有限公司	14 664	14 664	260	44 368
健力宝(西安)饮料有限公司	91 592	94 459	311	71 656
西安陕鼓工程成套技术有限公司	110 083	110 083	265	70 296
西安筑路机械有限公司	281 090	333 527	1 373	478 928
陕西欧舒特汽车有限股份公司	115 281	115 281	201	106 989
利君集团有限责任公司	993 958	597 042	4 540	517 242
西安迪赛生物药业有限公司	107 806	130 637	427	58 389
陕西唐华三棉有限责任公司	227 436	215 572	6 082	113 014
陕西唐华一印有限责任公司			273	14 721
陕西唐华六棉有限责任公司	102 959	99 763	1 984	100 861
陕西唐华四棉有限责任公司	333 340	367 672	6 996	306 624
陕西大华纺织有限责任公司	141 646	137 973	3 845	70 766
中国核工业总公司794矿	21 750	17 625	407	34 497
西安核设备有限公司	78 456	90 163	1 661	102 575
陕西法士特汽车齿轮有限责任公司	350 990	447 671	3 687	240 105

7-21 续表4 (2001年) 单位:千元

分组	固定资产原值	产品销售收入	工业增加值	利税总额
陕西省骊山床单厂	32 590	5 401	1 588	-2 297
西安飞机工业(集团)有限责任公司	2 283 658	3 136 996	722 339	127 306
西安新华印刷厂	109 954	66 633	28 598	2 619
西仪集团有限责任公司(西安仪表厂)	223 759	40 712	8 794	-42 783
西安北方庆华电器(集团)有限责任公司	572 296	141 154	52 550	3 005
西安东风仪表厂	288 257	85 900	40 380	1 631
陕西省红旗电机厂	23 118	2 041	3 439	-2 552
西安三五一三工厂	98 425	67 770	-5 114	-85 345
中国人民解放军第三五三八工厂	54 136	18 384	-1 098	-8 368
西安冶金机械有限公司	457 110	176 374	53 255	9 387
西安卫光电工厂	178 088	38 220	-16 840	-33 846
陕西省印刷厂	161 406	109 776	29 263	5 730
陕西省公路机械厂	18 898	9 961	3 597	-1 661
西安海红轴承总厂	57 440	30 089	14 042	-12 154
陕西建设机械(集团)有限责任公司	363 516	319 898	220 012	28 214
陕西省水利机械厂	26 347	12 022	5 002	-2 790
陕西汽车制造总厂	820 000	1 085 000	300 575	64 500
西安东方机械厂	803 100	309 253	56 311	2 841
陕西省延河水泥机械厂	142 657	20 474	6 329	-18 577
西安毛巾厂	44 214	63 214	20 640	-1 429
陕西省建筑木材厂	79 138	5 284	1 846	512
中国航天工业总公司七一七一厂	161 373	169 525	62 284	6 103
西安华山机械工业有限公司	1 231 822	427 933	88 952	6 319
西安惠安化学工业有限公司	694 261	316 480	27 385	5 214
西安亚西光电仪器厂	206 099	7 901	-3 828	-1 092
国营陕西第三印染厂	183 902	37 198	12 694	-18 426
中国人民解放军第3507工厂(西安康贝制衣)	124 662	100 057	28 949	-25 871
陕西省红旗水泥制品总厂	143 180	34 669	10 578	-6 869
陕西省唐都机械厂	25 732	2 999	2 029	-366
西安北方光电有限公司	528 406	453 271	45 660	1 016
西安昆仑机械厂	587 910	126 890	35 114	3 430
西安石油勘探仪器总厂	470 593	209 296	49 245	16 948
陕西省建筑构件公司	98 450	35 146	10 167	4 098
西安灞桥热电有限责任公司	262 371	32 469	32 009	-72 207
西京电气总公司	328 853	162 203	29 578	-12 545
户县热电厂(西安户县热力公司)	188 297	97 372	109 911	-30 036
西安航空发动机厂	340 885	213 638	91 354	13 535
陕西省冷冻厂	35 520	5 439	976	-3 467
秦川电站仪表厂	20 433	11 184	796	667

7-21 续表5 (2001年) 单位:千元

分组	固定资产原值	产品销售收入	工业增加值	利税总额
陕西省骊山棉织厂	14 524	2 266	2 432	-6 202
陕西重型机器厂	270 611	31 086	10 752	-39 881
西安铁路信号工厂	164 187	130 279	25 668	17 958
西安印钞厂	590 509	740 725	357 050	279 633
西安航天动力机械厂	142 600	109 000	51 335	10 140
彩虹显示器件股份有限公司	1 455 498	2 414 504	324 261	196 862
陕西精密合金股份有限责任公司	307 525	144 821	33 621	68 988
长安信息产业(集团)股份有限公司	159 326	427 000	44 339	25 090
西安航天化学动力厂	176 070	117 260	47 600	2 940
西仪股份有限公司	103 078	15 203	4 915	-3 966
陕西省金叶印务股份有限公司	99 322	92 793	26 039	21 552
金牛股份有限公司	94 589	48 882	15 482	5 696
陕西精密金属(集团)有限责任公司	68 331	55 108	-22 445	-42 649
中国航空工业总公司西安远东公司	559 157	251 104	70 870	-43 534
西安电力树脂厂	76 134	15 560	737	-2 666
国营西安骊山汽车制造厂	127 382	50 421	12 086	-1 919
西安普天通信设备厂	79 462	36 133	4 950	-12 112
西安市煤气公司	105 685	14 469	1 324	-6 659
黄河机电股份有限公司	66 373	25 409	10 323	18 585
西安焦化厂	197 523	133 388	20 694	10 324
西安塑料制品厂	39 726	420	-5 938	-4 285
西安硫酸厂	51 665	26 370	4 508	463
西安车辆厂	473 575	809 588	209 177	49 316
西安市人民面粉厂	52 119	51 729	-1 027	-3 805
西安核仪器厂	60 968	7 546	1 866	3 037
西安矿山机械厂	20 869	16 368	8 040	99
西安内燃机配件厂	58 022	617	206	-4 521
西安电机总厂	176 992	168 641	42 007	9 450
西安市第二印刷厂	54 953	5 980	-6 935	-8 381
西安泵阀总厂	48 156	52 143	16 521	5 082
西安市水泥制管厂	72 685	29 788	12 635	2 774
西安化学试剂厂	47 718	12 888	4 659	-395
中国人民解放军第7226工厂	87 317	43 228	16 315	3 930
西安第一印刷厂	75 986	13 385	4 317	2 105
西安石油化工总厂	366 133	1 006 702	105 295	70 222
国营西安帆布厂	57 500	46 202	6 001	-2 361
西安化工厂	607 427	267 014	75 568	17 474
西安锅炉总厂	85 779	41 343	14 003	-2 916
陕西省西安农业机械厂	84 723	3 056	1 429	-3 767

7-21 续表6 (2001年) 单位:千元

分 组	固定资产原值	产品销售收入	工业增加值	利税总额
西安煤矿机械厂	189 976	48 758	9 516	-18 352
西安市群众面粉厂	110 491	92 533	38 144	4 557
西安市自来水公司	1 185 570	217 584	144 191	20 010
西安太阳食品集团公司	72 424	63 957	14 117	-2 415
西安航空发动机(集团)有限公司	1 285 927	819 952	289 050	25 790
西安秦川(集团)发展总公司	625 343	233 714	-17 336	-93 273
西安市肉类联合加工总厂	77 606	27 041	26 772	2 053
西安市硅酸盐制品厂	56 504	10 513	1 583	-1 206
西安电力机械制造公司	2 657 810	2 618 510	613 850	190 800
西安电力机械厂	110 620	15 863	1 129	1 005
国营黄河机器制造厂	352 246	320 119	142 529	193
西安高科(集团)公司	262 525	457 589	216 202	46 548
电信科学技术第十研究所	41 093	69 007	33 396	13 494
西安市塑料彩印厂	33 917	19 742	4 584	-484
西安交大开元(集团)有限责任公司	257 946	213 200	294 032	154 755
西安无线电二厂	150 677	95 805	48 142	4 877
西安电梯厂	41 232	21 654	9 069	1 915
西安航天兰凌机械厂	49 950	50 530	19 453	-2 190
西安骊山乳业集团	12 916	17 872	16 859	2 638
陕西省户县造纸厂	178 006	84 471	34 940	19 071
西安京西制药厂	44 286	88 956	43 804	11 835
陕西省户县水泥厂	78 546	21 844	2 236	-7 089
陕西秦宝(集团)有限公司	54 089	17 580	16 715	1 661
西安博爱制药有限公司	25 709	14 996	15 263	-1 700
五环(集团)实业有限责任公司	344 014	358 560	131 715	40 740
西安油漆厂	72 085	64 159	17 288	3 074
西安天马机械厂	77 962	11 945	5 311	931
西安供电局	4 231 222	761 345	369 241	44 461
西安雁塔水泥厂	26 184	36 792	14 698	9 609
庆安集团有限公司	819 391	987 941	320 979	36 077
青岛啤酒西安有限责任公司	364 632	661 999	209 412	187 633
西安南风日化有限责任工司	222 951	292 603	43 574	14 751
陕西鼓风机集团公司	409 423	409 864	119 540	55 245
西安标准工业股份有限公司	223 617	401 002	139 056	103 638
北方苏拿光学有限公司	12 482	7 764	3 292	-429
维美德西安造纸机械有限公司	73 454	122 997	21 121	5 975
西安扬森制药有限公司	298 623	2 242 924	1 264 666	730 199
横河西仪有限公司	32 172	103 547	8 567	6 561
西安正大制药有限公司	27 332	57 181	35 120	18 459

7－21　续表7　(2001年)　单位:千元

分　组	固定资产原值	产品销售收入	工业增加值	利税总额
西安昆仑富特玻尔容器有限公司	111 582	70 425	25 046	671
西安中萃汉斯食品有限公司	195 235	235 113	41 336	18 808
西安裕民毛纺有限公司	29 197	8 363	2 483	－2 366
西安西域彩色印刷有限公司	20 717	12 064	3 998	－1 272
西安银桥企业集团	70 027	178 539	23 281	8 786
福乐家具有限公司	20 221	27 601	6 287	3 796
西安华联制皮工业有限公司	100 607	109 429	33 647	3 385
西安大唐电信有限公司	323 219	1 114 203	275 544	100 205
西安惠大化学工业有限公司	268 087	264 253	112 449	76 368
西安利达光电仪器有限公司	26 526	11 344	4 817	－2 018
健力宝(西安)饮料有限公司	90 716	74 539	22 060	－7 922
西安陕鼓工程成套技术有限公司	2 058	108 172	77 996	3 161
西安筑路机械有限公司	153 826	231 842	80 637	34 482
陕西欧舒特汽车有限股份公司	26 771	126 004	22 164	12 220
利君集团有限责任公司	705 933	992 651	352 176	248 953
西安迪赛生物药业有限公司	18 060	73 965	40 386	20 706
陕西唐华三棉有限责任公司	284 953	225 172	76 327	33 823
陕西唐华一印有限责任公司	274 281	1 346	－2 823	－4 959
陕西唐华六棉有限责任公司	169 954	95 300	29 825	22 731
陕西唐华四棉有限责任公司	406 239	316 004	119 406	29 321
陕西大华纺织有限责任公司	306 003	129 172	45 549	13 045
中国核工业总公司794矿	45 007	22 147	10 522	－2
西安核设备有限公司	206 078	93 813	28 928	9 908
陕西法士特汽车齿轮有限责任公司	283 589	316 506	143 347	103 480

主要统计指标解释

工业:指从事自然资源的开采,对采掘品和农产品进行加工和再加工的物质生产部门,具体包括:(1)对自然资源的开采,如采矿、晒盐、森林采伐等(但不包括禽兽捕猎和水产捕捞);(2)对农付产品的加工、再加工,如粮油加工、食品加工、轧花、缫丝、纺织、制革等;(3)对采掘品的加工、再加工,如炼铁、炼钢、化工生产、石油加工、机器制造、木材加工等,以及电力、自来水、煤气的生产和供应等;(4)对工业品的修理、翻新,如机器设备的修理、交通运输工具(包括小卧车)的修理等。

1984 年以前农村的村及村以下办工业归属农业,1984 年后划归工业。

工业统计调查单位:工业统计调查单位分为两类:独立核算法人工业企业和工业活动单位。(1)独立核算法人工业企业:是指从事工业生产经营活动的单位。独立核算法人工业企业应同时具备以下条件:①依法成立,有自己的名称、组织机构和场所,能够承担民事责任;②独立拥有和使用资产,承担负债,有权与其他单位签订合同;③独立核算盈亏,并能够编制资产负债表;(2)工业活动单位:是指在一个场所从事一种或主要从事一种工业生产活动的经济单位。它包括独立核算工业企业按主营业务活动(即工业生产活动)划分的主营业务单位和非工业企业所属的工业生产活动单位(即原非独立核算工业生产单位)。工业活动单位,一般应同时具备以下三条件:①具有一个场所,从事一种或主要从事一种工业活动;②单独组织工业生产、经营或业务活动;③单独核算收入和支出。

国有经济工业(即过去的全民所有制工业或国营工业):指生产资料归国家所有的一种经济类型,包括中央和地方各级国家机关、部队、科研机构、学校、人民团体和国有经济企事业单位等举办的国有经济工业。1957 年以前的公私合营和私营工业、后均改造为国营工业,1992 年改为国有工业,这部分工业的资料不单独分列时,均包括在国有工业内。

集体经济工业:指除国有经济工业、集体工业以外的其他经济类型工业企业(单位)。包括私营经济、个体经济、联营经济、股份制经济(股份有限公司);外商投资经济(中外合资经营、中外合作经营外资企业);港、澳、台投资经济(与大陆合资经营与大陆合作经营、港、澳、台独资企业)及其他经济类型的工业。

轻 工 业:指主要提供生活消费品和制作手工工具的工业。按其所使用的原料不同,可分为两大类:(1)以农产品为原料的轻工业,是指直接或间接以农产品为基本原料的轻工业。主要包括食品制造、饮料制造、烟草加工、纺织、缝纫、皮革和毛皮制作、造纸以及印刷等工业;(2)以非农产品为原料的轻工业,是指以工业品为原料的轻工业。主要包括文教体育用品、化学药品制、合成纤维制造、日用化学制品、日用玻璃制品、日用金属制品、手工工具制造、医疗器械制造、文化和办公用机械制造等工业。

重 工 业:是指为国民经济各部门提供物质技术基础的主要生产资料的工业。按其生产性质和产品用途,可以分为下列三类:(1)采掘(伐)工业,是指对自然资源的开采,包括石油开采,煤炭开采、金属矿开采、非金属矿开采和木材采伐等工业;(2)原材料工业,指向国民经济各部门提供基本材料、动力和燃料的工业。包括金属冶炼及加工、炼焦及焦炭化学、化工原料、水泥、人造板以及电力、石油和煤炭加工等工业;(3)加工工业,是指对工业原材料进行再加工制造的工业。包括装备国民经济各部门的机械设备制造工业、金属机构、水泥制品等工业,以及为农业提供的生产资料如化肥、农药等工业。

根据上述划分原则,修理业中以重工业产品为修理作业对象的划为重工业,反之划为轻工业。

独立核算工业企业、非独立核算工业生产单位：工业企业按其行政和财务是否独立，分为独立核算工业企业和非独立核算工业生产单位。

独立核算工业企业应同时具备下列条件：(1)行政上有独立的组织形式；(2)经济上独立核算、自负盈亏，编制独立的资金平衡表；(3)有权与其他单位签订合同并在银行设有独立帐户。独立核算工业企业不论是单一性生产或联合性生产的企业，均以整个企业作为一个基层单位进行统计，而不按分厂、车间统计。

非独立核算工业生产单位：是指不同时具备独立核算工业企业三个条件，附设于其他企业、事业、机关、团体、学校、科研机构、部队等单位的工业生产单位。非独立核算工业生产单位，必须同时具备下列三个条件，才能列入工业统计范围，即：(1)有固定的生产场所和生产设备；(2)有固定的生产工人和学徒在十人以上；(3)一般单位常年生产，季节性生产的单位全年开工时间在三个月以上。

大、中、小型企业：大、中、中型企业的划分标准有下列两类：

(1)按企业产品的年生产能力划分。凡产品比较单一的行业，如电力、原煤、石油、钢铁、有色金属、硫酸、烧碱、纯碱、合成氨、发电设备、汽车、拖拉机、木材采伐、水泥、平板玻璃、纺织、造纸、制糖、手表、缝纫、自行车等均以产品生产能力作为划分大、中、小型的标准(生产多种产品的企业，以其主要产品的生产能力来划分)。

(2)按企业拥有的固定资产原价划分。凡产品种类繁多，难以按生产能力划分的，则以企业拥有的固定资产原价作为划分大、小、小型的标准。

工业总产值：是指本年生产成品价值，对外加工费收入和自制半成品在产品期末期初差额价值之和。由于这部分的计算原则与现行工业总产值的计算原则不同，故用"新规定"加以区别。

工业总产值：(现行价格、新规定)与工业总产值(现行价格、原规定)的区别：(1)计算价格不同：新规定按不含增值税(销项税额)的价格计算；原规定按含增值税(销项税额)的价格计算。(2)全价与加工费的计算原则不同：新规定凡自备原材料，不论其生产繁简程度如何，一律按全价计算总产值，凡来料加工，一律按加工费计算总产值；原规定对此则有一些特殊规定，某些加工，允许按全价计算总产值，某些自备原材料生产，只允许按加工费计算总产值。(3)自制半成品、在产品期末期初差额坐标的计算原则不同；新规定要求会计在产品成本核算时核算了这部分价值，工业总产值则应包括，否则，可不包括，原规定则是区分生产周期是在六个月以上，凡生产周期在六个月以上，工业总产值包括这部分价值，否则，可不包括这部分价值。

工业总产值：(1990年不变价格、新规定)与工业总产值(1990年不变价格、原规定)的区别：(1)对外加工费收入中，按现价部分的计算价格不同：新规定按不含增值税(销项税额)的价格计算对外加工费收入，原规定按含增值税(销项税额)的价格计算对外加工费入。(2)全价与加工费的计算原则不同。(3)自制半成品，在产品期末期初差额价值的计算原则不同。凡按1990年不变价格计算的本年生产价值和工业性加工、修理价值，为了保持1990年不变价格的一致性，新规定一律不再扣除增值税，即与原规定一样，均按1990年不变价格计算本年生产成品价值和工业性加工、修理价值。

工业销售价值：是以货币表现的工业企业在一定时期内销售的本企业生产的工业产品产量。包括已销售的成品、半成品价值，对外提供的工业性作业价值和对本单位基本建设部门、生活福利部门等提供的产品和工业性作业及自制设备的价值。已销售的成品、半成品不论是本期生产的，还是上期生产的，只要是本期销售出去的均包括在内。对外提供的工业性作业是指企业按合同对外提供的工业性劳务。企业为本单位基本建设部门、生活福利部门等提供的产品和工业性作业及自制设备也应视同销售，这部分也作为销售统计。

工业销售产值的计算范围、计算价格和计算方法与工业总产值一致，但两者计算的基础不同：工业销售产值计算的基础是产品销售总量，工业总产值计算的基础是工业产品生产总量。

工业增加值：是指工业企业在报告期内以货币表现的工业生产活动的最终成果。工业增加值有两种计算方法：一是生产法，即工业总产出减去工业中间投入加上增值税；二是收入法，即从收入的角度出发，根据生产要素在生产过程中应得到的收入份额计算，具体构成项目有固定资产折旧、劳动者报酬、生产税净额、营业盈余，这种方法也称要素分配法。

工业总产出：是工业企业在一时期内工业生产活动的总成果。工业总产出包括：成品生产价值，对外加工费收入，自制半成品、在产品期末期初差额价值。

工业中间投入：指工业企业在工业生产活动中消耗的外购物质产品和对外支付的服务费用。服务费用包括支付给物质生产部门（工业、农业、批发零售贸易业、建筑业、运输邮电业）的服务费用和支付给非物质生产部门（如保险、金融、文化教育、科学研究、医疗卫生、行政管理等）的服务费用。

工业企业主要财务指标：（一）企业资本金

资本金：是指企业在工商行政管理部门登记的注册资金。企业筹集的资本金主要分为国家资本金、法人资本金、个人资本金以及外商资本金等。

（1）国家资本金　有权代表国家投资的政府部门或者机构以国家资产投入企业形成的资本金。

（2）法人资本金　指其他法人单位以期依法可以支配的资产投入企业形成的资本金。

（3）个人资本金　指社会个人或者企业内部职工以个人合法财产投入企业形成的资本金。

（二）资产负债

资产：是企业拥有或控制的能以货币计量的经济资源，包括各种财产、债权和其他权利。资产按流动性质一般分为流动资产、长期投资、固定资产、无形资产、递延资产和其他资产。

负债：是企业所承担的能以货币计量，将以资产或劳务偿付的债务。负债一般是按负债的偿还期长短进行分类的，分为流动负债和长期负债。

1.流动资产合计：流动资产是指可以在一年或者超过一年的一个营业周期内实现或者耗用的资产，包括现金及各种存款、短期投资、应收及预付贷款、存货等。流动资产的一个重要特点是它在参加生产经营时，其价值一次转移到产品成本或费用中去。

（1）货币资金　反映企业的各种现金、银行存款和其他货币资金。

（2）存货　指企业在生产经营过程中为销售或者耗用而储存的各种资产。包括原材料、包装物、低值易耗品、在产品、自制半成品、产成品等，其中：

产成品　指企业已经完成全部生产过程并已验收入库合乎标准规格和技术条件，可以按照合同规定的条件送交订货单位，或者可以作为商品以及销售的产品。企业接受外来原材料加工制造的代制品和为外单位加工修理的代修品，制造和修理完成验收入库后，视同企业的产成品。

2.流动资产平均产余额　指全部流动资产报告期平均余额。计算公式为

流动资产月平均余额＝月初、月末流动资产余额之和÷2

流动资产季平均余额＝季内各月流动资产平均余额之和÷3

流动资产年平均余额＝1至12月各月月初、月末充动资产余额之和÷24

3.长期投资合计　长期投资是指企业不准备在一年内变现的投资,它包括购置股票和长期债券以及对其他单位的投资等形式。

4.固定资产原价合计　固定资产原价值指企业在建筑、购置、安装、改建、扩建、技术改造等项固定资产时所支付的全部货币总额。一般包括买价、包装费、运杂费和安装费等。

5.累计折旧　指企业在报告期期末提取的各年固定资产折旧累计数。

本年折旧　指企业在本年度累计提取的折旧。

6.固定资产净值期末数　指固定资产原价减去历年新提折旧后的净额。

7.固定资产净值平均余额　指企业全部固定资产净值报告期平均余额。计算方法为:

固定资产净值月平均余额＝月初、月末固定资产净值之和÷2

固定资产净值季平均余额＝季内各月固定资产净值平均余额÷3

固定资产净年平均余额＝1至12月各月月初、月末固定资产净值之和÷24

8.固定资产合计　指企业固定资产净值、固定资产清理、在建工程、待处理固定资产净损失所占用的资金。

9.无形及递延资产合计　无形资产是指企业长期使用而没有实物形态的资产,包括专利权、非专利技术、商标权、著作权、土地使用权、商誉等;递延资产是指不能全部计入当年损益、应当在以后各年度内分期摊销和各项费用,包括开办费、租入固定资产的改良及大修支出等。本项目反映年末企业无形资产和递延资产之和。

10.其他长期资产合计　指除流动资产、长期投资、固定资产、无形资产、递延资产以外的其他长期资产。如特种储备物资、银行冻结存款、冻结物资,涉及诉讼中的财产等。

11.流动负债合计　流动负债是指将在一年或者超过一年的一个营业周期内偿还的债务。包括短期借款、应付票据、应付帐款、预收货款、应付工资、应交税金、应付利润、其他应付款、预提费用等。

12.长期负债合计　长期负债是指偿还期在一年或者超过一年的一个营业周期以上的债务。它是除了投资人投入企业的资本以外,企业向债权人筹集,可供企业长期使用的资金。

13.所有者权益合计　所有者权益是指企业投资人对企业净资产的所有权,包括企业所有者投入资金以及留存收益等。

14.股本　是指股份制企业以发行股票的方式筹集的资金。反映企业发行股票时按照票面值收到的股票本金。

15.产品销售收入　是企业销售产品的销售收入和提供劳务等主要经营业务取得的业务总额。

16.产品销售工厂成本　指企业销售产品和提供劳务等主要经营业务的实际成本。

17.产品销售税金及附加　指企业销售产品和提供工业性劳务等主要负担的城市维护建设税、消费税、资源税和教育费附加。

18.产品销售利润　指企业销售产品和提供工业性劳务等主要经营业务收入扣除其成本费用、税金后的利润。

19.利润总额　指企业实现的利润。

20.应交增值税　指企业在报告期内应交纳的增值税额。

21.全员劳动生产率　指根据产品的价值量指标计算的平均每一个职工在单位时间内的产品生产量。是考核企业经济活动的重要指标,是企业生产技术水平、经营管理水平、职工技术熟练程度和劳动积极性的综合表现。目前我国的全员劳动生产率是将工业企业的工业增加值除以同一时期全产职工的平均人数来计算的。计算公式：

全员劳动生产率 = 工业增加值 ÷ 全部职工平均人数

为了使各年度的全员劳动生产率数字可以比较，1990年以前各年的全员劳动生产率均按指数换算成1990年不变价格。

工业企业主要经济效益指标的计算公式：

$$\text{工业产品销售率}(\%) = \frac{\text{工业销售产值}}{\text{工业总产值}} \times 100\%$$

$$\text{成本费用利润率}(\%) = \frac{\text{实现利润总额}}{\text{成本费用总额}} \times 100\%$$

$$\text{工业全员劳动生产率}(\text{元/人}) = \frac{\text{工业增加值}}{\text{全部职工平均人数}}$$

$$\text{流动资产周转次数}(\text{次}) = \frac{\text{产品销售收入}}{\text{平均流动资产}}$$

$$\text{总资产贡献率}(\%) = \frac{\text{利润总额} + \text{税金总额} + \text{利息支出}}{\text{平均资产总额}} \times \frac{12}{\text{累计月数}} \times 100\%$$

$$\text{资本保值增值率}(\%) = \frac{\text{报告期期末所有者权益}}{\text{上年同期期末所有者权益}} \times 100\%$$

$$\text{资产负债率}(\%) = \frac{\text{负债总额}}{\text{资产总额}} \times 100\%$$

XI'AN 統計年鑒 2002

建筑业

JIANZHUYE

8－1 全市建筑施工企业基本情况

（2001年）

指 标	2001年
企业个数(个)	205
一二级企业	72
国有企业	46
城镇集体	127
平均人数(人)	156 863
一二级企业	112 486
国有企业	93 493
城镇集体	51 324
总产值(千元)	11 480 909
一二级企业	10 086 729
国有企业	9 181 690
城镇集体	1 547 496
增加值(千元)	2 320 185
一二级企业	1 964 003
国有企业	1 730 722
城镇集体	439 612
全员劳动生产率(元/人)	
按总产值计算	73 190.68
按增加值计算	14 791.16

8－2　全市建筑施工企业生产情况

指　　标	单　位	总　计	一二级企　业	国有经济
企业个数	个	205	72	46
亏损企业个数	个	27	11	5
自行完成施工产值	千元	11 480 909	10 086 729	9 181 690
1.建筑工程	千元	10 379 493	9 195 323	8 308 322
2.安装工程	千元	748 550	570 717	536 713
3.房屋构筑物修理	千元	292 536	266 529	277 228
4.非标准设备制造	千元	60 330	54 160	59 427
建筑业增加值	千元	2 320 185	1 964 003	1 730 722
竣工产值	千元	8 139 027	7 196 503	6 485 614
单位工程施工个数	个	3 885	2 696	2 598
本年新开工个数	个	2 234	1 383	1 359
投标承包个数	个	2 555	2 033	1 846
本年新开工	个	1 488	1 126	1 007
单位工程竣工个数	个	2 192	1 347	1 313
优良工程个数	个	953	770	688
房屋建筑施工面积	平方米	8 668 753	6 123 219	4 862 696
本年新开工面积	平方米	3 737 269	2 336 244	1 796 595
投标承包面积	平方米	6 223 272	4 574 571	3 529 617
其中：本年新开工	平方米	3 163 185	2 077 621	1 538 690
房屋建筑竣工面积	平方米	3 947 408	2 458 561	1 743 209
优良工程面积	平方米	2 131 990	1 428 357	1 096 637
自有机械设备年末总台数	台	43 454	26 430	18 167
自有机械设备年末总功率	千瓦	944 306	825 602	762 119
施工机械功率	千瓦	649 865	539 282	486 103
自有机械设备净值	千元	1 395 211	1 190 720	1 087 265
计算建筑业劳动生产率的平均人数	人	156 863	112 486	93 493

8－2 续表 (2001年按经济类型分)

指标	单位	国有经济	中央企业	市属企业	集体经济
企业个数	个	46	15	16	127
亏损企业个数	个	5		3	16
建筑业总产值	千元	9 181 690	5 781 145	747 164	1 547 496
1.建筑工程	千元	8 308 322	5 444 099	681 026	1 402 397
2.安装工程	千元	536 713	306 740	59 694	134 138
3.房屋构筑物修理	千元	277 228	9 530	6 444	10 058
4.非标准设备制造	千元	59 427	20 776		903
建筑业增加值	千元	1 730 722	1 030 810	183 246	439 612
竣工产值	千元	6 485 614	4 032 433	479 732	1 145 426
单位工程施工个数	个	2 598	1 427	253	1 130
其中:本年新开工个数	个	1 359	739	106	788
其中:实行投标承包个数	个	1 846	976	223	620
其中:本年新开工	个	1 007	528	94	417
单位工程竣工个数	个	1 313	770	85	798
其中:优良单位工程个数	个	688	380	27	239
房屋建筑施工面积	平方米	4 862 696	1 729 563	1 093 839	3 212 420
其中:本年新开工面积	平方米	1 796 595	391 811	417 908	1 555 430
其中:实行投标承包面积	平方米	3 529 617	944 857	1 080 039	2 230 868
其中:本年新开工	平方米	1 538 690	312 902	406 207	1 297 901
房屋建筑竣工面积	平方米	1 743 209	638 232	326 876	1 865 974
其中:房屋建筑优良工程竣面积	平方米	1 096 637	546 896	108 887	836 725
自有机械设备年末总台数	台	18 167	7 729	3 034	22 944
自有机械设备年末总功率	千瓦	762 119	396 563	62 023	165 417
其中:施工机械功率	千瓦	486 103	270 688	38 007	149 006
自有机械设备净值	千元	1 087 265	651 992	68 617	221 135
计算劳动生产率的平均人数	人	93 493	47 918	17 295	51 324

8－3 全市建筑施工企业生产情况

指标	单位	总计	土木工程建筑业	房屋建筑业	铁路.公路隧道.桥梁	堤坝电站码头
企业个数	个	205	160	136	9	4
亏损企业个数	个	27	16	11	1	1
自行完成施工产值	千元	11 480 909	9 534 381	3 454 603	4 607 176	1 225 477
1.建筑工程	千元	10 379 493	9 146 175	3 156 091	4 605 770	1 142 697
2.安装工程	千元	748 550	339 325	264 251	906	74 168
3.房屋构筑物修理	千元	292 536	33 196	27 188	500	
4.非标准设备制造	千元	60 330	15 685	7 073		8 612
建筑业增加值	千元	2 320 185	2 002 630	874 593	740 872	343 587
竣工产值	千元	8 139 027	6 698 584	2 298 178	2 856 095	1 376 772
单位工程施工个数	个	3 885	3 043	1 982	606	271
本年新开工个数	个	2 234	1 682	1 169	327	90
投标承包个数	个	2 555	2 038	1 077	592	229
本年新开工	个	1 488	1 103	652	323	66
单位工程竣工个数	个	2 192	1 654	1 112	286	106
优良工程个数	个	953	699	365	173	94
房屋建筑施工面积	平方米	8 668 753	8 634 798	7 925 192	107 738	550 868
本年新开工面积	平方米	3 737 269	3 722 299	3 593 808	2 385	75 396
投标承包面积	平方米	6 223 272	6 195 093	5 512 808	107 738	523 547
其中：本年新开工	平方米	3 163 185	3 144 258	3 021 529	2 385	69 634
房屋建筑竣工面积	平方米	3 947 408	3 930 610	3 579 066	50 730	249 814
优良工程面积	平方米	2 131 990	2 115 192	1 812 753	35 488	246 248
自有机械设备年末总台数	台	43 454	39 242	29 175	6 491	1 973
自有机械设备年末总功率	千瓦	944 306	787 041	250 808	328 024	148 029
施工机械功率	千瓦	649 865	531 825	195 099	186 141	124 663
自有机械设备净值	千元	1 395 211	1 135 796	366 130	542 226	173 912
计算建筑业劳动生产率的平均人数	人	156 863	140 894	91 883	32 421	13 310

8－3　续表　　（2001年按行业类别分）

指　　标	单　位	其他土木工程建筑业	线路管道设　备安装业	线路管道安装业	设　备安装业	建筑物装饰业
企业个数	个	11	24	12	12	21
亏损企业个数	个	3	5	3	2	6
自行完成施工产值	千元	247 125	1 678 157	607 142	1 071 015	268 371
1.建筑工程	千元	241 617	966 675	192 538	774 137	266 643
2.安装工程	千元		407 497	154 064	253 433	1 728
3.房屋构筑物修理	千元	5 508	259 340	259 340		
4.非标准设备制造	千元		44 645	1 200	43 445	
建筑业增加值	千元	43 578	304 841	107 696	197 145	12 714
竣工产值	千元	167 539	1 181 636	542 357	639 279	258 807
单位工程施工个数	个	184	842	435	407	
本年新开工个数	个	96	552	303	249	
投标承包个数	个	140	517	223	294	
本年新开工	个	62	385	186	199	
单位工程竣工个数	个	150	538	311	227	
优良工程个数	个	67	254	172	82	
房屋建筑施工面积	平方米	51 000	33 955	15 814	18 141	
本年新开工面积	平方米	50 710	14 970	7 998	6 972	
投标承包面积	平方米	51 000	28 179	10 038	18 141	
其中：本年新开工	平方米	50 710	18 927	7 758	11 169	
房屋建筑竣工面积	平方米	51 000	16 798	5 629	11 169	
优良工程面积	平方米	20 703	16 798	5 629	11 169	
自有机械设备年末总台数	台	1 603	3 772	1 561	2 211	440
自有机械设备年末总功率	千瓦	60 180	154 043	16 466	137 577	3 222
施工机械功率	千瓦	25 922	114 918	15 785	99 133	3 122
自有机械设备净值	千元	53 528	232 055	12 659	219 396	27 360
计算建筑业劳动生产率的平均人数	人	3 280	14 430	5 428	9 002	1 539

8－4　市属建筑施工企业生产情况

项　　目	单　位	总　计	一二级企　业	国有经济	集体经济
企业个数	个	121	24	15	99
亏损企业个数	个	15	3	3	12
自行完成施工产值	千元	2 341 998	1 323 131	736 956	1 241 709
1.建筑工程	千元	2 153 284	1 265 631	672 359	1 139 709
2.安装工程	千元	172 045	53 658	59 326	95 852
3.房屋构筑物修理	千元	15 889	3 062	5 271	5 368
4.非标准设备制造	千元	780	780		780
建筑业增加值	千元	593 117	305 707	182 047	372 597
竣工产值	千元	1 632 244	1 008 070	469 524	875 369
单位工程施工个数	个	1 136	446	243	823
本年新开工个数	个	682	218	96	543
投标承包个数	个	818	396	219	537
本年新开工	个	487	195	90	359
单位工程竣工个数	个	661	194	75	548
优良工程个数	个	223	63	24	185
房屋建筑施工面积	平方米	4 218 675	2 141 018	1 081 111	2 762 377
本年新开工面积	平方米	1 909 391	808 336	405 180	1 264 217
投标承包面积	平方米	3 323 881	1 959 298	1 067 711	1 880 983
其中：本年新开工	平方米	1 703 667	803 215	393 879	1 069 794
房屋建筑竣工面积	平方米	1 988 516	838 870	314 148	1 548 093
优良工程面积	平方米	835 991	270 081	96 559	658 804
自有机械设备年末总台数	台	22 975	8 676	2 926	19 137
自有机械设备年末总功率	千瓦	198 096	107 614	61 454	130 586
施工机械功率	千瓦	163 878	79 212	37 683	121 639
自有机械设备净值	千元	274 489	116 419	68 113	182 467
计算建筑业劳动生产率的平均人数	人	63 998	29 180	17 170	42 736

8－5　市属建筑施工企业生产情况

（2001年按行业类别分）

项　　目	单　位	合　计	土木工程建筑业	线路管道安装业	建筑物装饰业
企业个数	个	121	107	11	3
亏损企业个数	个	15	12	3	
自行完成施工产值	千元	2 341 998	2 154 412	43 258	144 328
1.建筑工程	千元	2 153 284	2 008 956		144 328
2.安装工程	千元	172 045	128 787	43 258	
3.房屋构筑物修理	千元	15 889	15 889		
4.非标准设备制造	千元	780	780		
建筑业增加值	千元	593 117	572 910	11 332	8 875
竣工产值	千元	1 632 244	1 457 875	39 053	135 316
单位工程施工个数	个	1 136	979	157	
本年新开工个数	个	682	543	139	
投标承包个数	个	818	753	65	
本年新开工	个	487	432	55	
单位工程竣工个数	个	661	518	143	
优良工程个数	个	223	186	37	
房屋建筑施工面积	平方米	4 218 675	4 218 675		
本年新开工面积	平方米	1 909 391	1 909 391		
投标承包面积	平方米	3 323 881	3 323 881		
其中：本年新开工	平方米	1 703 667	1 703 667		
房屋建筑竣工面积	平方米	1 988 516	1 988 516		
优良工程面积	平方米	835 991	835 991		
自有机械设备年末总台数	台	22 975	22 265	635	75
自有机械设备年末总功率	千瓦	198 096	195 096	2 620	380
施工机械功率	千瓦	163 878	161 635	1 923	320
自有机械设备净值	千元	274 489	268 543	3 642	2 304
计算建筑业劳动生产率的平均人数	人	63 998	62 188	1 362	448

8－6 全市建筑施工企业财务状况

单位:千元

项目	总计	国有经济	中央企业	市属企业	集体经济
流动资产小计	10 008 502	8 204 393	4 186 633	859 703	1 295 538
其中：存货	2 192 455	1 609 744	750 692	124 887	363 455
其中：在建工程	803 978	568 785	206 073	83 217	213 353
长期投资	208 637	178 859	161 666	2 572	15 611
固定资产小计	3 380 346	2 638 565	1 266 131	324 664	501 554
固定资产原价	5 118 140	4 161 606	2 088 745	455 118	676 626
其中：生产经营用	3 732 955	2 946 877	1 612 699	254 150	545 127
累计折旧	1 744 791	1 523 189	822 694	130 454	175 610
其中：本年折旧	267 563	229 206	125 253	17 692	29 864
专项工程	248 991	239 639	129 082	46 163	7 367
无形及递延资产小计	154 592	82 195	38 758	8 563	68 336
其中：无形资产	75 812	24 821	14 021	2 727	48 196
资产合计	14 020 190	11 357 619	5 784 195	1 244 506	1 893 544
流动负债小计	9 624 049	8 162 389	4 132 900	930 175	1 025 340
长期负债小计	790 490	752 661	344 052	16 392	36 796
负债合计	10 414 539	8 915 050	4 476 952	946 567	1 062 136
所有者权益合计	3 605 651	2 442 569	1 307 243	297 939	831 408
其中：实收资本	2 925 842	1 926 366	971 433	347 086	675 168
1.国家资本	1 305 292	1 301 286	644 995	347 086	
2.集体资本	585 046				501 227
3.法人资本	910 347	625 080	326 438		173 941
4.个人资本	105 754				
5.港澳台资本	19 403				
6.外商资本					
工程结算收入	11 702 202	9 574 635	6 002 921	875 933	1 422 479
工程结算成本	10 472 599	8 568 390	5 384 305	770 928	1 260 306
工程结算税金及附加	351 262	275 575	167 810	25 637	54 292
工程结算利润	878 341	730 670	450 806	79 368	107 881
其他业务利润	90 444	73 109	27 477	26 734	10 178
管理费用	754 903	658 685	387 839	83 806	73 150
其中：税金	14 553	9 268	4 670	1 809	4 384
财产保险费	2 830	2 383	1 775	282	372
劳动、待业保险费	176 170	161 797	92 364	11 886	14 336
财务费用	78 505	62 564	23 315	9 770	12 880
营业利润	135 377	82 530	67 129	12 526	32 029
利润总额	131 399	80 446	60 843	5 989	30 390
其中：应交所得税	44 089	26 291	20 125	2 091	9 340
应付利润	55 598	24 187	13 749	3 932	14 472
本年应付工资总额	1 314 908	922 066	525 936	123 191	286 527
本年应付福利费总额	140 174	97 409	51 742	10 094	31 070

8－7　全市建筑施工企业财务状况

（2001年按行业类别分）　　单位：千元

项目	总计	土木工程建筑业	房屋建筑业	铁路公路隧道桥梁	堤坝电站码头
流动资产小计	10 008 502	8 225 314	3 580 255	3 335 189	1 016 298
其中：存货	2 192 455	1 538 404	882 345	498 281	128 575
其中：在建工程	803 978	734 003	533 754	146 144	50 437
长期投资	208 637	155 341	30 812	75 857	47 386
固定资产小计	3 380 346	2 782 654	1 306 344	866 926	492 542
固定资产原价	5 118 140	4 156 424	1 647 140	1 427 290	870 895
其中：生产经营用	3 732 955	2 920 988	1 006 684	1 124 209	651 369
累计折旧	1 744 791	1 374 457	341 403	560 444	378 353
其中：本年折旧	267 563	203 130	53 046	69 696	69 943
专项工程	248 991	209 584	24 251	111 152	65 745
无形及递延资产小计	154 592	125 118	95 296	23 579	4 282
其中：无形资产	75 812	66 553	54 277	8 438	2 363
资产合计	14 020 190	11 515 178	5 049 118	4 415 314	1 626 709
流动负债小计	9 624 049	7 940 949	3 364 742	3 294 512	1 049 374
长期负债小计	790 490	585 944	164 170	282 170	75 831
负债合计	10 414 539	8 526 893	3 528 912	3 576 682	1 125 205
所有者权益合计	3 605 651	2 988 285	1 520 206	838 632	501 504
其中：实收资本	2 925 842	2 386 960	1 322 573	718 506	269 110
1.国家资本	1 305 292	1 102 256	378 509	700 246	20 100
2.集体资本	585 046	550 091	538 582		2 000
3.法人资本	910 347	667 113	338 032	18 210	247 010
4.个人资本	105 754	67 500	67 450	50	
5.港澳台资本	19 403				
6.外商资本					
工程结算收入	11 702 202	9 979 754	3 827 059	4 733 260	1 175 312
工程结算成本	10 472 599	8 943 437	3 432 479	4 251 496	1 040 307
工程结算税金及附加	351 262	299 137	131 254	132 145	29 224
工程结算利润	878 341	737 180	263 326	349 619	105 781
其他业务利润	90 444	70 471	34 091	21 771	15 090
管理费用	754 903	610 516	192 696	290 264	104 425
其中：税金	14 553	11 962	7 152	2 693	1 744
财产保险费	2 830	1 550	313	830	397
劳动、待业保险费	176 170	146 070	49 261	59 409	30 487
财务费用	78 505	65 020	34 263	20 174	3 215
营业利润	135 377	132 115	70 458	60 952	13 231
利润总额	131 399	124 322	66 305	52 118	5 520
其中：应交所得税	44 089	40 988	21 045	17 798	1 897
应付利润	55 598	47 842	34 564	9 450	3 410
本年应付工资总额	1 314 908	1 153 908	559 421	375 999	188 826
本年应付福利费总额	140 174	117 714	61 528	41 935	10 132

8－8 市属建筑施工企业财务状况

(2001年按经济类型分) 单位:千元

项目	总计	国有经济	集体经济
流动资产小计	2 150 393	859 703	1 123 422
其中:存货	423 596	124 887	270 052
其中:在建工程	250 398	83 217	148 480
长期投资	18 560	2 572	15 466
固定资产小计	881 399	324 664	412 677
固定资产原价	1 158 077	455 118	542 927
其中:生产经营用	824 360	254 150	444 721
累计折旧	277 217	130 454	130 788
其中:本年折旧	43 874	17 692	24 214
专项工程	55 490	46 163	7 342
无形及递延资产小计	78 630	8 563	67 270
其中:无形资产	52 923	2 727	48 196
资产合计	3 192 313	1 244 506	1 631 177
流动负债小计	2 052 597	930 175	914 355
长期负债小计	44 585	16 392	28 193
负债合计	2 097 182	946 567	942 548
所有者权益合计	1 095 131	297 939	688 629
其中:实收资本	996 121	347 086	546 404
1.国家资本	350 892	347 086	
2.集体资本	470 291		396 426
3.法人资本	159 278		149 978
4.个人资本			
5.港澳台资本	15 660		
6.外商资本			
工程结算收入	2 367 993	875 933	1 185 709
工程结算成本	2 106 691	770 928	1 047 616
工程结算税金及附加	82 155	25 637	46 794
工程结算利润	179 147	79 368	91 299
其他业务利润	42 857	26 734	10 400
管理费用	154 013	83 806	60 540
其中:税金	5 895	1 809	3 693
财产保险费	646	282	353
劳动、待业保险费	25 917	11 886	14 015
财务费用	23 474	9 770	11 523
营业利润	44 517	12 526	29 636
利润总额	36 192	5 989	27 958
其中:应交所得税	11 279	2 091	8 391
应付利润	17 795	3 932	12 743
本年应付工资总额	382 576	123 191	237 502
本年应付福利费总额	38 180	10 094	25 878

8－9 市属建筑施工企业财务状况

（2001年按行业类别分） 单位：千元

项目	总计	土木工程建筑业	线路管道设备安装业	建筑物装修装饰业
流动资产小计	2 150 393	2 052 065	50 315	48 013
其中：存货	423 596	391 630	29 130	2 836
其中：在建工程	250 398	225 365	25 033	
长期投资	18 560	18 560		
固定资产小计	881 399	861 799	11 597	8 003
固定资产原价	1 158 077	1 125 039	18 041	14 997
其中：生产经营用	824 360	798 926	10 437	14 997
累计折旧	277 217	263 779	6 444	6 994
其中：本年折旧	43 874	41 567	815	1 492
专项工程	55 490	55 340	150	
无形及递延资产小计	78 630	64 622	12 451	1 557
其中：无形资产	52 923	52 923		
资产合计	3 192 313	3 058 327	76 413	57 573
流动负债小计	2 052 597	1 972 245	42 553	37 799
长期负债小计	44 585	43 938	77	570
负债合计	2 097 182	2 016 183	42 630	38 369
所有者权益合计	1 095 131	1 042 144	33 783	19 204
其中：实收资本	996 121	951 783	19 391	24 947
1.国家资本	350 892	350 892		
2.集体资本	470 291	448 713	14 631	6 947
3.法人资本	159 278	152 178	4 760	2 340
4.个人资本				
5.港澳台资本	15 660			15 660
6.外商资本				
工程结算收入	2 367 993	2 185 121	38 544	144 328
工程结算成本	2 106 691	1 939 415	32 617	134 659
工程结算税金及附加	82 155	76 647	1 134	4 374
工程结算利润	179 147	169 059	4 793	5 295
其他业务利润	42 857	42 425	225	207
管理费用	154 013	145 508	4 580	3 925
其中：税金	5 895	5 698	106	91
财产保险费	646	568	78	
劳动、待业保险费	25 917	24 148	1 769	
财务费用	23 474	22 776	271	427
营业利润	44 517	43 200	167	1 150
利润总额	36 192	34 861	161	1 170
其中：应交所得税	11 279	10 767	188	324
应付利润	17 795	16 805	401	589
本年应付工资总额	382 576	374 448	6 566	1 562
本年应付福利费总额	38 180	37 169	805	206

8-10　一、二级建筑企业一览表

企业名称	施工产值（千元）	从业人员平均人数（人）	全员劳动生产率（元/人）	实收资本合计（千元）	工资总额（千元）
交通部第二公路工程局	2 962 949	9 430	314 205	340 692	103 287
陕西省第八建筑工程公司	248 475	4 802	51 744	52 510	26 972
陕西省第五建筑工程公司	213 698	2 288	93 399	51 968	21 406
陕西省第三建筑工程公司	24 008	2 081	11 537	50 429	25 691
陕西省设备安装工程公司	292 755	2 944	99 441	60 681	31 000
陕西省新安建筑工程处	15 040	179	84 022	296	65
陕西省机械施工公司	201 976	1 856	108 823	63 861	22 852
中国水利水电第三工程局	778 985	9 022	86 343	143 330	126 382
陕西省第一建筑工程公司	230 158	3 859	59 642	58 952	18 599
陕西航天建筑工程公司	28 073	4 863	5 773	50 000	13 044
陕西省西岳建筑公司	10 208	125	81 664	620	653
陕西省装饰工程公司	254	32	7 938	347	100
陕西省路桥工程总公司	431 790	2 742	157 473	67 430	38 458
中国通信建设第二工程局	184 972	1 631	113 410	52 946	10 288
中国机械工业第三安装工程公司	90 444	717	126 142	8 482	8 279
西安铁路工程(集团)有限责任公司	868 223	11 474	75 669	160 784	163 042
铁道部第一工程局建筑安装总公司	205 100	2 576	79 620	50 980	18 383
陕西罗克岩土工程公司	6 740	155	43 484	1 500	928
陕西联合建筑工程公司	80 514	1 850	43 521	15 250	10 869
陕西博雅装饰工程有限责任公司	40	25	1 600	5 600	100
西安市建筑装饰工程公司	3 500	90	38 889	277	200
西安市建筑工程机械施工公司	6 030	338	17 840	660	1 050
西安市水利建设工程总公司	17 535	323	54 288	20 100	2 499
陕西送变电工程公司	295 880	1 881	157 299	72 890	30 540
西北电力建设第四工程公司	415 540	3 729	111 435	103 680	58 200
西安市第一市政工程公司	98 289	1 562	62 925	46 041	9 702
西安市第三建筑工程公司	125 282	3 070	40 808	60 549	6 391
西安市第四建筑工程公司	80 067	1 001	79 987	51 003	8 490
西安市第二建筑工程公司	90 585	2 537	35 706	76 122	12 177
西安市古代建筑工程公司	6 764	269	25 145	889	1 390
西安市园林建设公司	9 500	149	63 758	4 530	670
西安市第二市政工程公司	16 566	1 807	9 168	43 247	20 050
西安市第一住宅建筑公司	32 009	725	44 150	21 000	6 062
西安市第一建筑工程公司	106 000	1 960	54 082	51 200	9 408
西安市第五建筑工程公司	60 061	2 298	26 136	31 600	4 777
陕西省通信建设工程局	4 723	212	22 278	6 000	2 798
西安市建筑总公司西京建筑工程公司	2 200	286	7 692	432	686
陕西秦地建筑工程公司	21 570	692	31 171	30 876	5 398
西安铁路分局工程工业公司	63 020	785	80 280	18 000	2 673
陕西省设备安装公司第五工程处	30 093	756	39 806	2 819	3 056
西安雁塔建筑工程总公司	72 040	1 600	45 025	17 362	9 600

8－10　续表1

企　业　名　称	施工产值（千元）	从业人员平均人数（人）	全员劳动生产率（元/人）	实收资本合计（千元）	工资总额（千元）
陕西华油建筑工程公司	2 585	352	7 344	156	5 796
西安市长安县水利建筑工程公司	13 417	236	56 852	2 000	1 745
西安市临潼区建筑工程公司	22 069	720	30 651	1 902	4 689
周至县建筑安装工程总公司	73 880	2 309	31 997	26 880	12 525
户县建筑公司	43 080	1 674	25 735	13 317	8 616
西安市秦户建筑公司	60 500	2 452	24 674	16 043	16 280
西安公路交大路桥建设有限责任公司	1 710	2 325	735	250	11 160
西安中煤建筑工程公司	81 773	1 120	73 012	21 060	14 019
西安北方进口设备安装工程有限责任公司	285	125	2 280	1 300	574
陕西省机械施工公司综合工程分公司	4 190	215	19 488	8 000	947
西安市银铺幕墙装饰公司	983	91	10 802	5 800	861
西安长征建筑工程有限公司	230 428	3 550	64 909	60 000	58 670
陕西省水电工程局(集团)有限责任公司	646 789	4 238	152 617	107 169	48 182
西安市市政工程管理处	162 671	2 229	72 979	41 852	27 191
西安华丽金建筑装饰装修工程有限公司	4 091	30	136 367	10 697	582
西安发记营造建筑装饰有限公司	139 028	300	463 427	18 000	1 014
西安市海星装饰工程有限公司	4 560	75	60 800	10 000	450
陕西科苑通信工程承包公司	5 653	90	62 811	3 000	805
西安飞机工业装饰装修工程股份有限公司	110 341	668	165 181	105 980	7 000
西安飞机工业有限责任公司煤气安装分公司	30 480	521	58 503	24 639	5 100
西安航空发动机有限公司机电设备安装分公司	12 000	200	60 000	2 200	1 550
西安昌盛建筑工程有限公司	4 560	245	18 612	2 100	1 730

8-10　续表2

企业名称	年末自有固定资产净值（千元）	利润总额（千元）	房屋建筑面积施工面积（平方米）	竣工面积（平方米）
交通部第二公路工程局	419 953	39 494	0	0
陕西省第八建筑工程公司	166 972	1 006	543 709	172 599
陕西省第五建筑工程公司	63 550	744	406 543	164 937
陕西省第三建筑工程公司	67 351	1 461	497 619	162 716
陕西省设备安装工程公司	120 145	3 280	0	0
陕西省新安建筑工程处	5 488	408	29 342	10 888
陕西省机械施工公司	105 699	503	0	0
中国水利水电第三工程局	334 808	2 741	12 962	6 253
陕西省第一建筑工程公司	96 408	1 122	432 081	171 498
陕西航天建筑工程公司	19 739	2 427	510 622	206 973
陕西省西岳建筑公司	670	25	12 728	12 728
陕西省装饰工程公司	43	-670	0	0
陕西省路桥工程总公司	96 654	721	0	0
中国通信建设第二工程局	63 885	977	0	0
中国机械工业第三安装工程公司	10 182	877	0	0
西安铁路工程(集团)有限责任公司	179 721	6 160	96 949	41 437
铁道部第一工程局建筑安装总公司	49 284	1 652	467 590	91 177
陕西罗克岩土工程公司	4 607	134	0	0
陕西联合建筑工程公司	12 633	1 124	83 710	78 918
陕西博雅装饰工程有限责任公司	303	-173	0	0
西安市建筑装饰工程公司	708	1	0	0
西安市建筑工程机械施工公司	1 729	7	0	0
西安市水利建设工程总公司	23 079	-517	0	0
陕西送变电工程公司	56 340	1 360	15 814	5 629
西北电力建设第四工程公司	123 720	2 820	536 306	241 961
西安市第一市政工程公司	41 536	1 427	0	0
西安市第三建筑工程公司	57 491	5	480 427	90 071
西安市第四建筑工程公司	46 775	13	339 582	135 129
西安市第二建筑工程公司	62 686	10	172 248	97 330
西安市古代建筑工程公司	810	-33	51 000	51 000
西安市园林建设公司	430	100	0	0
西安市第二市政工程公司	52 298	1 690	0	0
西安市第一住宅建筑公司	11 325	15	71 694	37 458
西安市第一建筑工程公司	117 137	10	259 721	71 064
西安市第五建筑工程公司	43 011	29	109 355	51 019
陕西省通信建设工程局	3 219	-655	0	0
西安市建筑总公司西京建筑工程公司	124	-128	6 860	6 780
陕西秦地建筑工程公司	27 741	102	58 072	22 571
西安铁路分局工程工业公司	16 371	1 041	10 789	9 293
陕西省设备安装公司第五工程处	1 390	-118	16 900	3 084
西安雁塔建筑工程总公司	3 781	308	189 200	116 900

8-10　续表3

企业名称	年末自有固定资产净值（千元）	利润总额（千元）	房屋建筑面积施工面积（平方米）	竣工面积（平方米）
陕西华油建筑工程公司	294	44	24 583	0
西安市长安县水利建筑工程公司	10 935	476	1 600	1 600
西安市临潼区建筑工程公司	1 638	13	84 013	21 788
周至县建筑安装工程总公司	9 899	1 212	5 400	3 000
户县建筑公司	12 253	39	107 665	35 830
西安市秦户建筑公司	20 482	1 120	108 685	43 886
西安公路交大路桥建设有限责任公司	1 232	-389	0	0
西安中煤建筑工程公司	13 751	1 011	153 568	76 015
西安北方进口设备安装工程有限责任公司	259	345	0	0
陕西省机械施工公司综合工程分公司	4 170	35	4 791	2 910
西安市银铺幕墙装饰公司	4 327	-68	0	0
西安长征建筑工程有限公司	51 826	22 782	192 300	192 300
陕西省水电工程局(集团)有限责任公司	251 639	2 842	18 141	11 169
西安市市政工程管理处	58 675	1 954	0	0
西安华丽金建筑装饰装修工程有限公司	6 724	44	0	0
西安发记营造建筑装饰有限公司	2 375	1 157	0	0
西安市海星装饰工程有限公司	159	-2	0	0
陕西科苑通信工程承包公司	736	469	0	0
西安飞机工业装饰装修工程股份有限公司	20 150	-4 498	0	0
西安飞机工业有限责任公司煤气安装分公司	20 850	750	0	0
西安航空发动机有限公司机电设备安装分公司	675	23	0	0
西安昌盛建筑工程有限公司	169	69	10 650	10 650
西安飞机工业装饰装修工程股份有限公司	20 150	-4 498	0	0
西安大恒装饰工程有限责任公司	0	0	0	0
西安飞机工业有限责任公司煤气安装分公司	20 850	750	0	0
西安航空发动机有限公司机电设备安装分公司	675	23	0	0
西安昌盛建筑工程有限公司	169	69	10 650	10 650

主要统计指标解释

建筑施工企业:是国民经济中专门从事建筑安装工程施工的物质生产部门。

主要活动包括:①各种房屋、建筑物和构筑物的建造;②各种线路、管道和机械设备的安装;③原有房屋建筑物和构筑物的修理;④非标准设备的制造。分为建筑安装企业和附营施工单位两种组织形式。建筑安装企业是指行政上有独立组织,经济上实行独立核算的企业。附营施工单位是指附属于现有生产企业、事业内部或行政单位的,为建造和修理本单位固定资产而自行组织的,并同时具备下述条件:1.对内独立核算;2.有固定组织和施工队伍;3.全年施工期在半年以上。

建筑业总产值:也叫自行完成施工产值。是以货币表现的建筑安装企业和附营施工单位在一定时期内生产的建筑业产品总和。包括建筑工程产值;设备安装工程产值;房屋、构筑物修理产值;非标准设备制造产值。

竣工产值:指在报告期内,按照设计所规定的工程内容全部完成,达到了设计规定的交工条件,经有关部门检查验收鉴定合格的单位工程价值之和。

优良工程个数:指按现行国家质量等级标准,经政府质量监督部门验收鉴定,评为优良工程的单位工程个数。

房屋建筑面积:是指房屋全部平面面积的总和。它从房屋的外墙线算起,包括可供使用的有效面积和墙柱等结构占用面积,多层房屋按各层(包括地下室)面积总和计算。

建筑业全员劳动生产率:指建筑企业平均每一职工在一定时期内创造的价值量。它能综合反映建筑企业生产和经营的水平。计算公式为:

$$\text{全员劳动生产率} = \frac{\text{建筑业总产值(施工产值)}}{\text{全部职工平均人数}}$$

房屋建筑面积竣工率:指一定时期房屋竣工面积占同期房屋施工面积的比率。计算公式为:

$$\text{房屋建筑面积竣工率} = \frac{\text{某时期房屋竣工面积}}{\text{某时期房屋施工面积}} \times 100\%$$

建筑业增加值新旧口径对比

计算公式:增加值=本年固定资产折旧+主营应付工资总额+主营应付福利费+管理费用中的劳动待业保险费+工程结算税金及附加+管理费中的税金+工程结算利润-转作奖金的利润

新计算公式:增加值将工程结算利润改成营业利润

	建筑业产值(千元)	增加值(千元)	增加值率
2000年(原口径)	10592495	2695545	25.4%
2000年(新口径)	10592495	2020077	19.1%
2001年(原口径)	11480909	3063149	26.7%
2001年(新口径)	11480909	2320185	20.2%

XI'AN 統計年鑑 2002

交通运输、邮电通信业

JIAOTONGYUNSHUYOUDIANTONGXINYE

9－1　各种交通线路里程

单位:公里

	2001年
铁路正线延展里程	1 961
营业里程	1 536
电气化营业里程	832
复线里程	394
公路总里程	3 297.57
晴雨通车里程	3 034.30
高速公路	159.01
一级公路	71.06
二级公路	658.72
三级公路	947.06
四级公路	1 406.07
民航通航里程	154 614

9－2 交通运输工具

指　标	单位	2000年	2001年
一、铁路运输工具			
机　车	台	386	415
蒸　汽	台	7	-
内　燃	台	125	125
电　力	台	254	290
客　车	辆	1 183	1 161
二、公路运输工具			
民用汽车	辆	138 318	172 436
1.载客汽车	辆	89 783	110 744
交通部门	辆	494	105
2.载货汽车	辆	44 974	55 453
交通部门	辆	436	163
3.特种车	辆	734	-
4.汽车挂车	辆	245	225
运输拖拉机(轮式)	辆	37 177	31 335
三、民航运输工具			
民航飞机	架	43	42

9－3　交通运输量及运输周转量

指　　标	单位	2000年	2001年	2001年比2000年增长%
一、客运量				
铁　路	万人次	2 130	2 060	－3.29
公　路	万人次	5 578	6 638	19
民用航空	万人次	360.01	381.49	5.97
二、旅客周转量				
铁　路	万人公里	1 648 051	1 717 573	4.22
公　路	万人公里	409 209	454 222	11
民用航空	万人公里	466 620.87	486 242.07	4.21
三、货运量				
铁　路	万吨	3 101	3 482	12.29
公　路	万吨	3 890	4 240	9
民用航空	万吨	8.24	6.35	－22.94
四、货物周转量				
铁　路	万吨公里	3 260 392	3 821 336	17.21
公　路	万吨公里	365 724	398 639	9
民用航空	万吨公里	11 886.20	9 454.94	－20.45

注：公路运输根据省运管局布置的统计工作要求，从2001年年报开始，运输量统计全部依据抽样调查推算总量。故2000年运输量调整为同一口径。

9－4　邮政与电讯

指　　标	单位	2000年	2001年	2001年比2000年增长%
一、邮电业务总量(按不变价计算)	万元	461 628	367 620	-
邮电业务收入	万元	306 145	370 839	21.13
二、函　件	万件	8 230	8 649	5.09
三、包　件	万件	117	139	18.80
四、汇　票	万张	188	178	-5.32
五、报纸订销累计份数	万份	12 378	11 885	-3.98
六、杂志订销累计份数	万份	918	983	7.08
七、邮政储蓄余额	万份	359 476	440 497	22.54
八、长途电话通话总数	万次	21 321	21 323	持平
九、市内电话年末到达户数	户	1 242 637	1 711 500	37.73
十、农村电话年末到达户数	户	170 199	259 374	52.40
十一、电话交换机容量	门	2 048 400	2 449 970	19.60
#农村电话	门	263 526	380 436	44.36
十二、电话机总数	个	1 412 836	1 816 205	28.55
#农村电话	个	170 199	259 374	52.40
无线寻呼户年末户数	户	787 300	494 897	-37.14
移动电话用户年末户数	户	731 000	1 277 400	74.75
国际互联网用户数	户	207 064	428 290	106.84

注:2001年邮电业务总量,按2000年不变价计算。2000年邮电业务总量,按1990年不变价计算。

9－5　邮电所及服务点

单位:个

指　　标	2000年	2001年
邮电所总计	**379**	**462**
一、自办局所	337	355
1.邮　　政	229	276
2.电　　信	54	79
3.邮　　电	84	-
二、代办局所	42	107
1.邮　　政	9	49
2.电　　信	33	58
信筒信箱	956	1 056

9－6 市直属公路运输主要技术指标

指 标	单 位	2000年	2001年
载客汽车完好率	%	90.1	86.5
载客汽车工作率	%	63.6	54.2
载客汽车实载率	%	60.8	65
车日行程	公里	244	289
行程利用率	%	100	100
每百车公里耗汽油	升	23	22
每百车公里耗柴油	升	24	22.1
每百吨公里耗汽油	升	16.5	13.4
每百吨公里耗柴油	升	17.2	13.4
载货汽车完好率	%	95.9	95.6
载货汽车工作率	%	89.4	88.9
载货汽车实载率	%	64.6	60.5
车日行程	公里	228	205
行程利用率	%	57.4	109.2
每百车公里耗汽油	升	36.2	36.4
每百车公里耗柴油	升	25.6	25.4
每百吨公里耗汽油	升	8.8	8.4
每百吨公里耗柴油	升	5.8	6.2

主要统计指标解释

铁路营业里程：又称营业长度，指办理客货运输业务的铁路正线总长度。凡是全线或部分建成双线及以上的线路，以第一线的实际长度计算；复线、站线、段管线、岔线和特殊用途线以及不计算运费的联络线都不计算营业里程。铁路营业里程是反映铁路运输业基础设施发展水平的重要指标，也是计算客货周转量、运输密度和机车车辆运用效率等指标的基础资料。

铁路电气营业里程：指在全部铁路营业里程中已安装了供电线路及设备，可供电力机车牵引列车运行的区段的总里程。

公路通车里程：是指实际达到交通部制定的公路工程技术标准规定的等级的公路长度。它包括大中城市的郊区公路以及通过小城镇街道的公路里程，也包括桥梁，渡口的长度，但不包括城市的等街道以及厂矿，林区和农业生产用道的里程。两条或多条公路共同经由同一路段，只计算一次，不得重复计算里程长度。

货（客）运量：指运输业实际运送的货物（旅客）数量。货运按吨计算，客运按人计算。货物不论运输距离长短，货物类别，均按实际重量统计；旅客不论行程远近或票价多少，均按一人一次作为客运量统计。半价票、小孩票也按一人统计。货（客）运量反映运输业为国民经济和人民生活服务的数量，也是制定和检查运输生产计划，研究运输发展规模和速度的重要指标。

货物（旅客）周转量：指运输业运送的货物（旅客）数量与其相应运输距离的乘积之总和，通常以吨公里和人公里为计算单位。计算货物周载量通常按发出站与到达站之间的最短距离，也就是按计费距离计算。它是反映运输生产总成果的重要指标，也是编制和检查运输生产计划，计算运输效率，劳动生产率以及核算运输单位成本的主要基础资料。

民航通航里程：指民航运输定期班机飞行的航线长度的总和。航线长度按机场之间的距离计算，如两条或两条以上航线经过同一区段里程，只计算一次航线长度不重复计算航线里程。民航通里程能确切反映民航运输网的规模，表明民航事业为国民经济服务和方便人民生活程度的主要指标。

邮电业务总量：指以货币表现的邮电部门为用户传递信息和提供其他邮电服务的总量。这用各种邮电分类业务量分别乘以相应的平均单价，加总后再加上出租电路和设备的收入，代用户维护电话交换机和线路等设备的收入，其他业务收入求得。邮电业务总量综合反映了一定时期邮电工作的总成果，是研究邮电业务量构成和发展趋势重要指标。

XI'AN
統計年鑒
2002

城市公用事业及环境卫生

CHENGSHIGONGYONGSHIYEJIHUANJINGWEISHENG

10－1　城市供水

（全社会）

指　　标	单　　位	1999年	2000年	2001年
年末水厂个数	个	7	8	8
供水综合生产能力	万立方米/日	149.50	139.90	158.80
#地下水	万立方米/日	89.50	73.90	82.80
年末供水管道总长度	公里	2 286	2 237	2 376
全年供水总量	万立方米	43 688	30 273	32 016
#生产运营用水	万立方米	11 004	6 486	7 132
居民家庭用水	万立方米	11 155	10 949	11 653
用水人口	万人	268.27	256.97	258.97

10－2　城市供水

（系统内）

指　　标	单　　位	1999年	2000年	2001年
年末水厂个数	个	7	7	7
供水综合生产能力	万立方米/日	117.5	116.90	137.60
#地下水	万立方米/日	57.5	50.90	61.90
年末供水管道总长度	公里	1 206	1 246	1 396
全年供水总量	万立方米	37 556	25 414	28 314
#生产运营用水	万立方米	7 280	4 886	5 653
居民家庭用水	万立方米	8 935	9 447	10 835
用水人口	万人	236.0	227.70	242.97

10－3　城市售电

单位:万千瓦时

	1999年	2000年	2001年
总　　计	**721 071**	**732 373**	**794 623**
一、农、林、牧、渔、水利业	74 094	77 579	81 966
＃排灌	60 457	59 207	60 133
二、工　　业	373 100	345 175	35 159
1.轻工业用电	121 578	152 125	152 221
2.重工业用电	251 523	193 050	199 358
三、地质普查和勘探业	2 045	892	1 030
四、建筑业	9 470	9 070	10 454
五、交通运输、邮电通讯业	21 118	22 904	32 303
六、商业、公共饮食、物供和仓储业	48 130	54 092	62 866
七、其他事业	84 457	90 143	105 979
八、城乡居民生活用电	108 656	132 518	148 446
＃乡　　村	26 164	31 281	32 834
城　　市	82 492	101 237	115 612

10－4　燃　　气

（全社会）

指　　标	单　　位	1999 年	2000 年	2001 年
一、煤　　气				
管道长度	公里	271	179	150
供气总量	万立方米	3 748	2 163	1 670
#家庭用量	万立方米	2 982	2 056	1 580
用气人口	万人	28.58	19.95	19.30
二、天 然 气				
管道长度	公里	327	480	604
供气总量	万立方米	4 053	11 513	16 712
#家庭用量	万立方米	2 185	2 808	3 072
用气人口	万人	56.07	79.51	90.10
三、液化石油气				
供气总量	吨	39 182	43 304	80 643
#家庭用量	吨	39 120	43 303	80 643
用气人口	万人	110.44	101.55	104.60

10－5　燃　　气

（系统内）

指　　标	单　　位	1999 年	2000 年	2001 年
一、煤　气				
管道长度	公里	179	179	150
供气总量	万立方米	2 248	2 163	1 670
#家庭用量	万立方米	2 107	2 056	1 580
用气人口	万人	25.29	19.95	19.30
二、天然气				
管道长度	公里	327	370	449
供气总量	万立方米	4 053	11 464	16 546
#家庭用量	万立方米	2 185	2 774	2 976
用气人口	万人	56.07	72.08	80.50
三、液化石油气				
供气总量	吨	20 724	26 343	23 763
#家庭用量	吨	20 724	26 343	23 763
用气人口	万人	44.08	43.88	44.60

10－6　城市公共交通

（全社会）

	单　　位	2000年	2001年
运营车辆	辆	2 573	2 740
汽　车	辆	2 488	2 658
#小公共	辆	486	804
电　车	辆	85	82
地　铁	辆		
标准运营车辆	标台	2 509	2 689
运营线路网长度	公里	434	434
客运总量	万人次	44 570	41 489
汽　车	万人次	41 940	39 364
#小公共	万人次	6 613	6 285
电　车	万人次	2 630	2 125
地　铁	万人次		
出租汽车数	辆	10 277	10 430

10－7　城市公共交通

（系统内）

	单　　位	2001年
运营车辆	辆	2 144
汽　　车	辆	2 062
#小公共	辆	323
电　　车	辆	82
地　　铁	辆	－
标准运营车辆	标台	2 215
运营线路网长度	公里	434
客运总量	万人次	35 604
汽　　车	万人次	33 479
#小公共	万人次	1 892
电　　车	万人次	2 125
地　　铁	万人次	－
出租汽车数	辆	1 661

10－8　城市公共交通营运线路

（2001年）

路　别	起点——终点	线路长度 千　米	全程票价 （分）	站　数	配车数
	总　　计	**1 472.05**			
	市区：				
1	起重机厂—南门	10.75	100	14	8
4	万寿路—南二环	14.00	100	16	27
5	医学院—火车站	8.75	200	13	26
5专	明德门小区—火车站	10.50	100	26	5
6	西万路口—钟楼	11.00	100	15	14
6专	电子商城—三府湾	13.00	100	22	10
7	王家坟—西门	12.5	100	12	17
8	国棉三厂—钟楼	13.50	100	20	25
9	塑料制品厂—火车站	11.50	100	18	14
10	边家村—动物园	10.50	100	16	21
10专	西大新村—动物园	13.50	100	19	4
11	五厂十字—钟楼	13.00	100	17	26
12	陕棉十厂—文艺路	13.25	100	14	18
13	中玩市场—火车站	10.00	100	13	12
14	高新开发区—火车站	14.50	100	24	26
14区间	高新开发区—大雁塔	6.50	100	11	8
16	辛家庙—南门	10.75	100	19	11
17	解放路—红旗厂	11.50	100	16	14
18	张家堡—小寨	14.00	100	14	20
付18	青门小区—钟研所	12.00	100	21	12
19	纬十街—吴家坟	11.50	100	14	12
20	西铁分局—王家坟	10.00	100	17	17
21	秦王宫—红庙坡	13.75	100	19	19

10－8　续表1　　(2001年)

路　别	起点——终点	线路长度 千　米	全程票价 (分)	站　数	配车数
	百寰市场—大雁塔	11.75	100	13	10
付22	铁路局—海虹轴承厂	13.75	100	21	11
24	劳动路—大雁塔	10.25	100	14	18
27	植物园—胡家庙	11.50	100	18	19
29	高新区—东门	10.50	100	14	14
41	伟达集团—火车站	7.50	100	11	11
付41	伟达集团—火车站	10.00	100	14	6
42	唐都医院—火车站	10.50	100	14	8
43	万寿路—汉中办	13.50	100	17	20
45	铁炉庙—家世界	13.00	100	17	14
46	含元殿—肿瘤医院	15.00	100	15	16
付105	红旗市场—钟楼	13.50	100	16	9
101	冶金厂—吴家坟	16	100	22	15
市区特种					
车型线路					
双层602	火车站—纬十街	8.00	100	19	12
601	省交通学校—大雁塔	15.75	100	15	9
601专	岗家寨—省射击厂	18.00	100	21	17
双层603	电视塔—火车站	11.25	100	14	30
604	起重机厂—胡家庙	15.00	200	26	9
605	纬二街—王家坟	12.00	200	20	15
606	西影路—大世界游乐场	17.00	200	24	25
608	火车站—南窑头村	15.00	100	24	16
610	火车站—秦王宫	13.00	200	31	20
611	大庆路—火车站	11.50	100	18	35
618	张家堡—肿瘤医院	16.50	200	15	11
	市区:电车	38.00			74

10－8　续表2　　(2001年)

路　别	起点——终点	线路长度 千　米	全程票价 (分)	站　数	配车数
102	经二路—劳动路	10.75	100	17	20
103	汉城路—火车站	9.30	100	16	21
付103	城西客运站—火车站	10.00	100	17	12
105	水泥厂—火车站	12.75	100	16	25
	市郊:汽车				
201	西新庄—火车站	13.50	150	19	8
202	西新庄—岗家寨	17.50	200	28	12
203	十里铺—中体广场	14.50	150	20	11
205	紫微花园—火车站	11.50	150	15	12
205区间	高新开发区—火车站	11.50	200	16	5
207	沣惠小区—城运村	16	200	21	5
208	政法干校—大观园	15.00	100	24	9
209	动物园—城运村	15.00	150	18	8
210	紫微城市花园—城西客运	13.00	100	20	8
213	洪庆—南门	21.75	200	19	15
215	南门—韦曲	11.25	100	10	19
216	含元殿—西桃园	14.25	100	26	14
221	海虹轴承厂—武警医院	16.00	200	20	13
223	丰产路—文艺路	18.25	200	23	20
付223	武警学院—武警总队	17.00	200	25	8
224	城西客运站—省射击场	17.00	200	27	17
228	政法干校—海虹轴承厂	17.00	200	20	13
235专	三官庙村—东门	16.50	200	17	8
236	钟楼—未央湖乐园	17.50	200	9	2
236专	西华门—农业开发区	23.50	200	14	3
237	新合—动物园	25.00	200	14	1
239	零六七基地—火车站	16.50	200	26	4

10－8　续表 3　　(2001 年)

路　别	起点——终点	线路长度 千　米	全程票价 (分)	站　数	配车数
301	三桥—灞桥	28.00	200	23	22
301 区间	城西客运站—万寿路	14.50	150		12
306	火车站—兵马俑	41.00	500	15	17
307	火车站—陕鼓集团	42.50	500	21	16
308	纬什街—高压开关厂	16.25	200	17	10
239 专线	零六七基地—火车站	19.00	200	14	3
240	西京医院—狄寨	18.00	200	17	10
310	钟楼—汉阳陵	23.00	300	21	3
311	南门—郭杜	15.00	150	22	8
311 区间	高新开发区—长安产业园	14.00	150	21	2
402	王家坟—高新区	16.50	200	19	17
	小公共汽车				
501	火烧壁—精神卫生中心	13.50	300	24	20
502	高新开发区—电力医院	15.50	350	27	15
503	后围寨—大雁塔	20.50	400	31	30
504	空军西安印刷厂—邓家村	19.00	400	30	28
506	徐家堡—甘家寨	20.00	400	30	20
507	洪庆—桃园商场	24.60	400	30	25
508	培华女大—唐都医院	20.25	400	33	30
509	太白小区—未央湖	24.60	400	33	23
511	罗家寨—纺织城枣园小区	21.00	450	38	30
512	开发区—铁二十局总公司	18.00	400	29	25

10－8 续表4 (2001年)

路 别	起点——终点	线路长度 千 米	全程票价 (分)	站 数	配车数
517	西铁局—电梯厂	17.50	400	28	27
521	西 勘—秦阿房宫	19.00	400	28	27
527	劳教所—陕汽总厂	18.25	400	28	27
528	千户村—省构件厂	17.00	400	29	26
714	张家堡—纬什街	20.80	400	32	30
	市区、市郊中轿车线路				
204	南 门—南山门	13.00	200	13	12
225	大庆路—电子正街	13.00	250	14	15
231	西核所—八办	24.50	400	22	17
232	南 门—东里	23.50	170	14	18
233	水流—朝阳门	25.75	350	15	15
234	大庆路—张家堡	17.25	300	14	8
302	南门—石桥	26.00	400	14	25
309	贯家滩—友谊路	25.00	400	31	16
401	发电厂—明德门	20.75	400	28	28
405	南门—新庄	25.50	350	29	25
406	银河小区—常家湾	21.00	100	31	16
701	枣园路—安陵园	22.00	400	30	26
702	政法干校—枣园小区	13.40	350	29	25
703	污水处理厂—铁20局	22.00	400	32	30

10－8 续表5 (2001年)

路别	起点——终点	线路长度千米	全程票价(分)	站数	配车数
704	明德门—东方市场	20.00	350	32	25
705	西铁大明宫区—秦川分厂	15.00	300	25	25
706	欧亚学院—北张温泉	19.30	350	32	25
707	华清小区—枫叶苑	19.20	350	29	25
708	海虹轴承厂—田家湾	19.30	350	29	28
709	电子城—西安酒厂	22.00	450	33	28
710	39所—十五街坊	18.50	400	32	25
711	徐家湾—机动车交易市场	20.70	400	31	25
712	长乐毛纺厂—团结西路	21.20	400	30	25
713	明德门—车辆厂	19.70	400	33	25
715	春临村—灞桥分局	22.00	450	33	25
716	南山门口—幸福北路	19.00	400	31	25
717	汉城乡—等驾坡	19.10	350	29	25
省旅游专线四条					
游1	火车站—华山	125	1 800	7	15
游2	火车站—太白森林公园	155	2 000	7	6
游3	火车站—乾陵	95	1 200	7	10
游4	火车站—法门寺	120	1 800	3	10

10－9　市政设施

（全社会）

指　　标	单　位	1999年	2000年	2001年
一、道路长度	公里	977	975	989
二、道路面积	万平方米	1 245.93	1 262.5	1 910
三、人行道面积	万平方米	639.70	635.9	660
四、桥梁数	座	77	79	79
#立交桥	座	23	22	22
五、路灯盏数	盏	26 769	27 516	29 093
六、排水管道长度	公里	811.23	835.4	871
七、污水年排放量	万平方米	30 922	23 543	32 016
八、污水处理厂处理能力	万立方米/日	28.93	29	29
九、污水年处理量	万立方米	6 793	5 441	7 025
十、防洪堤长度	公里	1.60	1.6	1.6

10－10　市政设施

（系统内）

指　　　标	单　位	1999年	2000年	2001年
一、道路长度	公里	630	644	658
二、道路面积	万平方米	843	880	1 491
三、人行道面积	万平方米	586	595	622
四、桥梁数	座	56	59	59
#交　桥	座	11	11	11
五、路灯盏数	盏	24 242	25 445	27 022
六、排水管道长度	公里	673.7	707	743
七、污水年排放量	万平方米	24 318	20 331	32 016
八、污水处理厂处理能力	万立方米/日	27	27	29
九、污水年处理量	万立方米	6 600	3 939	7 025
十、防洪堤长度	公里	1.60	1.6	1.6

10－11　城市设施水平

（非农业人口）

指　　标	单　位	1999年	2000年	2001年
一、人均拥有城市维护建设资金	元	581.54	653.66	805
二、人均使用面积	平方米	12.36	13.72	14.64
三、人均居住面积	平方米	9.01	10.19	10.9
四、人均日生活用水量	（升）	242.14	241.54	214.37
五、用水普及率	%	98.08	98.95	98.59
六、每万人拥有公共交通车辆	标台	9.08	10.17	10.73
七、用气普及率	%	80.41	81.51	85.43
八、人均拥有道路面积	平方米	5.14	5.12	5.14
九、排水管道密度	公里/平方公里	4.34	4.47	4.66
十、污水处理率	%	21.97	23.11	21.94
十一、园林绿化				
#人均公共绿地面积	平方米	6.76	5.12	5.27
建城区绿地率	%	21.42	19.67	20.05
建城区绿化覆盖率	%	36.41	33.29	34.22
十二、垃圾无害化处理率	%	93.35	90.89	99.24

注：此表与往年（全社会）表口径同。

10－12 城市设施水平

	单 位	2001 年
一、人均拥有城市维护建设资金	元	570
二、人均使用面积	平方米	14.64
三、人均居住面积	平方米	10.9
四、人均日生活用水量	（升）	214.37
五、用水普及率	%	69.88
六、每万人拥有公共交通车辆	标台	7.61
七、用气普及率	%	60.55
八、人均拥有道路面积	平方米	3.64
九、排水管道密度	公里/ 平方公里	4.66
十、污水处理率	%	21.94
十一、园林绿化		
#人均公共绿地面积	平方米	3.74
建城区绿地率	%	20.05
建城区绿化覆盖率	%	34.22
十二、垃圾无害化处理率	%	99.24

10－13　城市规模及房屋情况

指　　标	单　位	1999年	2000年	2001年
城市面积	平方公里	1 066	1 256	1 256
城建区面积	平方公里	186.97	186.97	186.97
城市建设用地	平方公里	168.61	175.27	183.73
#工业用地	平方公里	35.25	35.40	35.81
仓储用地	平方公里	8.37	8.39	8.47
对外交通用地	平方公里	10.13	10.25	10.67
生活居住用地	平方公里	70.34	73.47	76.99
年末实有房屋建筑面积	万平方米	7 627.0	8 249	9 583
年末实有住宅建筑面积	万平方米	4 116.0	4 646	5 403
年内新建房屋竣工面积	万平方米	871.85	550	738
#住宅竣工面积	万平方米	648.70	550	522
年末全市住房居住面积	万平方米	2 099	2 415	2 814
全市平均居住面积	平方米/人	9.01	10.19	10.9
年末危险住宅建筑面积	万平方米	30.00	15	27

10－14　城市园林绿化

（全社会）

指　　标	单　位	1999年	2000年	2001年
一、公园个数	个	46	47	47
二、公园面积	公顷	1 263.29	879.8	1 150
三、园林绿地总面积	公顷	4 443	4 116	4 238
#公共绿地	公顷	1 639.52	1 263.4	1 320
四、年末绿化覆盖面积	公顷	7 102	6 542	6 735
五、建城区绿化覆盖率	%	36.41	33.29	34.22

10－15　城市园林绿化

（系统内）

指　　标	单　位	1999 年	2000 年	2001 年
一、公园个数	个	17	18	18
二、公园面积	公顷	613.40	222.23	222.20
三、园林绿地总面积	公顷	975.0	592	606
#公共绿地	公顷	839.86	458.8	472.2
四、年末绿化覆盖面积	公顷	1 680.0	1 302	1 325

10－16　城市环境卫生

指　　标	单　位	1999年	2000年	2001年
从业人数	人	7 058	7 632	8 575
清扫面积	万平方米	1 394.07	1 739	1 925
清运生活垃圾	万吨	94.91	98	131.6
清运粪便	万吨	5.05	5	4.5
公共厕所	座	430	430	410
市容环卫专用车辆	台	365	330	369

10－17 城市环境保护

指　　标	单　位	1999年	2000年	2001年
一、工业废水排放量	万吨	9 173	9 145	7 487
#经过处理的	万吨	5 587	6 090	-
工业废水排放达标量	万吨	5 937	6 130	6 596
#处理排放达标量	万吨	2 054	2 514	-
二、工业废气排放量	万标立方米	2 817 728	2 759 719	2 739 806
其中:燃料燃烧中排放的	万标立方米	2 021 050	1 942 884	1 975 417
#经过消烟除尘的	万标立方米	1 904 529	1 863 445	-
其中:生产工艺中排放的	万标立方米	796 678	816 835	764 389
#经过净化处理的	万标立方米	452 221	458 231	-
三、工业固体废物产生量	万吨	110.1	107	105
工业固体废物处置量	万吨	23.4	20	6.38
工业固体废物综合利用量	万吨	74	63	69
四、工业锅炉	台/蒸吨	714/6 388	691/6 258	621/5 962
#达标的	台/蒸吨	683/6 002	662/6 107	603/5 826

10－18　城市供热

指　　　标	单　位	1999年	2000年	2001年
供热能力				
蒸　　气	吨/小时	771	766	1 046
热　　水	兆瓦	374	405	405
供热总量				
蒸　　气	万吨	178	126	251
热　　水	万百万千焦	267	202	321
管道长度				
蒸　　气	公里	223	221	235
热　　水	公里	157	133	126
供热面积	万平方米	841.56	853.82	991
#住　　宅	万平方米	814.00	536	630

主要统计指标解释

年末自来水综合生产能力:指年末城建部门管理的自来水厂和社会单位自务水源的取水、净化、送水、出厂输水干管环节的实际生产能力。

年末供水长度:指从送水泵至用户水表之间所有管道的长度。

全年供水总量:指城市供水设施供出厂外的全部供水总量,包括有效供水量及损失水量。

生活用水量:指居民日常生活与行政、事业单位、部队营区、商业及服务等行业用水量。

人工煤气综合生产能力:指城市煤气厂制气、净化、输送等环节的综合实际生产能力。

输气管道长度:指由压缩机、鼓风机、储缺罐的出口到用户立管之间的全部管道长度。

全年燃气销售量:指售给各类用户的全部煤气量。包括工业用量、家庭用量和其它用量。

年末公共汽(电)车年营运车辆数:指年底有加营运的全部车辆数,包括年底营运车辆数和库存查封未参加营运的车辆,不包括非营运车辆,如架线车、油罐车、工程车、货车及其他专用车辆和借入的客运车辆。

营运线路网长度:指设置的固定营运线路长度,包括郊区营运线路长度。不包括临时行驶的线路长度。

年末实有铺装道路长度:将除土路外,路面经过铺装宽度在3.5米以上的道路,包括高级、次高级道路和普通道路。

年末桥梁数:指城市范围内,修建在河道上的桥梁和道路与道路立交、道路跨越铁路的立交桥,以及人行天桥。包括永久性和半永久性桥,不包括临时性桥、铁路桥、涵洞。

年末排水管道总长度:指所有排水总管、干管、支管及暗渠、检查井、连接井进出水口等长度之和。

城市园林绿地面积:指城市公共绿地、专用绿地、生产绿地、保护绿地、郊区风景名胜区的全部面积。

公共绿地:指供游览休息的各种公园、动物园、植物园、陵园以及花园、游园和供游览休息用的林荫道绿地、广场绿地。不包括一般栽植的人行道树及林荫道的面积。

城市供热能力:指符合集中供热的标准的供热单位(企业)向城市热用户输送热能的设计能力。

城市供热总量:指报告期内符合集中供热标准的供热单位(企业),向城市热用户输送的全部蒸汽、热水的量。

城市供热管道长度:指从各类热源厂到热用户之间的全部蒸气和供热水的管道长度。

批发、零售、贸易和餐饮业

PIFALINGSHOUMAOYIHECANYINYE

11－1　全市批发零售贸易业基本情况

指　　标	1995年	1996年	1997年	1998年	1999年	2000年	2001年
一、批发零售贸易业网点数(个)	76 187	84 836	88 793	105 836	107 381	104 321	105 948
#国有经济	5 354	5 373	5 800	5 968	5 722	4 961	4 680
集体经济	25 020	26 113	27 225	28 983	28 317	25 754	22 329
二、批发零售贸易业人员数(人)	427 767	505 495	539 998	601 143	602 793	573 602	575 733
#国有经济	82 243	84 838	89 212	90 969	85 837	80 204	76 390
集体经济	236 476	241 875	254 336	265 483	228 878	202 825	185 488
三、餐饮业网点数(个)	15 485	15 668	20 259	22 500	24 977	27 531	28 219
四、餐饮业人员数(人)	68 782	78 313	82 917	100 862	118 442	124 988	128 738
五、社会消费品零售总额(亿元)	180.22	212.82	249.56	271.85	298.15	328.47	365.93
#国有经济零售额	60.93	54.92	59.80	59.38	60.17	62.95	42.29
集体经济零售额	38.98	41.87	49.45	50.17	51.19	53.28	47.56
市的零售额	160.30	189.20	224.74	240.08	261.22	289.01	323.37
批发零售贸易业零售额	109.68	135.93	155.89	166.66	186.35	205.77	231.24
农民对城镇居民零售	34.06	40.85	45.27	46.97	49.26	51.87	54.29

11－2 限额以上批发零售贸易业商品购进、销售、库存总额

(2001年) 单位:万元

	购进总额	进口	销售总额	批发	出口	零售	年末库存总额
总计	**2 307 628.6**	**48 377.9**	**2 474 435.8**	**1 761 882.8**	**327 588.6**	**712 553.0**	**224 880.4**
一、批发业	1 753 502.4	48 377.9	1 853 783.3	1 712 764.2	327 588.6	141 019.1	162 291.1
其中:国有及国有控股	1 631 405.4	42 894.7	1 728 833.5	1 588 430.6	327 438.5	140 402.9	147 150.3
1.按登记注册类型分组							
内资企业	1 753 502.4	48 377.9	1 853 783.3	1 712 764.2	327 588.6	141 019.1	162 291.1
国有企业	1 330 893.1	35 672.5	1 412 353.2	1 333 681.5	281 553.1	78 671.7	98 147.1
集体企业	30 003.5		31 134.1	30 517.9		616.2	8 499.3
股份合作企业							
联营企业	29 012.4	3 845.0	29 998.7	29 998.7	10 846.1		1 160.1
国有联营企业	29 012.4	3 845.0	29 998.7	29 998.7	10 846.1		1 160.1
集体联营企业							
国有与集体联营企业							
其他联营企业							
有限责任公司	293 042.9	4 086.0	302 872.9	275 220.3	25 013.0	27 652.6	21 791.2
国有独资企业	3 226.1	3 226.1	3 466.6	3 466.6	150.1		3 827.6
其他有限责任公司	289 816.8	859.9	299 406.3	271 753.7	24 862.9	27 652.6	17 963.6
股份有限公司	61 320.8	2 517.3	68 208.9	34 130.3	10 176.4	34 078.6	31 577.5
私营企业	9 229.7	2 257.1	9 215.5	9 215.5			1 115.9
私营独资企业							
私营合伙企业							
私营有限责任公司	9 229.7	2 257.1	9 215.5	9 215.5			1 115.9
私营股份有限公司							
其他企业							
港、澳、台商投资企业							
合资经营企业							
合作经营企业							
独资经营企业							
投资股份有限公司							
外商投资企业							
中外合资经营企业							
中外合作经营企业							
外资企业							
外商投资股份有限公司							
2.按国民经济行业分组							
食品、饮料、烟草和家庭用品批发业	779 668.7	23 358.8	839 680.7	734 869.3	166 378.4	104 811.4	84 164.2
食品、饮料、烟草批发业	224 572.3	1 595.9	243 198.8	237 192.5	8 369.3	6 006.3	14 646.6
粮食、食用油批发业	15 300.1	1 595.9	16 986.1	16 880.1	8 369.3	106.0	2 422.9

11－2　续表1　　(2001年)　　单位:万元

	购进总额	进口	销售总额	批发	出口	零售	年末库存总额
烟草及其制品批发业	196 135.7		210 451.1	208 587.6		1 863.5	9 694.8
棉、麻、土畜产品批发业	11 245.0	273.5	12 237.7	12 237.7	6 848.6		5 329.8
纺织品、服装和鞋帽批发业	121 301.3	11 274.5	129 464.9	128 972.6	99 705.3	492.3	18 958.1
日用百货批发业	47 005.2		49 740.9	41 339.9	1 323.7	8 401.0	10 951.7
日用杂品批发业	10 376.0	38.0	12 452.9	12 452.9	10 921.6		235.4
五金、交电、化工批发业	101 561.8	10 176.9	107 200.9	104 404.6	31 227.8	2 796.3	6 494.9
药品及医疗器械批发业	263 607.1		285 384.6	198 269.1	7 982.1	87 115.5	27 547.7
能源、材料和机械电子设备批发业	859 859.9	25 019.1	888 385.8	854 291.4	161 210.2	34 094.4	61 458.7
能源批发业	383 844.6		402 919.2	390 006.7		12 912.5	16 404.7
石油及制品批发业	383 537.1		402 548.9	389 750.4		12 798.5	16 311.9
煤炭及制品批发业	307.5		370.3	256.3		114.0	92.8
化工材料批发业	29 023.0	2 257.1	31 170.3	31 164.4	2 973.6	5.9	2 550.8
木材批发业	444.6		467.1	467.1			80.0
建筑材料批发业	165.0		415.3	415.3			185.9
矿产品批发业							
金属材料批发业	112 434.1	2 841.4	118 484.8	118 484.8	21 122.7		27 918.0
机械、电子设备批发业	152 113.9	19 920.6	149 607.4	149 607.4	137 113.9		5 483.2
汽车、摩托车及零配件批发业	178 915.5		181 955.2	160 779.2		21 176.0	8 580.5
汽车批发业	173 611.5		174 965.9	155 073.3		19 892.6	7 976.3
再生物资回收批发业	2 919.2		3 366.5	3 366.5			255.6
其他批发业	113 973.8		125 716.8	123 603.5		2 113.3	16 668.2
工艺美术批发业							
图书报刊批发业	59 397.7		67 110.6	65 577.8		1 532.8	10 124.6
农业生产资料批发业	38 675.2		40 879.2	40 298.7		580.5	5 065.9
其他类未包括的批发业	15 900.9		17 727.0	17 727.0			1 477.7
二、零售业	554 126.2		620 652.5	49 118.6		571 533.9	62 589.3
其中:国有及国有控股	329 300.1		370 854.8	44 691.8		326 163.0	26 134.8
1.按登记注册类型分组							
内资企业	470 515.7		528 106.2	48 140.2		479 966.0	60 891.8
国有企业	113 616.9		131 516.6	42 765.9		88 750.7	14 562.0
集体企业	2 225.8		2 658.5	729.0		1 929.5	364.1
股份合作企业	20 210.4		26 503.5			26 503.5	1 328.8
联营企业							
国有联营企业							
集体联营企业							
国有与集体联营企业							
其他联营企业							

11－2　续表2　　　　(2001年)　　　　单位:万元

	购进总额	进口	销售总额	批发	出口	零售	年末库存总额
有限责任公司	114 176.5		127 054.2	3 185.1		123 869.1	9 419.0
国有独资企业							
其他有限责任公司	114 176.5		127 054.2	3 185.1		123 869.1	9 419.0
股份有限公司	172 995.1		191 786.2	908.5		190 877.7	30 843.1
私营企业	47 291.0		48 587.2	551.7		48 035.5	4 374.8
私营独资企业	3 979.3		4 328.8			4 328.8	364.7
私营合伙企业							
私营有限责任公司	43 311.7		44 258.4	551.7		43 706.7	4 010.1
私营股份有限公司							
其他企业							
港、澳、台商投资企业	83 610.5		92 546.3	978.4		91 567.9	1 697.5
合资经营企业	83 610.5		92 546.3	978.4		91 567.9	1 697.5
合作经营企业							
独资经营企业							
投资股份有限公司							
外商投资企业							
中外合资经营企业							
中外合作经营企业							
外资企业							
外商投资股份有限公司							
2.按国民经济行业分组							
食品、饮料和烟草零售业	4 751.5		5 843.3	690.0		5 153.3	247.8
粮油食品零售业	4 113.1		5 058.7			5 058.7	247.8
副食品零售业	638.4		784.6	690.0		94.6	
日用百货零售业	478 311.1		541 943.7	40 753.6		501 190.1	50 609.0
百货零售业	476 679.5		538 684.4	40 663.6		498 020.8	50 470.5
文化体育用品零售业							
纺织品、服装和鞋帽零售业	4 507.3		4 926.5			4 926.5	1 683.7
日用杂品零售业	258.4		398.9			398.9	312.0
五金、交电、化工零售业	48 902.6		46 904.2	3 177.2		43 727.0	5 046.2
药品及医疗器械零售业							
图书报刊零售业	14 188.6		15 878.8	3 946.1		11 932.7	3 399.0
其他零售业	3 206.7		4 757.1	551.7		4 205.4	1 291.6
家具零售业	455.1		436.4			436.4	236.3
汽车、摩托车及其零配件零售业	1 874.7		820.2	551.7		268.5	693.5
计算机及软件、办公设备零售业	876.9		3 500.5			3 500.5	361.8

11－3　限额以上批发零售贸易业商品分类销售额

（2001年）　　单位：万元

指　　标	商品销售合计		
	合　计	批　发	零　售
合　　计	**2 369 291.3**	**1 693 002.5**	**676 288.8**
食品类、饮料、烟酒类	399 954.0	279 919.7	120 034.3
肉禽蛋类	14 388.1	2 521.5	11 866.6
其它食品类	111 984.3	43 445.0	68 539.3
饮料类	30 665.5	14 615.0	16 050.5
烟酒类	242 916.1	219 338.2	23 577.9
服装鞋帽、针、纺织品类	231 901.3	67 041.1	164 860.2
服装类	113 447.2	26 658.5	86 788.7
鞋帽类	46 477.4	3 850.9	42 626.5
针纺织类	71 976.7	36 531.7	35 445.0
化妆品类	23 355.9	1 463.0	21 892.9
金银珠宝类	15 942.5	589.0	15 353.5
日用品类	86 217.0	33 589.8	52 627.2
洗涤用品类	18 843.5	1 386.5	17 457.0
儿童玩具类	4 256.2	1 421.1	2 835.1
五金、电料类	55 216.5	51 556.2	3 660.3
体育、娱乐用品类	18 258.4	7 926.2	10 332.2
书报、杂志类	72 316.1	63 515.8	8 800.3
电子出版及音像制品类	2 415.6	646.9	1 768.7
家用电器和音像器材类	130 326.3	28 857.0	101 469.3
中西药品类	263 175.9	180 414.4	82 761.5
西药	219 055.5	145 126.0	73 929.5
中草药及中成药	41 876.0	34 057.7	7 818.3
文化办公用品类	22 434.7	4 816.8	17 617.9
家俱类	6 845.2	158.4	6 686.8
通讯器材类	44 164.1	40 211.8	3 952.3
煤炭及制品类	3 848.9	3 735.3	113.6
木材及制品类	8 573.7	1 789.3	6 784.4
石油及制品类	390 251.8	372 047.5	18 204.3
化工材料及制品类	66 747.0	66 708.0	39.0
化肥类	23 169.9	23 169.9	0.0
金属材料类	145 405.8	145 405.8	0.0
建筑及装潢材料类	35 309.6	18 846.9	16 462.7
机电产品及设备类	299 641.7	278 322.9	21 318.8
农机类	6 454.9	6 454.9	0.0
汽车类	156 732.0	138 736.7	17 995.3
种子饲料类	15.9	15.9	0.0
棉麻类	18 613.8	18 613.8	0.0
其它类	28 359.6	26 811.0	1 548.6

11－4 限额以上批发零售贸易商品销售

（2001年）

指　　标	计量单位	商品销售总额		
		合计	批发	零售
粮食	吨	99 057	70 326	28 731
粮食	千元	143 992	105 725	38 267
食用植物油	公斤	5 518 682	640 047	4 878 635
食用植物油	千元	49 886	3 931	45 955
食糖	公斤	5 006 709	4 601 804	404 905
食糖	千元	20 404	18 349	2 055
棉花	公斤	4 620 693	4 620 693	
棉花	千元	46 669	46 669	
鞋	百双	37 413	5 615	31 798
鞋	千元	301 520	27 547	273 973
布	百米	291 051	286 642	4 409
布	千元	227 348	216 273	11 075
电视机	台	117 277	10 306	106 971
电视机	千元	294 174	21 308	272 866
组合音响	台	5 822	3	5 819
组合音响	千元	9 986	4	9 982
摄像机	台	1 979		1 979
摄像机	千元	14 870		14 870
录像机	台	326		326
录像机	千元	399		399
影碟机	台	58 517	9 643	48 874
影碟机	千元	53 644	7 674	45 970
家用电冰箱	台	50 729	13 193	37 536
家用电冰箱	千元	107 401	23 431	83 970
家用洗衣机	台	58 923	5 366	53 557
家用洗衣机	千元	86 110	5 187	80 923
房间空调器	台	74 462	36 428	38 034
房间空调器	千元	259 278	131 798	127 480
微波炉	台	119 715	54 309	65 406
微波炉	千元	60 549	20 531	40 018
微型计算机	台	4 671	2 118	2 553
微型计算机	千元	31 403	7 729	23 674
普通电话机	部	77 657	45 100	32 557
普通电话机	千元	11 432	3 906	7 526
移动电话机	部	287 487	284 969	2 518
移动电话机	千元	354 471	348 960	5 511

11－4　续表　　(2001年)

指　　标	计量单位	商品销售总额		
		合计	批发	零售
寻呼机	部	750	750	
寻呼机	千元	164	164	
化学肥料	吨	225 978	225 978	
化学肥料	千元	231 576	231 576	
化学农药	吨	492	492	
化学农药	千元	17 615	17 615	
农用塑料薄膜	吨	515	515	
农用塑料薄膜	千元	4 574	4 574	
煤炭	吨	37 987	34 651	3 336
煤炭	千元	9 779	8 643	1 136
木材	立方米	6 470	6 470	
木材	千元	12 215	12 215	
汽油	吨	176 458	153 617	22 841
汽油	千元	549 649	476 584	73 065
煤油	吨	133 573	133 566	7
煤油	千元	369 544	369 516	28
柴油	吨	1 001 048	973 144	27 904
柴油	千元	2 819 171	2 736 017	83 154
钢材	吨	274 269	274 269	
钢材	千元	898 334	898 334	
铜	吨	504	504	
铜	千元	7 628	7 628	
铝	吨	502	502	
铝	千元	7 464	7 464	
水泥	吨	584 666	584 666	
水泥	千元	174 681	174 681	
汽车	辆	14 949	12 394	2 555
汽车	千元	1 606 565	1 434 858	171 707
其中:轿车	辆	6 109	5 235	874
其中:轿车	千元	869 098	776 254	92 844
摩托车	辆	2 537	1 703	834
摩托车	千元	7 487	4 959	2 528
拖拉机	辆	801	801	
拖拉机	千元	33 495	33 495	

11－5　社会消费品零售总额

(2001年)　　单位:万元

分　类	金　额	分　类	金　额
社会消费品零售总额	3 659 308.1	外商投资企业	10 368.5
(一)按销售地区分:		个体经济	228 827.9
(1)市的零售额	3 233 725.7	(3)制造业	319 493.4
(2)县的零售额	190 696.7	内资企业	262 237.5
(3)县以下的零售额	234 885.7	国有企业	77 569.9
(二)按行业和登记注册类型分:		集体企业	37 011.7
(1)批发、零售贸易业	2 312 380.9	股份合作企业	26 186.7
内资企业	1 573 970.3	联营企业	9 941.9
国有企业	310 187.5	有限责任公司	26 213.1
集体企业	414 508.3	股份有限公司	18 900.8
股份合作企业	52 219.1	私营企业	66 413.4
联营企业	304.9	其他企业	
有限责任公司	56 079.0	港澳台商投资企业	10 152.8
股份有限公司	164 667.6	外商投资企业	31 162.1
私营企业	576 003.9	个体经济	15 941.0
其他企业		(4)其他行业	58 562.7
港澳台商投资企业	13 278.6	内资企业	35 566.4
外商投资企业		国有企业	8 735.1
个体经济	725 132.0	集体企业	
(2)餐饮业	426 008.7	股份合作企业	
内资企业	164 059.3	联营企业	
国有企业	26 423.0	有限责任公司	
集体企业	24 095.2	股份有限公司	
股份合作企业	143.6	私营企业	26 831.3
联营企业	807.2	其他企业	
有限责任公司		港澳台商投资企业	
股份有限公司	78 492.8	外商投资企业	
私营企业	34 097.5	个体经济	22 996.3
其他企业		(5)农民对城镇居民零售	542 862.4
港澳台商投资企业	22 753.0	补充资料:居民购买住房	875 745.6

11－6　批发贸易业机构、网点、人员

（2001年）　　　　单位：个、人

分类	合计			
	法人单位	活动单位	网点	人员
总计	**1 553**	**1 902**	**10 534**	**78 285**
一、按登记注册类型分组				
内资企业	1 553	1 902	3 673	59 434
国有企业	411	552	1 148	28 851
集体企业	354	539	1 163	12 025
股份合作企业	6	6	6	749
联营企业	3	3	3	96
有限责任公司	133	137	140	4 696
股份有限公司	16	32	73	4 827
私营企业	630	633	1 140	8 190
其他企业				
港澳台商投资企业				
外商投资企业				
个体经济			6 861	18 851
二、按国民经济行业分组				
食品、饮料、烟草和家庭用品批发商业	838	1 065	8 039	54 598
食品、饮料、烟草批发业	318	385	3 052	18 455
棉、麻、土畜产品批发业	26	31	105	2 550
纺织品、服装和鞋帽批发业	74	79	2 339	6 991
日用百货批发业	90	95	894	7 232
日用杂品批发业	62	63	358	1 133
五金、交电、化工批发业	190	198	441	7 398
药品及医疗器械批发业	78	214	850	10 839
能源、材料和机械电子设备批发业	443	550	1 970	19 604
能源批发业	30	60	496	4 140
化工材料批发业	97	97	255	4 447
木材批发业	15	37	185	772
建筑材料批发业	86	95	273	2 306
矿产品批发业				
金属材料批发业	57	75	340	3 061
机械、电子设备批发业	60	75	125	1 416
汽车、摩托车及零配件批发业	79	80	106	2 827
再生物资回收批发业	19	31	190	635
其他批发业	272	287	525	4 083
工艺美术品批发业	3	3	5	27
图书报刊批发业	15	15	31	590
农业生产资料批发业	59	72	253	1 867
其他类未包括的批发业	195	197	236	1 599

11－6　续表1　　(2001年)　　单位:个、人

分　　类	市			
	法人单位	活动单位	网　点	人　员
总　　计	**1 239**	**1 447**	**9 213**	**65 392**
一、按登记注册类型分组				
内资企业	1 239	1 447	2 599	47 828
国有企业	218	260	517	20 537
集体企业	287	437	783	9 657
股份合作企业	5	5	5	736
联营企业	3	3	3	96
有限责任公司	123	127	128	4 433
股份有限公司	6	15	56	4 520
私营企业	597	600	1 107	7 849
其他企业				
港澳台商投资企业				
外商投资企业				
个体经济			6 614	17 564
二、按国民经济行业分组				
食品、饮料、烟草和家庭用品批发商业	629	749	7 137	44 205
食品、饮料、烟草批发业	184	202	2 527	10 889
棉、麻、土畜产品批发业	12	14	43	2 040
纺织品、服装和鞋帽批发业	67	68	2 300	6 724
日用百货批发业	79	81	843	6 885
日用杂品批发业	55	55	314	790
五金、交电、化工批发业	179	180	400	7 018
药品及医疗器械批发业	53	149	710	9 859
能源、材料和机械电子设备批发业	379	466	1 762	17 985
能源批发业	9	22	391	3 395
化工材料批发业	93	93	249	4 407
木材批发业	6	26	167	557
建筑材料批发业	80	89	251	2 146
矿产品批发业				
金属材料批发业	42	60	320	2 840
机械、电子设备批发业	60	75	125	1 416
汽车、摩托车及零配件批发业	76	77	93	2 745
再生物资回收批发业	13	24	166	479
其他批发业	231	232	314	3 202
工艺美术品批发业	3	3	5	27
图书报刊批发业	14	14	27	566
农业生产资料批发业	21	21	50	1 032
其他类未包括的批发业	193	194	232	1 577

11－6　续表2　　　　(2001年)　　　　单位:个、人

分　　　类	县			
	法人单位	活动单位	网　点	人　员
总　　计	**161**	**257**	**758**	**6 942**
一、按登记注册类型分组				
内资企业	161	257	585	6 064
国有企业	87	146	305	3 330
集体企业	39	74	241	2 064
股份合作企业	1	1	1	13
联营企业				
有限责任公司	10	10	12	263
股份有限公司	9	11	11	239
私营企业	15	15	15	155
其他企业				
港澳台商投资企业				
外商投资企业				
个体经济			173	878
二、按国民经济行业分组				
食品、饮料、烟草和家庭用品批发商业	90	161	581	5 110
食品、饮料、烟草批发业	41	72	314	3 083
棉、麻、土畜产品批发业	10	13	51	386
纺织品、服装和鞋帽批发业	7	11	37	257
日用百货批发业	9	12	45	313
日用杂品批发业	6	7	41	313
五金、交电、化工批发业	8	15	38	341
药品及医疗器械批发业	9	31	55	417
能源、材料和机械电子设备批发业	53	64	122	1 249
能源批发业	18	26	41	487
化工材料批发业	4	4	6	40
木材批发业	7	9	16	201
建筑材料批发业	3	3	19	128
矿产品批发业				
金属材料批发业	13	13	17	191
机械、电子设备批发业				
汽车、摩托车及零配件批发业	3	3	5	62
再生物资回收批发业	5	6	18	140
其他批发业	18	32	55	583
工艺美术品批发业				
图书报刊批发业	1	1	2	22
农业生产资料批发业	15	28	49	539
其他类未包括的批发业	2	3	4	22

11－6 续表3 (2001年) 单位:个、人

分类	县以下			
	法人单位	活动单位	网点	人员
总计	**153**	**198**	**563**	**5 951**
一、按登记注册类型分组				
内资企业	153	198	489	5 542
国有企业	106	146	326	4 984
集体企业	28	28	139	304
股份合作企业				
联营企业				
有限责任公司				
股份有限公司	1	6	6	68
私营企业	18	18	18	186
其他企业				
港澳台商投资企业				
外商投资企业				
个体经济			74	409
二、按国民经济行业分组				
食品、饮料、烟草和家庭用品批发商业	119	155	321	5 283
食品、饮料、烟草批发业	93	111	211	4 483
棉、麻、土畜产品批发业	4	4	11	124
纺织品、服装和鞋帽批发业			2	10
日用百货批发业	2	2	6	34
日用杂品批发业	1	1	3	30
五金、交电、化工批发业	3	3	3	39
药品及医疗器械批发业	16	34	85	563
能源、材料和机械电子设备批发业	11	20	86	370
能源批发业	3	12	64	258
化工材料批发业				
木材批发业	2	2	2	14
建筑材料批发业	3	3	3	32
矿产品批发业				
金属材料批发业	2	2	3	30
机械、电子设备批发业				
汽车、摩托车及零配件批发业			8	20
再生物资回收批发业	1	1	6	16
其他批发业	23	23	156	298
工艺美术品批发业				
图书报刊批发业			2	2
农业生产资料批发业	23	23	154	296
其他类未包括的批发业				

11－7　零售贸易业机构、网点、人员

（2001年）　　单位：个、人

分　　类	合计			
	法人单位	活动单位	网　点	人　员
总　　计	**4 562**	**4 968**	**95 414**	**497 448**
一、按登记注册类型分组				
内资企业	4 560	4 966	33 663	325 586
国有企业	434	645	3 532	47 539
集体企业	1 777	1 895	21 166	173 463
股份合作企业	50	57	74	4 257
联营企业				
有限责任公司	260	261	267	6 347
股份有限公司	17	18	38	10 776
私营企业	2 022	2 090	8 586	83 204
其他企业				
港澳台商投资企业	2	2	2	2 203
外商投资企业				
个体经济			61 749	169 659
二、按国民经济行业分组				
食品、饮料和烟草零售业	967	1 076	24 429	121 069
日用百货零售业	890	1 002	20 410	136 633
纺织品、服装和鞋帽零售业	566	590	19 243	88 666
日用杂品零售业	467	503	8 918	37 668
五金、交电、化工零售业	729	799	11 890	47 235
药品及医疗器械零售业	90	112	1 249	4 514
图书报刊零售业	77	100	1 850	6 272
其他零售业	776	786	7 425	55 391

11－7　续表1　　(2001年)　　单位:个、人

分　　类	市			
	法人单位	活动单位	网　点	人　员
总　　计	**3 946**	**4 175**	**61 052**	**414 845**
一、按登记注册类型分组				
内资企业	3 944	4 173	30 669	311 281
国有企业	388	529	3 019	44 754
集体企业	1 599	1 611	19 080	166 108
股份合作企业	44	51	66	3 607
联营企业				
有限责任公司	221	221	227	6 066
股份有限公司	17	18	38	10 776
私营企业	1 675	1 743	8 239	79 970
其他企业				
港澳台商投资企业	2	2	2	2 203
外商投资企业				
个体经济			30 381	101 361
二、按国民经济行业分组				
食品、饮料和烟草零售业	781	842	17 501	104 360
日用百货零售业	777	847	13 775	119 828
纺织品、服装和鞋帽零售业	508	513	7 509	58 275
日用杂品零售业	410	426	7 395	33 330
五金、交电、化工零售业	688	755	11 067	45 052
药品及医疗器械零售业	61	66	808	3 206
图书报刊零售业	57	61	1 528	5 408
其他零售业	664	665	1 469	45 386

11－7　续表 2　　(2001 年)　　单位：个、人

分　　类	县			
	法人单位	活动单位	网　点	人　员
总　　计	**150**	**215**	**10 621**	**28 999**
一、按登记注册类型分组				
内资企业	150	215	581	4 639
国有企业	22	56	253	1 853
集体企业	11	41	208	875
股份合作企业	5	5	7	537
联营企业				
有限责任公司	1	2	2	89
股份有限公司				
私营企业	111	111	111	1 285
其他企业				
港澳台商投资企业				
外商投资企业				
个体经济			10 040	24 360
二、按国民经济行业分组				
食品、饮料和烟草零售业	43	60	2 116	5 998
日用百货零售业	41	54	1 726	5 276
纺织品、服装和鞋帽零售业	24	30	5 216	12 823
日用杂品零售业	18	26	507	1 836
五金、交电、化工零售业	8	9	281	770
药品及医疗器械零售业	3	17	86	342
图书报刊零售业	8	10	94	397
其他零售业	5	9	595	1 557

11－7　续表3　　(2001年)　　单位:个、人

分　　类	县以下			
	法人单位	活动单位	网　点	人　员
总　　计	**466**	**578**	**23 741**	**53 604**
一、按登记注册类型分组				
内资企业	466	578	2 413	9 666
国有企业	24	60	260	932
集体企业	167	243	1 878	6 480
股份合作企业	1	1	1	113
联营企业				
有限责任公司	38	38	38	192
股份有限公司				
私营企业	236	236	236	1 949
其他企业				
港澳台商投资企业				
外商投资企业				
个体经济			21 328	43 938
二、按国民经济行业分组				
食品、饮料和烟草零售业	143	174	4 812	10 711
日用百货零售业	72	101	4 909	11 529
纺织品、服装和鞋帽零售业	34	47	6 518	17 568
日用杂品零售业	39	51	1 016	2 502
五金、交电、化工零售业	33	35	542	1 413
药品及医疗器械零售业	26	29	355	966
图书报刊零售业	12	29	228	467
其他零售业	107	112	5 361	8 448

11－8　餐饮业机构、网点、人员

（2001 年）　　单位：个、人

分　类	合计			
	法人单位	活动单位	网　点	人　员
总　计	**901**	**1 016**	**28 219**	**128 738**
一、按登记注册类型分组				
内资企业	853	948	2 557	36 064
国有企业	55	82	588	6 339
集体企业	106	120	752	10 202
股份合作企业	8	18	19	1 002
联营企业				
有限责任公司	97	102	106	1 307
股份有限公司	8	26	26	5 657
私营企业	579	600	1 066	11 557
其他企业				
港澳台商投资企业	19	32	32	4 193
外商投资企业	29	36	36	1 844
个体经济			25 594	86 637
二、按国民经济行业分组				
正餐	549	600	2 817	27 035
快餐	29	38	62	1 201
其他餐饮业	323	378	25 340	100 502

11－8 续表1 (2001年) 单位：个、人

分类	市			
	法人单位	活动单位	网点	人员
总计	**770**	**857**	**22 820**	**111 332**
一、按登记注册类型分组				
内资企业	722	789	2 352	33 281
国有企业	46	62	564	5 794
集体企业	98	98	719	10 031
股份合作企业	7	14	14	732
联营企业				
有限责任公司	97	102	106	1 307
股份有限公司	8	26	26	5 657
私营企业	466	487	923	9 760
其他企业				
港澳台商投资企业	19	32	32	4 193
外商投资企业	29	36	36	1 844
个体经济			20 400	72 014
二、按国民经济行业分组				
正餐	503	547	2 640	25 557
快餐	29	38	62	1 201
其他餐饮业	238	272	20 118	84 574

11－8　续表2　　　　(2001年)　　　　单位：个、人

分　　类	县			
	法人单位	活动单位	网　点	人　员
总　　计	**91**	**106**	**1 214**	**6 438**
一、按登记注册类型分组				
内资企业	91	106	139	2 280
国有企业	9	19	23	535
集体企业	6	8	10	92
股份合作企业	1	4	5	270
联营企业				
有限责任公司				
股份有限公司				
私营企业	75	75	101	1 383
其他企业				
港澳台商投资企业				
外商投资企业				
个体经济			1 075	4 158
二、按国民经济行业分组				
正餐	31	34	62	962
快餐				
其他餐饮业	60	72	1 152	5 476

11－8　续表3　　(2001年)　　单位:个、人

分　　类	县以下			
	法人单位	活动单位	网　点	人　员
总　　计	**40**	**53**	**4 185**	**10 968**
一、按登记注册类型分组				
内资企业	40	53	66	503
国有企业		1	1	10
集体企业	2	14	23	79
股份合作企业				
联营企业				
有限责任公司				
股份有限公司				
私营企业	38	38	42	414
其他企业				
港澳台商投资企业				
外商投资企业				
个体经济			4 119	10 465
二、按国民经济行业分组				
正餐	15	19	115	516
快餐				
其他餐饮业	25	34	4 070	10 452

11－9 限额以上批发零售贸易企业财务状况

(2001年) 单位:万元

	年末资产负债			
	流动资产小计	存货	长期投资	固定资产小计
批发、零售贸易企业总计	**1 169 706.0**	**224 501.3**	**86 167.0**	**442 865.8**
一、批发企业	944 123.3	178 498.4	70 779.0	214 972.6
其中:国有及国有控股	871 336.9	164 601.9	69 799.3	204 566.2
(一)按登记注册类型分组				
内资企业	944 123.3	178 498.4	70 779.0	214 972.6
国有企业	636 815.7	115 745.2	45 459.5	180 816.6
集体企业	55 642.8	7 281.1	462.4	7 451.0
股份合作企业				
联营企业	10 620.6	1 045.9	5.0	106.7
国有联营企业	10 620.6	1 045.9	5.0	106.7
集体联营企业				
国有与集体联营企业				
其他联营企业				
有限责任公司	84 817.7	19 274.9	4 391.9	7 823.6
国有独资企业	6 705.3	3 827.6	113.3	8.5
其他有限责任公司	78 112.4	15 447.3	4 278.6	7 815.1
股份有限公司	153 772.6	34 032.2	20 306.2	17 991.2
私营企业	2 453.9	1 119.1	154.0	783.5
私营独资企业				
私营合伙企业				
私营有限责任公司	2 453.9	1 119.1	154.0	783.5
私营股份有限公司				
其他企业				
港、澳、台商投资企业				
合资经营企业				
合作经营企业				
独资经营企业				
投资股份有限公司				
外商投资企业				
中外合资经营企业				

11-9 续表1　　(2001年)　　单位:万元

	年末资产负债			
	固定资产原价	生产经营用	累计折旧	本年折旧
批发、零售贸易企业总计	**497 664.5**	**387 033.6**	**97 373.9**	**17 790.8**
一、批发企业	269 727.7	182 966.2	64 984.3	8 952.3
其中:国有及国有控股	256 408.9	169 739.8	60 639.3	8 509.3
(一)按登记注册类型分组				
内资企业	269 727.7	182 966.2	64 984.3	8 952.3
国有企业	226 334.8	149 828.6	53 974.3	7 188.1
集体企业	9 719.7	9 715.5	3 695.4	404.1
股份合作企业				
联营企业	191.7	102.7	85.0	34.1
国有联营企业	191.7	102.7	85.0	34.1
集体联营企业				
国有与集体联营企业				
其他联营企业				
有限责任公司	10 535.3	10 349.8	2 832.1	417.6
国有独资企业	27.9		19.4	1.2
其他有限责任公司	10 507.4	10 349.8	2 812.7	416.4
股份有限公司	22 066.8	12 150.5	4 295.7	876.3
私营企业	879.4	819.1	101.8	32.1
私营独资企业				
私营合伙企业				
私营有限责任公司	879.4	819.1	101.8	32.1
私营股份有限公司				
其他企业				
港、澳、台商投资企业				
合资经营企业				
合作经营企业				
独资经营企业				
投资股份有限公司				
外商投资企业				
中外合资经营企业				

11－9　续表 2　　(2001 年)　　单位:万元

	年末资产负债				
	无形及递延资产小计	无形资产	资产总计	流动负债小计	长期负债小计
批发、零售贸易企业总计	**70 897.5**	**51 571.5**	**1 812 094.8**	**1 358 115.5**	**147 765.4**
一、批发企业	26 369.9	18 510.1	1 294 809.8	1 071 889.9	95 761.4
其中:国有及国有控股	25 359.0	17 742.9	1 177 051.1	992 158.9	62 107.5
(一)按登记注册类型分组					
内资企业	26 369.9	18 510.1	1 294 809.8	1 071 889.9	95 761.4
国有企业	11 540.3	6 039.6	877 455.3	733 016.4	57 618.5
集体企业	277.0	124.0	96 277.9	64 637.3	32 966.5
股份合作企业					
联营企业			10 732.4	10 216.8	20.9
国有联营企业			10 732.4	10 216.8	20.9
集体联营企业					
国有与集体联营企业					
其他联营企业					
有限责任公司	7 948.4	7 643.9	106 465.3	87 814.2	3 321.8
国有独资企业			6 827.1	6 414.9	
其他有限责任公司	7 948.4	7 643.9	99 638.2	81 399.3	3 321.8
股份有限公司	6 604.2	4 702.6	200 487.5	174 009.2	1 833.7
私营企业			3 391.4	2 196.0	
私营独资企业					
私营合伙企业					
私营有限责任公司			3 391.4	2 196.0	
私营股份有限公司					
其他企业					
港、澳、台商投资企业					
合资经营企业					
合作经营企业					
独资经营企业					
投资股份有限公司					
外商投资企业					
中外合资经营企业					

11-9　续表 3　　(2001 年)　　单位:万元

	年末资产负债				
	负债合计	所有者权益合计	实收资本		
				国家资本	港澳台资本
批发、零售贸易企业总计	**1 524 380.5**	**287 714.3**	**323 823.6**	**170 285.7**	**1 530.0**
一、批发企业	1 186 150.7	108 659.1	195 535.3	136 241.7	
其中:国有及国有控股	1 072 765.8	104 285.3	179 734.8	133 541.7	
(一)按登记注册类型分组					
内资企业	1 186 150.7	108 659.1	195 535.3	136 241.7	
国有企业	809 134.3	68 321.0	138 891.1	124 484.9	
集体企业	97 603.8	-1 325.9	10 467.0	200.0	
股份合作企业					
联营企业	10 237.7	494.7	303.0	303.0	
国有联营企业	10 237.7	494.7	303.0	303.0	
集体联营企业					
国有与集体联营企业					
其他联营企业					
有限责任公司	91 136.0	15 329.3	12 687.4	2 730.0	
国有独资企业	6 414.9	412.2	1 057.4		
其他有限责任公司	84 721.1	14 917.1	11 630.0	2 730.0	
股份有限公司	175 842.9	24 644.6	31 410.7	8 523.8	
私营企业	2 196.0	1 195.4	1 776.1		
私营独资企业					
私营合伙企业					
私营有限责任公司	2 196.0	1 195.4	1 776.1		
私营股份有限公司					
其他企业					
港、澳、台商投资企业					
合资经营企业					
合作经营企业					
独资经营企业					
投资股份有限公司					
外商投资企业					
中外合资经营企业					

11－9　续表4　　(2001年)　　单位:万元

	外商资本	损益及分配			
		商品销售收入	商品销售收入净额	商品销售成本	经营费用
批发、零售贸易企业总计		**2 196 766.2**	**2 177 047.7**	**2 014 034.8**	**77 127.5**
一、批发企业		1 652 018.0	1 633 702.9	1 544 718.9	49 166.4
其中:国有及国有控股		1 538 733.2	1 521 623.4	1 436 967.0	47 591.9
(一)按登记注册类型分组					
内资企业		1 652 018.0	1 633 702.9	1 544 718.9	49 166.4
国有企业		1 265 790.4	1 248 751.7	1 177 900.4	40 502.6
集体企业		29 546.8	29 546.8	27 932.8	670.2
股份合作企业					
联营企业		27 222.3	27 222.3	26 409.0	434.7
国有联营企业		27 222.3	27 222.3	26 409.0	434.7
集体联营企业					
国有与集体联营企业					
其他联营企业					
有限责任公司		257 936.3	257 865.2	247 392.7	4 563.7
国有独资企业		3 465.6	3 465.6	3 302.9	143.7
其他有限责任公司		254 470.7	254 399.6	244 089.8	4 420.0
股份有限公司		61 410.1	61 410.1	56 452.0	2 736.4
私营企业		10 112.1	8 906.8	8 632.0	258.8
私营独资企业					
私营合伙企业					
私营有限责任公司		10 112.1	8 906.8	8 632.0	258.8
私营股份有限公司					
其他企业					
港、澳、台商投资企业					
合资经营企业					
合作经营企业					
独资经营企业					
投资股份有限公司					
外商投资企业					
中外合资经营企业					

11－9　续表5　　(2001年)　　单位:万元

	损益及分配				
	运杂装卸费	商品销售税金及附加	商品销售利润	代购代销收入	主营利润
批发、零售贸易企业总计	**11 734.9**	**2 429.5**	**83 455.9**	**2 373.3**	**85 829.2**
一、批发企业	10 789.9	767.0	39 050.6	1 796.9	40 847.5
其中:国有及国有控股	10 517.1	728.8	36 335.7	1 778.8	38 114.5
(一)按登记注册类型分组					
内资企业	10 789.9	767.0	39 050.6	1 796.9	40 847.5
国有企业	9 241.2	585.9	29 762.8	1 390.9	31 153.7
集体企业	72.4	7.9	935.9		935.9
股份合作企业					
联营企业	133.2	3.1	375.5	192.0	567.5
国有联营企业	133.2	3.1	375.5	192.0	567.5
集体联营企业					
国有与集体联营企业					
其他联营企业					
有限责任公司	981.2	61.2	5 847.6	54.0	5 901.6
国有独资企业	32.3	1.0	18.0	18.1	36.1
其他有限责任公司	948.9	60.2	5 829.6	35.9	5 865.5
股份有限公司	298.2	102.9	2 118.8	160.0	2 278.8
私营企业	63.7	6.0	10.0		10.0
私营独资企业					
私营合伙企业					
私营有限责任公司	63.7	6.0	10.0		10.0
私营股份有限公司					
其他企业					
港、澳、台商投资企业					
合资经营企业					
合作经营企业					
独资经营企业					
投资股份有限公司					
外商投资企业					
中外合资经营企业					

11－9　续表6　　　　(2001年)　　　　单位：万元

	损益及分配				
	其他业务利润	管理费用	税金	财产保险	劳动待业险
批发、零售贸易企业总计	**17 895.4**	**83 338.9**	**2 995.8**	**1 322.2**	**6 881.3**
一、批发企业	7 153.1	45 026.2	1 888.4	448.9	3 924.0
其中:国有及国有控股	6 907.1	41 191.5	1 441.0	425.3	3 459.7
(一)按登记注册类型分组					
内资企业	7 153.1	45 026.2	1 888.4	448.9	3 924.0
国有企业	6 011.0	33 145.0	1 136.5	334.2	2 871.0
集体企业	164.8	2 689.0	57.0	21.3	433.5
股份合作企业					
联营企业	3.8	584.1	0.4		
国有联营企业	3.8	584.1	0.4		
集体联营企业					
国有与集体联营企业					
其他联营企业					
有限责任公司	473.0	4 820.0	519.5	62.5	397.9
国有独资企业		40.4	7.0		2.5
其他有限责任公司	473.0	4 779.6	512.5	62.5	395.4
股份有限公司	419.3	3 646.9	173.6	28.6	218.8
私营企业	81.2	141.2	1.4	2.3	2.8
私营独资企业					
私营合伙企业					
私营有限责任公司	81.2	141.2	1.4	2.3	2.8
私营股份有限公司					
其他企业					
港、澳、台商投资企业					
合资经营企业					
合作经营企业					
独资经营企业					
投资股份有限公司					
外商投资企业					
中外合资经营企业					

11-9　续表7　　　　(2001年)　　　　单位:万元

	损益及分配			
	财务费用	利息支出	营业利润	补贴收入
批发、零售贸易企业总计	**24 099.9**	**22 718.9**	**-3 331.7**	**2 168.7**
一、批发企业	17 669.8	17 114.2	-13 683.6	1 404.6
其中:国有及国有控股	17 434.4	16 875.9	-12 592.3	878.3
(一)按登记注册类型分组				
内资企业	17 669.8	17 114.2	-13 683.6	1 404.6
国有企业	15 108.7	14 258.1	-10 076.0	878.3
集体企业	183.2	172.4	-1 771.6	526.3
股份合作企业				
联营企业	-16.9	15.7	4.1	
国有联营企业	-16.9	15.7	4.1	
集体联营企业				
国有与集体联营企业				
其他联营企业				
有限责任公司	422.2	1 016.6	1 132.2	
国有独资企业	11.0	10.5	-15.4	
其他有限责任公司	411.2	1 006.1	1 147.6	
股份有限公司	1 951.4	1 628.4	-2 901.1	
私营企业	21.2	23.0	-71.2	
私营独资企业				
私营合伙企业				
私营有限责任公司	21.2	23.0	-71.2	
私营股份有限公司				
其他企业				
港、澳、台商投资企业				
合资经营企业				
合作经营企业				
独资经营企业				
投资股份有限公司				
外商投资企业				
中外合资经营企业				

11－9　续表8　　　　(2001年)　　　　单位:万元

	损益及分配			工资福利及增值税	
	利润总额	应交所得税	应付利润	本年应付工资总额	主业付工资
批发、零售贸易企业总计	**1 237.1**	**7 327.6**	**4 634.3**	**62 143.7**	**58 481.4**
一、批发企业	－8 820.5	4 244.9	－2 221.3	19 480.4	17 823.3
其中:国有及国有控股	－9 512.6	3 928.4	－2 510.2	18 410.9	16 830.8
(一)按登记注册类型分组					
内资企业	－8 820.5	4 244.9	－2 221.3	19 480.4	17 823.3
国有企业	－6 902.5	3 773.9	－2 805.3	14 482.0	12 946.9
集体企业	－69.1	3.6		721.6	709.6
股份合作企业					
联营企业	31.6	3.4	155.7	167.4	122.4
国有联营企业	31.6	3.4	155.7	167.4	122.4
集体联营企业					
国有与集体联营企业					
其他联营企业					
有限责任公司	1 274.5	463.5	269.6	1 885.3	1 820.3
国有独资企业	－2.6			23.3	23.3
其他有限责任公司	1 277.1	463.5	269.6	1 862.0	1 797.0
股份有限公司	－3 087.2	0.5	158.7	2 210.1	2 210.1
私营企业	－67.8			14.0	14.0
私营独资企业					
私营合伙企业					
私营有限责任公司	－67.8			14.0	14.0
私营股份有限公司					
其他企业					
港、澳、台商投资企业					
合资经营企业					
合作经营企业					
独资经营企业					
投资股份有限公司					
外商投资企业					
中外合资经营企业					

11－9　续表9　　　　(2001年)　　　　单位:万元

	工资福利及增值税				
	本年应付福利费总额	主业福利费	本年应交增值税总额	本年进项税额	本年销项税额
批发、零售贸易企业总计	**7 712.3**	**7 284.1**	**74 675.8**	**328 164.4**	**311 886.6**
一、批发企业	3 083.9	2 848.2	7 711.4	258 093.0	234 603.0
其中:国有及国有控股	2 779.7	2 556.4	7 315.5	242 826.3	219 248.4
(一)按登记注册类型分组					
内资企业	3 083.9	2 848.2	7 711.4	258 093.0	234 603.0
国有企业	1 997.2	1 780.2	6 963.9	200 606.2	182 159.1
集体企业	230.2	226.9	6.6	1 630.7	1 339.2
股份合作企业					
联营企业	9.4	3.1	26.8	5 656.9	3 494.8
国有联营企业	9.4	3.1	26.8	5 656.9	3 494.8
集体联营企业					
国有与集体联营企业					
其他联营企业					
有限责任公司	276.4	267.3	714.1	40 031.9	37 617.2
国有独资企业	3.3	3.3		585.5	563.6
其他有限责任公司	273.1	264.0	714.1	39 446.4	37 053.6
股份有限公司	565.1	565.1		8 620.9	8 468.1
私营企业	5.6	5.6		1 546.4	1 524.6
私营独资企业					
私营合伙企业					
私营有限责任公司	5.6	5.6		1 546.4	1 524.6
私营股份有限公司					
其他企业					
港、澳、台商投资企业					
合资经营企业					
合作经营企业					
独资经营企业					
投资股份有限公司					
外商投资企业					
中外合资经营企业					

11－9　续表10　　(2001年)　　单位:万元

	年末资产负债			
	流动资产小计	存货	长期投资	固定资产小计
中外合作经营企业				
外资企业				
外商投资股份有限公司				
(二)按国民经济行业分组				
食品、饮料、烟草和家庭用品批发业	435 223.9	81 240.6	54 120.9	95 314.3
食品、饮料、烟草批发业	53 249.4	16 499.4	6 459.3	22 868.5
粮食、食用油批发业	16 844.8	4 623.5	2 943.2	3 427.6
烟草及其制品批发业	20 636.4	9 388.2	1 648.4	14 656.9
棉、麻、土畜产品批发业	30 968.7	3 657.9	808.2	3 704.0
纺织品、服装和鞋帽批发业	138 888.2	18 327.4	18 345.3	19 939.0
日用百货批发业	71 603.8	14 573.7	18 660.5	11 451.6
日用杂品批发业	5 578.3	242.7	1 075.8	5 506.6
五金、交电、化工批发业	38 826.9	6 414.2	3 168.0	13 406.2
药品及医疗器械批发业	96 108.6	21 525.3	5 603.8	18 438.4
能源、材料和机械电子设备批发业	440 663.3	82 702.1	15 157.8	103 262.8
能源批发业	86 562.5	17 673.5	350.3	47 732.9
石油及制品批发业	85 235.9	17 565.9	100.2	34 051.1
煤炭及制品批发业	1 326.6	107.6	250.1	13 681.8
化工材料批发业	17 986.2	3 818.2	1 371.1	3 171.4
木材批发业	3 877.3	276.2	60.2	3 848.7
建筑材料批发业	1 633.8	174.4	1.1	1 916.9
矿产品批发业				
金属材料批发业	119 194.5	27 132.9	7 199.2	16 168.3
机械、电子设备批发业	152 527.6	23 951.4	4 331.2	18 324.7
汽车、摩托车及零配件批发业	55 441.7	9 225.5	1 790.1	9 208.3
汽车批发业	46 973.0	8 621.3	1 019.6	8 288.2
再生物资回收批发业	3 439.7	450.0	54.6	2 891.6
其他批发业	68 236.1	14 555.7	1 500.3	16 395.5
工艺美术批发业				
图书报刊批发业	17 801.6	6 959.1	83.1	7 372.4

11-9 续表11　　(2001年)　　单位:万元

	年末资产负债			
	固定资产原价	生产经营用	累计折旧	本年折旧
中外合作经营企业				
外资企业				
外商投资股份有限公司				
(二)按国民经济行业分组				
食品、饮料、烟草和家庭用品批发业	117 493.9	85 680.9	23 112.7	2 921.6
食品、饮料、烟草批发业	26 809.7	13 312.4	3 981.9	688.4
粮食、食用油批发业	4 500.9	2 449.1	1 073.3	150.8
烟草及其制品批发业	16 056.5	5 014.8	1 440.3	395.3
棉、麻、土畜产品批发业	5 937.1	5 937.1	2 241.9	264.4
纺织品、服装和鞋帽批发业	24 509.8	21 249.4	5 256.8	644.8
日用百货批发业	13 120.4	9 423.5	1 668.8	221.9
日用杂品批发业	5 851.5	2 628.0	344.9	49.9
五金、交电、化工批发业	16 573.8	13 914.5	3 168.9	547.4
药品及医疗器械批发业	24 691.6	19 216.0	6 449.5	504.8
能源、材料和机械电子设备批发业	133 770.8	79 476.4	38 299.2	5 293.8
能源批发业	64 035.5	29 546.0	21 729.7	2 846.1
石油及制品批发业	50 534.6	29 546.0	20 546.6	2 846.1
煤炭及制品批发业	13 500.9		1 183.1	
化工材料批发业	4 671.8	4 671.8	1 556.3	210.4
木材批发业	4 763.9		1 158.4	15.3
建筑材料批发业	2 477.3	2 477.3	560.4	8.0
矿产品批发业				
金属材料批发业	20 144.8	11 458.7	5 686.1	539.7
机械、电子设备批发业	22 670.2	20 682.9	4 376.5	895.7
汽车、摩托车及零配件批发业	11 589.2	7 221.6	2 600.9	740.9
汽车批发业	10 200.8	5 833.2	2 132.6	668.9
再生物资回收批发业	3 418.1	3 418.1	630.9	37.7
其他批发业	18 463.0	17 808.9	3 572.4	736.9
工艺美术批发业				
图书报刊批发业	8 854.9	8 620.8	1 482.5	472.0

11－9 续表12 (2001年) 单位：万元

	年末资产负债				
	无形及递延资产小计	无形资产	资产总计	流动负债小计	长期负债小计
中外合作经营企业					
外资企业					
外商投资股份有限公司					
(二)按国民经济行业分组					
食品、饮料、烟草和家庭用品批发业	17 376.1	14 857.1	637 547.0	517 436.8	62 127.6
食品、饮料、烟草批发业	226.6	178.1	84 243.8	71 786.4	5 533.8
粮食、食用油批发业			24 641.6	28 098.4	3 245.0
烟草及其制品批发业	185.7	178.1	37 141.4	22 029.5	2 029.9
棉、麻、土畜产品批发业	66.2		67 991.8	54 826.1	32 438.2
纺织品、服装和鞋帽批发业	1 803.4	5.0	179 204.6	171 749.3	5 399.3
日用百货批发业	597.6	576.4	102 313.5	58 639.2	942.7
日用杂品批发业			12 160.7	10 281.5	200.0
五金、交电、化工批发业	903.8	577.5	56 350.1	23 613.7	14 154.8
药品及医疗器械批发业	13 778.5	13 520.1	135 282.5	126 540.6	3 458.8
能源、材料和机械电子设备批发业	8 518.7	3 529.0	570 655.8	490 064.8	32 625.8
能源批发业	2 703.0	14.8	137 850.6	92 172.4	18 254.0
石油及制品批发业	2 688.2		122 577.3	82 822.4	18 190.0
煤炭及制品批发业	14.8	14.8	15 273.3	9 350.0	64.0
化工材料批发业	136.4	116.7	22 665.1	24 124.9	130.7
木材批发业	21.8		7 808.0	8 556.9	1 037.1
建筑材料批发业	271.3	201.4	3 823.1	1 288.4	
矿产品批发业					
金属材料批发业	128.3	8.0	145 095.8	126 557.6	3 871.9
机械、电子设备批发业	759.1	696.9	175 957.6	158 579.8	6 396.9
汽车、摩托车及零配件批发业	4 498.8	2 491.2	71 069.5	68 330.6	2 729.7
汽车批发业	4 498.8	2 491.2	60 910.2	59 167.7	2 469.7
再生物资回收批发业			6 386.1	10 454.2	205.5
其他批发业	475.1	124.0	86 607.0	64 388.3	1 008.0
工艺美术批发业					
图书报刊批发业	283.4		25 540.5	15 518.9	64.9

11－9 续表13 (2001年) 单位:万元

	年末资产负债				
	负债合计	所有者权益合计	实收资本	国家资本	港澳台资本
中外合作经营企业					
外资企业					
外商投资股份有限公司					
(二)按国民经济行业分组					
食品、饮料、烟草和家庭用品批发业	589 581.5	47 965.5	87 738.3	55 140.8	
食品、饮料、烟草批发业	77 320.2	6 923.6	12 045.5	9 917.4	
粮食、食用油批发业	31 343.4	－6 701.8	4 978.7	4 978.7	
烟草及其制品批发业	24 059.4	13 082.0	2 902.5	2 269.6	
棉、麻、土畜产品批发业	87 264.3	－19 272.5	4 464.7	1 241.0	
纺织品、服装和鞋帽批发业	177 148.6	2 056.0	21 796.6	19 680.7	
日用百货批发业	63 388.3	38 925.2	22 632.6	5 964.2	
日用杂品批发业	10 481.5	1 679.2	2 083.9	2 083.9	
五金、交电、化工批发业	43 979.1	12 371.0	8 951.8	7 650.9	
药品及医疗器械批发业	129 999.5	5 283.0	15 763.2	8 602.7	
能源、材料和机械电子设备批发业	531 172.9	39 482.9	96 599.2	75 284.7	
能源批发业	118 787.0	19 063.6	21 140.8	21 140.8	
石油及制品批发业	109 373.0	13 204.3	9 823.0	9 823.0	
煤炭及制品批发业	9 414.0	5 859.3	11 317.8	11 317.8	
化工材料批发业	24 255.6	－1 590.5	8 121.6	6 945.5	
木材批发业	9 594.0	－1 786.0	1 680.3	1 680.3	
建筑材料批发业	1 288.4	2 534.7	1 228.2	1 228.2	
矿产品批发业					
金属材料批发业	130 551.2	14 544.6	40 283.8	26 611.4	
机械、电子设备批发业	164 976.7	10 980.9	12 989.5	10 734.2	
汽车、摩托车及零配件批发业	71 060.3	9.2	8 663.1	5 633.3	
汽车批发业	61 637.4	－727.2	7 823.8	4 794.0	
再生物资回收批发业	10 659.7	－4 273.6	2 491.9	1 311.0	
其他批发业	65 396.3	21 210.7	11 197.8	5 816.2	
工艺美术批发业					
图书报刊批发业	15 583.8	9 956.7	1 746.1	1 746.1	

11－9 续表14 (2001年) 单位：万元

		损益及分配			
	外商资本	商品销售收入	商品销售收入净额	商品销售成本	经营费用
中外合作经营企业					
外资企业					
外商投资股份有限公司					
(二)按国民经济行业分组					
食品、饮料、烟草和家庭用品批发业		725 077.6	722 605.4	676 612.4	20 320.1
食品、饮料、烟草批发业		211 729.0	211 729.0	195 176.0	4 311.6
粮食、食用油批发业		17 081.5	17 081.5	15 936.9	1 232.0
烟草及其制品批发业		181 292.9	181 292.9	168 382.9	1 302.6
棉、麻、土畜产品批发业		12 045.1	12 045.1	11 579.4	264.7
纺织品、服装和鞋帽批发业		108 543.3	106 543.3	101 589.2	3 180.0
日用百货批发业		43 340.2	43 340.2	40 351.5	1 452.5
日用杂品批发业		12 420.9	12 420.9	10 872.2	1 329.9
五金、交电、化工批发业		100 014.4	100 014.4	94 732.8	2 543.1
药品及医疗器械批发业		236 984.7	236 512.5	222 311.3	7 238.3
能源、材料和机械电子设备批发业		810 967.7	809 521.0	774 454.7	25 089.1
能源批发业		360 225.8	360 225.8	346 704.7	14 074.5
石油及制品批发业		359 903.7	359 903.7	346 022.1	14 053.1
煤炭及制品批发业		322.1	322.1	682.6	21.4
化工材料批发业		26 541.9	26 541.9	25 364.8	859.0
木材批发业		467.1	467.1	426.1	51.0
建筑材料批发业		337.7	337.7	338.8	3.2
矿产品批发业					
金属材料批发业		109 444.9	109 440.2	104 137.5	3 156.7
机械、电子设备批发业		150 182.6	150 181.0	138 642.1	5 582.6
汽车、摩托车及零配件批发业		162 544.5	161 104.1	157 768.7	1 289.9
汽车批发业		156 570.7	155 130.3	151 952.3	1 215.1
再生物资回收批发业		1 223.2	1 223.2	1 072.0	72.2
其他批发业		115 972.7	101 576.5	93 651.8	3 757.2
工艺美术批发业					
图书报刊批发业		61 009.7	46 613.5	41 388.9	2 286.5

11－9　续表15　　(2001年)　　单位：万元

	损益及分配				
	运杂装卸费	商品销售税金及附加	商品销售利润	代购代销收入	主营利润
中外合作经营企业					
外资企业					
外商投资股份有限公司					
(二)按国民经济行业分组					
食品、饮料、烟草和家庭用品批发业	4 927.5	426.7	25 246.2	722.8	25 969.0
食品、饮料、烟草批发业	1 145.8	168.1	12 073.3	95.7	12 169.0
粮食、食用油批发业	570.0	2.4	－89.8	95.7	5.9
烟草及其制品批发业	424.5	123.1	11 484.3		11 484.3
棉、麻、土畜产品批发业	152.8	0.2	200.8	4.1	204.9
纺织品、服装和鞋帽批发业	661.3	60.7	1 713.4	153.7	1 867.1
日用百货批发业	91.2	44.3	1 491.9	30.3	1 522.2
日用杂品批发业	775.2	8.4	210.4	49.6	260.0
五金、交电、化工批发业	1 258.1	66.8	2 671.7	389.4	3 061.1
药品及医疗器械批发业	843.1	78.2	6 884.7		6 884.7
能源、材料和机械电子设备批发业	5 080.7	301.3	9 675.9	1 056.7	10 732.6
能源批发业	1 756.8	67.4	－620.8		－620.8
石油及制品批发业	1 756.7	66.7	－238.2		－238.2
煤炭及制品批发业	0.1	0.7	－382.6		－382.6
化工材料批发业	103.4	20.3	297.8	111.0	408.8
木材批发业	22.1	0.4	－10.4		－10.4
建筑材料批发业		0.8	－5.1		－5.1
矿产品批发业					
金属材料批发业	1 240.9	132.2	2 013.8	170.0	2 183.8
机械、电子设备批发业	1 787.3	37.7	5 918.6	775.7	6 694.3
汽车、摩托车及零配件批发业	170.2	36.1	2 009.4		2 009.4
汽车批发业	170.1	36.0	1 926.9		1 926.9
再生物资回收批发业		6.4	72.6		72.6
其他批发业	781.7	39.0	4 128.5	17.4	4 145.9
工艺美术批发业					
图书报刊批发业	267.3	18.0	2 920.1	17.4	2 937.5

11-9 续表16　　(2001年)　　单位:万元

	损益及分配				
	其他业务利润	管理费用	税金	财产保险	劳动待业险
中外合作经营企业					
外资企业					
外商投资股份有限公司					
(二)按国民经济行业分组					
食品、饮料、烟草和家庭用品批发业	2 473.8	22 799.1	745.7	214.7	2 011.4
食品、饮料、烟草批发业	191.8	5 280.7	86.4	41.4	506.1
粮食、食用油批发业	53.6	807.5	15.4	0.4	58.3
烟草及其制品批发业		3 358.5	43.6	38.3	334.3
棉、麻、土畜产品批发业	45.1	1 754.1	32.1	29.1	233.5
纺织品、服装和鞋帽批发业	272.2	4 285.0	214.5	21.0	285.3
日用百货批发业	570.2	1 886.1	182.5	28.7	185.7
日用杂品批发业	10.8	268.2	10.4		23.8
五金、交电、化工批发业	1 147.7	3 285.4	71.0	17.4	260.7
药品及医疗器械批发业	236.0	6 039.6	148.8	77.1	516.3
能源、材料和机械电子设备批发业	4 328.7	18 627.7	997.0	178.3	1 454.4
能源批发业	1 208.4	4 479.2	130.6	57.0	506.2
石油及制品批发业	1 182.4	4 034.8	128.0	57.0	506.2
煤炭及制品批发业	26.0	444.4	2.6		
化工材料批发业	522.2	1 203.6	44.8	16.8	104.8
木材批发业	219.4	450.5	26.6		77.2
建筑材料批发业	100.1	84.1	13.7		10.7
矿产品批发业					
金属材料批发业	1 441.6	4 103.5	163.3	40.0	335.3
机械、电子设备批发业	478.0	5 717.1	217.3	62.2	300.8
汽车、摩托车及零配件批发业	340.0	2 346.5	400.7	2.3	91.6
汽车批发业	288.6	2 227.6	400.4	2.3	81.4
再生物资回收批发业	19.0	243.2			27.8
其他批发业	350.6	3 599.4	145.7	55.9	458.2
工艺美术批发业					
图书报刊批发业	87.1	1 598.1	76.2	37.0	199.6

11－9　续表17　　(2001年)　　单位:万元

	损益及分配			
	财务费用	利息支出	营业利润	补贴收入
中外合作经营企业				
外资企业				
外商投资股份有限公司				
(二)按国民经济行业分组				
食品、饮料、烟草和家庭用品批发业	9 767.6	8 129.8	－4 108.5	1 114.5
食品、饮料、烟草批发业	1 813.2	1 610.7	5 272.3	736.7
粮食、食用油批发业	1 253.4	1 246.2	－2 001.5	635.5
烟草及其制品批发业	330.8	134.5	7 794.9	4.6
棉、麻、土畜产品批发业	2 168.4	1 765.6	－3 672.5	339.7
纺织品、服装和鞋帽批发业	1 831.7	2 001.7	－3 919.6	36.8
日用百货批发业	1 114.5	797.5	－908.1	
日用杂品批发业	82.7	59.9	－80.1	1.3
五金、交电、化工批发业	612.8	504.8	262.8	
药品及医疗器械批发业	2 144.3	1 389.6	－1 063.3	
能源、材料和机械电子设备批发业	7 407.3	8 390.2	－9 977.1	103.4
能源批发业	2 280.1	2 448.4	－6 207.4	60.0
石油及制品批发业	2 268.4	2 432.2	－5 394.8	
煤炭及制品批发业	11.7	16.2	－812.6	60.0
化工材料批发业	882.8	897.7	－1 163.2	
木材批发业	130.6	132.6	－372.1	25.1
建筑材料批发业	17.8	17.8	－6.8	
矿产品批发业				
金属材料批发业	1 151.6	1 262.3	－1 616.9	18.3
机械、电子设备批发业	1 796.8	2 811.5	－58.3	
汽车、摩托车及零配件批发业	867.3	820.7	－563.7	
汽车批发业	834.6	790.3	－553.5	
再生物资回收批发业	280.3	－0.8	11.3	
其他批发业	494.9	594.2	402.0	186.7
工艺美术批发业				
图书报刊批发业	－159.6	－152.3	1 586.1	

11－9　续表18　　　　(2001年)　　　　单位:万元

	损益及分配			工资福利及增值税	
	利润总额	应交所得税	应付利润	本年应付工资总额	主业付工资
中外合作经营企业					
外资企业					
外商投资股份有限公司					
(二)按国民经济行业分组					
食品、饮料、烟草和家庭用品批发业	－2 969.2	1 430.7	245.6	9 775.7	9 594.9
食品、饮料、烟草批发业	5 364.8	1 348.0	349.5	1 786.5	1 747.6
粮食、食用油批发业	－2 139.3			142.9	104.0
烟草及其制品批发业	7 907.2	1 245.4	349.5	1 038.3	1 038.3
棉、麻、土畜产品批发业	－2 721.1			417.7	417.7
纺织品、服装和鞋帽批发业	－4 262.2	1.0	－275.4	1 452.0	1 415.4
日用百货批发业	－530.5	38.6	139.4	1 247.6	1 247.6
日用杂品批发业	－70.2	8.3		96.2	69.8
五金、交电、化工批发业	－83.9	25.7	32.1	1 146.5	1 067.6
药品及医疗器械批发业	－666.1	9.1		3 629.2	3 629.2
能源、材料和机械电子设备批发业	－10 683.9	671.3	－2 511.0	8 136.3	6 686.6
能源批发业	－6 809.4	113.6	－3 239.4	3 346.1	2 932.9
石油及制品批发业	－6 022.3	113.6	－3 239.4	3 233.8	2 932.9
煤炭及制品批发业	－787.1			112.3	
化工材料批发业	－1 073.8	6.4		330.9	330.9
木材批发业	－345.1			196.2	
建筑材料批发业	－19.1	0.4		179.3	179.3
矿产品批发业					
金属材料批发业	－1 205.5	76.3	438.1	1 469.8	972.1
机械、电子设备批发业	－102.1	168.1	1.4	1 794.6	1 776.6
汽车、摩托车及零配件批发业	－643.9	306.5	288.9	711.5	421.4
汽车批发业	－493.5	306.5	288.9	642.5	352.4
再生物资回收批发业	－485.0			107.9	73.4
其他批发业	4 832.6	2 142.9	44.1	1 568.4	1 541.8
工艺美术批发业					
图书报刊批发业	5 205.5	2 126.7	44.1	838.8	812.2

11－9　续表19　　(2001年)　　单位:万元

	工资福利及增值税				
	本年应付福利费总额	主业福利费	本年应交增值税总额	本年进项税额	本年销项税额
中外合作经营企业					
外资企业					
外商投资股份有限公司					
(二)按国民经济行业分组					
食品、饮料、烟草和家庭用品批发业	1 281.6	1 229.7	3 136.2	110 048.9	98 591.6
食品、饮料、烟草批发业	286.9	249.8	1 748.6	32 505.9	32 907.7
粮食、食用油批发业	55.2	18.1	5.2	1 177.4	476.0
烟草及其制品批发业	136.5	136.5	1 270.0	29 250.9	30 161.3
棉、麻、土畜产品批发业	29.0	29.0		1 126.5	969.3
纺织品、服装和鞋帽批发业	231.7	231.7	162.3	11 751.2	5 513.8
日用百货批发业	131.5	131.5	126.5	6 989.0	7 123.9
日用杂品批发业	13.4	9.7	79.9	1 503.2	1 581.2
五金、交电、化工批发业	121.5	110.4	246.4	17 332.4	11 955.8
药品及医疗器械批发业	467.6	467.6	772.5	38 840.7	38 539.9
能源、材料和机械电子设备批发业	1 426.5	1 243.2	4 366.3	139 546.7	126 317.3
能源批发业	452.7	410.6	2 709.6	58 403.2	60 713.5
石油及制品批发业	452.7	410.6	2 722.2	58 348.3	60 671.2
煤炭及制品批发业			－12.6	54.9	42.3
化工材料批发业	71.0	71.0	35.3	4 223.8	4 147.4
木材批发业	22.7		－40.1	76.3	78.8
建筑材料批发业	22.9	22.9	38.5	20.8	59.3
矿产品批发业					
金属材料批发业	475.9	402.7	188.5	31 772.0	29 923.8
机械、电子设备批发业	269.3	262.7	584.1	17 792.4	3 809.7
汽车、摩托车及零配件批发业	99.1	65.6	843.9	27 051.3	27 393.9
汽车批发业	89.5	56.0	842.7	26 149.7	26 378.4
再生物资回收批发业	12.9	7.7	6.5	206.9	190.9
其他批发业	375.8	375.3	208.9	8 497.4	9 694.1
工艺美术批发业					
图书报刊批发业	131.9	131.9	144.5	4 779.9	6 057.8

11－9　续表20　　(2001年)　　单位:万元

	年末资产负债			
	流动资产小计	存货	长期投资	固定资产小计
农业生产资料批发业	38 886.6	6 333.5	503.8	5 510.1
其他类未包括的批发业	11 547.9	1 263.1	913.4	3 513.0
二、零售企业	225 582.7	46 002.9	15 388.0	227 893.2
其中:国有及国有控股	133 976.1	30 294.7	15 146.9	185 964.5
(一)按登记注册类型分组				
内资企业	198 895.2	44 459.8	12 196.9	188 748.4
国有企业	64 616.3	18 762.0	4 305.6	54 194.5
集体企业	4 265.6	349.1	9.5	1 331.0
股份合作企业	2 671.7	1 221.7		3 846.9
联营企业				
国有联营企业				
集体联营企业				
国有与集体联营企业				
其他联营企业				
有限责任公司	43 149.2	9 138.4	210.3	12 013.6
国有独资企业				
其他有限责任公司	43 149.2	9 138.4	210.3	12 013.6
股份有限公司	66 991.9	11 299.9	7 641.4	112 066.6
私营企业	17 200.5	3 688.7	30.1	5 295.8
私营独资企业				
私营合伙企业				
私营有限责任公司	17 200.5	3 688.7	30.1	5 295.8
私营股份有限公司				
其他企业				
港、澳、台商投资企业	26 687.5	1 543.1	3 191.1	39 144.8
合资经营企业	26 687.5	1 543.1	3 191.1	39 144.8
合作经营企业				
独资经营企业				
投资股份有限公司				
外商投资企业				

11－9　续表21　　(2001年)　　单位:万元

	年末资产负债			
	固定资产原价	生产经营用	累计折旧	本年折旧
农业生产资料批发业	5 579.0	5 574.8	1 504.3	184.2
其他类未包括的批发业	4 029.1	3 613.3	585.6	80.7
二、零售企业	227 936.8	204 067.4	32 389.6	8 838.5
其中:国有及国有控股	181 158.8	158 462.3	27 510.8	5 746.3
(一)按登记注册类型分组				
内资企业	186 710.0	162 840.6	30 674.5	7 895.6
国有企业	41 991.1	27 761.5	7 543.3	568.8
集体企业	1 115.3	752.4	256.7	226.7
股份合作企业	4 018.6	4 018.6	171.7	16.4
联营企业				
国有联营企业				
集体联营企业				
国有与集体联营企业				
其他联营企业				
有限责任公司	13 814.5	13 814.5	1 822.8	1 226.4
国有独资企业				
其他有限责任公司	13 814.5	13 814.5	1 822.8	1 226.4
股份有限公司	119 551.7	111 950.3	19 957.0	5 215.6
私营企业	6 218.8	4 543.3	923.0	641.7
私营独资企业				
私营合伙企业				
私营有限责任公司	6 218.8	4 543.3	923.0	641.7
私营股份有限公司				
其他企业				
港、澳、台商投资企业	41 226.8	41 226.8	1 715.1	942.9
合资经营企业	41 226.8	41 226.8	1 715.1	942.9
合作经营企业				
独资经营企业				
投资股份有限公司				
外商投资企业				

11－9　续表22　　(2001年)　　单位:万元

	年末资产负债				
	无形及递延资产小计	无形资产	资产总计	流动负债小计	长期负债小计
农业生产资料批发业	147.9	124.0	45 048.4	38 620.5	650.3
其他类未包括的批发业	43.8		16 018.1	10 248.9	292.8
二、零售企业	44 527.6	33 061.4	517 285.0	286 225.6	52 004.0
其中:国有及国有控股	37 243.3	30 830.3	372 604.6	190 239.1	50 747.6
(一)按登记注册类型分组					
内资企业	31 985.4	21 687.1	432 568.0	264 341.5	27 654.2
国有企业	6 675.2	2 926.9	129 842.1	93 890.4	16 287.4
集体企业	124.1		5 730.2	5 899.4	390.4
股份合作企业	427.4	419.9	7 264.8	5 214.9	654.5
联营企业					
国有联营企业					
集体联营企业					
国有与集体联营企业					
其他联营企业					
有限责任公司	3 411.0	1 720.6	58 784.1	40 547.4	
国有独资企业					
其他有限责任公司	3 411.0	1 720.6	58 784.1	40 547.4	
股份有限公司	19 182.9	16 619.7	206 106.1	103 175.3	9 921.9
私营企业	2 164.8		24 840.7	15 614.1	400.0
私营独资企业					
私营合伙企业					
私营有限责任公司	2 164.8		24 840.7	15 614.1	400.0
私营股份有限公司					
其他企业					
港、澳、台商投资企业	12 542.2	11 374.3	84 717.0	21 884.1	24 349.8
合资经营企业	12 542.2	11 374.3	84 717.0	21 884.1	24 349.8
合作经营企业					
独资经营企业					
投资股份有限公司					
外商投资企业					

11-9 续表23 (2001年) 单位:万元

	年末资产负债				
	负债合计	所有者权益合计	实收资本	国家资本	港澳台资本
农业生产资料批发业	39 270.8	5 777.6	6 514.1	1 132.5	
其他类未包括的批发业	10 541.7	5 476.4	2 937.6	2 937.6	
二、零售企业	338 229.8	179 055.2	128 288.3	34 044.0	1 530.0
其中:国有及国有控股	240 986.9	131 617.7	77 127.3	34 044.0	
(一)按登记注册类型分组					
内资企业	291 995.9	140 572.1	112 250.5	31 239.4	
国有企业	110 178.0	19 664.1	23 054.5	17 841.4	
集体企业	6 289.8	-559.6	448.6		
股份合作企业	5 869.4	1 395.4	583.2		
联营企业					
国有联营企业					
集体联营企业					
国有与集体联营企业					
其他联营企业					
有限责任公司	40 547.4	18 236.7	14 532.3		
国有独资企业					
其他有限责任公司	40 547.4	18 236.7	14 532.3		
股份有限公司	113 097.2	93 008.9	61 395.3	13 398.0	
私营企业	16 014.1	8 826.6	12 236.6		
私营独资企业					
私营合伙企业					
私营有限责任公司	16 014.1	8 826.6	12 236.6		
私营股份有限公司					
其他企业					
港、澳、台商投资企业	46 233.9	38 483.1	16 037.8	2 804.6	1 530.0
合资经营企业	46 233.9	38 483.1	16 037.8	2 804.6	1 530.0
合作经营企业					
独资经营企业					
投资股份有限公司					
外商投资企业					

11－9　续表24　　(2001年)　　单位:万元

	外商资本	损益及分配 商品销售收入	商品销售收入净额	商品销售成本	经营费用
农业生产资料批发业		39 811.7	39 811.7	37 935.3	993.8
其他类未包括的批发业		15 151.3	15 151.3	14 327.6	476.9
二、零售企业		544 748.2	543 344.8	469 315.9	27 961.1
其中:国有及国有控股		327 211.3	326 139.9	277 239.4	14 041.6
(一)按登记注册类型分组					
内资企业		463 413.1	462 009.7	400 427.6	25 773.8
国有企业		118 931.5	117 968.3	105 276.4	6 031.5
集体企业		2 506.5	2 506.5	2 307.7	129.4
股份合作企业		20 773.2	20 773.2	19 603.2	430.2
联营企业					
国有联营企业					
集体联营企业					
国有与集体联营企业					
其他联营企业					
有限责任公司		114 581.0	114 562.7	103 081.5	3 850.9
国有独资企业					
其他有限责任公司		114 581.0	114 562.7	103 081.5	3 850.9
股份有限公司		166 745.3	166 323.4	134 850.5	9 841.1
私营企业		39 875.6	39 875.6	35 308.3	5 490.7
私营独资企业					
私营合伙企业					
私营有限责任公司		39 875.6	39 875.6	35 308.3	5 490.7
私营股份有限公司					
其他企业					
港、澳、台商投资企业		81 335.1	81 335.1	68 888.3	2 187.3
合资经营企业		81 335.1	81 335.1	68 888.3	2 187.3
合作经营企业					
独资经营企业					
投资股份有限公司					
外商投资企业					

11－9　续表25　　(2001年)　　单位：万元

	损益及分配				
	运杂装卸费	商品销售税金及附加	商品销售利润	代购代销收入	主营利润
农业生产资料批发业	342.5	2.4	880.2		880.2
其他类未包括的批发业	171.9	18.6	328.2		328.2
二、零售企业	945.0	1 662.5	44 405.3	576.4	44 981.7
其中：国有及国有控股	612.7	1 133.5	33 725.4		33 725.4
(一)按登记注册类型分组					
内资企业	817.7	1 522.1	34 286.2	556.2	34 842.4
国有企业	330.8	211.4	6 449.0		6 449.0
集体企业	8.8	2.2	67.2		67.2
股份合作企业	4.1	8.8	731.0		731.0
联营企业					
国有联营企业					
集体联营企业					
国有与集体联营企业					
其他联营企业					
有限责任公司	303.7	282.0	7 348.3	556.2	7 904.5
国有独资企业					
其他有限责任公司	303.7	282.0	7 348.3	556.2	7 904.5
股份有限公司	153.2	903.0	20 728.8		20 728.8
私营企业	17.1	114.7	－1 038.1		－1 038.1
私营独资企业					
私营合伙企业					
私营有限责任公司	17.1	114.7	－1 038.1		－1 038.1
私营股份有限公司					
其他企业					
港、澳、台商投资企业	127.3	140.4	10 119.1	20.2	10 139.3
合资经营企业	127.3	140.4	10 119.1	20.2	10 139.3
合作经营企业					
独资经营企业					
投资股份有限公司					
外商投资企业					

11－9　续表26　　(2001年)　　单位:万元

	损益及分配				
	其他业务利润	管理费用	税金	财产保险	劳动待业险
农业生产资料批发业	162.9	1 531.8	36.9	1.8	233.6
其他类未包括的批发业	100.6	469.5	32.6	17.1	25.0
二、零售企业	10 742.3	38 312.7	1 107.4	873.3	2 957.3
其中:国有及国有控股	5 763.6	25 383.2	856.5	694.9	2 840.1
(一)按登记注册类型分组					
内资企业	10 613.9	33 310.0	856.8	763.4	2 474.2
国有企业	2 540.8	8 479.1	99.2	527.2	699.1
集体企业	3.0	187.5	3.2	2.2	
股份合作企业	0.5	432.3	26.4	17.5	57.5
联营企业					
国有联营企业					
集体联营企业					
国有与集体联营企业					
其他联营企业					
有限责任公司	3 478.2	7 372.0	105.4	33.5	52.4
国有独资企业					
其他有限责任公司	3 478.2	7 372.0	105.4	33.5	52.4
股份有限公司	2 328.9	13 989.9	614.7	58.6	1 663.0
私营企业	2 262.5	2 849.2	7.9	124.4	2.2
私营独资企业					
私营合伙企业					
私营有限责任公司	2 262.5	2 849.2	7.9	124.4	2.2
私营股份有限公司					
其他企业					
港、澳、台商投资企业	128.4	5 002.7	250.6	109.9	483.1
合资经营企业	128.4	5 002.7	250.6	109.9	483.1
合作经营企业					
独资经营企业					
投资股份有限公司					
外商投资企业					

11－9　续表27　　(2001年)　　单位:万元

	损益及分配			
	财务费用	利息支出	营业利润	补贴收入
农业生产资料批发业	372.0	363.6	－860.8	186.7
其他类未包括的批发业	282.5	382.9	－323.3	
二、零售企业	6 430.1	5 604.7	10 351.9	764.1
其中:国有及国有控股	4 742.0	4 246.1	9 197.5	761.1
(一)按登记注册类型分组				
内资企业	5 883.4	5 359.4	5 454.9	764.1
国有企业	1 349.5	1 049.4	－1 071.3	761.1
集体企业	6.8	－0.1	－124.1	3.0
股份合作企业	156.5	156.1	142.7	
联营企业				
国有联营企业				
集体联营企业				
国有与集体联营企业				
其他联营企业				
有限责任公司	792.8	717.4	2 724.4	
国有独资企业				
其他有限责任公司	792.8	717.4	2 724.4	
股份有限公司	3 508.7	3 446.5	5 625.1	
私营企业	69.1	－9.9	－1 841.9	
私营独资企业				
私营合伙企业				
私营有限责任公司	69.1	－9.9	－1 841.9	
私营股份有限公司				
其他企业				
港、澳、台商投资企业	546.7	245.3	4 897.0	
合资经营企业	546.7	245.3	4 897.0	
合作经营企业				
独资经营企业				
投资股份有限公司				
外商投资企业				

11-9　续表28　　(2001年)　　单位:万元

	损益及分配			工资福利及增值税	
	利润总额	应交所得税	应付利润	本年应付工资总额	主业付工资
农业生产资料批发业	-115.8	2.3		486.7	486.7
其他类未包括的批发业	-257.1	13.9		242.9	242.9
二、零售企业	10 057.6	3 082.7	6 855.6	42 663.3	40 658.1
其中:国有及国有控股	8 912.1	2 051.2	6 662.6	37 541.1	36 318.1
(一)按登记注册类型分组					
内资企业	5 180.8	1 901.3	6 855.6	40 915.6	38 910.4
国有企业	-318.3	134.5	23.2	29 936.9	29 931.7
集体企业	-42.3	0.2		492.7	452.6
股份合作企业	142.7	46.6		420.6	420.6
联营企业					
国有联营企业					
集体联营企业					
国有与集体联营企业					
其他联营企业					
有限责任公司	2 996.9	885.9	193.0	2 388.4	2 162.5
国有独资企业					
其他有限责任公司	2 996.9	885.9	193.0	2 388.4	2 162.5
股份有限公司	4 203.1	791.0	6 639.4	6 511.6	4 874.9
私营企业	-1 801.3	43.1		1 165.4	1 068.1
私营独资企业					
私营合伙企业					
私营有限责任公司	-1 801.3	43.1		1 165.4	1 068.1
私营股份有限公司					
其他企业					
港、澳、台商投资企业	4 876.8	1 181.4		1 747.7	1 747.7
合资经营企业	4 876.8	1 181.4		1 747.7	1 747.7
合作经营企业					
独资经营企业					
投资股份有限公司					
外商投资企业					

11－9 续表 29 (2001 年) 单位:万元

	工资福利及增值税				
	本年应付福利费总额	主业福利费	本年应交增值税总额	本年进项税额	本年销项税额
农业生产资料批发业	215.7	215.2	4.9	1 219.9	1 060.6
其他类未包括的批发业	28.2	28.2	59.5	2 497.6	2 575.7
二、零售企业	4 628.4	4 435.9	66 964.4	70 071.4	77 283.6
其中:国有及国有控股	3 991.7	3 885.0	4 571.3	41 783.2	44 363.9
(一)按登记注册类型分组					
内资企业	4 383.7	4 191.2	6 933.5	56 323.6	65 050.5
国有企业	2 954.6	2 953.9	1 271.1	11 339.2	12 598.2
集体企业	12.8	9.8	37.7	142.0	167.7
股份合作企业	44.7	44.7	100.7	560.4	661.1
联营企业					
国有联营企业					
集体联营企业					
国有与集体联营企业					
其他联营企业					
有限责任公司	281.4	265.9	2 274.3	15 886.8	18 152.5
国有独资企业					
其他有限责任公司	281.4	265.9	2 274.3	15 886.8	18 152.5
股份有限公司	887.3	743.3	2 002.6	22 849.2	26 740.9
私营企业	202.9	173.6	1 247.1	5 546.0	6 730.1
私营独资企业					
私营合伙企业					
私营有限责任公司	202.9	173.6	1 247.1	5 546.0	6 730.1
私营股份有限公司					
其他企业					
港、澳、台商投资企业	244.7	244.7	60 030.9	13 747.8	12 233.1
合资经营企业	244.7	244.7	60 030.9	13 747.8	12 233.1
合作经营企业					
独资经营企业					
投资股份有限公司					
外商投资企业					

11－9　续表30　　(2001年)　　单位:万元

	年末资产负债			
	流动资产小计	存货	长期投资	固定资产小计
中外合资经营企业				
中外合作经营企业				
外资企业				
外商投资股份有限公司				
(二)按国民经济行业分组				
食品、饮料和烟草零售业	8 687.3	2 286.7	3 448.7	9 419.0
粮油食品零售业	8 569.6	2 269.2	3 448.7	9 204.5
副食品零售业	117.7	17.5		214.5
日用百货零售业	189 594.5	34 693.9	11 389.6	208 727.8
百货零售业	189 059.7	34 582.1	11 389.6	208 360.4
文化体育用品零售业				
纺织品、服装和鞋帽零售业	7 527.7	948.7	518.9	6 470.7
日用杂品零售业	3 890.7	312.0	0.7	502.7
五金、交电、化工零售业	9 509.5	4 591.4		680.3
药品及医疗器械零售业				
图书报刊零售业	4 410.0	2 236.0		1 773.9
其他零售业	1 963.0	934.2	30.1	318.8
家具零售业	373.2	244.7		19.6
汽车、摩托车及其零配件零售业	923.0	473.8	30.1	102.7
计算机及软件、办公设备零售业	666.8	215.7		196.5
(三)按经营方式分组				
独立商店	168 593.3	29 297.6	11 939.3	205 670.0
连锁总店	8 737.8	2 508.1	3 448.7	8 749.8
连锁分店	47 734.1	14 177.8		13 162.8
其他	517.5	19.4		310.6
(四)按业态分组				
百货商店	145 954.3	24 200.3	11 908.5	198 288.1
超级市场	64 044.5	16 480.9	3 448.7	25 394.9
专业(专卖)商店	15 583.9	5 321.7	30.8	4 210.2
其他				

11－9　续表31　　(2001年)　　单位:万元

	年末资产负债			
	固定资产原价	生产经营用	累计折旧	本年折旧
中外合资经营企业				
中外合作经营企业				
外资企业				
外商投资股份有限公司				
(二)按国民经济行业分组				
食品、饮料和烟草零售业	10 830.0	10 137.3	1 411.0	38.5
粮油食品零售业	10 595.8	9 903.1	1 391.3	38.1
副食品零售业	234.2	234.2	19.7	0.4
日用百货零售业	205 677.3	184 431.3	29 295.5	8 511.9
百货零售业	205 126.9	184 216.3	29 112.5	8 433.8
文化体育用品零售业				
纺织品、服装和鞋帽零售业	7 418.8	5 777.3	948.1	45.2
日用杂品零售业	518.2	518.2	15.5	4.8
五金、交电、化工零售业	724.5	724.5	44.2	44.2
药品及医疗器械零售业				
图书报刊零售业	2 191.0	2 012.6	417.1	146.1
其他零售业	577.0	466.2	258.2	47.8
家具零售业	38.6	38.6	19.0	4.0
汽车、摩托车及其零配件零售业	213.4	102.6	110.7	28.3
计算机及软件、办公设备零售业	325.0	325.0	128.5	15.5
(三)按经营方式分组				
独立商店	202 008.0	179 854.1	28 682.1	7 277.9
连锁总店	10 077.3	9 384.6	1 327.5	37.7
连锁分店	15 322.3	14 299.5	2 161.4	1 522.5
其他	529.2	529.2	218.6	0.4
(四)按业态分组				
百货商店	193 389.8	172 363.1	27 445.8	6 614.1
超级市场	29 328.8	27 110.7	3 935.8	1 911.1
专业(专卖)商店	5 218.2	4 593.6	1 008.0	313.3
其他				

11－9　续表32　　(2001年)　　单位:万元

	年末资产负债				
	无形及递延资产小计	无形资产	资产总计	流动负债小计	长期负债小计
中外合资经营企业					
中外合作经营企业					
外资企业					
外商投资股份有限公司					
(二)按国民经济行业分组					
食品、饮料和烟草零售业	17.7		21 572.7	13 691.3	6 057.8
粮油食品零售业	10.9		21 233.7	13 634.2	6 057.8
副食品零售业	6.8		339.0	57.1	
日用百货零售业	43 047.5	32 224.9	456 453.2	242 337.9	43 640.5
百货零售业	43 047.5	32 224.9	455 551.0	241 931.4	43 638.0
文化体育用品零售业					
纺织品、服装和鞋帽零售业	416.6	416.6	14 933.9	9 379.6	2 081.3
日用杂品零售业			4 394.1	4 145.3	201.9
五金、交电、化工零售业	165.8		10 385.6	9 118.2	
药品及医疗器械零售业					
图书报刊零售业	169.4		6 403.5	5 228.4	22.5
其他零售业	710.6	419.9	3 142.0	2 324.9	
家具零售业	290.7		683.5	532.9	
汽车、摩托车及其零配件零售业			1 175.3	642.0	
计算机及软件、办公设备零售业	419.9	419.9	1 283.2	1 150.0	
(三)按经营方式分组					
独立商店	39 571.3	31 090.3	429 444.2	223 673.4	45 906.1
连锁总店	301.6		21 237.9	14 113.7	6 048.8
连锁分店	4 397.4	1 720.6	65 517.5	47 782.6	
其他	257.3	250.5	1 085.4	655.9	49.1
(四)按业态分组					
百货商店	38 687.6	30 920.9	398 309.1	204 097.7	45 719.3
超级市场	4 953.2	1 720.6	98 064.5	65 442.6	6 048.8
专业(专卖)商店	886.8	419.9	20 911.4	16 685.3	235.9
其他					

11-9　续表33　　　　(2001年)　　　　单位:万元

	年末资产负债				
	负债合计	所有者权益合计	实收资本	国家资本	港澳台资本
中外合资经营企业					
中外合作经营企业					
外资企业					
外商投资股份有限公司					
(二)按国民经济行业分组					
食品、饮料和烟草零售业	19 749.1	1 823.6	8 256.2	8 120.0	
粮油食品零售业	19 692.0	1 541.7	8 120.0	8 120.0	
副食品零售业	57.1	281.9	136.2		
日用百货零售业	285 978.6	170 474.6	109 135.0	20 519.4	1 530.0
百货零售业	285 569.6	169 981.4	108 924.3	20 308.7	1 530.0
文化体育用品零售业					
纺织品、服装和鞋帽零售业	11 460.9	3 473.0	5 540.5	5 032.5	
日用杂品零售业	4 347.2	46.9	122.7		
五金、交电、化工零售业	9 118.2	1 267.4	3 300.0		
药品及医疗器械零售业					
图书报刊零售业	5 250.9	1 152.6	372.1	372.1	
其他零售业	2 324.9	817.1	1 561.8		
家具零售业	532.9	150.6	428.6		
汽车、摩托车及其零配件零售业	642.0	533.3	1 000.0		
计算机及软件、办公设备零售业	1 150.0	133.2	133.2		
(三)按经营方式分组					
独立商店	269 579.7	159 864.5	105 792.3	26 413.4	1 530.0
连锁总店	20 162.5	1 075.4	7 962.7	7 534.1	
连锁分店	47 782.6	17 734.9	14 300.6		
其他	705.0	380.4	232.7	96.5	
(四)按业态分组					
百货商店	249 817.2	148 491.9	93 564.2	25 341.2	1 530.0
超级市场	71 491.4	26 573.1	29 434.7	7 534.1	
专业(专卖)商店	16 921.2	3 990.2	5 289.4	1 168.7	
其他					

11－9　续表34　　(2001年)　　单位：万元

	外商资本	损益及分配 商品销售收入	商品销售收入净额	商品销售成本	经营费用
中外合资经营企业					
中外合作经营企业					
外资企业					
外商投资股份有限公司					
(二)按国民经济行业分组					
食品、饮料和烟草零售业		3 402.1	3 402.1	3 714.2	275.2
粮油食品零售业		2 731.5	2 731.5	3 121.6	218.2
副食品零售业		670.6	670.6	592.6	57.0
日用百货零售业		484 006.5	483 566.3	414 692.9	23 375.0
百货零售业		481 229.4	480 789.2	412 495.5	22 902.6
文化体育用品零售业					
纺织品、服装和鞋帽零售业		471.0	471.0	334.7	341.8
日用杂品零售业		360.9	360.9	295.8	59.7
五金、交电、化工零售业		40 089.1	40 089.1	38 621.7	1 810.0
药品及医疗器械零售业					
图书报刊零售业		14 150.2	13 187.0	9 807.5	1 794.9
其他零售业		2 268.4	2 268.4	1 849.1	304.5
家具零售业		436.4	436.4	327.0	153.1
汽车、摩托车及其零配件零售业		719.5	719.5	751.0	44.8
计算机及软件、办公设备零售业		1 112.5	1 112.5	771.1	106.6
(三)按经营方式分组					
独立商店		389 825.3	388 548.4	329 815.2	17 760.0
连锁总店		2 793.3	2 793.3	3 095.7	320.9
连锁分店		150 365.0	150 238.5	134 910.9	9 805.5
其他		1 764.6	1 764.6	1 494.1	74.7
(四)按业态分组					
百货商店		352 556.6	352 242.9	299 753.2	13 911.4
超级市场		157 922.7	157 796.2	141 545.8	10 606.3
专业(专卖)商店		34 268.9	33 305.7	28 016.9	3 443.4
其他					

11－9 续表35 (2001年) 单位:万元

	损益及分配				
	运杂装卸费	商品销售税金及附加	商品销售利润	代购代销收入	主营利润
中外合资经营企业					
中外合作经营企业					
外资企业					
外商投资股份有限公司					
(二)按国民经济行业分组					
食品、饮料和烟草零售业	12.7	2.9	－590.2		－590.2
粮油食品零售业	12.7	2.6	－610.9		－610.9
副食品零售业		0.3	20.7		20.7
日用百货零售业	863.5	1 586.2	43 912.2	20.2	43 932.4
百货零售业	860.2	1 564.7	43 826.4	20.2	43 846.6
文化体育用品零售业					
纺织品、服装和鞋帽零售业	3.1	5.0	－210.5		－210.5
日用杂品零售业	8.8	1.9	3.5		3.5
五金、交电、化工零售业	26.8	10.0	－352.6	556.2	203.6
药品及医疗器械零售业					
图书报刊零售业	21.3	47.7	1 536.9		1 536.9
其他零售业	8.8	8.8	106.0		106.0
家具零售业	5.0	1.7	－45.4		－45.4
汽车、摩托车及其零配件零售业		7.7	－84.0		－84.0
计算机及软件、办公设备零售业	3.8	－0.6	235.4		235.4
(三)按经营方式分组					
独立商店	610.0	1 182.3	39 790.9	20.2	39 811.1
连锁总店	17.7	4.0	－627.3		－627.3
连锁分店	317.3	472.7	5 049.4	556.2	5 605.6
其他		3.5	192.3		192.3
(四)按业态分组					
百货商店	571.8	1 074.5	37 503.8	20.2	37 524.0
超级市场	309.7	502.8	5 141.3		5 141.3
专业(专卖)商店	63.5	85.2	1 760.2	556.2	2 316.4
其他					

11－9　续表36　　　　(2001年)　　　　单位:万元

	损益及分配				
	其他业务利润	管理费用	税金	财产保险	劳动待业险
中外合资经营企业					
中外合作经营企业					
外资企业					
外商投资股份有限公司					
(二)按国民经济行业分组					
食品、饮料和烟草零售业	213.7	1 095.9	4.1		272.4
粮油食品零售业	210.7	1 073.0	3.3		272.4
副食品零售业	3.0	22.9	0.8		
日用百货零售业	9 157.7	34 027.5	1 022.5	233.0	2 500.8
百货零售业	8 833.2	33 771.0	1 020.9	227.1	2 491.8
文化体育用品零售业					
纺织品、服装和鞋帽零售业	990.6	1 097.9	5.2	489.0	20.6
日用杂品零售业		49.7	2.4	2.2	
五金、交电、化工零售业	369.3	757.6	7.1	119.5	0.8
药品及医疗器械零售业					
图书报刊零售业	10.5	1 026.2	61.1	28.0	129.8
其他零售业	0.5	257.9	5.0	1.6	32.9
家具零售业		41.6	1.6		
汽车、摩托车及其零配件零售业		61.7	0.1		2.2
计算机及软件、办公设备零售业	0.5	154.6	3.3	1.6	30.7
(三)按经营方式分组					
独立商店	4 582.3	29 137.3	996.6	839.3	2 646.2
连锁总店	128.0	1 059.5	4.9		259.8
连锁分店	5 815.8	7 899.4	105.1	34.0	51.3
其他	216.2	216.5	0.8		
(四)按业态分组					
百货商店	3 559.6	25 928.6	921.9	677.2	2 461.9
超级市场	6 693.1	10 180.4	111.4	43.4	311.1
专业(专卖)商店	489.6	2 203.7	74.1	152.7	184.3
其他					

11－9 续表37 (2001年) 单位:万元

	损益及分配			
	财务费用	利息支出	营业利润	补贴收入
中外合资经营企业				
中外合作经营企业				
外资企业				
外商投资股份有限公司				
(二)按国民经济行业分组				
食品、饮料和烟草零售业	33.7	74.8	－1 506.0	761.1
粮油食品零售业	33.9	75.0	－1 507.0	761.1
副食品零售业	－0.2	－0.2	1.0	
日用百货零售业	5 826.1	5 013.2	13 159.3	
百货零售业	5 817.4	5 004.6	13 015.2	
文化体育用品零售业				
纺织品、服装和鞋帽零售业	486.1	485.9	－803.8	
日用杂品零售业	0.1	0.1	－46.3	3.0
五金、交电、化工零售业	67.9	6.6	－809.0	
药品及医疗器械零售业				
图书报刊零售业	－22.5	－14.2	573.1	
其他零售业	38.7	38.3	－215.4	
家具零售业	0.1		－112.4	
汽车、摩托车及其零配件零售业	－2.7	－3.0	－143.0	
计算机及软件、办公设备零售业	41.3	41.3	40.0	
(三)按经营方式分组				
独立商店	5 604.9	4 802.0	9 918.0	3.0
连锁总店	34.9	75.9	－1 618.9	761.1
连锁分店	791.7	727.0	2 051.3	
其他	－1.4	－0.2	1.5	
(四)按业态分组				
百货商店	5 539.7	4 805.7	9 661.8	
超级市场	802.6	764.7	728.9	761.1
专业(专卖)商店	87.8	34.3	－38.8	3.0
其他				

11－9　续表38　　(2001年)　　单位:万元

	损益及分配			工资福利及增值税	
	利润总额	应交所得税	应付利润	本年应付工资总额	主业付工资
中外合资经营企业					
中外合作经营企业					
外资企业					
外商投资股份有限公司					
(二)按国民经济行业分组					
食品、饮料和烟草零售业	－743.0	0.2		845.2	845.2
粮油食品零售业	－744.0			436.7	436.7
副食品零售业	1.0	0.2		408.5	408.5
日用百货零售业	12 083.3	3 037.7	6 854.6	15 070.1	13 121.1
百货零售业	11 950.5	3 026.4	6 854.6	14 990.4	13 046.6
文化体育用品零售业					
纺织品、服装和鞋帽零售业	－793.8			539.1	485.1
日用杂品零售业	－43.3			46.3	44.1
五金、交电、化工零售业	－807.6	31.6		461.8	461.8
药品及医疗器械零售业					
图书报刊零售业	577.4		1.0	25 528.9	25 528.9
其他零售业	－215.4	13.2		171.9	171.9
家具零售业	－112.4			9.1	9.1
汽车、摩托车及其零配件零售业	－143.0			24.4	24.4
计算机及软件、办公设备零售业	40.0	13.2		138.4	138.4
(三)按经营方式分组					
独立商店	8 548.3	2 153.5	6 372.8	38 180.1	36 587.4
连锁总店	－856.5			393.1	393.1
连锁分店	2 364.4	929.0	482.8	3 591.4	3 178.9
其他	1.4	0.2		498.7	498.7
(四)按业态分组					
百货商店	8 301.1	2 129.0	6 371.8	12 066.5	10 496.6
超级市场	1 797.3	897.4	482.8	4 028.8	3 600.9
专业(专卖)商店	－40.8	56.3	1.0	26 568.0	26 560.6
其他					

11－9　续表39　　(2001年)　　单位:万元

	工资福利及增值税				
	本年应付福利费总额	主业福利费	本年应交增值税总额	本年进项税额	本年销项税额
中外合资经营企业					
中外合作经营企业					
外资企业					
外商投资股份有限公司					
(二)按国民经济行业分组					
食品、饮料和烟草零售业	52.8	52.8	11.3	322.1	353.9
粮油食品零售业	47.6	47.6	4.4	215.0	239.9
副食品零售业	5.2	5.2	6.9	107.1	114.0
日用百货零售业	2 026.8	1 834.6	66 245.3	60 774.9	67 861.9
百货零售业	1 961.9	1 770.4	66 223.8	60 459.0	67 382.5
文化体育用品零售业					
纺织品、服装和鞋帽零售业	70.6	70.6	3.1	112.4	80.0
日用杂品零售业	4.9	4.6	18.8	34.9	53.7
五金、交电、化工零售业	60.1	60.1	135.0	6 714.0	6 842.6
药品及医疗器械零售业					
图书报刊零售业	2 349.2	2 349.2	527.6	1 823.1	1 762.2
其他零售业	64.0	64.0	23.3	290.0	329.3
家具零售业	20.1	20.1	1.9		17.9
汽车、摩托车及其零配件零售业	31.8	31.8	7.7	114.6	122.3
计算机及软件、办公设备零售业	12.1	12.1	13.7	175.4	189.1
(三)按经营方式分组					
独立商店	4 167.8	3 990.8	63 580.8	48 473.6	52 429.4
连锁总店	60.4	60.4	1.9	168.9	207.3
连锁分店	395.0	379.5	3 368.7	21 266.1	24 471.1
其他	5.2	5.2	13.0	162.8	175.8
(四)按业态分组					
百货商店	1 643.1	1 496.4	62 645.9	43 327.2	46 801.0
超级市场	455.2	410.4	3 703.6	21 807.7	25 368.1
专业(专卖)商店	2 530.1	2 529.1	614.9	4 936.5	5 114.5
其他					

11－10 限额以上餐饮企业财务状况

(2001年) 单位:万元

	年末资产负债			
	流动资产小计	存货	长期投资	固定资产小计
总计	**52 206.6**	**6 380.8**	**4 862.1**	**35 919.7**
其中:国有及国有控股	23 981.7	2 761.9	2 644.1	20 580.2
一、按登记注册类型分组				
内资企业	34 770.5	4 555.7	2 660.1	27 040.8
国有企业				
集体企业				
股份合作企业	176.4	61.0		124.2
联营企业				
国有联营企业				
集体联营企业				
国有与集体联营企业				
其他联营企业				
有限责任公司	4 045.4	835.8		3 733.6
国有独资企业				
其他有限责任公司	4 045.4	835.8		3 733.6
股份有限公司	24 663.7	2 914.3	2 644.1	21 241.7
私营企业	5 885.0	744.6	16.0	1 941.3
私营独资企业	145.7	76.0		5.0
私营合伙企业				
私营有限责任公司	4 366.2	533.5	16.0	1 065.7
私营股份有限公司	1 373.1	135.1		870.6
其他企业				
港、澳、台商投资企业	11 965.0	1 463.8	56.0	6 003.1
合资经营企业	7 752.1	943.1	56.0	3 440.0
合作经营企业	1 232.5	107.8		571.6
独资经营企业	2 980.4	412.9		1 991.5
投资股份有限公司				
外商投资企业	5 471.1	361.3	2 146.0	2 875.8
中外合资经营企业	4 213.7	40.7		2 178.2
中外合作经营企业	795.5	193.9	2 146.0	119.5
外资企业	461.9	126.7		578.1
外商投资股份有限公司				
二、按国民经济行业分组				
正餐	48 361.8	5 772.4	4 862.1	32 834.0
快餐	3 844.8	608.4		3 085.7
其他餐饮业				

11－10　续表1　　(2001年)　　单位:万元

	年末资产负债			
	固定资产原价	生产经营用	累计折旧	本年折旧
总　　计	**50 860.5**	**49 196.4**	**14 940.8**	**3 897.4**
其中:国有及国有控股	25 413.9	25 413.9	4 833.7	1 063.6
一、按登记注册类型分组				
内资企业	33 928.2	33 616.7	6 887.4	1 737.2
国有企业				
集体企业				
股份合作企业	223.9	223.9	99.7	64.0
联营企业				
国有联营企业				
集体联营企业				
国有与集体联营企业				
其他联营企业				
有限责任公司	4 559.6	4 259.6	826.0	342.8
国有独资企业				
其他有限责任公司	4 559.6	4 259.6	826.0	342.8
股份有限公司	26 489.4	26 489.4	5 247.7	1 073.2
私营企业	2 655.3	2 643.8	714.0	257.2
私营独资企业	16.0	16.0	11.0	5.2
私营合伙企业				
私营有限责任公司	1 579.4	1 567.9	513.7	200.7
私营股份有限公司	1 059.9	1 059.9	189.3	51.3
其他企业				
港、澳、台商投资企业	12 623.0	12 613.0	6 619.9	1 845.2
合资经营企业	7 388.5	7 388.5	3 948.5	474.2
合作经营企业	847.6	837.6	276.0	16.0
独资经营企业	4 386.9	4 386.9	2 395.4	1 355.0
投资股份有限公司				
外商投资企业	4 309.3	2 966.7	1 433.5	315.0
中外合资经营企业	3 079.8	1 737.2	901.6	195.5
中外合作经营企业	148.7	148.7	29.2	11.5
外资企业	1 080.8	1 080.8	502.7	108.0
外商投资股份有限公司				
二、按国民经济行业分组				
正餐	44 863.2	43 199.1	12 029.2	2 420.9
快餐	5 997.3	5 997.3	2 911.6	1 476.5
其他餐饮业				

11－10　续表2　　(2001年)　　单位:万元

	年末资产负债				
	无形及递延资产小计	无形资产	资产总计	流动负债小计	长期负债小计
总　　计	**13 204.0**	**3 162.8**	**108 043.1**	**43 502.9**	**19 231.4**
其中:国有及国有控股	5 571.4	1 998.6	52 777.4	12 020.5	12 913.6
一、按登记注册类型分组					
内资企业	9 989.0	2 545.8	74 462.7	22 606.6	13 863.9
国有企业					
集体企业					
股份合作企业	415.2	168.2	715.8	285.4	
联营企业					
国有联营企业					
集体联营企业					
国有与集体联营企业					
其他联营企业					
有限责任公司	2 653.9	379.0	10 432.9	3 594.6	
国有独资企业					
其他有限责任公司	2 653.9	379.0	10 432.9	3 594.6	
股份有限公司	5 571.4	1 998.6	54 120.9	13 315.5	12 913.6
私营企业	1 348.5		9 193.1	5 411.1	950.3
私营独资企业			150.7	21.0	
私营合伙企业					
私营有限责任公司	1 029.2		6 477.4	4 959.8	374.0
私营股份有限公司	319.3		2 565.0	430.3	576.3
其他企业					
港、澳、台商投资企业	3 000.6	617.0	22 873.1	5 178.4	5 367.5
合资经营企业	118.5	116.4	13 214.9	3 363.6	2 597.6
合作经营企业	560.0	36.6	2 364.2	1 070.5	
独资经营企业	2 322.1	464.0	7 294.0	744.3	2 769.9
投资股份有限公司					
外商投资企业	214.4		10 707.3	15 717.9	
中外合资经营企业			6 391.9	11 181.2	
中外合作经营企业	154.2		3 215.2	3 289.7	
外资企业	60.2		1 100.2	1 247.0	
外商投资股份有限公司					
二、按国民经济行业分组					
正餐	10 433.9	2 662.2	98 342.4	40 942.4	16 461.5
快餐	2 770.1	500.6	9 700.7	2 560.5	2 769.9
其他餐饮业					

11－10　续表3　　(2001年)　　单位:万元

	年末资产负债				
	负债合计	所有者权益合计	实收资本	国家资本	港澳台资本
总　　计	**62 734.3**	**45 308.8**	**32 011.4**	**4 877.4**	**6 699.7**
其中:国有及国有控股	24 934.1	27 843.3	11 441.5		
一、按登记注册类型分组					
内资企业	36 470.5	37 992.2	17 958.2		
国有企业					
集体企业					
股份合作企业	285.4	430.4	833.2		
联营企业					
国有联营企业					
集体联营企业					
国有与集体联营企业					
其他联营企业					
有限责任公司	3 594.6	6 838.3	2 750.0		
国有独资企业					
其他有限责任公司	3 594.6	6 838.3	2 750.0		
股份有限公司	26 229.1	27 891.8	11 471.5		
私营企业	6 361.4	2 831.7	2 903.5		
私营独资企业	21.0	129.7	14.1		
私营合伙企业					
私营有限责任公司	5 333.8	1 143.6	2 431.4		
私营股份有限公司	1 006.6	1 558.4	458.0		
其他企业					
港、澳、台商投资企业	10 545.9	12 327.2	12 089.1	4 877.4	6 699.7
合资经营企业	5 961.2	7 253.7	5 563.2	3 533.4	1 517.8
合作经营企业	1 070.5	1 293.7	2 619.7	1 344.0	1 275.7
独资经营企业	3 514.2	3 779.8	3 906.2		3 906.2
投资股份有限公司					
外商投资企业	15 717.9	－5 010.6	1 964.1		
中外合资经营企业	11 181.2	－4 789.3	1 050.0		
中外合作经营企业	3 289.7	－74.5	500.0		
外资企业	1 247.0	－146.8	414.1		
外商投资股份有限公司					
二、按国民经济行业分组					
正餐	57 403.9	40 938.5	26 863.4	4 877.4	1 965.8
快餐	5 330.4	4 370.3	5 148.0		4 733.9
其他餐饮业					

11－10　续表4　　　　(2001年)　　　　单位:万元

		损益及分配			
	外商资本	营业收入	营业成本	营业费用	营业税金及附加
总　　计	**700.0**	**73 541.6**	**36 738.7**	**24 707.6**	**3 915.1**
其中:国有及国有控股		24 027.5	9 965.5	9 188.7	1 242.3
一、按登记注册类型分组					
内资企业		50 699.3	26 055.2	17 025.6	2 783.6
国有企业					
集体企业					
股份合作企业		1 050.6	597.1	342.2	65.6
联营企业					
国有联营企业					
集体联营企业					
国有与集体联营企业					
其他联营企业					
有限责任公司		9 130.4	5 189.4	2 824.4	524.8
国有独资企业					
其他有限责任公司		9 130.4	5 189.4	2 824.4	524.8
股份有限公司		26 780.8	11 887.3	9 661.9	1 393.7
私营企业		13 737.5	8 381.4	4 197.1	799.5
私营独资企业		535.6	265.1	109.7	25.8
私营合伙企业					
私营有限责任公司		11 149.0	6 741.0	3 660.0	662.4
私营股份有限公司		2 052.9	1 375.3	427.4	111.3
其他企业					
港、澳、台商投资企业		19 028.7	8 832.6	6 023.1	916.9
合资经营企业		11 458.2	5 082.8	2 995.5	537.9
合作经营企业		2 744.6	1 444.8	1 216.8	137.2
独资经营企业		4 825.9	2 305.0	1 810.8	241.8
投资股份有限公司					
外商投资企业	700.0	3 813.6	1 850.9	1 658.9	214.6
中外合资经营企业	300.0	1 033.8	560.5	749.4	61.2
中外合作经营企业	400.0	1 569.5	865.5	280.7	92.8
外资企业		1 210.3	424.9	628.8	60.6
外商投资股份有限公司					
二、按国民经济行业分组					
正餐	700.0	66 284.4	33 309.7	21 867.5	3 551.7
快餐		7 257.2	3 429.0	2 840.1	363.4
其他餐饮业					

11－10　续表5　　(2001年)　　单位:万元

	损益及分配				
	经营利润	管理费用	税　金	财产保险	待业保险
总　　计	**8 180.2**	**6 751.7**	**494.8**	**31.4**	**51.3**
其中:国有及国有控股	3 631.0	1 200.6	437.2		
一、按登记注册类型分组					
内资企业	4 834.9	3 203.5	490.0	12.3	15.5
国有企业					
集体企业					
股份合作企业	45.7	187.8	3.0		
联营企业					
国有联营企业					
集体联营企业					
国有与集体联营企业					
其他联营企业					
有限责任公司	591.8	596.8	25.8	9.3	8.7
国有独资企业					
其他有限责任公司	591.8	596.8	25.8	9.3	8.7
股份有限公司	3 837.9	1 393.0	437.2		
私营企业	359.5	1 025.9	24.0	3.0	6.8
私营独资企业	135.0	89.6	5.6		
私营合伙企业					
私营有限责任公司	85.6	907.7	18.4	3.0	6.8
私营股份有限公司	138.9	28.6			
其他企业					
港、澳、台商投资企业	3 256.1	2 704.6	4.0	19.1	31.6
合资经营企业	2 842.0	2 290.3		7.2	25.9
合作经营企业	－54.2	145.0	3.0		4.6
独资经营企业	468.3	269.3	1.0	11.9	1.1
投资股份有限公司					
外商投资企业	89.2	843.6	0.8		4.2
中外合资经营企业	－337.3	157.0	0.5		4.2
中外合作经营企业	330.5	484.3	0.3		
外资企业	96.0	202.3			
外商投资股份有限公司					
二、按国民经济行业分组					
正餐	7 555.5	6 135.1	490.8	19.5	45.6
快餐	624.7	616.6	4.0	11.9	5.7
其他餐饮业					

11－10　续表 6　　(2001 年)　　单位:万元

	损益及分配				
	财务费用	利息支出	营业利润	利润总额	应交所得税
总　　计	**1 434.5**	**1 409.3**	**－6.0**	**1 081.2**	**712.1**
其中:国有及国有控股	588.5	583.6	1 841.9	2 785.5	437.2
一、按登记注册类型分组					
内资企业	727.9	709.2	903.5	1 906.1	538.0
国有企业					
集体企业					
股份合作企业	5.0	5.0	－147.1	－147.1	
联营企业					
国有联营企业					
集体联营企业					
国有与集体联营企业					
其他联营企业					
有限责任公司	111.4	111.4	－116.4	－118.1	21.4
国有独资企业					
其他有限责任公司	111.4	111.4	－116.4	－118.1	21.4
股份有限公司	588.5	583.6	1 856.4	2 800.0	441.9
私营企业	23.0	9.2	－689.4	－628.7	74.7
私营独资企业			45.4	45.4	
私营合伙企业					
私营有限责任公司	18.8	5.0	－840.9	－790.2	32.7
私营股份有限公司	4.2	4.2	106.1	116.1	42.0
其他企业					
港、澳、台商投资企业	347.2	340.7	204.3	273.0	173.5
合资经营企业	334.4	296.3	217.3	246.3	85.8
合作经营企业	－3.7	32.9	－195.5	－195.5	8.1
独资经营企业	16.5	11.5	182.5	222.2	79.6
投资股份有限公司					
外商投资企业	359.4	359.4	－1 113.8	－1 097.9	0.6
中外合资经营企业	358.7	358.7	－853.0	－837.7	
中外合作经营企业	1.0	1.0	－154.8	－154.2	0.6
外资企业	－0.3	－0.3	－106.0	－106.0	
外商投资股份有限公司					
二、按国民经济行业分组					
正餐	1 422.0	1 402.1	－1.6	1 045.9	624.4
快餐	12.5	7.2	－4.4	35.3	87.7
其他餐饮业					

11－10　续表7　　(2001年)　　单位:万元

	应付利润	工资福利及增值税			
		本年应付工资总额	主营应付	本年应付福利费总额	主营应付
总　　计	**113.2**	**8 860.6**	**8 665.2**	**988.3**	**961.5**
其中:国有及国有控股		3 057.5	3 057.5	382.7	382.7
一、按登记注册类型分组					
内资企业	113.2	5 700.9	5 633.5	779.4	770.6
国有企业					
集体企业					
股份合作企业		148.1	148.1	19.6	19.6
联营企业					
国有联营企业					
集体联营企业					
国有与集体联营企业					
其他联营企业					
有限责任公司		1 143.2	1 143.2	130.1	130.1
国有独资企业					
其他有限责任公司		1 143.2	1 143.2	130.1	130.1
股份有限公司		3 238.2	3 238.2	408.0	408.0
私营企业	113.2	1 171.4	1 104.0	221.7	212.9
私营独资企业		35.6	35.6	4.5	4.5
私营合伙企业					
私营有限责任公司		890.6	853.2	190.6	185.7
私营股份有限公司	113.2	245.2	215.2	26.6	22.7
其他企业					
港、澳、台商投资企业		2 661.3	2 661.3	160.8	160.8
合资经营企业		1 349.7	1 349.7	47.5	47.5
合作经营企业		810.1	810.1	113.3	113.3
独资经营企业		501.5	501.5		
投资股份有限公司					
外商投资企业		498.4	370.4	48.1	30.1
中外合资经营企业		201.1	159.1	20.9	15.0
中外合作经营企业		172.9	86.9	27.2	15.1
外资企业		124.4	124.4		
外商投资股份有限公司					
二、按国民经济行业分组					
正餐	113.2	7 582.7	7 387.3	897.1	870.3
快餐		1 277.9	1 277.9	91.2	91.2
其他餐饮业					

主要统计指标解释

批发零售贸易业：指专门从事商品流通行业，根据其经营方式不同可分为批发贸易业和零售贸易业两大部分。

批发贸易业：指从工农业生产者或从商品流通企业购进商品，转卖给工业、农业、建筑业、运输、邮电业、餐饮业和服务业等生产经营单位作为生产经营用，以及将商品转卖给其他批发贸易企业或零售企业的商品流通企业和单位。农副产品采购，供应企业，对国(境)外商品进口、出口的对外贸易企业，物资供销企业等，一般都属于批发贸易企业。

零售贸易业：指从工农业生产者，批发贸易业或居民购进商品，转卖给城乡居民作为生活消费和售给社会集团作为公共消费的商品流通企业和单位。

餐饮业：指从事食品的烹饪、调制并直接售给居民和社会集团的机构。包括中西餐馆、饭馆、各种小吃店、冷饮店、酒店、茶楼等。

网点：指各种经济类型独立核算法人批发零售贸易企业、餐饮企业设立的从事商品批发贸易、零售贸易业务的自然单位数和从事餐饮活动的自然单位数。

人员：即从业人员，指从事批发零售贸易业、餐饮业劳动并取得劳动报酬或经营收入的人员。

商品购进总额：指批发零售贸易企业从本企业以外的单位和个人购进(包括从国外直接进口)作为转卖或加工后转卖的商品。这个指标反映批发零售贸易业从国内、国外市场上购进商品的总量。

商品销售总额：指批发零售贸易企业对本企业以外的单位和个人出售(包括对国(境)外直接出口)的商品。这个指标反映批发零售贸易企业在国内市场上销售商品以及出口商品的总量。

年末库存：指批发零售贸易企业已取得所有权的全部商品。这个指标反映批发零售贸易业的商品库存情况，以及对市场商品供应的保证程度。

社会消费品零售总额：指各种经济类型的批发零售贸易业、餐饮业、制造业和其他行业对城乡居民和社会集团的消费品零售额和农民对非农业居民零售额的总和。这个指标反映通过各种商品流通渠道向居民和社会集团供应生活消费品以满足生活需要，是研究人民生活，社会消费品购买力、货币流通等问题的重要指标。

XI'AN
統計年鑑
2002

对外经济贸易和国际旅游业

DUIWAIJINGJIMAOYIHEGUOJILUYOUYE

12－1　外资、外贸和国际旅游基本情况

指　　标	1990年	1995年	1998年	1999年	2000年	2001年
一、利用外资签订协议项目(个)	11	184	112	98	135	129
利用外资签订协议金额(万美元)	415.3	28 956.2	40 034	40 390	54 123	60 736
实际利用外资额(万美元)	1 154	18 653	22 286	13 801	15 633	17 687
年末已建成投产企业数(个)	-	-	600	754	808	795
二、进出口总额(万美元)	12 743	40 220	31 999	172 919	173 696	169 914
# 进口总额	3 540	10 126	7 759	78 424	67 634	81 966
出口总额	9 203	30 094	24 240	94 495	106 062	87 948
进出口差额	5 663	19 968	16 481	16 071	38 428	5 982
三、国际旅游人数总计(人)	258 786	413 481	479 836	554 016	650 385	672 015
# 外国人	153 964	371 127	379 324	454 666	546 544	587 547
港澳台同胞	100 706	41 564	95 146	94 585	103 841	84 468
旅游外汇收入总额(万元)	19 628	103 818	160 244	186 282	224 100	240 700
# 商品性收入	4 441	25 686	48 073	59 610	77 000	84 004
劳务性收入	15 187	78 132	112 171	126 672	147 000	156 712
旅游者在西安人均停留天数(天)	2.13	2.04	2.58	2.50	2.50	2.40
旅游者在西安人均消费(元)	758.46	2 510.83	3 393.84	3 362.39	3 444.50	3 582.01

12－2　外国和港澳台地区在西安直接投资

（2001 年）

分　　类	新签协议情况		客商实际投资（万美元）
	合同数(个)	客商投资额（万美元）	
合　　计	**129**	**60 736**	**17 687**
一、按投资方式分			
1.中外合资经营企业	45	13 255	4 187
2.中外合作经营企业	34	41 295	8 603
3.外资企业	50	6 186	4 895
二、按国民经济行业分组			
1.农林牧渔业	4	598	－
2.制造业	75	34 718	－
3.电力、煤气及水的生产和供应业	－	－	－
4.建筑业	－	－	－
5.交通运输、仓储及邮电通信业	－	－	－
6.批发和零售贸易、餐饮业	2	23	－
7.房地产业	9	11 994	－
8.社会服务业	20	7 730	－
9.其他行业	19	5 673	－
三、按投资国别、地区分组			
香港	42	34 134	－
澳门	3	3 736	－
台湾	23	2 697	－
日本	12	1 541	－
泰国	1	1 500	－
马来西亚	1	85	－
新加坡		77	－
韩国	3	162	－
德国	5	2 597	－
比利时	1	758	－
意大利	2	606	－
英国	1	110	－
捷克	2	2 805	－
加拿大	8	4 470	－
美国	16	4 023	－
澳大利亚	1	121	－
新西兰	1	40	－
其它	7	1 274	－

注：年末实有三资企业 1736 家，其中建成投产开业 795 个。

12－3　主要商品分大类出口金额

单位：万美元

商品分类	1998年	1999年	2000年	2001年
食用蔬菜、根及块茎	1 666	1 450	1 095	1 957
蔬菜、水果、坚果或植物其它部分的制品	1 597	2 692	2 076	2 684
矿砂、矿渣及矿灰	1 573	2 677	4 083	4 649
无机化学品；贵金属、稀土金属、放射性元素及其同位素的有机及无机化合物	6 475	3 447	3 714	4 141
有机化学品	2 898	2 830	2 367	3 279
羊毛、动物细毛或粗毛、马毛纱线及其机织物	908	1 621	810	829
棉花	4 235	3 714	3 197	2 734
化学纤维短纤	4 939	5 029	5 061	3 612
针织或钩编的服装及衣着附件	10 632	7 752	6 753	1 632
非针织或非钩编的服装及衣着附件	12 019	6 818	7 269	3 319
其它纺织制成品；成套物品；旧衣着及旧纺织品	1 380	1 408	1 649	1 002
鞋靴、护腿和类似品及其零件	1 300	1 564	1 347	279
玻璃及其制品	3 079	3 440	3 376	3 838
钢铁	3 523	2 087	3 534	1 197
钢铁制品	3 866	5 128	5 535	6 401
铅及制品	749	1 369	1 371	1 363
锌及制品	1 064	3 001	4 031	1 945
其它贱金属、金属陶瓷及其制品	2 783	1 734	1 066	1 704
贱金属工具、器具、利口器、餐匙、餐叉及其零件	2 739	2 605	2 933	2 669
核反应堆、锅炉、机器、机械器具及其零件	8 854	7 620	10 915	11 979
电机、电气设备及其零件；录音机及放声机、电视图像、声音的录制和重放设备及其零件、附件	4 336	8 103	8 339	8 696
光学、照相、电影、计量、检验、医疗或外科用仪器及设备、精密仪器及设备；上述物品的零件、附件	2 821	2 197	2 020	2 818
家具、寝具、褥垫、弹簧床垫、软床垫及类似的填充制品；未列名灯具及照明装置；发光标志、发光名牌及类似品；活动房屋	684	1 435	2 587	2 150

12－4　主要商品分大类进口金额

单位：万美元

商　　品　　分　　类	1999年	2000年	2001年
无机化学品；贵金属、稀土金属、放射性元素及其同位素的有机及无机化合物	1 066	1 467	1 806
有机化学品	7 222	7 257	6 020
塑料及其制品	3 061	2 559	2 639
钢铁	2 674	2 467	2 528
铜及制品	3 928	2 367	4 936
铝及制品	3 666	2 652	2 561
核反应堆、锅炉、机器、机械器具及其零件	16 902	12 990	26 534
电机、电气设备及其零件；录音机及放声机、电视图像、声音的录制和重放设备及其零件、附件	5 448	5 911	9 974
车辆及其零件、附件，铁道及电车道车辆除外	1 754	1 530	1 881
航空器、航天器及其零件	22 263	10 443	3 111
光学、照相、电影、计量、检验、医疗或外科用仪器及设备、精密仪器及设备；上述物品的零件、附件	3 207	3 673	8 587

12-5　外贸商品进出口总额分国别和地区

（2001年）　　单位：万美元

国别和地区	进出口总额	出口	国别和地区	进出口总额	出口
亚洲	60 166	38 971	意大利	4 416	2 739
#香港	6 068	5 271	荷兰	5 809	4 983
台湾	2 243	987	英国	6 864	4 899
日本	23 121	8 792	瑞士	1 206	155
菲律宾	856	368	西班牙	1 643	1 459
马来西亚	2 352	2 269	俄罗斯联邦	1 438	607
韩国	8 144	5 533	拉丁美洲	6 286	3 890
非洲	3 688	3 412	#哥伦比亚	293	293
#埃及	337	337	巴西	883	657
突尼斯	265	265	阿根廷	316	316
埃塞俄比亚	75	75	北美洲	35 316	15 121
博茨瓦那	15	15	#加拿大	4 093	1 337
南非	951	931	美国	31 223	13 784
欧洲	59 672	24 877	大洋洲及太平洋岛屿	4 787	1 678
#德国	14 317	3 651	#澳大利亚	4 507	1 424
法国	4 794	1 052	新西兰	232	206

12－6　接待国际旅游者人数

项　　目	1999年		2000年		2001年	
	人数(人)	人天数(人天)	人数(人)	人天数(人天)	人数(人)	人天数(人天)
合　计	**554 016**	**1 385 237**	**650 385**	**1 625 963**	**672 015**	**1 481 699**
1.外国人	454 666	1 070 726	546 544	1 314 440	587 547	1 269 296
2.华侨	4 765	21 323	-	-	-	-
3.港澳台同胞	94 585	293 188	103 841	311 523	84 468	212 403

12－6　续表

国　别	人　数	国　别	人　数
总　计	**587 547**	瑞士	2 480
亚洲小计	260 760	瑞典	5 770
日本	167 176	荷兰	9 570
韩国	66 903	俄罗斯	918
蒙古	315	西班牙	9 441
印度尼西亚	5 025	其它	15 955
马来西亚	4 458	美洲小计	117 089
菲律宾	1 032	美国	100 907
新加坡	4 758	加拿大	11 293
泰国	2 675	其它	4 889
印度	1 335	大洋洲小计	14 033
其它	7 083	澳大利亚	12 371
欧洲小计	178 757	新西兰	1 471
英国	39 985	其它	191
法国	34 462	非洲小计	1 403
德国	46 749	其它小计	15 505
意大利	13 427		

12－7　国际旅游收入

单位:万美元

项　　目	1999年	2000年	2001年
	旅游外汇收入	旅游外汇收入	旅游外汇收入
合　　计	**22 525**	**27 000**	**29 002**
一、长途交通费	7 003	7 047	7 946
1.飞机	5 418	6 011	7 395
2.火车	901	273	203
3.汽车	684	763	348
二、游览	1 135	1 296	1 276
三、住宿	3 430	3 051	3 684
四、餐饮	2 170	2 673	3 074
五、娱乐	823	1 512	1 074
六、购物	5 038	6 615	7 047
七、邮电通讯	1 126	1 350	899
八、市内交通	928	1 566	899
九、其它	870	1 890	3 103

注:此表根据国家旅游局抽样调查资料取得

主要统计指标解释

利用外资：指我国各级政府、部门、企业、中国银行和其他单位通过对外借款，吸收客商直接投资以及用其他投资方式从国外和港澳台地区筹措资金。

进出口总额：指实际进出我国国境的货物总金额。包括对外贸易实际进出口货物，来料加工装配进口货物，中外合资企业、合作企业和外商独资企业进出口货物和公用物品，以及国家间、联合国及国际组织无偿援助的物资和赠送品，华侨、港澳同胞、外籍华人的捐赠品的金额。其进口按到岸价计算，出口按离岸价计算。

旅游人数：指来我国参观、访问、旅行、探亲、访友、休养、考察、参加会议和从事经济、科技、文化、教育、体育、宗教等活动的外国人、华侨、港澳和台湾同胞的人数。不包括外国在我国的常驻机构，如领使馆、通讯社、企业办事处的工作人员和来我国常住的外国专家、留学生等。

旅游收入：指国内各部门为来我国旅游的外国人、华侨、港澳和台湾同提供商品和劳务而得到的收入。包括供应商品、饮食和提供住宿、交通、邮电、文化娱乐、导游等各项服务所得到的全部收入。

XI'AN
統計年鑑
2002

财政、金融

CAIZHENGJINRONG

13－1　地方财政收入

(2001年)　　单位:万元

指　　标	决　算　数	指　　标	决　算　数
合　　计	**559 969**	13、车船使用和牌照税	1 411
一、基金预算	45 218	14.屠宰税	42
二、一般预算	514 477	15.筵席税	127
1.增值税	80 489	16.农业税	5 262
2.营业税	146 777	17.农业特产税	1 909
3.企业所得税	55 321	18.牧业税	
4.企业所得税退税		19.耕地占用税	3 662
5.个人所得税	48 803	20.契税	9 015
6.资源税	158	21.国有资产经营收益	2 211
7.固定资产投资方向调节	1 140	22.国有企业计划亏损补	－10 723
8.城市维护建设税	28 107	23.行政性收费收入	25 265
9.房产税	25 280	24.罚没收入	25 672
10.印花税	4 537	25.土地和海域有偿使用	61
11.城镇土地使用税	7 504	26.专项收入	34 253
12.土地增值税	823	27.其他收入	17 371

13－2　地方财政支出

(2001年)　　单位:万元

指　　标	决算数	指　　标	决算数
合　　计	**571 395**	15.税务等部门的事业费	13 153
一、基金预算	29 305	16.抚恤和社会福利救济费	26 089
二、一般预算	542 090	17.行政事业单位离退休经费	34 285
1.基本建设支出	30 313	18.社会保障补助支出	100
2.企业挖潜改造资金	45 910	19.国防支出	48 132
3.地质勘探费	0	20.行政管理费	493
4.科技三项费用	7 447	21.外交外事支出	247
5.流动资金		22.武装警察部队支出	44 346
6.支援农村生产支出	6 828	23.公检法司支出	32 181
7.农业综合开发支出	2 330	24.城市维护费	427
8.农林水利气象等部门的事业费	10 174	25.政策性补贴支出	1 547
9.工业交通等部门的事业费	7 327	26.支援不发达地区支出	0
10.流通部门事业费	1 049	27.海域开发建设和场地使用支出	32 037
11.文体广播事业费	12 067	28.专项支出	12 704
12.教育事业费	80 667	29.其他支出	0
13.科学事业费	1 536	30.总预备费	
14.卫生经费	30 794		

13－3　分区县地方财政收入

(2001 年)　　单位:万元

	收入合计	1.基金预算	2.一般预算	增值税	营业税
合　计	**559 695**	**45 218**	**514 477**	**80 489**	**146 777**
市本级	361 878	34 972	326 906	58 090	93 880
区、县合计	197 817	10 246	187 571	22 399	52 897
新城区	27 378	1	27 377	2 582	5 402
碑林区	25 858	1	25 857	2 164	8 585
莲湖区	25 805	4	25 801	4 256	6 747
雁塔区	20 308	681	19 627	1 724	6 596
灞桥区	12 039	613	11 426	1 103	5 063
未央区	15 218	326	14 892	2 128	4 267
阎良区	11 009	957	10 052	1 875	2 220
临潼区	15 634	1 139	14 495	2 066	3 018
长安县	13 676	1 916	11 760	1 129	4 927
兰田县	6 824	1 352	5 472	409	1 984
周至县	7 365	1 862	5 503	312	1 362
户　县	11 679	978	10 701	2 252	1 971
高陵县	5 024	416	4 608	399	755

13－3　续表　　(2001年)　　单位:万元

	一般预算				
	个人所得税	城市维护	农业五税	企业收入	其他各项收入
合　计	**48 803**	**28 107**	**19 848**	**46 809**	**143 644**
市本级	32 664	17 404	2 657	25 227	96 984
区、县合计	16 139	10 703	17 191	21 582	46 660
新城区	4 391	1 627	1 374	4 078	7 923
碑林区	2 745	1 690	1 262	2 613	6 798
莲湖区	1 772	1 776	1 560	3 423	6 267
雁塔区	1 870	1 331	2 520	2 034	3 552
灞桥区	442	414	970	741	2 693
未央区	841	1 488	1 447	1 833	2 888
阎良区	847	718	840	665	2 887
临潼区	883	737	1 090	1 726	4 975
长安县	754	255	1 844	552	2 299
蓝田县	262	92	837	182	1 706
周至县	335	84	1 674	65	1 671
户　县	816	432	1 010	2 106	2 114
高陵县	181	59	763	1 564	887

13－4　分区县地方财政支出

（2001年）　　单位：万元

	支出合计	基金预算	一般预算			
				其本建设	支援农村	农林水气
合　　计	**571 395**	**29 305**	**542 090**	**30 313**	**6 828**	**10 174**
市本级	323 817	21 517	302 300	29 433	5 202	3 721
区、县合计	247 578	7 788	239 790	880	1 626	6 453
新城区	27 625		27 625		5	18
碑林区	25 397		25 397	880		11
莲湖区	26 149		26 149		50	2
雁塔区	20 386	633	19 753		381	560
灞桥区	14 132	643	13 489		61	369
未央区	17 966	538	17 428		405	476
闫良区	11 847	958	10 889		315	378
临潼区	21 383		21 383		150	990
长安县	21 725	1 062	20 663		97	617
兰田县	15 902	1 194	14 708		53	839
周至县	16 728	1 602	15 126		20	794
户　县	17 714	678	17 036		55	1 051
高陵县	10 624	480	10 144		34	348

13－4　续表　　(2001年)　　单位:万元

	一般预算				
	教育事业	社会保障	行政管理	公检法司支出	其他各项支出
合　　计	**80 667**	**2 104**	**63 144**	**21 210**	**297 650**
市本级	10 292	942	21 946	26 011	204 753
区、县合计	70 375	1 162	41 198	25 199	92 897
新城区	4 514	154	4 767	4 300	13 867
碑林区	5 017	80	4 057	3 982	11 370
莲湖区	5 285	121	4 097	3 848	12 746
雁塔区	4 853	22	3 644	2 148	8 145
灞桥区	5 144	36	2 820	988	4 071
未央区	4 797	32	2 335	1 921	7 462
闫良区	2 732	37	2 009	971	4 447
临潼区	7 815	42	3 966	1 656	6 764
长安县	8 222	335	2 200	1 556	7 636
兰田县	5 586	44	2 060	1 169	4 957
周至县	7 200	17	3 954	884	2 257
户　县	6 114	37	2 487	1 159	6 133
高陵县	3 096	205	2 802	617	3 042

13－5 金融机构存款年末余额

单位：万元

指　　标	2001年	比上年增加
合　　计	**16 297 193**	**2 953 395**
一、企业存款	6 744 881	1 334 291
1.活期存款	5 117 735	981 289
2.定期存款	1 627 146	353 002
二、财政存款	100 590	28 221
三、机关团体存款	308 186	55 964
四、储蓄存款	8 008 631	1 250 363
#、定期储蓄	5 526 635	724 696
五、农业存款	372 766	26 710
六、信托存款	205	－229
七、委托存款	51 417	15 671
八、其他存款	710 517	242 404

13－6 金融机构贷款年末余额

单位:万元

指　　标	2001年	比上年增加
合　　计	**11 859 670**	**2 134 515**
一、短期贷款	6 664 058	624 427
1.工业贷款	1 941 576	－181 943
2.商业贷款	1 238 647	－136 704
3.建筑业贷款	－241 726	58 153
4.农业贷款	460 922	60 658
5.乡镇企业贷款	528 880	45 037
6.三资企业贷款	125 703	－32 477
7.私营企业及个体贷款	11 005	－3 325
8.其他短期贷款	2 115 599	815 028
二、中长期贷款	3 878 190	1 057 143
1.基本建设贷款	1 327 195	354 640
2.技术改造贷款	898 152	82 189
3.其他中长期贷款	1 652 843	620 314
三、信托贷款	8 571	－741
四、逾期类贷款		

13－7　金融机构现金收入

单位：万元

收 入 项 目	2001 年	比上年增长(%)
合　　计	**32 452 292**	**20.35**
一、商品销售收入	5 292 238	19.73
二、服务业收入	1 538 203	7.8
三、税款收入	200 105	33.38
四、城乡个体经营收入	1 739 096	8.64
五、储蓄存款收入	19 977 940	24.09
六、其也金融机构收入	694 205	7.23
七、居民归还贷款收入	218 209	－19.04
八、汇兑收入	607 807	0.63
九、有价证券收入	202 303	35.62
十、其他收入	1 982 186	24.03

13－8 金融机构现金支出

单位:万元

支 出 项 目	2001年	比上年增长(%)
合 计	**30 696 948**	**20.11**
一、工资性支出	2 012 218	18.29
#国家工资及奖金支出	1 051 176	22.03
国家对个人其他支出	446 792	－5.14
二、农副产品采购支出	871 168	24.75
三、工矿及其他产品采购支出	571 996	－1.14
四、行政企事业管理费支出	2 763 825	19.46
五、城乡个人经营支出	1 791 248	21.03
六、储蓄存款支出	18 935 271	19.16
七、其他金融机构支出	696 228	15.4
八、居民提取贷款支出	225 904	16.65
九、汇兑支出	393 637	36.42
十、有价证券支出	117 628	36.05
十一、其他支出	2 317 825	34.59

13－9　主要年份城乡居民储蓄存款

（年末余额）　单位：万元

年　份	合　计	年　份	合　计
1952	1 832	1990	770 948
1957	6 485	1991	974 185
1965	12 607	1992	1 202 689
1970	16 555	1993	1 582 848
1975	27 344	1994	2 187 397
1978	37 216	1995	2 914 647
1980	54 808	1996	3 940 163
1985	166 972	1997	4 335 626
1986	230 995	1998	4 996 845
1987	321 135	1999	5 863 980
1988	406 746	2000	6 758 327
1989	566 484	2001	8 008 631

主要统计指标解释

财政收入:指国家财政参与社会产品分配所取得的收入,是实现国家职能的财力保证,财政收入主要包括:各项税收、专项收入、其它收入等。

地方财政收入:1994年实行分税制财政以后,属于地方财政的收入。包括营业税、地方企业所得税、个人所得税、城镇土地使用税、固定资产投资方向调节税、城镇维护建设税、房产税、车船使用税、印花税、屠宰税、农牧业税、农业特产税、耕地占用税、契税、增值税的25%部分,证券(印花)税的50%部分和除海洋石油资源税以外的其他资源税。

财政支出:国家财政将筹集起来的资金进行分配使用,以满足经济建设和各项事业的需要。财政支出主要包括:专项支出、专项事业费、国防支出、行政管理费、其它支出等。

地方财政支出:按照政府的事权划分确定的地方财政支出主要包括:地方行政管理和各项事业费,地方统筹的基本建设、技术改造支出、支援农村生产支出、城市维护和建设费、价格补贴支出。

存　　款:企业、机关、团体或居民根据可以收回的原则,把货币资金存入银行或其他信用机构保管并取得一定利息的一种信用活动形式。根据存款对象的不同可划分为企业存款、财政存款、机关团体存款、基本建设存款、城镇储蓄存款、农村存款等科目。它是银行信贷资金的主要来源。

贷　　款:银行或其他信用机构根据必须归还的原则,按一定利率,为企业、个人等提供资金的一种信用活动形式。我国银行贷款分流动资金贷款、固定资产贷款、城乡个体工商户贷款以及农户贷款等科目。

教育、科技和文化事业

JIAOYUKEJIHEWENHUASHIYE

14－1　主要年份各类学校基本情况

	1990年	1995年	2000年	2001年
学校数(所)				
普通高等学校	31	32	25	32
中等学校	689	666	671	665
#专业学校	44	46	47	47
普通中学	518	485	466	470
小学	2 343	2 360	2 323	2 277
幼儿园	256	257	367	366
专任教师(人)				
普通高等学校	15 562	15 914	15 679	17 523
中等学校	28 427	28 721	32 923	33 292
#专业学校	2 891	2 533	3 172	2 467
普通中学	22 386	21 984	26 230	27 190
小学	29 090	30 270	30 215	29 281
幼儿园	2 058	2 659	2 995	3 069
招生数(万人)				
普通高等教育	2.15	3.40	7.49	9.24
中等学校	12.52	15.62	21.58	22.52
#专业学校	0.68	1.37	1.90	1.58
普通中学	10.49	12.04	17.88	18.98
小学	10.85	14.09	11.51	11.07
幼儿园	...	11.18	8.71	7.83
在校学生(万人)				
普通高等教育	8.02	10.87	19.41	25.49
中等学校	35.65	41.43	58.75	62.77
#专业学校	2.09	3.74	6.02	5.63
普通中学	30.03	32.32	48.31	52.50
小学	61.87	79.36	77.81	74.51
幼儿园	14.04	16.40	12.85	11.97
毕业生数(万人)				
普通高等学校	2.17	3.04	3.03	3.69
中等学校	10.78	10.55	15.09	16.99
#专业学校	0.56	0.97	1.63	1.70
普通中学	9.11	8.13	12.01	13.85
小学	8.68	9.93	13.83	14.20
教师负担学生(人)				
普通高等学校	5.2	6.8	12.4	14.50
中等学校	12.54	14.4	17.8	18.90
小　学	21.27	22.3	25.8	25.40
幼儿园	22.93	26.56	20.24	39.0

14－2　各类学校基本情况

(2001年)

	学校数(所)	毕业生数(人)	招生数(人)	在校学生数(人)	教职工数(人)	专任教师
一、研究生	-	3 881	9 274	22 564	-	-
二、普通高等学校	32	33 081	83 089	232 369	42 977	17 523
三、普通中等学校	665	169 860	225 233	627 691	47 749	33 292
1.中等专业学校	47	17 047	15 836	56 813	5 252	2 467
2.普通中学	470	138 463	189 766	524 955	35 442	27 190
3.技工学校	62	4 000	4 000	12 000	3 500	1 500
4.职业中学	85	10 300	15 591	34 336	3 517	2 113
5.工读学校	1	50	40	87	38	22
四、小学	2 277	141 956	110 684	745 124	34 257	29 281
五、特殊教育学校	5	237	209	1 915	238	162

14-3　普通高等学校基本情况

(2001年)

年　　份	学校数（所）	毕业生数（万人）	招生数（万人）	在　校学生数（万人）	教　职工　数（人）	专任教师
1990	31	2.32	2.15	8.02	41 551	15 562
1991	31	2.24	2.24	7.89	41 568	15 456
1992	31	2.21	2.74	8.40	41 131	15 271
1993	31	2.05	3.44	9.77	40 978	15 239
1994	33	2.29	3.23	10.68	42 013	15 957
1995	32	3.04	3.40	10.87	42 074	15 914
1996	29	2.91	3.54	11.59	40 594	15 523
1997	29	3.04	3.54	11.89	39 972	15 135
1998	29	2.84	3.69	12.66	39 122	14 974
1999	29	3.13	5.62	15.09	39 529	15 223
2000	25	3.03	7.49	19.41	38 067	15 679
2001	32	3.70	9.24	25.49	42 977	17 523

14－4　普通高等学校研究生

单位:人

年　　份	毕业生数	招生数	在校人数
1980			651
1985			4 799
1990	2 051	1 662	5 275
1991	1 835	1 691	5 056
1992	1 462	1 813	5 392
1993	1 616	2 359	5 993
1994	1 658	2 873	7 091
1995	1 769	2 712	7 974
1996	2 172	3 003	8 647
1997	2 619	3 423	9 393
1998	2 316	3 888	10 833
1999	2 903	5 020	12 986
2000	3 236	6 924	16 620
2001	3 881	9 274	22 564

14－5　普通高等学校研究生

（2001年）　　单位：人

校　　名	毕业生	招　生	在校学生	博　士	硕　士（含研究生班）	毕业班学生数
合　计						
1.西安交通大学	1 254	2 779	6 915	2 293	4 622	1 348
2.陕西师范大学	158	402	893	67	826	199
3.西北工业大学	663	1 659	3 667	970	2 697	820
4.西安理工大学	185	615	1 771	158	1 613	558
5.西安电子科技大学	343	1 110	2 806	616	2 190	672
6.西安工业学院	19	68	143		143	30
7.西安建筑科技大学	212	490	1 351	170	1 180	299
8.西安科技学院	55	240	445	20	425	81
9.西安石油学院	31	77	151		151	30
10.长安大学	179	478	1 138	201	937	338
11.西安工程科技学院	41	88	193		193	45
12.西北政法学院	196	242	783		783	234
13.西安体育学院	15	40	91		91	23
14.西北大学	369	565	1 259	233	1 026	289
15.西安外国语学院	34	71	155		155	34
16.西安音乐学院	6	20	42		42	8
17.西安美术学院	10	22	52		52	13

注：西安公路交通大学、西北建筑工程学院、西安工程学院合并为长安大学。陕西财经学院、西安医科大学合并于西安交通大学。西安工程科技学院原名为西北纺织工学院。

14－6　全市普通高等学校分学校情况

(2001年)　　单位:人

	在校学生数			教职工	
	合　计	本科	专科	合　计	其中专任教师
合　　计	**232 369**	**171 064**	**61 305**	**42 977**	**17 523**
一、国家部委直属院校	80 348	71 253	9 095	18 669	7 669
1.西安交通大学	22 361	20 346	2 015	7 021	3 229
2.西北工业大学	16 496	13 644	2 852	3 266	1 217
3.西安电子科技大学	13 350	12 343	1 007	2 589	992
4.长安大学	18 377	15 795	2 582	3 487	1 305
5.陕西师范大学	9 764	9 125	639	2 306	926
二、陕西省属院校	132 820	95 597	37 223	23 406	9 326
6.西北大学	13 249	9 723	3 526	2 324	1 008
7.西安理工大学	13 560	12 643	917	2 050	871
8.西安工业学院	9 472	7 923	1 549	1 169	526
9.西安建筑科技大学	11 819	10 534	1 285	1 953	810
10.西安科技学院	8 957	8 541	416	1 381	701
11.西安石油学院	8 248	6 737	1 511	1 293	621
12.西安工程科技学院	9 047	8 075	972	1 175	496
13.西安外国语学院	5 526	3 947	1 579	1 067	474
14.西北政法学院	7 596	6 950	646	969	433
15.西安体育学院	4 112	3 882	230	651	289
16.西安音乐学院	2 159	2 159	0	451	223
17.西安美术学院	2 324	2 074	250	438	241
18.西安财经学院	12 483	8 061	4 422	1 325	621
19.西安邮电学院	5 250	4 348	902	701	348
20.西安航空技术高等专科学校	2 919	0	2 919	627	170
21.西安电力高等专科学校	240	0	240	413	112
22.陕西医学高等专科学校	3 348	0	3 348	395	157
23.西安欧亚职业学院	3 742	0	3 742	693	119
24.西安外事职业学院	3 761	0	3 761	787	115
25.西安翻译职业学院	2 308	0	2 308	1 364	239
26.西京职业学院	2 700	0	2 700	619	87
27.陕西国防工业职业技术学院	0	0	0	397	186
28.西安航空职业技术学院	0	0	0	447	158
29.陕西省交通职业技术学院	0	0	0	264	107
30.陕西职业技术学院	0	0	0	453	214

注:西安统计学院、陕西经贸学院合并为西安财经学院.西安工程科技学院原名为西北纺织工学院。

14－6　续表　　单位：人

	在校学生数			教职工	
	合　计	本科	专科	合　计	其中专任教师
三、西安市直属院校	7 313	1 287	6 026	902	528
西安联合大学	4 209	1 287	2 922	481	246
西安培华女子大学	2 512	0	2 512	421	282
西安市广播电视大学	552	0	552		
西安师范学校大专班	40	0	40		
四、其他院校	11 888	2 927	8 961	0	0
武警工程学院	68	68	0		
空军工程大学	2 234	2 214	20		
西安政治学院	111	111			
西安通信学院	452	252	200		
第四军医大学	567	163	404		
第二炮兵工程学院	172	0	172		
西安陆军学院	119	119	0		
铁路运输职工大学	239	0	239		
陕西航空职工大学	340	0	340		
西安铁路工程职工大学	173	0	173		
陕西省建筑职工大学	212	0	212		
陕西省政法管理干部学院	1 467		1 467		
陕西省广播电视大学	4 819	0	4 819		
陕西省青年管理干部学院	320	0	320		
西安市航空职工大学	278	0	278		
西安飞机工业公司职工学院	120	0	120		
陕西省经济管理干部学院	197	0	197		

14－7　中等专业学校基本情况

年　份	学校数（所）	毕业生数（万人）	招生数（万人）	在校学生数（万人）	教职工数（人）	专任教师
1990	44	0.56	0.68	2.09	7 136	2 891
1995	46	0.97	1.37	3.74	5 903	2 533
1996	47	1.15	1.61	4.18	5 940	2 573
1997	47	1.20	1.65	4.63	6 124	2 731
1998	47	1.26	1.62	5.08	6 181	2 840
1999	46	1.42	2.11	5.75	6 385	2 865
2000	47	1.63	1.90	6.02	6 964	3 172
2001	47	1.70	1.58	5.63	5 252	2 467

14－8　中等专业学校基本情况

（2001年）

	学校数（所）	毕业生数（人）	招生数（人）	在校学生数（人）	教职工数（人）	专任教师
合　计	**47**	**17 047**	**15 836**	**56 313**	**5 252**	**2 467**
一、中等技术学校	43	15 443	14 371	52 127	4 630	2 109
工业学校	16	7 419	8 095	28 809	2 461	1 026
农业学校	1	465	234	964	116	54
医药学校	4	1 454	1 117	4 431	223	108
财经学校	9	3 013	2 610	9 588	776	409
政法学校	4	1 506	136	2 145	403	170
体育学校	4	555	688	2 109	196	91
艺术学校	4	840	1 281	3 636	342	206
其他学校	1	191	210	445	113	45
二、中等师范学校	4	1 604	1 465	4 186	622	358
#幼儿师范学校	1	266	240	849	127	69

14－9　普通中学基本情况

年　　份	学校数（所）	毕业生数（万人）	招生数（万人）	在　校学生数（万人）	教　职工　数（人）	专任教师
1980	1 002	12.33	14.03	44.08	29 867	22 530
1985	563	10.72	13.05	38.24	30 063	22 050
1990	518	9.11	10.49	30.03	30 739	22 386
1991	510	8.62	10.44	30.66	31 154	22 613
1992	502	8.46	10.12	30.21	31 281	22 576
1993	482	8.56	10.25	28.38	30 570	22 032
1994	491	8.17	11.37	29.64	30 240	21 792
1995	485	8.13	12.40	32.32	30 423	21 984
1996	462	8.67	13.03	35.25	30 902	22 478
1997	466	9.96	13.83	37.16	31 682	23 129
1998	467	10.64	15.00	39.79	32 371	23 884
1999	469	11.21	16.58	43.49	33 387	25 114
2000	466	12.01	17.88	48.31	34 385	26 230
2001	470	13.85	18.98	52.50	35 442	27 190

14－10　普通中学基本情况

(2001年)　　单位:所、人

	学校数	毕业生数	高中	招生数	高中	在校学生数	高中	教职工数	专任教师
合计	**470**	**138 463**	**30 852**	**189 766**	**52 985**	**524 955**	**133 144**	**35 442**	**27 190**
一、城六区	220	58 736	15 216	76 717	24 458	214 897	63 194	16 807	12 134
教育部门和集体办	85	28 942	6 181	34 798	10 077	100 690	26 342	8 209	5 828
其他部门办	84	23 340	7 345	30 583	10 521	86 606	28 675	5 817	4 522
社会力量办学	51	6 454	1 690	11 336	3 860	27 601	8 177	2 781	1 784
二、郊区及县	253	79 727	15 636	113 049	28 527	310 058	69 950	18 635	15 056
教育部门和集体办	222	75 722	14 525	105 328	24 995	291 101	62 631	17 347	14 086
其他部门办	16	3 286	1 066	4 800	1 910	12 831	4 876	844	670
社会力量办学	12	719	45	2 921	1 622	6 126	2 443	444	300

14－11　各区县普通中学

(2001年)　　单位:所、人

	学校数	毕业生数	高　中	招生数	高　中	在校学生数	高　中	教职工数	专任教师
合　计	**470**	**138 463**	**30 852**	**189 766**	**52 985**	**524 955**	**133 144**	**35 442**	**27 190**
新城区	36	10 299	2 939	14 149	4 787	38 859	12 500	2 851	2 044
碑林区	41	10 129	3 449	13 957	5 375	38 669	14 243	2 853	2 037
莲湖区	26	9 820	2 671	12 824	4 014	35 523	10 270	2 737	1 969
灞桥区	34	9 662	1 863	12 085	3 241	34 519	8 332	2 490	1 894
未央区	34	8 488	1 696	10 209	2 924	29 711	7 028	2 399	1 715
雁塔区	49	10 338	2 598	13 493	4 117	37 616	10 821	3 477	2 475
阎良区	13	5 114	1 141	6 841	1 695	18 910	4 431	1 234	1 014
临潼区	44	12 941	2 131	20 841	4 961	54 676	11 580	3 280	2 682
长安县	59	18 518	3 679	25 214	6 379	70 541	15 846	4 353	3 412
蓝田县	45	10 493	2 081	15 869	3 272	41 267	7 779	2 444	1 920
周至县	37	12 783	2 949	19 404	4 949	53 381	12 776	3 001	2 451
户　县	37	14 665	2 889	17 229	5 462	49 792	13 110	3 028	2 498
高陵县	15	5 213	766	7 651	1 809	21 491	4 428	1 295	1 079

14－12　职业中学基本情况

年　份	学校数（所）	毕业生数（人）	招生数（人）	在校学生数（人）	教职工数（人）	专任教师
1980	3	－	673	673	17	3
1985	40	1 661	8 346	17 621	1 375	868
1990	58	5 936	8 095	20 151	2 674	1 574
1991	56	6 573	8 335	20 326	2 570	1 523
1992	57	5 885	10 104	21 187	2 501	1 511
1993	62	5 504	11 442	24 030	2 705	1 573
1994	61	5 505	9 573	25 468	2 839	1 635
1995	71	8 976	12 490	32 673	2 394	1 877
1996	67	9 235	10 563	25 955	3 098	1 735
1997	73	8 756	13 390	29 068	2 993	1 709
1998	89	7 753	13 949	31 264	3 152	1 823
1999	91	8 480	13 062	31 973	3 217	1 908
2000	95	9 949	13 903	32 188	3 311	1 997
2001	85	10 300	15 591	34 336	3 517	2 113

14－13　各区县职业中学

(2001年)

	学校数（所）	毕业生数（人）	招生数（人）	在校学生数（人）	教职工数（人）	专任教师
合　计	**85**	**10 300**	**15 591**	**34 336**	**3 517**	**2 113**
新城区	9	1 150	1 371	3 222	429	243
碑林区	15	2 551	3 233	8 367	777	385
莲湖区	8	1 118	1 686	4 080	587	355
灞桥区	6	502	496	955	133	87
未央区	6	411	628	1 344	195	141
雁塔区	14	1 846	1 539	4 311	389	171
阎良区	1	381	853	1 614	105	78
临潼区	4	381	981	1 892	136	98
长安县	8	495	1 294	2 157	182	126
兰田县	2	187	559	1 235	63	51
周至县	5	417	680	1 447	178	113
户　县	6	656	1 775	2 875	264	213
高陵县	1	205	496	837	79	52

14－14　小学基本情况

年　份	学校数（所）	毕业生数（人）	招生数（人）	在校学生数（人）	教职工数（人）	专任教师
1980	2 337	11.91	12.57	73.36	31 770	28 360
1985	2 337	11.21	9.57	62.16	31 075	26 430
1990	2 343	8.67	10.85	61.87	37 788	29 090
1991	2 342	8.40	11.63	64.19	34 080	29 096
1992	2 339	8.24	12.60	67.62	34 463	29 373
1993	2 338	8.21	13.80	71.97	34 780	29 743
1994	2 346	9.23	13.93	75.80	35 415	30 141
1995	2 360	9.93	14.09	79.36	35 568	30 270
1996	2 362	10.48	13.63	81.81	35 821	30 267
1997	2 368	10.98	12.48	82.67	35 767	30 117
1998	2 361	12.18	11.88	82.03	35 576	30 089
1999	2 354	13.65	11.61	79.81	35 639	30 196
2000	2 323	13.83	11.51	77.81	35 336	30 215
2001	2 277	14.20	11.07	74.51	34 257	29 281

14－15　小学基本情况

(2001年)

	学校数（所）	毕业生数（人）	招生数（人）	在校学生数（人）	教职工数（人）	专任教师
合　　计	**2 277**	**141 956**	**110 684**	**745 124**	**34 257**	**29 281**
一、城六区	406	51 512	40 768	259 306	15 576	12 769
教育部门办	305	33 265	25 097	162 518	10 122	8 439
其他部门办	89	16 500	14 231	87 411	4 331	3 684
社会力量办学	12	1 747	1 440	9 377	1 123	646
二、郊区及县	1 871	90 444	69 916	485 818	18 681	16 512
教育部门办	1 858	88 021	67 970	473 353	17 989	15 925
其他部门办	11	2 313	1 851	11 692	602	523
社会力量办学	2	110	95	773	90	64

14－16　各区县小学

（2001年）

	学校数（所）	毕业生数（人）	招生数（人）	在校学生数（人）	教职工数（人）	专任教师
合　　计	**2 277**	**141 956**	**110 684**	**745 124**	**34 257**	**29 281**
新城区	43	8 356	7 019	43 374	2 289	1 926
碑林区	53	8 096	6 282	39 933	2 228	1 790
莲湖区	56	8 805	7 274	44 860	2 694	2 271
灞桥区	114	9 309	6 388	43 839	2 623	2 147
未央区	80	7 505	6 093	39 462	2 730	2 255
雁塔区	60	9 441	7 712	47 838	3 012	2 380
阎良区	82	5 312	3 408	26 870	1 106	934
临潼区	286	16 127	13 137	87 671	3 373	2 994
长安县	424	20 348	14 558	102 849	4 020	3 299
蓝田县	385	13 786	11 876	80 398	2 933	2 829
周至县	353	15 560	14 018	94 864	3 530	3 090
户　县	249	13 064	9 034	64 405	2 855	2 641
高陵县	92	6 247	3 885	28 761	864	725

14－17　幼儿园基本情况

年　份	园　数（所）	班　数（人）	在园幼儿数（万人）	教职工数（人）	专任教师
1980	186		9.61	5 525	2 657
1985	310	3 135	9.71	6 887	2 770
1990	256	3 816	14.04	6 123	2 058
1991	244	4 062	15.26	6 587	2 269
1992	248	4 130	16.02	6 645	2 346
1993	244	4 207	16.05	6 021	2 361
1994	252	4 385	16.37	6 047	2 507
1995	257	4 464	16.40	6 173	2 659
1996	244	4 313	15.44	5 918	2 661
1997	228	4 243	14.72	6 065	2 748
1998	235	4 195	13.44	6 272	2 910
1999	234	4 222	13.34	6 329	2 982
2000	367	4 142	12.85	6 346	2 995
2001	366	4 306	11.97	6 224	3 069

注：幼儿园中包括学前班。

14－18 特殊教育学校基本情况

年份	学校数（所）	毕业生数（人）	招生数（人）	在校学生数（人）	教职工数（人）	专任教师
1980	1	48	64	315	66	43
1985	2	14	36	318	94	59
1990	5	35	111	451	142	96
1991	5	19	89	500	169	115
1992	5	30	154	1 127	197	137
1993	5	39	147	1 279	202	141
1994	5	75	182	1 554	201	139
1995	5	27	147	1 363	204	141
1996	5	60	164	1 520	210	150
1997	5	153	164	1 655	210	148
1998	5	266	140	2 145	232	157
1999	5	349	115	1 912	235	160
2000	5	269	145	1 880	230	156
2001	5	237	209	1 915	238	162

注：包括盲、聋、哑、弱智儿童教育在内。

14－19　各类(级)学校教师负担学生数

单位:人

年　份	高等学校		中等学校		小　学	
	教师数	生师比	教师数	生师比	教师数	生师比
1980	9 666	4.3			26 428	28.0
1985	12 852	5.0	26 791	16.1	26 430	23.5
1990	15 562	5.2	28 427	12.5	29 090	21.3
1991	15 456	5.1	29 407	12.6	29 096	22.1
1992	15 271	5.5	29 410	12.5	29 373	23.0
1993	15 239	6.4	28 887	12.4	29 743	24.2
1994	15 957	6.7	28 406	13.3	30 141	25.2
1995	15 914	6.8	28 721	14.4	30 270	26.2
1996	15 523	7.5	29 113	15.1	30 267	27.0
1997	15 135	7.9	29 691	15.6	30 117	27.4
1998	14 974	8.5	30 570	16.2	30 089	27.3
1999	15 223	9.9	31 809	16.9	30 196	26.4
2000	15 679	12.4	32 923	17.8	30 215	25.8
2001	17 523	14.5	33 292	18.9	29 281	25.4

14－20　小学、初中升学率

单位:人

年　份	小学			初中		
	小学毕结业生数	升学人数	升学率(%)	初中毕结业生数	升学人数	升学率(%)
1980	11.91	10.43	87.60			60.71
1985	11.21	9.56	85.30	8.36	4.63	55.30
1990	8.68	8.09	91.50	6.86	2.39	52.70
1991	8.40	7.86	92.67	6.54	2.58	58.70
1992	8.41	7.79	92.58	6.71	3.99	59.49
1993	8.21	7.75	92.85	6.41	4.28	63.31
1994	9.35	8.76	93.66	6.31	4.26	67.48
1995	10.02	9.50	94.85	6.35	4.60	72.35
1996	10.62	10.15	95.62	6.66	5.39	81.00
1997	11.04	10.56	95.65	7.98	6.14	76.93
1998	12.25	11.76	96.02	8.53	6.56	76.90
1999	13.77	13.23	96.04	9.19	7.08	77.00
2000	13.83	13.44	97.21	9.35	7.53	80.50
2001	14.22	13.83	97.25	10.88	8.77	80.56

14－21　小学学龄儿童入学率

年　份	学龄儿童总数（万人）	农村	入学儿童总数（万人）	农村	入学率（%）	农村
1980					98.42	
1985	47.38	32.57	62.16	42.54	98.62	98.10
1990	53.88	34.35	61.87	39.09	99.11	98.66
1991	61.75	38.49	61.49	38.25	99.58	99.38
1992	65.57	26.20	65.06	25.91	99.23	98.90
1993	70.42	27.78	69.83	27.48	99.17	98.92
1994	74.34	29.33	74.04	29.11	99.60	99.26
1995	77.86	29.12	77.62	28.98	99.69	99.49
1996	81.40	27.69	81.19	27.58	99.75	99.61
1997	82.45	24.30	82.24	24.21	99.74	99.65
1998	81.69	22.52	81.54	22.44	99.82	99.66
1999	79.66	21.67	79.55	21.61	99.86	99.75
2000	77.68	20.44	77.56	20.37	99.85	99.68
2001	69.69	41.31	69.58	41.22	99.84	99.77

注：城镇划分今年起执行教育统计指标规定含义。城市：包括市区和市的近郊区。县镇：包括县及镇人民政府所在地。农村：包括县镇以下和城市近郊区。

14－22 平均每万人口在校学生数和大中小学生构成

年份	各级学校在校学生占全市人口（%）	平均每万人口中			大中小学生各占学生总数%		
		大学生（人）	中学生（人）	小学生（人）	大学生	中学生	小学生
1980		84	906	1 434			
1985	22.24	117	692	1 124	5.32	31.34	50.93
1990	19.84	123	493	1 016	6.71	25.10	51.71
1991	20.32	120	498	1 043	6.35	24.65	51.61
1992	20.70	135	518	1 085	6.51	28.58	52.41
1993	21.20	155	568	1 140	7.30	26.80	53.80
1994	22.00	167	589	1 185	7.60	26.76	53.89
1995	22.86	168	639	1 224	7.33	27.96	53.55
1996	23.37	177	672	1 249	7.57	24.73	53.46
1997	23.54	180	701	1 249	7.63	29.77	53.05
1998	23.62	189	740	1 228	8.01	31.34	52.01
1999	24.06	224	798	1 183	10.14	36.20	53.66
2000	24.56	282	854	1 131	12.44	37.67	49.89
2001	25.17	366	903	1 072	14.57	35.88	42.59

14-23　成人教育情况

（2001年）

	学校数（所）	毕业生数（人）	招生数（人）	在校学生数（人）	教职工数（人）	专任教师	兼任教师（人）
合　　计	**2 856**	**350 245**	**405 577**	**443 309**	**17 148**	**6 908**	**13 705**
一、成人高等学校	22	11 004	24 725	52 986	5 757	2 782	1 662
1.广播电视大学	2	5 467	11 033	24 546	2 316	1 172	1 342
2.职工高等学校	13	2 259	4 107	10 064	1 813	900	264
3.管理干部学院	5	977	2 451	3 996	971	392	56
4.教育学院	2	2 301	7 134	14 380	657	318	
二、普通高校成教学院	(25)	18 320	35 997	92 232	(834)	(210)	
1.函授部	(19)	11 495	22 681	60 382			
2.夜大学	(14)	2 271	3 733	9 568			
3.成人脱产班	(22)	4 554	9 583	22 282			
三、社会力量举办高教机构	52	*19 712	55 567	124 040	6 758	2 093	5 412
四、成人中等学校	2 467	298 411	286 685	171 396	4 099	1 985	5 771
1.成人中等专业学校	50	16 251	13 979	46 136	2 740	1 227	1 275
(1)广播电视中专	3	11 248	10 086	33 436	838	390	1 098
(2)职工、干部、函授中专	34	5 003	3 893	12 700	1 435	611	162
(3)教师进校	13				467	226	15
2.普通中师成人班	(2)	359	282	674			
3.成人中学	32	1 066	1 231	1 272	150	64	61
4.成人技术培训学校	2 285	280 735	271 193	123 314	1 209	694	4 435
五、成人初等学校	315	2 798	2 603	2 655	534	48	864

注:1.本表是西安市行政辖区内各级各类成人学校的全口径数据(不含党校);2.*新标注的指结业生;3.()内数因与普通高校重复,不加入总计数。

14－24　科学研究机构基本情况

指　　标	单　　位	1999年	2000年	2001年
一、科技机构数	个	735	732	735
#科研单位	个	228	219	216
高等院校	个	391	393	396
大中型工业企业	个	116	120	123
二、科技活动人员数	人	105 636	106 822	85 210
#科学家和工程师	人	48 859	49 110	52 579
市属从事科技活动人员数	人	8 450	8 461	7 233
#科学家和工程师	人	4 563	4 550	4 120
科研经费筹集总额	万元	32 111	34 208	33 100
三、科技活动经费筹集总额	千元	4 538 697	4 542 667	5 223 937
#政府拨款	千元	2 283 240	2 399 210	2 603 794
自筹资金	千元	1 203 150	1 702 211	1 737 835
银行贷款(专项贷款)	千元	179 344	138 200	295 610
四、科技活动经费使用总额	千元	4 093 800	4 120 332	5 514 563
#劳务费	千元	1 067 670	1 022 316	1 042 396
业务费	千元	1 235 460	1 498 512	1 719 202
资产购建支出	千元	319 549	299 351	876 491
五、科技成果与著作情况				
1.科技论文	篇	16 615	17 228	16 195
2.出版科技著作	种	703	720	683
3.获奖成果	项	1 134	1 226	1 307
#国家级奖	项	60	69	103
省部级奖	项	520	540	612
地市级奖	项	558	617	592

14－25 独立核算科学研究机构基本情况

(2001年) 单位:千元

	合计	科研机构	大专院校	大中型工业企业
单位数(个)	392	216	26	150
机构数(个)	735	216	396	123
年末职工人数(人)	375 483	40 094	48 596	286 793
从事科技活动人员(人)	85 210	27 253	22 366	35 591
科学家工程师(人)	52 579	16 208	19 756	16 615
科研课题项目数	10 196	3 292	5 468	1 436
科技活动经费筹集总额	5 223 937	2 827 108	602 619	1 794 210
#政府拨款	2 603 794	2 053 680	276 892	273 222
自筹资金	1 737 835	541 848	172 757	1 023 230
银行贷款	295 610	105 360		190 250
其　　他	586 698	126 220	152 970	307 508
科技活动经费使用总额	5 514 563	2 915 480	1 200 162	1 398 921
#R&D支出	3 309 711	1 971 640	449 730	888 341
#劳务费	1 042 396	510 350	193 964	338 082
业务费	1 719 202	1 198 200	521 002	
原材料费	487 166			487 166
固定资产购建支出	816 491	493 580	269 300	113 611
其中:科研仪器设备	436 780	309 900	126 880	
其他	1 166 063	713 350	215 896	236 817
转拨外单位科研经费支出	453 825	199 710	30 870	223 245

14－26　独立核算科学研究机构科技成果情况

（2001 年）

	单　位	合　计	科研机构	大专院校	大中型工业企业
科技论文	篇	16 195	2 338	13 857	–
出版科技著作	篇	683	125	558	–
专利申请数	项	305	86	126	93
拥有发明专利数	项	291	106	86	99
获奖科技成果	项	1 307	628	531	148
#国家级奖	项	103	67	18	18
省部级奖	项	612	269	256	87
地方级奖	项	592	292	257	43

14－27　国有单位各类专业技术人员数

单位:人

	1999年	2000年	2001年
全民所有制各类专业技术人员	367 276	369 735	373 260
#工程技术人员	113 002	113 607	115 064
农业技术人员	3 743	3 821	3 892
自然科学研究人员	8 003	8 215	8 321
社会科学研究人员	2 625	2 637	2 675
卫生技术人员	42 243	41 836	41 686
自然科学教学人员	36 701	37 102	37 541
社会科学教学人员	34 950	35 130	35 830
会计人员	42 700	42 715	42 826
统计人员	9 338	9 341	9 350
编辑、记者、播音人员	2 850	2 897	2 923
翻译人员	1 952	1 983	2 172
经济人员	55 514	55 842	55 934
图书档案资料人员	7 722	7 732	7 738
文艺人员	3 723	3 787	3 795
其它人员	2 210	2 568	2 580

14－28 国有单位自然科学技术人员数

指标	单位	1999年	2000年	2001年
科技人员总数	人	206 317	207 811	208 125
平均每万人口中科技人员数	人	305	306	307
平均每万职工中科技人员数	人	1 818	1 820	1 828
工程技术人员	人	113 002	113 607	115 064
占科技人员总数的比重	%	54.77	54.67	55.28
平均每万人口中工程技术人员数	人	165	166	169
平均每万职工中工程技术人员数	人	985	990	992
农业技术人员	人	3 743	3 822	3 892
占科技人员总数的比重	%	1.81	1.83	1.87
平均每万人口中农业技术人员数	人	6	6	7
平均每万职工中农业技术人员数	人	33	34	35
卫生技术人员	人	42 243	41 836	41 686
占科技人员总数的比重	%	20.47	20.13	20.01
平均每万人口中卫生技术人员数	人	63	61	60
平均每万职工中卫生技术人员数	人	382	383	384
科学研究人员	人	10 628	10 722	10 996
占科技人员总数的比重	%	5.15	5.16	5.28
平均每万人口中科学研究人员数	人	16	17	18
平均每万职工中科学研究人员数	人	93	96	97
教学人员数	人	36 701	36 822	37 280
占科技人员总数的比重	%	17.78	17.72	17.91
平均每万人口中教学人员数	人	54	56	58
平均每万职工中教学人员数	人	323	330	332

14－29　大中型工业企业科技活动

1.科技开发机构数　　单位:个

分组	有技术开发机构企业数		企业办技术开发机构	
	2000年	2001年	2000年	2001年
全市总计	**81**	**70**	**120**	**123**
一、按隶属分				
中央属企业	42	36	74	76
地方属企业	39	34	46	47
二、按规模分				
大型企业	54	53	98	101
中型企业	27	17	22	22

14－29　续表1　　2.科技活动人员数　　单位:人

分组	从事科技活动人员合计		科学家、工程师	
	2000年	2001年	2000年	2001年
全市总计	**46 102**	**35 591**	**11 359**	**16 615**
一、按隶属分				
中央属企业	39 191	30 256	9 199	13 456
地方属企业	6 911	5 335	2 160	3 159
二、按规模分				
大型企业	44 682	34 349	10 823	15 847
中型企业	1 420	1 242	536	768

14－29 续表2 3.科技活动机构人员数 单位:人

分组	从事科技活动人员合计		科学家、工程师	
	2000年	2001年	2000年	2001年
全市总计	**8 230**	**7 240**	**3 780**	**5 226**
一、按隶属分				
中央属企业	5 619	4 943	2 511	3 472
地方属企业	2 611	2 297	1 269	1 754
二、按规模分				
大型企业	7 640	6 530	3 484	4 643
中型企业	590	710	296	583

14－29 续表3 4.科技活动支出 单位:千元

分组	经费支出总额		新产品用款	
	2000年	2001年	2000年	2001年
全市总计	**1 300 110**	**1 398 921**	**835 400**	**840 987**
一、按隶属分				
中央属企业	1 064 010	1 144 877	633 278	637 513
地方属企业	236 100	254 044	202 122	203 474
二、按规模分				
大型企业	1 217 810	1 319 299	816 020	774 830
中型企业	82 300	79 622	19 380	66 157

14－29　续表4　　5.科技活动经费支出　　单位:千元

分　　组	技术改造支出总额		技术引进支出总额	
	2000年	2001年	2000年	2001年
全市总计	**557 000**	**1 179 361**	**152 000**	**178 589**
一、按隶属分				
中央属企业	364 890	772 598	93 898	110 323
地方属企业	192 110	406 763	58 102	68 266
二、按规模分				
大型企业	506 768	1 135 608	149 620	174 989
中型企业	50 232	43 753	2 380	3 600

14－29　续表5　　6.科技开发经费支出　　单位:千元

分　　组	消化吸收支出总额		购买国内技术用款	
	2000年	2001年	2000年	2001年
全市总计	**7 218**	**10 225**	**2 900**	**1 668**
一、按隶属分				
中央属企业	6 829	9 674	2 444	1 406
地方属企业		551	456	262
二、按规模分				
大型企业	6 866	9 655	2 780	1 662
中型企业	352	570	120	6

14－29　续表6　　7.科技项目和新产品情况　　单位:千元

指　　标	2000年	2001年
项目数(个)	1 220	1 436
#研究与发展项目(个)	496	663
经费支出数(千元)	1 200 118	1 175 676
新产品销售收入(千元)	3 320 588	4 708 350
出口新产品(千元)	110 785	152 023
新产品销售利润（千元)	233 178	673 372

14－29　续表7　　8.科技活动产出情况　　单位:千元

指　　标	2000年	2001年
获奖成果数	132	148
国家级	10	18
省、部级	85	87
地、市级	41	43
专利		
专利申请数	28	93
专利授权数	23	99

14－30　西安市高新技术产业开发区情况

指　　　　标	单　位	2000年	2001年
1.开发区企业数	个	3 025	4 000
高新技术企业数	个	632	717
2.年末从业人员	人	97 738	130 963
大专以上学历人数	人	49 579	61 010
从事技术开发人数	人	17 335	17 979
3.技术开发经费筹集额	万元	164 571	143 900
4.技术开发经费支出总额	万元	134 285	105 000
研究与发展支出	万元	16 109	36 914
5.工业总产值	万元	1 916 251	2 526 000
6.技工贸总收入	万元	2 741 984	3 582 000
技术收入	万元	120 265	305 900
产品销售收入	万元	1 683 009	2 280 000
高新产品销售收入	万元	607 475	2 029 200
商品销售收入	万元	689 948	690 100
7.增加值	万元	754 499	1 045 700
8.利润总额(净利润)	万元	158 360	162 500
9.上缴税费总额	万元	107 454	149 800
10.出口创汇总额	千美元	104 079	175 000

14－31　高新区发展规模

(2001年)

指　　标	单　位	政 策 区	新 建 区
累计已开发面积	平方公里	19.53	11.384
高新区工商注册企业数	个	1 500	2 500
#工业型技术开发技术服务型企业数	个	842	784
#三资企业数	个	353	129
已认定的高新技术企业数	个	363	354
2001年区内国内生产总值占所在城市国内生产总值比重	%	14.25	
2001年区内工业增加值占所在城市工业增加值的比重	%	30.31	
区内企业当年增加值	千元	10 457 000	
区内企业当年工业增加值	千元	7 942 170	

14－32　高新区建设与集资情况

指　　标	单　　位	2001年
一、基建投资		
本年基建投资	千元	2 529 470
#生产业务用房	千元	1 159 850
住宅	千元	1 159 850
公用设施	千元	
基础设施	千元	209 770
征地拆迁	千元	
二、开发面积		
新建区累计开发土地面积	平方公里	11.384
#当年新开发土地面积	平方公里	2.076
累计竣工建筑面积	平方米	4 511 300
#生产业务用房	平方米	1 280 300
住宅	平方米	2 383 500
公用设施	平方米	842 000
#当年竣工建筑面积	平方米	952 900
三、当年内资金筹集情况		
当年内资金筹集总额	千元	677 000
#政府拨款	千元	151 000
贷款	千元	2 529 000
发行股票	千元	
发行债券	千元	
四、吸引外资		
年末累计境外客商协议投资额	千美元	928 354
年末累计境外客商实际投资额	千美元	411 333
#当年实际投资额	千美元	58 100

14－33　文化事业机构和人数

（2001年）

	机构（个）	人员数（人）
一、电影事业		
制片厂	1	…
发行放映管理机构	9	…
电影放映单位	586	…
#电影院	26	…
影剧院	13	…
放映队	393	…
二、艺术事业	56	3 368
表演团体	22	2 911
表演场所	23	326
三、图书馆事业	14	322
四、群众文化事业	246	871
#文化馆	13	227
文化站	231	512
五、教育事业	5	397

14－34 文化事业发展情况

指标	单位	2001年
电影放映场数	千场	37
观众人数	千人次	5 461
艺术表演团体演出场次(国内)	千场	4
观众人数	千人次	10 868
图书馆藏书数	千册	3 300
书刊文献外借人次	千人次	89
书刊文献外借册次	千册次	56

14－35 群众艺术馆、文化馆(站)活动情况

指标	单位	2001年
机构数	个	246
举办展览个数	个	425
组织文艺活动次数	次	1 172
举办训练班班次	次	719
举办训练班结业人次	千人次	37
藏书	千册	276
本年收入	千元	10 069
本年支出	千元	10 057

14－36　文物保护业基本情况

(2001年)

指　　　标	机　　构 (个)	人　　员 (人)	文物藏品实际数量 (件)	#一级品	参观人员 (千人次)
总　　　计	**47**	**2 551**	**306 011**	**2 707**	**4 819**
文物保护管理机构	26	604	14 773	28	1 298
其他文物机构	2	115			
博物馆	15	1 605	172 372	2 455	3 521
文物商店	1	49			
文物科研机构	3	178	118 866	224	

注：藏品件数与往年变化较大，属计算标准变化所致。

14－37 广播电召及节目制作情况

指标	单位	1999年	2000年	2001年
省、地广播电台	座	2	2	2
县级广播电视台	座	3	4	2
中短波、调频发射台及转播台	座	12	234	237
进广播的乡	个	195	195	168
进电视的乡	个	195	195	169
进广播的村	个	2 758	3 150	3 146
进电视的村	个	2 729	3 156	3 165
节目	套	12	13	13
平均每日播出时间	时:分	175:17	182:15	182:20
广播人口覆盖率	%	98:00	98.69	98.75
制作广播节目	时:分	32 011:00	43 729:00	42 704:00
#新闻节目	时:分	5 820:00	4 226:00	3 765:00
专题节目	时:分	5 882:00	10 495:00	6 988:00
教育节目	时:分	913:00	905:00	1 200:00
文艺节目	时:分	12 038:00	13 747:00	14 402:00
服务节目	时:分	6 462:00	10 617:00	7 632:00

注:地、市以上级称广播电台,县级称广播电视台。故从1998年起资料分列。

14－38　电视台及节目制作情况

指　标	单　位	1999年	2000年	2001年
电视台	座	2	2	2
发射台及转播台	座	21	237	236
无线电视节目	套	8	6	6
有线电视节目	套	－	－	8
平均每周播出时间	时:分	684:38	522:42	1 370:00
电视人口覆盖率	%	90:00	95:08	96.36
卫星电视地面站	座	448	148	1 002
制作电视节目	时:分	5 702:00	11 871:00	28 046:00
#新闻节目	时:分	1 125:00	1 508:00	2 982:00
专题节目	时:分	659:00	1 478:00	4 666:00
教育节目	时:分	386:00	920:00	594:00
文艺节目	时:分	994:00	1 945:00	4 385:00
服务节目	时:分	1 586:00	897:00	2 717:00
有线电视用户	万户	77.34	82.09	83.12

注:有线电视并入无线电视,2001年起数据含有线及无线电视节目。

主要统计指标解释

普通高等学校：指按照国家规定的设置标准和审批程序批准举办，通过国家统一招生考试，招收高中毕业生为主要培养对象，实施高等教育的全日制大学、独立设置的学院和高等专科学校、短期职业大学。

成人高等学校：指按照国家有关规定审批，招收通过全国成人高教统一招生考试的具有高中毕业或同等学历的在职从业人员利用脱产、半脱产、业余或函授等各种形式对其实施高等学历教育，培养高等教育专科或本科毕业水平的专门人才，修业年限，课程设置和总学时数均按高等学历教育要求付诸实施的学校。包括广播电视大学，职工高等学校、农民高等学校、管理干部学院、教育学院、独立设置的函授学院等。

小学学龄儿童入学率：指调查范围内已入小学学习的学龄儿童占样内外学龄儿童总数(包括弱智儿童在内，但不包括盲聋哑儿童)的比重，计算公式是：

$$小学学龄儿童入学率=\frac{已入学的小学学龄儿童数}{校内外小学学龄儿童点数}\times 100\%$$

独立研究与开发机构：指有明确的任务和研究方向，有一定学术水平的业务骨干和一定数量的研究人员，具有研究、开发、开展学术工作的基本条件，主要进行科学研究与技术开发活动，并且在行政上有独立的组织形式，财务上独立核算盈亏，有权与其他单位签订合同，在银行有单独户头的单位。包括国务院各部门、中国科学院、中国社会科学院和各省、自治区、直辖市以及地(市)以上(各地市)各部门所属的国有独立的科学研究与技术开机构。

科学和工程师：指具有大学本科及以学历和不具务上述学历但有高、中级职称的人员。

从事科技活动人员：包括科技管理人员、课题活动人员、科技服务人员三部分。

自然科学技术人员：指已取得科学技术职称或大学、中专的理、工、农、医科系专业，以及国民经济各部门从工作实践中提拔、从事理、工、农、医等自然科学技术的研究、教学、生产的专业人员和在机关、企业、事业单位中从事科学技术业务管理工作的专业人员。

科学研究人员：指在国民经济各行业从事科学技术活动的自然科学技术专业人员，包括：正副研究员、财理研究员、研究实习员、技术员和未评定职称的技术人员。

文化事业机构：指从事专业文化工作和为专业文化工作服务的独立建制的单独核算的单位。不包括这些单位另外举办独立核算的其他机构和各部门的业余文化组织。

艺术表演团体：指从事戏曲、音乐、舞蹈、杂技等专业艺术表演，有独立帐户，实行单独核算的团体。不包括半工半艺、半农半艺的业余剧团。

体育、卫生、社会福利和其他

TIYUWEISHENGSHEHUIFULIHEQITA

15－1　各级体委及各直属单位职工人数(市属)

(2001 年)　　单位:人

	合　计	运动员	专职教练员	专职文化教师
总　　计	**640**	**16**	**91**	**22**
各级体委机关	116			
地级	44			
县级	72			
各级体委直属单位	524	16	91	22
#优秀运动队	30	16	2	
体育运动学校	73		18	11
重点业余体校	108		29	
普通业余体校	86		42	11
公共体育场所	210			

15－2　国家体育锻炼标准》施行情况(市属)

单位:人、所

指　　标	2001 年
学校总数	2 644
在校学生总数	1 094 263
施行锻炼标准学校数	2 576
施行锻炼标准学校的学生人数	990 981
应参加达标活动的学生人数	920 287
实际参加达标活动的学生人数	891 347
达标人数	826 397
#及格级	476 275
良好级	237 535
优秀级	112 587

15－3　少年儿童分项业余体校情况(市属)

(2001年)　　单位:人

指　　标	合　　计	重点业余	普通业余
一、在读学生数			
总　　计	2 401	485	1 916
田　　径	649	20	629
游　　泳	186		186
体　　操	38	28	10
举　　重	65	25	40
国际式摔跤	35		35
柔　　道	98		98
射　　击	124	50	74
射　　箭	30	30	
足　　球	268		268
蓝　　球	380	130	250
排　　球	27	27	
乒乓球	184	45	139
棒　　球	52	40	12
中国式摔跤	26		26
武　　术	179	90	89
航海模型	10		10
航空模型	10		10
跆拳道	40		40
二、职工数	194	108	86

15－4　分项目等级裁判员发展人数

(2001年)　　单位:人

指　　标	合　　计
合　　计	**377**
其中:女	67
一级	27
其中:女	10
二级	165
其中:女	29
三级	185
其中:女	28

15－5　分项目等级运动员发展人数

(2001年)　　单位:人

指　　标	合　　计
合　　计	**695**
其中:女	280
一级	
其中:女	
二级	327
其中:女	100
三级	198
其中:女	96
少年级	170
其中:女	84

15－6　卫生机构、床位及人员数

(2001年)

	机构数(个)	床位数(张)	人员合计(人)	卫生技术人员	其他技术人员	管理人员	工勤人员
总　　计	**2 965**	**31 727**	**52 607**	**41 686**	**782**	**5 636**	**4 503**
一、按属性分类							
(一)医院合计	243	26 330	35 592	27 354	420	4 367	3 451
1.县及县以上医院	168	23 261	32 997	25 280	417	4 083	3 217
综合医院	133	16 343	23 438	18 088	257	2 922	2 171
中医医院	16	1 585	2 355	1 945	5	254	151
医学院校附属医院	3	2 079	3 588	2 700	86	360	442
传染病院	1	292	317	195	3	72	47
精神病院	2	460	370	261		70	39
结核病院	2	705	616	386	20	92	118
妇幼保健院	6	447	844	655	19	85	85
儿童医院	1	400	762	556	10	102	94
肿瘤医院	1	400	478	323	14	91	50
康复医院	1	200	70	53		10	7
其他专利医院	2	350	159	118	3	25	13
2.其他医院	75	3 069	2 595	2 074	3	284	234
(二)卫生院合计	187	2 334	3 863	3 468		241	154
#城市街道卫生院	4	176	103	90		8	5
#农村卫生院小计	183	2 158	3 760	3 378		233	149
(三)疗养院	9	2 324	907	397	51	203	256

15－6　续表　　(2001年)

	机构数(个)	床位数(张)	人员合计(人)	卫生技术人员	其他技术人员	管理人员	工勤人员
(四)门诊部合计	138	174	2 002	1 738	1	194	69
(五)专科防治所.站	2		58	33		11	14
(六)卫生防疫机构	20		1 557	1 196	32	159	170
(七)妇幼保健机构	9	20	307	242	1	35	29
(八)药品检验机构	7		152	106	4	27	15
(九)医学科学研究机构	4	30	456	267	13	97	79
(十)高等医学教育机构	1		289	107	65	42	73
(十一)中等医药教育机构	9		479	134	113	154	78
(十二)其他卫生事业机构	10	515	615	312	82	106	115
(十三)个体办诊所							
(十四)诊所、卫生所、医务室	2 326		6 332	6 332			
二、按归属分类							
卫生部门办	148	13 412	23 849	17 990	469	3 006	2 384
工业及其他部门办	940	14 002	19 552	15 410	309	2 079	1 755
集体所有制办	172	1 490	2 614	2 303	2	209	100
私人开业	36	633	920	738	1	112	69
个体办诊所	1 545		3 264	3 264			
其他	124	2 190	2 407	1 981	1	230	195

15－7　各区县卫生机构、床位及人员数

(2001 年)

	机构合计 (个)	床位合计 (张)	人员合计 (人)	卫生技术人员
全　市	**2 965**	**31 727**	**52 607**	**41 686**
新城区	319	4 789	9 208	7 339
碑林区	386	4 738	9 187	7 093
莲湖区	442	3 722	6 795	5 409
灞桥区	224	1 616	2 662	2 241
未央区	159	1 361	2 712	2 212
雁塔区	346	5 725	7 989	6 191
阎良区	64	1 143	1 447	1 152
临潼区	191	2 721	3 276	2 299
长安县	159	2 489	3 266	2 535
蓝田县	178	1 058	1 590	1 375
周至县	233	676	1 768	1 536
户　县	125	1 324	2 045	1 711
高陵县	139	365	662	593

15－8　卫生机构各类人员数

单位:人

分　　类	1999年	2000年	2001年
一、全市合计	54 361	53 111	52 607
卫生技术人员	42 243	41 836	41 686
其他技术人员	1 067	855	782
管理人员	5 701	5 647	5 636
工勤人员	5 350	4 773	4 503
二、卫生技术人员	42 243	41 836	41 686
中医师	2 730	2 711	2 677
西医师	13 270	13 181	13 011
中西医结合高级医师	246	254	377
护　师	8 287	8 754	8 818
中药师	794	753	744
西药师	1 767	1 784	1 697
检验师	1 625	1 614	1 691
其他技师	1 710	1 573	1 686
中医士	348	357	325
西医士	2 286	2 223	2 157
护　士	4 970	4 848	4 795
助产士	229	230	256
中药剂士	264	275	277
西药剂士	494	480	494
检验士	526	459	429
其他技士	396	394	351
其他中医	34	24	31
护理员	735	512	483
中药剂员	79	53	84
西药剂员	154	130	155
检验员	107	106	102
其他初级卫生技术人员	1 192	1 121	1 046
三、平均每千人口有卫生技术人员	6.3	6.1	6.0
#医　生	2.8	2.8	2.7

15－9　卫生部门卫生机构各类人员数

单位：人

分　　类	1999 年	2000 年	2001 年
一、全市合计	25 409	23 895	23 849
卫生技术人员	18 419	17 687	17 990
其他技术人员	742	536	469
管理人员	3 216	3 045	3 006
工勤人员	3 032	2 627	2 384
二、卫生技术人员	18 419	17 687	17 990
中医师	1 093	1 063	1 054
西医师	5 769	5 383	5 400
中西医结合高级医师	78	76	79
护　师	3 947	4 274	4 511
中药师	390	367	353
西药师	705	746	713
检验师	868	854	916
其他技师	1 121	978	1 061
中医士	107	97	100
西医士	851	849	843
护　士	1 957	1 688	1 630
助产士	94	88	86
中药剂士	105	100	105
西药剂士	157	147	180
检验士	282	238	233
其他技士	206	180	165
其他中医	8	4	4
护理员	135	78	85
中药剂员	21	14	13
西药剂员	34	30	30
检验员	33	28	26
其他初级卫生技术人员	458	405	403

15－10　医院、卫生院诊疗人次及诊疗情况

(2001 年)

	诊疗人次数				
	总计	其中：门、急诊人次数			
		计	门诊人次	急诊人次数	
				计	死亡人数
1.县及县以上医院合计	10 707 706	10 013 800	9 264 970	748 920	545
卫生部门计	4 754 592	4 658 631	4 343 966	314 665	326
综合医院	2 171 150	2 100 402	1 937 864	162 538	251
中医医院	877 172	875 726	837 511	38 215	1
医学院校附属医院	996 851	992 049	958 776	33 273	62
传染病院	10 241	10 241	9 402	839	－
精神病院	23 795	23 795	23 795	－	－
结核病院	33 490	33 490	30 423	3 067	－
妇幼保健院	240 654	235 350	228 742	6 608	12
儿童医院	390 776	377 115	307 380	69 735	－
肿瘤医院	7 795	7 795	7 405	390	－
康复医院	2 668	2 668	2 668	－	－
工业及其他部门	5 943 132	5 345 277	4 911 879	433 398	219
集体所有制	9 982	9 982	9 125	857	
2.其他医院合计	743 160	709 229	666 887	42 342	19
3.卫生院合计	2 188 787	2 109 075	2 052 899	56 176	53
城市街道卫生院	21 976	18 912	18 069	843	－
农村卫生院小计	2 166 811	2 090 163	2 034 830	55 333	53
中心卫生院	740 354	713 487	694 527	18 960	33
乡(镇)卫生院	1 426 457	1 376 676	1 340 303	36 373	20
#无床乡卫生院	802 366	769 268	759 686	9 582	1

15－10 续表 (2001年)

	观察室	
	收容病人数(人)	死亡人数(人)
1.县及县以上医院合计	961 851	190
卫生部门计	293 867	141
综合医院	153 590	59
中医医院	14 333	11
医学院校附属医院	1 320	67
传染病院	1 322	
精神病院		
结核病院	117	
妇幼保健院	34 887	4
儿童医院	88 298	
肿瘤医院		
康复医院		
工业及其他部门	667 984	49
集体所有制		
2.其他医院合计	58 511	13
3.卫生院合计	65 611	15
城市街道卫生院	145	
农村卫生院小计	65 466	15
中心卫生院	25 370	6
乡(镇)卫生院	40 096	9
#无床乡卫生院	17 695	1

15－11　医院、卫生院床位及病人治疗情况

(2001年)

	实有病床数	平均开放病床数	治愈率(%)	好转率(%)	病死率(%)
1.县及县以上医院合计	23 261	22 998	62.61	32.83	1.50
卫生部门计	11 865	11 838	60.00	35.29	1.44
综合医院	5 357	5 452	61.01	34.21	1.45
中医医院	1 585	1 581	57.50	37.74	2.13
医学院校附属医院	2 079	1 978	55.94	39.61	1.59
传染病院	292	292	52.33	35.64	2.77
精神病院	400	393	23.50	73.02	0.22
结核病院	705	690	11.06	81.51	1.18
妇幼保健院	447	450	86.84	10.44	0.34
儿童医院	400	401	74.94	23.14	0.42
肿瘤医院	400	400	29.82	52.24	4.56
康复医院	200	200	77.78	22.22	
工业及其他部门	11 396	11 060	66.54	29.12	1.60
集体所有制					
2.其他医院合计	3 069	1 925	70.30	23.60	0.14
3.卫生院合计	2 334	2 120	87.64	10.25	0.16
城市街道卫生院	176	31	56.20	43.07	0.73
农村卫生院小计	2 158	2 089	87.78	10.09	0.16
中心卫院	1 166	1 165	85.54	12.25	0.23
乡(镇)卫生院	992	923	91.47	6.56	0.04
#无床乡卫生院					

15－12　县及县以上医院大型医疗设备情况

(2001年)　　单位:台(部)

	800NA以上X光机	CT	ECT	模拟定位机	钴60治疗器	心脏监护仪	肾渗透仪
县及县以上医院合计	**37**	**45**	**8**	**3**	**7**	**680**	**59**
卫生部门计	19	22	6		3	427	45
综合医院	9	15	2	3	1	195	10
省、自治区直辖市属	3	3	1			80	6
直辖市区、省辖市	6	6			1	74	3
省辖市区		1				13	1
县　属		5	1			28	
中医医院	2	1				14	10
医学院校附属医院	5	4	3	2	1	187	21
传染病院							4
精神病院							
结核病院	1					4	
妇幼保健院						2	
儿童医院		1				11	
肿瘤医院	2	1	1	1	1	14	
康复医院							
工业及其他部门	18	23	2		4	253	14
集体所有制							

15－12　续表　　(2001年)　　单位:台(部)

	超速离心机	医用直线加速器	核磁共振仪	彩色多谱勒超声仪	自动生化分析仪	超声心电图机
县及县以上医院合计	**43**	**8**	**5**	**59**	**86**	**13**
卫生部门计	24	5	4	30	46	6
综合医院	3		2	19	21	4
省、自治区直辖市属				5	5	
直辖市区、省辖市	3		2	9	8	3
省辖市区	1				2	1
县　属				5	6	
中医医院	4			2	11	1
医学院校附属医院	11	3	3	4	4	1
传染病院	6				1	
精神病院					1	
结核病院				1	2	
妇幼保健院				1	3	
儿童医院				1	1	
肿瘤医院		1		2	1	
康复医院					1	
工业及其他部门	19	4		29	40	7
集体所有制						

15－13　农村村级卫生组织情况

（2001年）

指　　标	单　位	数　量	比　重（100%）
一、村　　数	个	3 163	100
#实行合作医疗或医疗保险的	个	2 240	70.82
无医疗点的村数	个	123	3.89
二、村设置的医疗点数	个	3 057	100
村或群众集体办	个	2 055	67.22
乡村医生或卫生员联合办	个	320	10.47
乡卫生院设点	个	85	2.78
个体办	个	573	18.74
其他	个	24	0.79
三、乡村医生和卫生员数	人	5 870	100
乡村医生	人	4 741	80.77
#会接生	人	925	
卫生员数	人	1 129	19.23
#会接生	人	419	
四、农村接生员总数	人	802	

15－14　社会福利事业单位基本情况

（2001 年）

指　　标	院　　数（个）	工作人员（人）	床　　位（张）	年末在院人数（人）
一、社会福利院情况	51	519	1 811	1 350
1.社会福利院	5	135	418	303
2.儿童福利院	1	123	400	388
3.精神病人福利院	1	150	450	365
4.收养性老年福利机构	44	111	543	294
城　　镇	14	55	279	160
农　　村	30	56	264	134

15－15　社会福利事业单位机构、人员数

单位：个、人

项　　目	1999 年	2000 年	2001 年
一、机　　构			
烈士纪念建筑物管理单位	2	2	2
收容遣送站	8	8	8
殡仪服务单位		18	19
殡 仪 馆		4	4
公　　墓		12	13
殡葬管理单位		2	2
二、人　　员			
烈士纪念建筑物管理单位	44	43	46
收容遣送站	101	99	106
殡仪服务单位		613	570
殡 仪 馆		164	165
公　　墓		425	376
殡葬管理单位		24	29

15－16　福利企业单位基本情况

(2001 年)　　单位:个、人

指　　标	单位数	年末职工人数	#残疾职工	残疾职工中:女性
社会福利企业总计	**265**	**8 685**	**3 823**	**1 258**
国有社会福利企业	11	541	206	71
集体社会福利企业	254	8 144	3 617	1 187

15－17　各区县优抚对象人员情况

(2001 年)　　单位:人

	全市	新城区	碑林区	莲湖区	雁塔区	未央区	灞桥区
合　　计	**262 004**	**13 319**	**10 384**	**11 827**	**6 755**	**14 883**	**13 605**
1.革命伤残人员	4 611	584	563	767	485	213	236
2.烈军属人员	138 552	12 571	9 805	10 716	3 829	6 927	4 120
3.在乡红军老战士	39		3	2	1		
4.在乡复原军人	11 106	21	13	47	187	392	789
5.在乡退伍军人	107 106	143		295	2 252	7 351	8 438
优抚对象中孤老人数	590				1		22

15－17　续表　　(2001年)　　单位:人

	闫良区	临潼区	长安县	户　县	周至县	高陵县	蓝田县
合　　计	**9 906**	**31 163**	**56 319**	**37 626**	**23 993**	**10 348**	**21 876**
1.革命伤残人员	113	318	404	265	296	112	255
2.烈军属人员	4 681	10 825	32 625	21 816	9 309	3 864	7 464
3.在乡红军老战士	7	7	5	3	4	1	6
4.在乡复原军人	582	1 780	2 027	1 268	1 610	731	1 659
5.在乡退伍军人	4 523	18 215	21 170	14 096	12 700	5 565	12 358
优抚对象中孤老人数		18	88	178	74	75	134

15－18　婚姻登记基本情况

指　　标	单　　位	1999年	2000年	2001年
一、内地居民登记结婚数	对	43 619	46 415	42 462
初　婚　数	人	79 093	85 442	76 263
再　婚　数	人	7 245	7 388	8 661
#恢复结婚数	人	317	235	234
二、内地居民登记离婚数	对	5 020	5 161	5 379

15－19　各区县婚姻登记情况

(2001年)

区　　县	内地居民登记结婚数（对）	初婚数（人）	再婚数（人）	内地居民登记离婚数（对）
全　市	**46 462**	**76 263**	**8 661**	**5 379**
新城区	3 823	6 542	1 104	832
碑林区	3 593	6 293	893	917
莲湖区	4 557	8 430	684	1 058
雁塔区	3 565	6 534	596	532
未央区	3 621	6 780	462	366
灞桥区	2 870	4 018	1 722	371
阎良区	1 551	2 741	361	130
临潼区	3 027	5 582	472	258
长安县	6 298	11 363	1 233	276
户　县	2 350	4 520	180	198
周至县	3 280	6 445	115	234
高陵县	682	1 149	215	54
蓝田县	3 245	5 866	624	153

15－20　离休、退休、退职人员情况

(2001年)　　单位:人

	合　计	离　休	退　休	领取定期生活费的退职人数
总　　计	**480 108**	**22 967**	**447 474**	**9 667**
一、企　　业	373 230	13 068	352 771	7 391
其中:地　　方	201 486	6 308	189 270	5 908
(一)内资企业	372 950	13 068	352 507	7 375
1.国有企业	289 461	11 283	273 935	4 243
2.集体企业	54 654	719	51 227	2 708
3.其他企业	28 835	1 066	27 345	424
(二)港、澳、台商投资企业	224		208	16
(三)外商投资企业	56		56	
二、事　　业	90 127	6 370	81 935	1 822
其中:地　　方	54 541	3 957	49 654	930
三、机　　关	16 751	3 529	12 768	454
其中:地　　方	15 863	3 354	12 144	365

15－21　离退休、退职人员保险福利费用构成情况

（2001年）　　单位：千元

	合　　计	离 休 金	退 休 金
总　　计	**3 975 697**	**308 175**	**2 963 455**
一、企　　业	2 511 159	152 298	1 973 325
其中：地　　方	1 043 205	74 720	826 220
（一）内资企业	2 509 164	152 298	1 971 880
1.国有企业	2 027 987	115 283	1 596 093
2.集体企业	256 726	24 263	199 992
3.其他企业	224 451	12 752	175 795
（二）港、澳、台商投资企业	943		841
（三）外商投资企业	1 052		604
二、事　　业	1 193 807	98 314	844 671
其中：地　　方	662 691	54 066	460 194
三、机　　关	270 731	57 563	145 459
其中：地　　方	247 216	54 527	137 056

15－21　续表　　(2001年)　　单位：千元

	退职生活费	医疗卫生费	其他
总　　计	**17 504**	**468 591**	**217 972**
一、企　　业	15 041	247 221	123 274
其中：地　　方	10 092	103 753	28 420
(一)内资企业	15 034	246 986	122 966
1.国有企业	9 140	205 928	101 543
2.集体企业	5 416	18 591	8 464
3.其他企业	478	22 467	12 959
(二)港、澳、台商投资企业	7	85	10
(三)外商投资企业		150	298
二、事　　业	1 872	168 672	80 278
其中：地　　方	987	97 028	50 416
三、机　　关	591	52 698	14 420
其中：地　　方	532	43 141	11 960

15－22　律师、公证及调解基本情况

	单　位	1999年	2000年	2001年
一、律师工作				
律师事务所	个	44	46	54
律　师	人	487	534	529
#专　职	人	387	469	488
兼　职	人	59	65	41
聘请担任法律顾问	家	869	754	751
民事案件诉讼代理	件	4 123	4 283	4 018
刑事诉讼辩护及代理	件	1 435	1 322	1 319
经济案件诉讼代理	件	3 548	2 969	2 761
行政案件诉讼代理	件	240	296	282
非诉讼法律事务	件	846	1 088	1 606
二、公证工作				
公证处	个	14	14	14
公证人员	人	128	158	168
#公证员	人	99	96	105
办理公证件数			79 199	71 687
国　内	件	29 905	62 060	50 315
民　事	件	18 100	24 576	20 060
经　济	件	11 805	37 484	30 255
涉　外	件	14 331	16 990	21 238
涉港、澳、台	件	130	149	134
三、人民调整工作				
已建调委会数	个	5 068	4 379	3 936
调解人员数	人	16 481	13 059	12 721
调解纠纷数	件	42 003	34 212	30 558
#调解成功数	件	37 933	31 574	28 430

15－23　共青团组织情况

指　标	单　位	1999年	2000年	2001年
一、基层团组织	个	11 561	10 323	7 356
二、共青团员	人	282 713	278 165	295 663
#女团员	人	131 147	134 289	152 906
三、专职团干部	人	938	845	837

15－24　各级妇联基本情况

单位：个、所

组　织	2001年
妇女联合会	233
市级	1
区县	13
乡(街)妇联	219
基层妇代会	
城市(社区妇联)	415
农村(妇代会)	3 145
乡镇企业妇代会	93
其它新经济组织中的妇代会	19
个体劳协.私企协及专业市场妇代会	15
团体会员	
女职工委员会数	3 730
民政部门登记注册的妇女社团	2

15－25　妇联工作情况

单位：人、个、亩

项　　目	2001 年
一、双学双比活动	
（一）科技培训	
接受技术培训人数	166 810
获绿色证书人数	468
女农民技术员人数	3 831
妇代会主任中农民技术员数	529
（二）建立各类农业科技指导合作性组织数	
农村妇女科技指导中心	341
农村妇女专业技术协会	166
（三）受表彰人数	
“双学双比”女能手数	1 397
科技致富带头人数	4 761
“双学双比”先进工作者数	18
“双学双比”先进协调单位数	16
“三八绿色奖章”获得者数	1
“三八绿色优质工程”数	6
（四）妇联自（联）办农业基地（亩）	117
（五）三八绿色工程	
基地个数	128
基地亩数	39 902

15－25 续表1

单位：人、个、户

项目	2001年
(六)巾帼扶贫	
脱贫户数	3 762
扶贫项目数	24
(七)农村妇女学校数	93
二、巾帼建功活动	
(一)巾帼建功	
评选巾帼建功标兵数	294
巾帼建功先进工作者数	347
巾帼建功先进协调单位数	25
巾帼文明示范岗数	395
(二)失业妇女再就业	
妇联培训失业妇女人数	4 552
建立培训基地或学校数	20
帮助失业妇女就业人数	3 254
巾帼创业带头人数	2 840
获职业资格证书人数	54
(三)社区妇女工作	
妇联建立及管理的巾帼社区服务实体数	519
中华巾帼志愿者数	4 430
三、三八红旗手	1 039

15－25　续表2　　单位：人、个、户、所、次、本

项　　　目	2001年
四、三八红旗集体	143
五、五好文明家庭	
五好文明家庭户数	273 266
十星级家庭户数	121 661
六、活动中心情况	
妇女儿童中心	3
七、家庭教育情况	
家庭教育研究会	6
家长学校	1 816
家长人数	673 695
家庭教育咨询站	364
八、妇联自办托幼园所	
托幼园所数	18
入托儿童数	2 230
九、实施春蕾计划	
资助女童入学或返校数	1 082
社会捐资总额(万元)	36.57
十、维权协调机构	9

15－25　续表3　　单位:人、个、所、次

项　　目	2001年
十一、维权法庭	10
十二、妇联陪审员人数	14
十三、法律帮助机构	10
十四、律师事务所	6
十五、来信来访处理情况	
来信件数	346
来访人次	2 471
来电咨询数	602
重大案件(起)	22
十六、"四五"普法	
参加讲座班人数	9 377
编号资料(本)	200
处理重大案件(起)	3
十七、社会治安综合治理	
妇女群众自治组织	39
参加人员	270
帮教对象	217
组织活动(场/次)	39

15－26　交通事故情况

指　　标	单　　位	2000年	2001年
次　　数	起	4 099	4 192
死亡人数	人	589	566
受伤人数	人	2 884	3 087
直接财产损失	万元	1 116.1	1 153.9

15－27　火灾情况

指　　标	单　　位	2000年	2001年
次　　数	起	1 040	1 139
死亡人数	人	17	5
受伤人数	人	12	18
直接财产损失	万元	472.4	298.1

主要统计指标解释

医　　院：指名称为医院、有固定的场所，设有固定的医疗器机设备和床位，配备有比例协调的各类医务人员；能为病人提供门诊，住院治疗，护理服务的医疗机构。包括县及县以上医院和其他医院两部分。按所属性质分为卫生部门，工业及其他部门，集体经济单位三类。按业务性质分为综合医院和专科医院。

医　　生：指按卫生部技术职称文件的规定经统考后，经卫生部门审查合格，专门从事医疗工作的专业人员。分为中医医生和西医医生。包括中医师、西医师、中西医结合高级医师、中医士、西医士和其他中医。

社会福利事业单位：指集中收养社会孤老、残、幼弃人的机构。如社会福利院、儿童福利院、精神病人福利院和集体办福利院，以及集体举办的敬老院。

社会福利企业单位：指以安置社会上有一定劳动能力的身体残疾人员就业为目的，享受国家减免减税待遇的国有或集体经济性质的企业。如福利工厂、福利商业和服务业、安置农场等单位。

公证人员：指在国家公证机关依法输公证事务的司法人员。包括公证员、助理公证员。

办理公记文书：指公证处在一定时期内办结的公证文书件数。公证文书系接司法部规定或批准的格式制作。包括国内公证和涉外公证两部分。其中国内公证分为经济合同公证和民事法律关系公记两大类。

XI'AN
統計年鑑
2002

人民生活

RENMINSHENGHUO

16－1　城镇居民家庭基本情况

指　　标	单位	1997 年	1998 年	1999 年	2000 年	2001 年
一、调查户数	户	300	300	300	300	300
二、平均每户家庭人口	人	3.12	3.04	2.99	2.99	3.03
三、平均每户就业人口	人	1.65	1.49	1.38	1.37	1.38
四、平均每户就业面	%	60.5	48.90	46.29	45.73	45.56
五、平均每一就业者负担人数	人	1.89	2.04	2.16	2.19	2.19
六、年人均实际收入	元	5 371.56	5 697.03	6 028.09	6 394.13	6 743.56
# 可支配收入	元	5 344.14	5 669.59	5 998.78	6 364.16	6 704.86
国有单位职工工资	元	3 298.19	3 046.82	2 957.76	2 904.99	3 319.58
集体单位职工工资	元	196.15	173.43	185.85	200.14	195.25
其它所有制单位职工工资	元	46.01	72.06	88.86	102.39	121.50
个体经营者的净收益	元	50.68	89.79	72.19	94.84	135.27
离退休再就业收入	元	101.99	85.96	127.08	162.11	166.89
财产性收入	元	245.93	292.61	277.71	137.08	49.35
转移性收入	元	1 335.07	1 808.95	2 073.58	2 484.21	2 270.41
家庭副业生产收入	元	0	0.30	0	0	0.44
七、年人均实际支出	元	5 318.10	5 723.83	6 168.52	6 209.59	6 678.56
1.消费性支出	元	4 752.61	4 806.60	5 360.98	5 445.70	5 815.66
(1)食品	元	1 934.44	1 910.93	1 945.36	1 985.56	2 023.91
(2)衣着	元	525.83	449.58	443.58	442.81	485.93
(3)设备用品及服务	元	517.50	546.23	704.59	616.75	628.91
(4)医疗保健	元	217.28	287.70	321.77	393.37	406.13
(5)交通和通讯	元	304.05	264.68	315.04	377.58	453.12
(6)娱乐教育和文化服务	元	594.73	585.08	705.12	748.51	908.07
(7)居住	元	449.88	534.81	646.79	611.49	531.45
(8)杂项商品和服务	元	208.90	227.60	278.73	269.64	378.14
2.非消费性支出	元	514.97	917.20	807.53	763.89	862.82
八、人均期末手存现金	元	349.56	383.32	431.86	389.00	550.39

16－2 城镇居民不同收入层次家庭基本情况表

（2001年）

指标	单位	总平均	最低收入户	更低收入户	低收入户	中等偏下户	中等收入户	中等偏上户	高收入户	最高收入户
一、调查户数	户	300	30	15	30	60	60	60	30	30
比重	%	100	10	5	10	20	20	20	10	10
二、平均每户家庭人口数	人	3.03	3.63	4.03	3.20	3.17	3.09	2.87	2.58	2.68
三、平均每户就业人口数	人	1.38	1.36	1.11	1.35	1.25	1.42	1.46	1.35	1.51
四、平均每户就业面	%	45.56	37.40	27.53	42.18	39.33	46.09	50.93	52.23	56.27
五、平均每一就业者负担人数	人	2.19	2.68	3.63	2.37	2.54	2.17	1.96	1.91	1.78
六、平均每人月实际收入	元	561.96	186.43	156.68	280.08	372.81	487.08	665.59	906.64	1 475.52
七、平均每人月可支配收入	元	558.74	184.51	155.00	277.96	370.65	484.65	662.31	901.86	1 466.46
八、平均每人月消费性支出	元	484.64	189.26	168.86	284.96	375.30	448.27	588.89	675.71	1 059.60
九、每百户年末拥有主要消费品数量										
毛皮大衣	件	22.0	20.0	13.3	13.3	21.7	16.7	20.0	26.7	43.3
呢大衣	件	178.0	123.3	120.0	186.7	168.3	165.0	173.3	216.7	240.0
毛毯	条	153.3	116.7	106.7	110.0	148.3	150.0	165.0	180.0	200.0
地毯	m^2	40.0	66.7	0	0	25.0	40.0	0	0	203.3
组合家具	套	55.0	50.0	53.3	43.3	58.3	58.3	53.3	53.3	63.3
沙发床	个	83.7	73.3	66.7	40.0	73.3	76.7	95.0	110.0	123.3
沙发	个	193.3	126.7	113.3	136.7	165.0	213.3	196.7	256.7	263.3
大衣柜	个	69.7	76.7	93.3	56.7	61.7	61.7	80.0	76.7	80.0
写字台	张	82.0	70.0	73.3	83.3	76.7	70.0	88.3	83.3	113.3
摩托车	辆	6.0	3.3	0	3.3	3.3	3.3	10.0	3.3	16.7
自行车	辆	177.0	146.7	126.7	166.7	151.7	193.3	188.3	206.7	183.3

16－2　续表　　(2001)年

指　标	单　位	总平均	最低收入户	更低收入户	低收入户	中等偏下户	中等收入户	中等偏上户	高收入户	最高收入户
家用汽车	辆	0	0	0	0	0	0	0	0	0
缝纫机	台	54.0	40.0	60.0	46.7	65.0	53.3	53.3	60.0	50.0
洗衣机	台	97.7	93.3	93.3	86.7	93.3	100.0	101.7	100.0	106.7
电风扇	台	169.0	156.7	173.3	150.0	178.3	163.3	188.3	170.0	153.3
电冰箱	台	89.3	80.0	80.0	70.0	88.3	91.7	91.7	96.7	103.3
冰柜	台	2.0	3.3	6.7	6.7	1.7	1.7	0	0	3.3
彩色电视机	台	123.7	123.3	126.7	120.0	115.0	130.0	118.3	123.3	143.3
影碟机	台	42.0	23.3	2.0	23.3	28.3	41.7	50.0	56.7	76.7
录放像机	台	26.3	26.7	26.7	13.3	21.7	25.0	28.3	26.7	46.7
家用电脑	台	15.7	0	0	13.3	6.7	6.7	16.7	16.7	66.7
组合音响	套	19.3	10.0	13.3	10.0	11.7	28.3	18.3	26.7	30.0
录音机	台	57.0	36.7	33.3	46.7	58.3	63.3	73.3	50.0	46.7
摄像机	台	0.3	0	0	0	0	0	0	0	3.3
照相机	架	47.3	16.7	26.7	23.3	35.0	53.3	56.7	50.0	93.3
钢琴	架	0.3	0	0	0	0	0	0	0	3.3
中高档乐器	件	3.7	0	0	0	5.0	3.3	3.3	3.3	10.0
微波炉	台	27.7	3.3	0	6.7	15.0	33.3	36.7	36.7	60.0
空调器	台	54.3	20.0	26.7	33.3	33.3	48.3	63.3	66.7	133.3
电炊具	台	107.3	100.0	86.7	80.0	91.7	113.3	115.0	113.3	140.0
淋浴热水器	台	52.3	13.3	13.3	46.7	36.7	58.3	55.0	70.0	86.7
脱排油烟机	台	63.7	33.3	26.7	43.3	51.7	75.0	70.0	73.3	93.3
吸尘器	台	10.7	3.3	0	0	6.7	15.0	11.7	6.7	30.0
健身器材	件	3.0	0	0	0	0	1.7	1.7	13.3	10.0
移动电话	台	19.3	3.3	6.7	10.0	5.0	18.3	26.7	20.0	60.0

16－3 城镇居民不同收入层次家庭年人均收入情况

(2001年) 单位:元

指标	总平均	最低收入户	更低收入户	低收入户
一、实际收入	6 743.56	2 237.18	1 880.21	3 361.02
#可支配收入	6 704.86	2 214.14	1 859.97	3 335.58
1.国有经济单位职工收入	3 319.58	807.40	462.87	908.29
(1)工资性收入	3 094.50	772.92	460.88	891.34
#奖金	423.58	26.54	4.13	4.80
(2)非工资性收入	225.08	34.48	1.98	16.95
2.城镇集体单位职工收入	195.25	77.07	0	170.24
(1)工资性收入	188.67	77.07	0	169.72
#奖金	7.42	0.92	0	0
(2)非工资性收入	6.58	0	0	0.52
3.其它类型单位职工收入	121.50	0	0	114.34
4.个体经营者净收益	135.27	36.28	48.69	0
5.个体被雇者收入	170.36	268.00	194.16	183.76
6.离退休再就业者收入	166.89	83.40	0	157.29
7.其它就业者收入	85.95	131.13	235.74	218.07
8.其它劳动收入	228.55	111.29	116.09	312.03
9.财产性收入	49.35	94.90	104.48	3.49
10.转移性收入	2 270.41	624.03	718.18	1 293.51
#离退休金	1 718.01	429.34	474.52	867.87
赡养收入	296.70	64.83	100.02	138.65
赠送收入	176.87	92.41	98.20	151.59
11.家庭副业生产收入	0.44	3.68	0	0
二、借贷收入	1 750.81	339.38	332.78	915.75
#提取储蓄存款	1 312.76	178.39	116.88	537.40
借入款	170.43	90.99	143.83	125.10
兑售有价证券	0.77	0	0	0
购买房屋从银行贷款	0	0	0	0
附:期末手存现金	550.37	207.07	182.90	282.77

16-3 续表 (2001年) 单位:元

指标	中等偏下户	中等收入户	中等偏上户	高收入户	最高收入户
一、实际收入	4 473.77	5 844.99	7 987.05	10 879.66	17 706.19
#可支配收入	4 447.75	5 815.84	7 947.73	10 822.35	17 597.56
1.国有经济单位职工收入	1 494.22	2 843.31	3 997.60	5 327.33	11 649.88
(1)工资性收入	1 469.60	2 718.12	3 764.36	4 866.95	10 455.57
#奖金	61.62	208.50	394.22	771.74	2 545.17
(2)非工资性收入	24.62	125.19	233.25	460.39	1 194.31
2.城镇集体单位职工收入	223.94	227.70	285.54	128.87	112.76
(1)工资性收入	215.22	227.05	269.51	128.87	95.31
#奖金	6.31	8.96	20.06	0	4.30
(2)非工资性收入	8.73	0.65	16.03	0	17.45
3.其它类型单位职工收入	161.82	80.66	124.77	419.11	0
4.个体经营者净收益	145.76	8.63	68.60	466.02	523.36
5.个体被雇者收入	217.19	145.03	194.76	84.38	0
6.离退休再就业者收入	114.27	116.66	197.23	286.47	352.09
7.其它就业者收入	61.07	117.27	56.14	0	0
8.其它劳动收入	50.92	193.73	467.79	398.77	112.45
9.财产性收入	5.12	15.54	65.56	146.59	97.04
10.转移性收入	1 999.47	2 096.45	2 529.06	3 622.11	4 858.61
#离退休金	1 542.09	1 752.92	2 089.59	2 710.17	3 066.18
赡养收入	251.86	104.99	125.37	657.35	1 369.17
赠送收入	132.19	166.40	248.71	154.07	319.68
11.家庭副业生产收入	0	0	0	0	0
二、借贷收入	1 003.40	1 703.99	1 847.28	3 305.01	4 839.63
#提取储蓄存款	710.71	1 204.02	1 277.85	2 935.28	3 968.95
借入款	122.47	226.07	294.21	121.04	99.69
兑售有价证券	0	0	4.07	0	0
购买房屋从银行贷款	0	0	0	0	0
附:期末手存现金	378.07	460.01	531.71	1 036.32	1 525.33

16－4 城镇居民不同收入层次家庭年人均支出情况

（2001年） 单位：元

指标	总平均	最低收入户	更低收入户	低收入户
一、实际支出	6 678.56	2 353.55	2 066.72	3 850.55
（一）消费性支出	5 815.66	2 271.12	2 026.34	3 419.52
1.食品	2 023.91	1 034.10	898.29	1 447.34
2.衣着	485.93	158.44	99.56	214.20
3.设备用品及服务	628.91	59.35	51.29	138.27
4.医疗保健	406.13	145.26	193.13	174.12
5.交通和通讯	453.12	159.78	100.56	272.30
6.娱乐教育文化服务	908.07	359.92	346.54	632.43
7.居住	531.45	294.21	293.91	421.29
8.杂项商品和服务	378.14	60.07	43.06	119.57
（二）非消费性支出	862.82	81.90	40.37	431.02
#赡养支出	229.82	2.30	1.16	168.33
赠送支出	255.16	61.99	31.71	86.92
购房与建房支出	289.23	0	0	124.17
其它非消费支出	66.61	6.19	2.22	50.12
（三）家庭副业生产支出	0.08	0.53	0	0
二、储蓄借贷支出	1 648.30	192.03	175.75	411.49
#存入储蓄款	1 015.76	60.98	22.42	159.61
存入储金会款	0.14	0	0	0
归还借款	102.39	28.35	46.59	34.38
借出款	10.28	0	0	0.31
储蓄性保险支出	187.22	7.68	0.25	66.71
购买有价证券	16.13	0.28	0	3.42
其它借贷支出	304.60	94.74	106.50	147.06

16－4　续表　　(2001年)　　单位:元

指　　标	中等偏下户	中等收入户	中等偏上户	高收入户	最高收入户
一、实际支出	4 795.50	6 135.87	7 662.61	10 168.17	16 171.73
(一)消费性支出	4 503.60	5 379.29	7 066.65	8 108.52	12 715.16
1.食　　品	1 797.84	1 944.83	2 343.51	2 752.39	3 387.25
2.衣　　着	285.33	424.05	596.93	618.85	1 507.42
3.设备用品及服务	351.34	774.20	659.25	892.72	1 991.16
4.医疗保健	415.21	284.42	497.10	759.48	761.62
5.交通和通讯	305.71	356.79	636.63	706.70	1 001.51
6.娱乐教育文化服务	689.05	784.09	1 370.32	1 175.94	1 537.55
7.居　　住	478.47	567.96	559.42	676.40	826.54
8.杂项商品和服务	180.64	242.96	403.50	526.04	1 702.12
(二)非消费性支出	291.90	756.58	595.88	2 059.65	3 456.57
#赡养支出	115.18	54.06	110.11	238.83	1 537.27
赠送支出	153.52	243.49	319.45	457.54	653.55
购房与建房支出	0	383.61	52.42	1 250.49	928.60
其它非消费支出	20.53	45.28	93.55	78.78	257.21
(三)家庭副业生产支出	0	0	0.08	0	0
二、储蓄借贷支出	616.67	1 301.97	2 054.60	3 650.52	5 548.66
#存入储蓄款	344.91	700.19	1 193.66	2 594.48	3 751.95
存入储金会款	0	0.68	0	0	0
归还借款	22.01	110.26	64.40	335.66	313.40
借出款	6.83	10.48	7.50	9.45	50.59
储蓄性保险支出	93.00	147.54	350.95	220.17	507.00
购买有价证券	0	0.89	58.90	7.29	43.05
其它借贷支出	145.45	305.19	356.94	483.47	868.96

16－5　城镇居民不同收入层次家庭年人均消费性支出情况

(2001年)　　单位:元

指　　标	总平均	最低收入户	更低收入户	低收入户
消费性支出	**5 815.66**	**2 271.12**	**2 026.34**	**3 419.52**
一、食　　品	2 023.91	1 034.10	898.29	1 447.34
1.粮食	207.20	191.06	194.25	192.45
2.淀粉及薯类	17.88	14.31	15.49	16.28
3.干豆类及豆制品	37.32	27.69	27.99	28.01
4.油脂类	58.84	48.41	52.66	60.24
5.肉禽及其制品	294.72	144.75	118.75	216.26
6.水产品类	56.81	19.37	13.96	24.88
7.蛋类	52.46	39.18	39.29	44.41
8.菜类	174.03	132.46	134.20	137.18
9.调味品	31.75	21.64	19.80	25.10
10.糖类	20.08	10.68	11.00	16.29
11.烟草类	91.84	44.45	53.71	64.25
12.酒和饮料	92.98	33.36	20.91	50.21
13.干鲜瓜果类	128.79	50.69	50.20	81.98
14.坚果及果仁	27.72	11.47	9.81	17.70
15.糕点类	58.35	20.56	16.58	35.59
16.奶及奶制品	81.74	14.59	9.68	52.74
17.其它食品	55.20	28.51	18.94	32.10
18.在外用餐	536.05	180.86	90.96	351.67
19.食品加工费	0.12	0.06	0.10	0
二、衣　　着	485.93	158.44	99.56	214.20
1.服装	325.96	93.67	59.56	128.34
①男士服装	119.46	24.01	18.42	46.72
②女士服装	174.39	55.18	27.68	57.64
③各种童装	32.10	14.47	13.46	23.98
2.衣着材料	21.04	6.14	2.38	12.85
3.鞋袜帽及其它	133.68	57.65	37.04	70.74
①鞋类	114.16	47.10	30.98	57.27
②各种袜子	8.28	4.43	5.21	6.47
③各种帽子	0.85	0.16	0.02	0.46
④其它衣着	10.39	5.96	0.83	6.54
4.衣着加工费	5.25	0.97	0.58	2.28

16－5　续表1　　(2001年)　　单位:元

指　　标	中等偏下户	中等收入户	中等偏上户	高收入户	最高收入户
消费性支出	**4 503.60**	**5 379.29**	**7 066.65**	**8 108.52**	**12 715.16**
一、食　　品	1 797.84	1 944.83	2 343.51	2 752.39	3 387.25
1.粮食	211.05	203.35	216.31	250.02	185.70
2.淀粉及薯类	18.86	17.41	19.65	21.45	16.16
3.干豆类及豆制品	36.71	36.58	40.32	48.58	47.50
4.油脂类	66.27	52.11	59.78	77.01	49.73
5.肉禽及其制品	300.49	280.53	362.95	403.37	360.09
6.水产品类	43.60	57.37	64.19	76.18	141.35
7.蛋类	55.44	51.82	59.84	61.71	49.89
8.菜类	178.72	167.62	191.68	224.04	192.13
9.调味品	30.71	27.23	40.79	37.25	41.68
10.糖类	16.41	18.27	22.84	29.03	35.74
11.烟草类	99.90	76.14	132.28	113.61	98.50
12.酒和饮料	82.98	74.55	98.89	150.88	222.81
13.干鲜瓜果类	108.32	123.00	162.67	177.85	232.71
14.坚果及果仁	21.50	25.74	33.16	38.84	58.70
15.糕点类	50.67	58.31	73.75	79.31	101.90
16.奶及奶制品	67.10	66.46	117.83	110.23	172.59
17.其它食品	50.16	39.01	65.04	95.33	108.59
18.在外用餐	358.89	569.28	581.41	757.48	1 270.80
19.食品及加工费	0.02	0.06	0.13	0.23	0.67
二、衣　　着	285.33	424.05	596.93	618.85	1 507.42
1.服装	179.56	283.58	396.82	395.89	1 102.86
①男士服装	75.98	109.85	164.31	129.15	355.67
②女士服装	79.02	148.00	206.31	217.85	652.40
③各种童装	24.56	25.74	26.20	48.89	94.79
2.衣着材料	18.14	20.91	27.76	27.68	37.46
3.鞋袜帽及其它	80.60	113.69	167.27	190.11	357.72
①鞋类	68.52	100.71	141.90	171.04	298.14
②各种袜子	5.83	6.70	11.06	8.43	19.02
③各种帽子	0.28	0.33	1.38	0.63	3.85
④其它衣着	5.97	5.95	12.93	10.00	36.71
4.衣着加工费	7.03	5.85	5.07	5.17	9.38

16－5 续表2 (2001年) 单位:元

指标	总平均	最低收入户	更低收入户	低收入户
三、设备用品及服务	628.91	59.35	51.29	138.27
1.耐用消费品	358.88	8.30	10.51	45.62
①家具	52.44	3.35	3.92	0.66
②住房装饰	155.95	0.40	0.73	0.14
③家庭设备	150.48	4.55	5.87	44.83
2.室内装饰品	15.23	0.34	0.01	2.15
#①纺织装饰品	4.83	0	0	0.36
②装饰灯具	7.87	0	0	0
3.床上用品	31.10	8.27	4.58	11.75
4.家庭日用杂	106.47	36.04	31.08	62.21
5.家具材料	26.29	0	0	0
6.家庭服务	90.93	6.39	5.11	16.58
四、医疗保健	406.13	145.26	193.13	174.12
#1.医疗器具	2.90	0	0	1.16
2.保健用品	4.95	0	0	1.86
3.医药费	304.89	111.82	148.87	147.35
4.滋补药品	6.69	0.31	0	0.68
5.医疗保健服务	86.55	33.10	44.26	23.05
五、交通和通讯	453.12	159.78	100.56	272.30
1.交通	147.09	45.36	27.60	99.41
2.通讯	306.04	114.42	72.97	172.88
六、娱乐教育文化服务	908.07	359.92	346.54	632.43
1.文娱耐用消费品	117.35	0.11	0	35.43
2.教育	661.01	330.09	337.02	538.30
3.文化娱乐	129.71	29.71	9.51	58.71
七、居住	531.45	294.20	293.91	421.29
1.住房	188.61	103.39	103.81	119.00
2.水电燃料其它	342.84	190.82	190.11	302.30
八、杂项商品和服务	378.14	60.07	43.06	119.57
1.个人消费	345.96	51.70	41.39	98.93
2.其它商品	11.06	3.40	1.34	7.75
3.其它服务	21.12	4.96	0.33	12.89

16－5　续表3　(2001年)　单位:元

指　　标	中等偏下户	中等收入户	中等偏上户	高收入户	最高收入户
三、设备用品及服务	351.34	774.19	659.25	892.72	1 991.16
1.耐用消费品	173.61	412.69	357.53	576.52	1 317.03
①家具	37.49	58.54	92.11	45.92	123.51
②住房装饰	85.42	228.41	68.01	157.14	740.40
③家庭设备	50.70	125.74	197.41	373.46	453.12
2.室内装饰品	11.79	15.22	29.80	30.64	13.17
#①纺织装饰品	1.90	3.59	12.58	10.95	3.99
②装饰灯具	6.28	9.63	16.16	18.23	0
3.床上用品	36.59	20.04	33.63	19.16	103.88
4.家庭日用杂	83.62	96.91	160.34	151.81	172.06
5.家具材料	0	109.34	8.42	28.50	0
6.家庭服务	45.74	120.00	69.53	86.09	385.01
四、医疗保健	415.21	284.42	497.10	759.48	761.62
#1.医疗器具	3.71	3.95	2.54	6.65	1.74
2.保健用品	3.06	1.79	12.23	6.67	9.89
3.医药费	301.36	211.59	371.13	583.44	568.69
4.滋补药品	1.71	5.09	9.89	10.32	27.71
5.医疗保健服务	104.99	62.00	101.01	152.40	153.53
五、交通和通讯	305.71	356.79	636.63	706.70	1 001.51
1.交通	86.07	121.78	223.36	217.87	313.47
2.通讯	219.64	235.02	413.27	488.83	688.04
六、娱乐教育文化服务	689.05	784.09	1 370.32	1 175.94	1 537.55
1.文娱耐用消费品	116.29	78.69	126.47	205.68	361.42
2.教育	493.99	608.04	1 073.71	762.01	792.76
3.文化娱乐	78.76	97.36	170.14	208.24	383.37
七、居住	478.47	567.96	559.42	676.40	826.54
1.住房	166.53	248.09	183.44	216.58	286.50
2.水电燃料其它	311.94	319.87	375.98	459.82	540.04
八、杂项商品和服务	180.64	242.96	403.50	526.04	1 702.12
1.个人消费	160.73	221.37	368.72	420.58	1 646.52
2.其它商品	7.79	14.58	13.87	19.82	10.56
3.其它服务	12.15	7.01	20.92	85.64	45.04

16－6 城镇居民家庭年人均购买主要商品数量

商品名称	单位	1996年	1997年	1998年	1999年	2000年	2001年
粮食	公斤	91.5	80.4	82.2	84.4	82.9	78.6
豆腐	公斤	8.1	7.3	7.2	7.2	6.8	6.7
菜籽油	公斤	7.2	7.6	7.9	7.7	8.1	6.8
猪肉	公斤	11.8	12.1	13.2	13.5	13.7	12.0
牛肉	公斤	2.2	2.3	2.0	1.5	1.7	1.6
羊肉	公斤	0.9	0.6	0.6	0.6	0.7	0.5
白条鸡	公斤	1.9	2.7	2.8	2.9	2.8	2.6
活鸡	公斤	0.6	1.1	1.0	1.2	1.6	1.0
鸡蛋	公斤	11.1	13.5	11.3	13.1	12.3	10.8
带鱼	公斤	1.3	1.2	1.6	1.7	1.3	1.4
鲜菜	公斤	111.5	109.3	109.5	112.5	107.0	104.5
干菜	公斤	0.2	0.2	0.2	0.2	0.2	0.2
食糖	公斤	1.0	1.1	1.1	1.2	1.2	1.2
糖果	公斤	0.7	0.7	0.6	0.6	0.5	0.5
卷烟	盒	38.1	30.7	29.5	32.5	30.3	30.7
白酒	公斤	1.0	0.8	0.9	0.8	0.9	1.0
果酒	公斤	0.1	0.1	0.2	0.2	0.2	0.3
啤酒	公斤	4.7	4.1	4.1	4.0	3.0	3.6
干鲜瓜果	公斤	58.4	61.8	65.0	65.8	58.5	62.5
坚果及果仁	公斤	3.6	3.4	5.0	3.7	3.8	3.3
糕点	公斤	4.5	4.1	4.3	4.4	4.6	4.2
鲜乳品	公斤	8.5	8.7	9.8	10.6	12.0	12.8
奶粉	公斤	0.4	0.4	0.4	0.5	0.6	0.6
男士服装	件	2.2	2.3	2.2	2.4	2.2	2.3
#呢大衣	件	0.1	0.003	0.001	2.2	0.003	0.001
风雨衣	件	0.01	0.006	0.003	2.2	0.007	0.005
西服	件	0.05	0.07	0.05	0.05	0.04	0.04
中山装	件	0	0	0	0	0	0
茄克衫	件	0.1	0.12	0.10	0.09	0.09	0.08
羽绒衣	件	0.01	0.01	0.01	7.8	0.006	0.011
毛线衣	件	0.2	0.17	0.16	0.17	0.14	0.18
衬衫	件	0.3	0.28	0.27	0.29	0.30	0.34

16－6　续表

商品名称	单 位	1996年	1997年	1998年	1999年	2000年	2001年
裤　子	件	0.30	0.36	0.41	0.43	0.41	0.41
女士服装	件	3.00	2.70	2.94	3.20	2.92	3.33
#呢大衣	件	0.03	0.03	0.02	0.02	0.01	0.02
风雨衣	件	0.02	0.02	0.03	0.02	0.01	0.03
西服	件	0.06	0.04	0.06	0.05	0.03	0.03
茄克衫	件	0.02	0.03	0.02	0.01	0.02	0.01
羽绒衣	件	0.01	0.02	0.02	8.90	0.02	0.01
毛线衣	件	0.40	0.36	0.32	0.37	0.29	0.32
衬　衫	件	0.30	0.24	0.27	0.33	0.26	0.29
连衣裙	件	0.09	0.13	0.11	0.09	0.04	0.06
单　裙	件	0.10	0.15	0.14	0.12	0.14	0.16
裤　子	件	0.30	0.30	0.38	0.41	0.47	0.60
各式童装	件	0.90	0.83	0.77	0.83	0.88	1.13
棉　布	米	0.80	0.78	0.60	0.63	0.59	0.53
棉化纤混纺布	米	0.30	0.28	0.21	0.18	0.12	0.12
化纤布	米	1.50	1.21	1.03	0.77	0.53	0.30
呢绒	米	0.10	0.10	0.08	0.07	0.06	0.02
绸缎	米	0.20	0.19	0.13	0.07	0.03	0.04
毛线	公斤	0.20	0.18	0.16	0.14	0.13	0.13
皮鞋	双	1.00	0.80	0.70	0.71	0.74	0.75
旅游鞋	双	0.10	0.08	0.08	0.07	0.10	0.10
布鞋	双	0.30	0.33	0.38	0.31	0.27	0.24
雨鞋	双	0.02	0.007	0.007	0.014	0.008	0.004
凉鞋	双	0.30	0.31	0.27	0.28	0.27	0.31
肥皂	块	3.80	3.80	6.21	6.08	6.01	5.08
洗衣粉	公斤	0.70	0.60	0.89	0.85	1.05	1.00
水费	吨	27.40	23.70	23.81	25.98	25.67	24.50
电费	度	184.80	202.80	226.76	268.75	307.52	309.67
煤炭	公斤	95.00	75.10	61.20	49.79	61.98	61.73
液化石油气	公斤	19.40	21.00	18.51	19.92	17.86	14.53
管道煤气	立方米	13.40	16.20	20.49	19.50	26.15	26.42

16－7　城镇居民家庭平均每百户年末拥有主要耐用消费品数量

商品名称	单位	1996年	1997年	1998年	1999年	2000年	2001年
毛皮大衣	件	27.0	20.0	23.7	27.3	22.3	22.0
呢大衣	件	233.3	228.0	194.7	203.7	182.3	178.0
毛毯	条	154.0	153.3	155.3	154.0	146.3	153.3
地毯	平方米	103.0	104.7	98.0	63.7	44.3	40.0
组合家具	套	42.0	43.3	44.0	45.3	50.0	55.0
沙发床	个	57.3	59.7	75.3	82.0	81.3	83.7
沙发	个	202.3	200.0	197.3	200.3	184.0	193.3
大衣柜	个	76.0	78.0	80.0	79.0	73.0	69.7
写字台	张	87.3	88.0	86.7	87.0	85.3	82.0
摩托车	辆	3.0	2.0	2.3	4.3	5.0	6.0.
自行车	辆	201.0	196.3	188.6	178.3	170.7	177.0
家用汽车	辆	0	0	0	0	0	0
缝纫机	台	70.0	67.3	62.3	60.7	60.0	54.0
洗衣机	台	95.3	97.7	98.7	96.3	96.7	97.7
电风扇	台	185.3	186.7	180.3	179.3	175.0	169.0
电冰箱	台	87.7	88.7	92.7	91.7	89.3	89.3
冰柜	台	1.0	1.7	1.0	1.0	1.7	2.0
彩色电视机	台	106.0	110.0	113.6	120.7	124.0	123.7
影碟机	台	1.0	5.0.	13.7	25.0	35.7	42.0
录放像机	台	22.3	22.3	27.7	29.7	28.0	26.3
家用电脑	台	0.3	1.3	2.7	5.3	11.7	15.7
组合音响	套	5.3	8.0	10.7	13.3	16.7	19.3
收录机	台	75.0	67.0	60.7	60.7	54.3	57.0
摄像机	台	0	0	1.0	1.0	1.0	0.3
照相机	架	48.0	44.0	46.3	50.0	46.3	47.3
钢琴	架	0.3	0.7	1.3	1.7	1.3	0.3
其它中高档乐器	件	5.0	3.3	3.3	4.3	2.3	3.7
微波炉	台	1.7	6.3	10.3	12.3	18.0	27.7
空调器	台	26.0	31.0	39.3	45.0	51.3	54.3
电炊具	台	70.7	90.3	96.0	101.7	105.3	107.3
淋浴热水器	台	43.3	43.7	50.3	55.0	52.3	52.3
脱排油烟机	台	51.0	53.3	61.0	65.0	65.0	63.7
吸尘器	台	7.3	8.3	8.7	11.7	10.0	10.7
健身器材	件	0.7	1.7	2.0	4.0	3.3	3.0
移动电话	台	0	0	1.3	1.7	7.7	19.3

16－8　城镇居民家庭居住情况

指　　标	单　位	2001年	指　　标	单　位	2001年
调查户数	户	300	公共卫生设备	%	12.67
平均每户常住人口	人	3.03	五、按取暖设备拥有情况分	%	100.00
平均每户居住面积	平方米	31.51	无取暖设备	%	29.00
平均每户辅助面积	平方米	11.78	空调设备	%	1.67
平均每户居住间数	间	2.42	暖气	%	47.30
平均每人居住面积	平方米	10.40	火炕、火炉、火盆等	%	22.00
一、按人均居住面积分	%	100.00	六、按厨房使用情况分	%	100.00
无房户	%	0	无厨房	%	3.33
4平方米以下	%	0	独用厨房	%	96.33
4－6平方米	%	6.00	公用厨房	%	0.33
6－8平方米	%	21.67	七、按燃料使用情况分	%	100.00
8－10平方米	%	20.67	管道燃气	%	37.67
10－12平方米	%	17.00	液化石油气	%	51.30
12－14平方米	%	16.00	煤	%	6.33
14平方米以上	%	18.67	其它	%	4.67
二、按房屋产权分	%	100.00	八、按电话拥有情况分	%	100.00
公　　房	%	67.30	无电话	%	13.67
租赁私房	%	0.33	公费电话	%	1.33
自 有 房	%	7.00	自费电话	%	84.67
部分产权的自有房	%	25.30	公用电话	%	0.33
其它	%	0	九、按住宅建筑式样分	%	100.00
三、按自来水使用情况分	%	100.00	家庭单栋配套住宅	%	0
无自来水	%	0	单元式配套住宅	%	82.33
独用自来水	%	96.00	1.一居室	%	1.33
公用自来水	%	4.00	2.二居室	%	46.33
四、按卫生设备拥有情况分	%	100.00	3.三居室	%	28.00
无卫生设备	%	5.00	4.四居室及以上	%	6.67
有浴室厕所	%	21.67	普通楼房	%	13.67
有厕所无浴室	%	60.67	其它住宅	%	4.00

16－9　农村居民家庭基本情况

(2001年)

项目	单位	西安市	灞桥区	未央区	雁塔区	阎良区	长安县	蓝田县
一、调查户数	户	770	100	60	60	60	70	70
二、常住人口	人	3 214	408	241	236	248	307	300
1.6岁及以下	人	181	18	20	6	11	10	22
2.7－15岁人口	人	586	64	29	36	57	44	69
3.16－60岁人口	人	2 197	306	168	174	165	211	196
4.61岁以上人口	人	250	20	24	20	15	42	13
三、整半劳动力	人	2 008	269	168	163	157	202	176
四、常住人口外出从业人数	人	186	2	2	7	5	45	26
五、劳动力文化程度	－							
1.不识字或识字很少	人	63	1	4	2	5	6	8
2.小学文化程度	人	327	37	10	5	27	26	38
3.初中程度	人	1 202	165	122	103	100	126	106
4.高中程度	人	363	52	25	40	22	39	23
5.中专程度	人	35	10	5	7	1	5	1
6.大专及以上	人	18	4	2	6	2		
六、人均耕地经营面积	亩	0.99	0.78	0.61	0.64	1.38	0.81	0.99

16－9 续表 (2001年)

项　　　目	单位	临潼区	周至县	户　县	高陵县	新城区	碑林区	莲湖区
一、调查户数	户	80	90	80	100	30	30	30
二、常住人口	人	337	381	326	430	120	113	120
1.6岁及以下	人	32	16	19	27	4	4	6
2.7－15岁人口	人	64	85	57	81	12	18	14
3.16－60岁人口	人	214	245	228	290	102	84	84
4.61岁以上人口	人	27	35	22	32	2	7	16
三、整半劳动力	人	192	215	213	253	81	64	88
四、常住人口外出从业人数	人	32	38	5	24			
五、劳动力文化程度	－							
1.不识字或识字很少	人	2	17	13	5		2	1
2.小学文化程度	人	40	59	41	44		1	7
3.初中程度	人	120	83	114	163	38	31	46
4.高中程度	人	28	51	45	38	34	26	18
5.中专程度	人	1	4		1	4	3	6
6.大专及以上	人	1	1		2	3	1	10
六、人均耕地经营面积	亩	1.47	0.81	1.18	1.15			

16－10 农村居民家庭平均每人总收入和纯收入

(2001年) 单位:元

项目	西安市	灞桥区	未央区	雁塔区	阎良区	长安县	蓝田县
一、全年总收入	3 185.54	3 461.31	4 200.08	4 518.29	3 902.61	2 891.22	2 357.62
(一)工资性收入	847.61	1 223.66	1 563.20	1 470.26	505.28	1 143.04	612.95
1.在非企业组织中劳动得到的	175.71	275.14	487.47	436.22	95.04	66.11	26.84
2.在本地企业中劳动得到的	301.96	490.36	945.76	579.68	156.54	295.23	127.68
3.常住人口外出从业得到的	245.94	227.92	25.56	211.73	65.59	621.07	346.06
4.其他	124.00	230.24	104.41	242.63	188.12	160.64	112.38
(二)家庭经营收入	1 967.98	1 966.90	2 019.21	2 064.41	3 163.18	1 489.84	1 691.43
其中:农业收入	931.09	912.70	644.56	400.71	1 289.45	516.65	450.33
牧业收入	257.91	56.61	295.72	25.87	364.43	253.06	188.70
(三)财产性收入	212.81	145.31	458.23	838.61	70.78	60.93	34.58
(四)转移性收入	157.13	125.45	159.44	145.01	163.37	197.41	18.67
二、全年纯收入	2 490.27	2 951.23	3 610.00	3 561.43	2 641.71	2 506.26	1 804.50
三、可支配收入	2 357.30	2 851.23	3 295.00	3 300.37	2 439.13	2 495.01	1 794.53

16－10　续表　　(2001 年)　　单位:元

项　　目	临潼区	周至县	户　县	高陵县	新城区	碑林区	莲湖区
一、全年总收入	3 439.73	2 388.61	2 791.66	3 135.22	5 734.29	5 414.79	5 527.63
(一)工资性收入	639.21	499.07	712.74	472.66	1 855.53	2 634.88	1 484.69
1.在非企业组织中劳动得到的	115.80	113.39	28.68	205.96	1 246.18	2 059.05	1 219.97
2.在本地企业中劳动得到的	133.46	34.87	535.95	11.55	352.07	575.82	123.60
3.常住人口外出从业得到的	291.63	294.59	83.52	215.90	253.12		
4.其他	98.32	56.22	64.60	39.25	4.17		141.13
(二)家庭经营收入	2 636.63	1 738.41	1 889.98	1 806.53	0.06	18.41	294.12
其中:农业收入	2 052.24	1 168.38	899.89	1 072.05			0.33
牧业收入	337.26	306.07	394.83	359.86	0.06		
(三)财产性收入	23.28	5.54	7.27	594.68	3 592.54	2 664.17	3 665.17
(四)转移性收入	140.60	145.59	181.68	261.35	286.17	97.34	83.65
二、全年纯收入	2 609.96	1 779.91	2 093.27	2 385.42	5 705.73	5 183.95	5 493.38
三、可支配收入	2 550.18	1 681.76	2 057.86	2 221.93	5 702.32	5 125.45	5 430.49

16－11 农村居民家庭平均每人全年总支出

(2001年) 单位:元

项目	西安市	灞桥区	未央区	雁塔区	阎良区	长安县	蓝田县
全年总支出	**2 502.86**	**1 963.16**	**2 984.63**	**4 455.58**	**2 864.50**	**1 926.33**	**1 659.31**
一、家庭经营费用支出	484.57	338.47	334.20	752.34	861.19	247.01	473.35
其中:农业支出	220.55	130.63	116.43	62.67	549.19	154.84	125.25
牧业支出	115.08	14.04	91.46	17.94	100.29	73.64	65.52
二、购置生产用固定资产支出	75.44	0.40	21.93	130.34	95.81	5.61	32.87
三、生产用固定资产折旧	98.64	88.24	122.71	146.81	211.15	67.86	41.27
四、税费支出	64.67	37.75	82.13	9.36	117.21	41.25	38.26
五、生活消费支出	1 676.41	1 382.38	2 114.15	3 183.88	1 476.54	1 576.22	1 075.92
六、财产性支出	37.53	4.65	57.91	29.50	54.09	1.25	4.37
七、转移性支出	164.23	199.52	374.32	350.17	259.66	54.99	34.55

16－11 续表 （2001年） 单位：元

项目	临潼区	周至县	户县	高陵县	新城区	碑林区	莲湖区
全年总支出	**2 752.86**	**2 336.82**	**2 376.36**	**2 467.55**	**3 073.07**	**3 492.89**	**3 903.65**
一、家庭经营费用支出	526.92	467.04	558.14	447.29	6.53	17.70	35.25
其中：农业支出	337.58	242.07	215.08	268.09			2.85
牧业支出	115.07	186.94	249.19	153.52			3.78
二、购置生产用固定资产支出	300.13	38.23	115.24	41.02		188.79	
三、生产用固定资产折旧	147.73	53.93	75.59	84.31			
四、税费支出	116.31	68.74	26.91	100.20			
五、生活消费支出	1 646.96	1 605.36	1 611.33	1 658.09	2 932.08	3 356.30	3 707.51
六、财产性支出	24.26	64.50	2.63	82.52		12.76	5.58
七、转移性支出	138.29	92.95	62.10	138.42	134.47	106.13	155.31

16－12 农村居民家庭平均每人生活消费支出

（2001年） 单位：元

项目	西安市	灞桥区	未央区	雁塔区	阎良区	长安县	蓝田县
生活消费支出总计	**1 676.41**	**1 382.38**	**2 114.15**	**3 183.88**	**1 476.54**	**1 576.22**	**1 075.92**
一、食品消费支出	567.62	578.68	786.23	713.26	321.40	660.94	418.25
其中：1.主　食	186.96	195.02	266.05	154.93	32.75	182.98	179.13
2.副　食	197.95	229.03	284.36	253.51	150.74	268.73	109.84
3.其它食品	113.25	114.96	156.12	218.11	109.79	99.36	83.45
4.在外饮食	58.54	32.17	72.58	83.95	17.58	98.50	32.68
二、衣　着	105.53	116.15	181.73	197.23	64.01	81.41	74.18
三、居　住	409.90	135.98	252.73	1 207.62	423.82	354.17	294.73
四、家庭设备、用品及服务	74.29	49.06	153.58	124.59	42.71	73.00	35.64
五、医疗保健	115.92	65.89	204.23	174.25	77.75	114.39	71.13
六、交通通讯	88.83	74.86	97.64	210.14	154.63	61.10	49.12
七、文化娱乐用品及服务	241.31	268.50	354.32	390.49	285.21	197.98	106.37
八、其它商品及服务	73.02	93.27	83.68	166.29	107.02	33.21	26.50
附：人均生活消费现金支出	1 497.64	1 227.10	1 926.15	3 063.21	1 476.54	1 286.26	913.31

16－12 续表 (2001年) 单位:元

项目	临潼区	周至县	户县	高陵县	新城区	碑林区	莲湖区
生活消费支出总计	**1 646.96**	**1 605.36**	**1 611.33**	**1 658.09**	**2 932.08**	**3 356.30**	**3 707.51**
一、食品消费支出	605.55	607.19	563.17	509.41	1 156.98	1 172.39	817.55
其中:1.主食	246.36	255.06	205.74	163.71	173.73	102.65	142.49
2.副食	184.62	148.81	189.75	189.29	554.11	432.86	341.73
3.其它食品	123.74	61.81	87.92	119.45	294.58	444.73	202.91
4.在外饮食	39.82	126.92	63.69	25.08	134.51	192.15	130.39
二、衣着	82.56	98.43	95.60	97.23	273.39	330.96	249.40
三、居住	448.46	361.14	405.96	445.81	310.02	437.50	1 206.58
四、家庭设备、用品及服务	79.13	78.15	65.21	71.98	203.89	226.00	311.81
五、医疗保健	143.15	101.21	127.64	119.07	172.10	424.70	181.01
六、交通通讯	87.39	65.09	70.26	76.33	78.73	213.65	130.17
七、文化娱乐用品及服务	176.33	255.70	205.24	235.55	434.69	390.18	540.83
八、其它商品及服务	24.34	38.45	78.25	102.71	302.27	160.91	270.17
附:人均生活消费现金支出	1 383.84	1 356.38	1 389.19	1 522.22	2 932.08	3 356.30	3 707.51

16－13　农村居民家庭人均生产情况

（2001年）　　单位：公斤

项　　目	西安市	灞桥区	未央区	雁塔区	阎良区	长安县	蓝田县
粮食产量	574.82	362.66	410.66	235.44	356.34	460.02	382.55
其中:1.小麦	278.89	185.75	174.27	137.98	106.76	236.69	271.17
2.玉米	288.13	174.40	218.19	97.45	243.28	223.34	103.88
3.大豆	1.26	0.04	10.93		1.42		2.23
棉花产量	0.55			0.02	6.12		
油料产量	0.44	1.79				0.07	0.05
蔬菜产量	126.21	314.18	314.85	171.61	250.46	2.71	73.61
水果产量	108.95	144.42		48.79	97.85	0.03	1.20

16－13　续表　　(2001年)　　单位:公斤

项　　目	临潼区	周至县	户　县	高陵县	新城区	碑林区	莲湖区
粮食产量	943.69	438.42	832.84	1 032.63			
其中:1.小麦	467.77	209.15	397.71	461.74			
2.玉米	462.91	228.58	435.12	544.93			
3.大豆	0.62	0.25		0.14			
棉花产量	0.65			0.06			
油料产量	0.63	0.43		0.28			
蔬菜产量	112.72	31.10	59.71	15.70			
水果产量	20.78	564.20	9.84	69.57			

16－14　农村居民家庭人均出售产品情况

（2001年）　　单位：公斤

指　　标	西安市	灞桥区	未央区	雁塔区	阎良区	长安县	蓝田县
出售粮食	220.74	31.04	189.40	21.36	395.73	192.11	57.26
出售棉花	0.60				6.90		
出售油料	0.17	0.27				0.07	0.22
出售蔬菜	94.99	222.14	238.05	38.49	260.85	1.83	61.16
出售水果	106.22	89.59	0.02	35.13	100.13	0.03	1.43
出售肉猪及猪肉	22.83	7.26	30.44	8.58	19.94	0.09	8.79
出售菜牛及牛肉	0.69				7.06		
出售菜羊及羊肉	0.19				0.14	0.07	
出售蛋类	3.71	2.32	1.54		0.10	0.35	0.04
出售牛羊奶	39.71	3.19	131.12		184.45	0.58	14.73

16－14　续表　　(2001 年)　　单位:公斤

指　　标	临潼区	周至县	户　县	高陵县	新城区	碑林区	莲湖区
出售粮食	556.81	104.41	280.12	355.98			
出售棉花	0.65			0.01			
出售油料	0.42	0.20		0.30			
出售蔬菜	96.98	10.43	55.61	22.84			
出售水果	17.73	622.21	9.62	58.38			
出售肉猪及猪肉	13.38	36.34	55.84	39.25			
出售菜牛及牛肉		0.26		0.88			
出售菜羊及羊肉	0.17	0.05	0.15	1.02			
出售蛋类	2.24	0.41	0.06	22.19			
出售牛羊奶	72.44		0.78	45.87			

16－15　农村居民家庭人均粮食收支情况

（2001年）　　单位：公斤

项　　目	西安市	灞桥区	未央区	雁塔区	阎良区	长安县	蓝田县
一、粮食收入合计	639.37	407.43	546.26	265.58	408.39	498.92	413.22
1.家庭经营生产的	574.82	362.66	410.66	235.44	356.34	460.02	382.55
2.购　　入	59.29	44.43	135.59	30.15	51.14	38.79	30.67
3.借　　入	0.69				0.91		
4.收回借出粮	4.56	0.34					
5.其它粮食收入	0.01		0.02			0.10	
二、粮食支出合计	497.64	283.10	519.39	175.99	468.37	450.66	313.81
1.主食用粮	178.65	175.01	239.84	135.24	27.50	177.11	173.24
2.其它生活用粮	15.83	64.52		5.97	9.13		
3.出　　售	220.74	31.04	189.40	21.36	395.73	192.11	57.26
4.种　　籽	8.54	4.88	4.51	2.76	4.80	12.99	19.54
5.饲　　料	61.05	7.60	85.64	3.98	18.94	68.46	37.56
6.借　　出	1.27	0.05			0.40		
7.归还借粮	7.72						
8.其它粮食支出	3.85			6.67	11.87		26.21
二、年末粮食结存调查数	549.09	111.98	614.56	76.00	740.99	507.21	606.49

16－15　续表　　(2001 年)　　单位:公斤

项　　目	临潼区	周至县	户　县	高陵县	新城区	碑林区	莲湖区
一、粮食收入合计	1 027.42	524.50	877.67	1 125.04	109.12	47.27	81.34
1.家庭经营生产的	943.69	438.42	832.84	1 032.63			
2.购　　入	44.42	83.72	43.67	87.76	109.12	47.27	81.34
3.借　　入	1.48	2.36		1.39			
4.收回借出粮	37.83		1.17	3.26			
5.其它粮食收入							
二、粮食支出合计	964.90	466.21	596.02	631.31	109.12	47.27	81.34
1.主食用粮	186.38	255.89	204.71	169.46	109.12	47.27	81.26
2.其它生活用粮	0.74			47.95			
3.出　　售	556.81	104.41	280.12	355.98			
4.种　　籽	13.21	7.73	9.50	5.07			0.08
5.饲　　料	123.78	97.52	101.68	52.40			
6.借　　出	10.39	0.66		0.46			
7.归还借粮	73.59						
8.其它粮食支出							
二、年末粮食结存调查数	774.24	231.04	743.65	1 023.82	24.39		

16－16　农村居民家庭平均每人购买商品

(2001年)　单位:元

商品名称	西安市	灞桥区	未央区	雁塔区	阎良区	长安县	蓝田县
一、购买食品	334.99	383.48	518.26	505.59	293.02	328.31	209.57
二、购买衣着和床上用品	111.54	120.77	188.26	222.22	68.96	88.94	75.59
三、购买文化体育用品	37.74	36.32	87.89	39.42	7.63	36.18	19.64
四、购买建筑材料	218.01	49.10	65.64	651.24	192.46	71.41	255.23
五、购买生活用燃料	34.36	37.30	81.88	76.97	19.65	34.82	12.26
六、购买用品	108.27	72.79	182.91	217.97	65.38	86.31	76.10
七、购买药品及医疗设备	38.23	19.12	27.80	27.99	10.77	28.83	18.99
八、购买生产资料	322.05	182.51	248.34	267.43	414.73	122.12	280.89

16－16　续表　　(2001年)　　单位：元

商品名称	临潼区	周至县	户　县	高陵县	新城区	碑林区	莲湖区
一、购买食品	308.30	252.31	291.39	336.38	1 022.12	979.83	686.88
二、购买衣着和床上用品	92.60	103.61	97.52	97.32	292.72	326.90	274.10
三、购买文化体育用品	32.41	33.27	64.40	29.09	29.87	46.58	202.04
四、购买建筑材料	233.52	203.86	253.43	292.89	66.78	62.70	883.23
五、购买生活用燃料	32.26	20.62	26.77	24.68	125.38	59.98	77.09
六、购买用品	112.84	99.69	98.75	113.95	204.53	247.06	393.35
七、购买药品及医疗设备	90.81	73.80	71.47	5.85	72.24	140.03	131.08
八、购买生产资料	571.51	348.69	455.97	322.91	0.75	56.64	9.27

16－17 农村居民家庭人均主要食品消费量

(2001年) 单位:公斤

食品名称	西安市	灞桥区	未央区	雁塔区	阎良区	长安县	蓝田县
一、粮食	193.83	239.35	239.61	140.69	36.38	176.51	172.83
#小麦	143.81	151.70	191.16	76.89	16.77	163.55	140.71
二、豆类及豆制品	4.28	4.56	8.16	4.09	2.21	6.00	1.10
三、蔬菜及菜制品	48.59	60.19	63.09	58.16	46.51	61.05	20.78
四、调味品							
五、油脂类	7.34	7.81	9.86	7.00	5.59	7.33	5.07
六、肉禽及制品	5.77	6.43	8.78	7.76	4.19	5.96	2.30
#猪肉	4.64	5.14	6.62	4.97	3.45	4.87	2.14
七、蛋类及蛋制品	4.43	4.35	4.79	4.49	2.57	17.12	1.80
八、奶和奶制品	1.89	1.13	4.67	3.00	0.58	2.30	2.46
九、水产品	0.62	1.27	1.05	0.97	1.05	1.21	0.07
十、食糖	1.13	0.72	0.97	0.72	0.61	0.95	1.46
十一、酒和饮料	4.11	5.15	8.08	8.52	5.48	3.61	1.85
#白酒	0.71	0.65	0.83	1.47	0.98	0.57	0.35
十二、糖果	0.22	0.55	0.32	0.15	0.23	0.16	0.12
十三、糕点	1.82	0.99	2.08	2.22	1.03	2.39	0.76
十四、水果及水果制品	17.10	17.08	29.30	31.36	10.68	17.69	4.17
十五、坚果及果仁制品	1.13	0.59	1.93	1.31	0.69	1.24	0.13

16-17 续表 (2001年) 单位:公斤

食品名称	临潼区	周至县	户 县	高陵县	新城区	碑林区	莲湖区
一、粮 食	186.81	253.71	203.86	216.84	107.73	46.69	80.32
#小 麦	170.71	176.42	182.74	128.84	87.03	31.46	43.63
二、豆类及豆制品	4.77	4.75	3.78	3.70	9.53	8.13	6.93
三、蔬菜及菜制品	51.21	45.43	36.15	46.06	81.87	61.39	80.55
四、调味品			0.01			0.01	
五、油脂类	7.86	5.02	7.61	9.70	8.95	6.96	7.78
六、肉禽及制品	4.57	5.42	7.62	5.44	16.15	14.06	11.53
#猪 肉	3.45	4.98	6.63	4.30	9.15	8.42	5.88
七、蛋类及蛋制品	2.86	2.39	3.33	1.98	8.56	6.57	5.41
八、奶和奶制品	1.71	1.79	1.57	0.97	3.55	7.59	5.42
九、水产品	0.39	0.10	0.20	0.26	4.17	1.99	2.50
十、食 糖	1.22	1.35	2.62	0.67	1.60	0.55	0.35
十一、酒和饮料	4.28	1.52	2.27	3.15	13.13	10.16	12.28
#白 酒	0.75	0.20	0.52	1.05	1.30	0.53	1.63
十二、糖 果	0.22	0.21	0.12	0.07	1.17	2.50	1.50
十三、糕 点	1.89	0.75	1.66	4.06	4.48	1.48	0.14
十四、水果及水果制品	16.45	16.12	17.90	15.54	39.14	27.32	32.40
十五、坚果及果仁制品	1.77	1.16	1.30	1.34	2.73	2.07	2.78

16－18　农村居民家庭每百户耐用消费品年末拥有量

（2001年）

品　名	单位	西安市	灞桥区	未央区	雁塔区	阎良区	长安县	蓝田县
大型家具	件	237	325	332	258	198	144	293
洗衣机	台	75	97	103	102	75	63	49
电风扇	台	145	170	188	173	152	139	67
电冰箱	台	19	26	58	62	7	16	13
自行车	辆	179	218	195	190	208	120	133
摩托车	辆	24	22	32	38	28	11	21
电话机	部	43	39	62	80	32	24	38
寻呼机	台	16	24	15	60	8	10	11
彩色电视机	台	78	96	122	120	63	60	70
黑白电视机	台	42	31	10	20	48	56	41
影碟机	台	22	45	40	35	17	10	21
照像机	架	5	5	12	20	3	6	1
家用计算机	台	1	1		15			

16－18　续表　　(2001年)

品　名	单位	临潼区	周至县	户　县	高陵县	新城区	碑林区	莲湖区
大型家具	件	323	221	184	122	320	167	197
洗衣机	台	69	48	60	92	103	107	107
电风扇	台	154	73	158	178	120	157	153
电冰箱	台	8	8	5	11	90	110	100
自行车	辆	156	142	228	191	67	157	63
摩托车	辆	26	19	11	31	17	27	
电话机	部	51	30	39	45	100	113	10
寻呼机	台	8	3	10	10	33	103	7
彩色电视机	台	65	53	63	82	100	137	30
黑白电视机	台	46	46	56	51	3	23	3
影碟机	台	19	4	11	19	3	70	
照像机	架		2	6	4	70	70	
家用计算机	台						73	

16－19　农村居民家庭人均住房情况

(2001年)

指　　标	单位	西安市	灞桥区	未央区	雁塔区	阎良区	长安县	蓝田县
一、年末住房面积	平方米	29.72	27.62	23.85	41.27	28.91	26.35	27.09
二、住房类型	－							
1.楼房面积	平方米	13.00	13.82	22.20	37.54	4.05	17.02	10.48
2.砖瓦平房面积	平方米	12.90	12.52	1.57	3.38	22.63	8.58	7.83
3.其他	平方米	3.82	1.28	0.08	0.35	2.23	0.75	8.78
三、年末住房价值	元	6 286.53	6 476.72	9 519.09	10 134.32	5 748.79	5 508.79	5 243.67
四、年内新建(购)房屋面积	平方米	1.81	2.13	0.71	3.95	3.03	1.71	
年内新建(购)房屋价值	元	475.33	634.81	394.19	1 010.17	604.84	423.45	

16－19　续表　　(2001年)

指　　标	单位	临潼区	周至县	户　县	高陵县	新城区	碑林区	莲湖区
一、年末住房面积	平方米	28.17	27.44	32.32	34.59	43.80	33.26	23.31
二、住房类型	－							
1.楼房面积	平方米	4.72	6.99	18.37	5.37	43.80	33.26	22.48
2.砖瓦平房面积	平方米	20.91	11.26	6.93	25.56			0.83
3.其他	平方米	2.54	9.19	7.02	3.66			
三、年末住房价值	元	5 287.24	5 116.01	5 128.53	6 473.72	12 476.50	12 061.95	12 158.38
四、年内新建(购)房屋面积	平方米	1.44	1.02	1.59	2.76	0.42		
年内新建(购)房屋价值	元	318.10	314.96	322.09	751.40	200.00		

主要统计指标解释

城镇居民家庭可支配收入:指被调查城镇居民家庭在支付个人所得税之后,所余下的实际收入。计算公式:

可支配收入=实际收入-个人所得税-家庭副业生产支出-记帐补贴

城镇居民家庭实际收入:指调查户实际收入中能用于安排日常生活的收入。即用实际收入减掉“赡养支出”和“赠送支出”,减调查户记帐所得的“记帐补贴”及非家庭人口中的经常性用饭人口所交的“搭伙费”,以及“家庭副业生产支出”。

城镇居民家庭消费性支出:指被调查户用于日常生活的全部支出,包括食品、衣着、家庭设备用品及服务、医疗保健、交通和通讯、娱乐教育文化服务、居住、杂项商品和服务等八大类支出,均按用途划分归类。

城镇居民家庭非消费性支出:包括直接税、消费性贷款利息支出、经常性转移支出等支出。

农村居民家庭纯收入:指农村常住居民家庭总收入中,扣除从事生产和非生产经营费用支出,缴纳税款和上交承包集体任务金额以后剩余的,可直接用于进行生产性、非生产性建设投资,生活消费和积蓄的那一部分收入。它是反映农民家庭实际收入水平的综合性的主要指标。农民家庭纯收入,既包括从事生产性和非生产性的经营收入,又包括取自在外人口寄回带回和国家财政救济,各种补贴等非经营性收入;既包括货币收入,又包括自产自用的实物收入。但不包括向银行、信用社和向亲友借款等属于借贷性的收入。

农村居民家庭生活消费支出:指农村常住居家庭内用于日常生活人全部开支。它是用来反映和研究农民家庭实际生活消费水平高低的重要指标。农民家庭生活消费支出,包括用于吃、穿、住、烧、用等生活消费品开支和文化、生活服务费用开支两大部分。

农村居民家庭商品性生活消费支出:指农村常住居民家庭用其货币收入,在市场上购买食品、衣着、家庭用家具器皿、日用杂品、燃料、耐用消费品以及文教育卫生用品等生活消费总量。包括向国有商店、集体商店和集市贸易市场以及其他流通渠道购买的全部生活消费品。农民家庭商品性生活消费支出,是农民家庭生活消费支出的一个重要组成部分,是用来反映和分析农民家庭生活消费水平的商品化程度以及由自给性经济向商品经济发展趋势的重要指标,也是研究和预测农民家庭对市场消费品需求,制定商品供应计划的重要依据。

物　　价

WUJIA

17－1 各种价格指数

（以上年价格为100）

年 份	商品零售价总指数	居民消费价格总指数	农副产品收购价格总指数	集贸市场农产品成交价格总指数
1980	109.3	108.7		
1981	102.7	102.4		
1982	101.0	100.9		
1983	102.0	102.6	104.3	110.5
1984	104.8	104.7	104.6	106.7
1985	109.3	109.7	106.3	116.0
1986	107.4	108.5	104.9	108.7
1987	111.4	110.6	120.4	117.5
1988	123.2	122.8		123.3
1989	117.8	118.3	117.9	112.0
1990	100.9	102.5	97.6	99.6
1991	108.3	109.4	101.8	101.7
1992	112.4	112.2	106.8	107.6
1993	112.8	117.2	110.2	104.0
1994	126.2	128.5	146.2	130.4
1995	114.6	117.0	129.0	115.4
1996	107.9	110.9	106.6	110.4
1997	101.5	106.0	96.5	94.1
1998	95.5	97.9	92.4	88.5
1999	97.4	96.8	94.7	93.9
2000	98.7	100.2	97.7	93.2
2001	98.9	99.9	100.8	96.6

17－2　居民消费价格指数

（以上年价格为100）

类　　别	2001年	类　　别	2001年
居民消费价格总指数	**99.9**	2.室内装饰品	89.7
非食品价格指数	100.1	3.床上用品	93.1
服务项目价格指数	105.5	4.家庭日用杂品	94.6
扣除鲜菜鲜果总指数	100.1	5.家庭服务及加工维修服务	100.0
消费品价格指数	98.3	五、医疗保健和个人用品	99.8
一、食　　品	99.5	1.医疗保健	100.5
1.粮　　食	96.3	(1)医疗器具及用品	100.0
2.淀粉及薯类	98.4	(2)中药材及中成药	106.6
3.干豆类及豆制品	100.6	(3)西药	96.7
4.油　　脂	93.0	(4)保健器具及用品	100.0
5.肉禽及其制品	103.6	(5)医疗保健服务	99.9
6.蛋	109.4	2.个人用品及服务	96.8
7.水产品	93.7	六、交通和通讯	97.6
8.菜	93.1	1.交　通	106.8
9.调味品	101.9	(1)交通工具	98.8
10.糖	105.7	(2)车用燃料及零配件	99.2
11.茶及饮料	99.1	(3)车辆使用及维修	101.1
12.干鲜瓜果	99.8	(4)市区公共交通	113.4
13.糕点饼干面包	99.4	(5)城市间交通	101.3
14.奶及奶制品	100.5	2.通　信	91.6
15.在外用膳食品	100.0	(1)通信工具	88.0
16.其它食品及食品加工服务	98.9	(2)通信服务	92.2
二、烟酒及用品	99.3	七、娱乐教育文化用品及服务	107.0
1.烟　草	99.3	1.文娱用耐用消费品及服务	86.7
2.酒	98.0	2.教育	117.5
3.吸烟饮酒用品	100.7	3.文化娱乐用品	100.5
三、衣　着	97.1	4.旅游及外出	100.2
1.服　装	98.5	八、居　住	100.1
2.衣着材料	93.7	1.建房及装修材料	100.0
3.鞋袜帽	94.9	2.房　租	100.0
4.衣着加工服务	92.4	3.自有住房	100.0
四、家庭设备用品及维修服务	94.5	4.水.电.燃料	100.2
1.耐用消费品	92.9		

17-3 零售价格指数

（以上年价格为100）

类别	2001年	类别	2001年
总指数	**98.9**	2.鞋	93.7
一、食品类	100.0	3.其它衣着	98.4
1.粮食	99.5	四、纺织品类	98.8
(1)细粮	99.4	1.棉布	100.7
(2)粗粮	101.5	2.棉花化纤混纺布	100.3
2.油脂类	88.0	3.化纤布	97.0
3.肉禽蛋	104.5	4.呢绒	98.5
4.水产品	95.5	5.绸缎	100.8
5.鲜菜	98.9	6.其它纺织品	98.2
6.干菜	97.4	五、中、西药品类	94.5
7.鲜果	95.7	1.中药	102.3
8.干果	100.4	2.西药	89.0
9.其它食品类	105.2	3.医疗用品	100.0
(1)调味品	102.3	六、化妆品类	95.1
(2)食糖	120.5	七、书报、杂志类	116.3
(3)糖果	101.4	八、文化体育用品类	99.0
(4)糕点	104.2	1.文化用品	99.1
(5)奶及奶制品	103.4	2.体育用品	98.9
(6)罐头	100.3	九、日用品类	98.9
10.饮食业	99.7	1.一般日用品	96.0
(1)主食	99.5	2.家具类	102.1
(2)炒菜	99.8	3.日用杂品	100.5
(3)地方小吃	100.0	十、家用电器类	94.4
二、饮料、烟酒类	100.4	十一、首饰类	95.4
1.饮料	100.5	十二、燃料类	98.6
2.烟酒	100.4	十三、建筑装璜材料类	100.6
三、服装、鞋帽类	96.0	十四、机电产品类	96.9
1.服装	96.8		

17－4　集贸市场农产品成交价格指数

（以上年价格为100）

类　别	2001年	类　别	2001年
农产品成交价格指数	**96.6**	5.鲜　菜	95.7
1.粮　食	104.0	6.干　菜	92.7
2.油 脂 类	88.0	7.鲜　果	93.0
3.肉 禽 蛋	105.7	8.干　果	99.1
4.水 产 品	94.4		

17－5　农副产品收购价格指数

（以上年价格为100）

类　别	2001年	类　别	2001年
农副产品收购价格指数	**100.8**	(2)禽　蛋	105.0
1.粮 食 类	98.8	(3)其它畜产品	102.5
2.经济作物类	99.5	4.干鲜果类	101.4
(1)食用植物油及油类	96.1	5.中 药 材	111.9
(2)棉　花	100.0	6.鲜　菜	98.5
3.禽畜产品类	105.1	7.水 产 品	102.4
(1)肉　畜	105.5		

17－6　工业产品出厂价格指数

（以上年价格为100）

指　　标	1996年	1997年	1998年	1999年	2000年	2001年
全部工业品	**100.71**	**98.63**	**94.37**	**97.49**	**99.43**	**99.30**
按轻重工业分						
轻工业	100.93	98.17	91.11	95.87	97.82	99.60
以农产品为原料	101.60	99.21	89.47	95.19	99.18	99.00
以非农产品为原料	98.11	96.79	93.41	96.97	95.45	100.60
重工业	100.20	98.98	97.30	98.92	100.75	99.20
采掘工业	－	－	104.14	101.52	97.48	94.80
原料工业	99.44	100.96	100.70	102.27	107.74	101.10
加工工业	101.49	97.86	95.63	98.00	98.36	98.50
按用途分						
生产资料	100.35	99.58	96.57	98.28	100.50	99.10
采掘工业	－	－	104.14	101.52	97.48	94.80
原料工业	99.41	100.89	100.57	100.20	106.38	101.10
加工工业	101.94	98.87	94.67	97.59	98.67	98.50
生活资料	100.89	97.03	91.36	96.46	97.27	99.90
(1)食　　品	107.95	108.21	97.75	95.79	94.40	99.60
(2)衣　　着	98.57	92.96	83.88	95.19	101.56	99.40
(3)一般日用品	97.29	91.63	95.06	97.62	96.89	101.90
(4)耐用消费品	92.59	99.65	95.41	98.02	95.93	97.00
按工业部门分						
1.冶金工业	98.63	99.17	97.50	91.20	98.20	97.20
2.电力工业	－	111.29	111.23	109.33	109.63	102.40
3.煤炭及炼焦工业	102.09	98.87	98.48	96.30	100.54	110.30
4.石油工业	－	－	－	107.09	134.24	96.60
5.化学工业	101.46	91.77	92.93	96.61	96.69	100.50
6.机械工业	99.47	98.76	94.59	98.09	98.02	98.30
7.建筑材料工业	94.49	98.19	99.30	96.71	98.51	100.60
8.森林工业	98.94	107.55	104.47	97.94	98.90	98.10
9.食品工业	108.47	106.80	95.27	95.45	94.32	99.80
10.纺织工业	95.68	94.32	82.58	93.65	103.35	97.50
11.缝纫工业	－	100.14	97.29	99.10	103.50	100.00
12.皮革工业	133.81	91.18	96.78	98.00	99.20	101.00
13.造纸工业	98.82	－	－	95.33	96.68	102.30
14.文教艺术用品工业	100.87	－	－	96.65	96.36	101.10
15.其它工业	100.00	109.51	109.22	98.89	104.84	107.10

17－7　主要原材料、燃料、动力购进价格指数

(以上年价格为100)

类　　别	1996年	1997年	1998年	1999年	2000年	2001年
全部原材料	**103.80**	**102.45**	**97.46**	**96.85**	**102.38**	**101.00**
(一)燃料、动力类	112.95	112.79	110.33	100.53	105.01	101.80
(二)黑色金属材料类	96.47	97.95	96.16	96.52	102.69	102.10
# 钢材	94.89	97.74	96.58	95.95	103.35	102.40
其它	100.97	98.64	94.61	98.79	100.30	100.90
(三)有色金属材料和电线类	94.70	104.26	87.37	97.59	105.17	95.50
(四)化工原料类	100.54	95.59	88.79	98.19	104.55	102.50
(五)木材及纸浆类	103.56	101.40	102.85	100.63	101.21	102.80
(六)建筑材料及非金属矿类	98.14	99.63	99.67	98.57	100.28	99.70
(七)其它工业原材料及半成品类	–	99.15	93.52	96.98	98.75	100.80
(八)农副产品类	111.85	95.39	89.07	90.12	100.42	102.80
(九)纺织原料类	112.81	95.56	86.29	90.00	98.03	96.80

17－8 土地交易价格指数

(以上年价格为100)

项 目	1998年	1999年	2000年	2001年
土地交易价格指数	**100.10**	**100.30**	**100.00**	**100.00**
一、居民住宅用地	100.20	100.40	100.00	100.00
1.豪华住宅用地	99.60	102.50	100.00	100.00
2.普通住宅用地	100.40	100.00	100.00	100.00
二、工业用地	99.30	99.90	100.00	99.80
三、商业、旅游、娱乐用地	101.30	100.00	100.00	99.90
四、其它用地	100.00	100.00	100.00	100.00

17－9　房地产销售价格指数

(以上年价格为 100)

项　　目	1998 年	1999 年	2000 年	2001 年
房地产销售价格指数	**100.50**	**100.40**	**101.30**	**101.90**
一、商　品　房	100.60	100.60	102.00	102.60
(一)住　　宅	100.60	100.60	102.20	102.90
1.经济适用房	100.00	99.80	101.60	110.10
2.普通住宅	102.50	101.30	102.90	102.00
(1)多层住宅	102.30	102.40	104.00	102.20
(2)高层住宅	102.00	99.70	101.20	102.00
3.豪华住宅	100.10	101.70	100.20	101.10
(1)别墅	100.50	100.00	100.30	100.60
(2)高档公寓	99.90	97.50	99.90	101.20
(二)非住宅	100.60	100.80	100.40	101.10
1.写字楼	100.10	100.10	100.10	101.10
2.商业用房	100.80	100.90	101.50	101.50
3.其他	100.30	105.30	100.70	101.80
二、公房	-	-	-	100.00
其中:住宅	-	-	-	100.00
三、私房	98.80	100.00	100.00	100.70
(一)住宅	99.50	100.00	100.00	100.80
(二)非住宅	96.60	100.00	100.00	100.10

17－10　房地产租赁价格指数

（以上年价格为100）

项　　目	1998年	1999年	2000年	2001年
房地产租赁价格指数	**102.50**	**100.60**	**101.20**	**100.30**
一、住　宅	102.50	101.70	100.00	100.40
（一）公　房	116.30	100.90	100.00	100.00
（二）私　房	100.00	102.00	100.00	100.90
二、办公用房	101.60	98.20	98.20	100.00
（一）高标准写字楼	99.10	94.40	95.10	100.80
（二）普通办公用房	103.40	99.90	99.70	99.70
三、商业用房	100.80	101.70	100.20	99.10
四、厂房仓库	101.70	101.70	100.40	102.00
（一）工业厂房	101.70	99.30	102.00	101.90
（二）仓　库	101.80	103.60	98.40	102.10

17－11　固定资产投资价格指数

（以上年价格为100）

项　　目	1999年	2000年	2001年
固定资产投资价格指数	**100.80**	**102.10**	**101.30**
一、按构成分：			
建筑安装工程	101.80	103.90	102.50
设备、工器具	99.20	97.90	99.30
其它费用	99.70	100.00	98.60

17－12　建筑安装工程价格指数

（以上年价格为100）

项　　目	1999年	2000年	2001年
报告期施工产值价格指数	**101.80**	**103.90**	**102.50**
直接费	101.20	104.20	102.60
其中：			
人工费	102.70	103.60	104.10
材料费	100.50	104.40	102.40
机械使用费	102.10	103.90	102.10
间接费	105.20	102.30	101.70

主要统计指标解释

商品零售价格指数:商品零售价格是指工业、商业、餐饮业和其他零售企业向城乡居民、机关团体出售 生活消费品和办公用品的价格。商品零售价格指数,就是指反映一定时期内商品零售价格变动趋势和变动程度的相对数。编制这一价格指数的目的,在于全面掌握市场商品零售价格的变动状况,为国家制定经济政策提供参考依据。同时,还可在此基础上编制出其他各种派生价格指数,为研究市场流通,进行国民经济核算提供科学依据。零售价格指数分十四个大类300多种商品,个体指数采用商品集团的代表规格品的平均价格计算,总指数采用加权算术平均公式计算。

居民消费价格指数:居民消费价格,是指城乡居民支付生活消费品和服务项目消费的价格,是社会产品和服务项目的最终价格,同人民生活密切相关,在整个国民经济价格体系中具有极为重要的地位。居民消费价格指数是度量一组代表性消费品及服务项目价格水平随着时间而变动的相对数,反映居民家庭购买的消费品及服务价格水平的变动情况。它是宏观经济分析和决策,价格总水平监测和调控以及国民经济核算的重要指标。其按年度计算的变动率通常被用来作为反映通货膨胀(或紧缩)程度的指标。包括食品、烟酒及用品、衣着、家庭设备用品及维修服务、医疗保健及个人用品、交通和通讯、娱乐教育文化用品及服务、居住等八大类,下设251个基本分类,600多种商品和服务项目。居民消费价格指数的计算采用固定基数,汇总计算公式是逐级加权平均计算,权数资料来源于城乡居民家庭生活消费支出调查资料。

农产品收购价格指数:农产品收购价格,是指各种经济类型的工商企业和其他单位以及个人直接从农民个人和国有农业生产单位收购农产品的价格。农产品收购价格指数,就是指反映一定时期内农产品收购价格变动趋势和变动程度的相对数。编制这一价格指数的目的,在于及时、准确地反映农产品收购价格的变动情况及其对农产品生产者、收购者货币收支的影响,为国家制定、检查农产品收购政策,研究收购价格水平、差价政策和比价政策提供科学依据,服务于国民经济核算。其包括粮食、经济作物、竹木材、工业用油漆、禽畜产品、水产品等十一个大类,包括250种商品。农产品收购价格指数的计算公式是加权倒数平均公式,权数资料来源于农村住户主要农林产品出售量,农村住户出售畜禽及渔业产品情况、国家和社会其他农产品收购部门的收购金额或收购量资料,历年农产品收购金额资料等。

工业品出厂价格指数:工业品出厂价格指数是反映工业产品出厂价格水平变动趋势及变动程度的相对数,一般用百分数(%)表示。

原材料、燃料、动力购进价格指数:是反映工业企业作为生产投入,而从物资交易市场和能源、原材料生产企业购买原材料、燃料和动力产品时,所支付的价格水平变动趋势和程度的统计指标,是扣除工业企业物质消耗成本中的价格变动影响的重要依据。

房地产价格:是指建筑物连同其占用土地价格的统称,即人们通常所说的房价。房地产价格按取得所有权(使用权)的方式分为房地产销售价格和房地产租赁价格两种形式。

房地产销售:指以买卖方式转移房地产的所有权。它包括商品房销售、旧房交易和公有住房三部分。

房地产租赁:指以支付租金形式取得房地产使用权。它包括住宅租赁、办公用房租赁、商业用房租赁、厂房仓库和旅馆饭店客房租赁五部分。

土地交易价格:土地交易价格是指房地产开发商或其他建设单位在进行商品房开发之前,为取得土地使用权而实际支付的价格,不包括土地的后续开发费用、税费、各种手续费和拆迁费等。土地交易方式一般包括:出让、转让、租赁等。

固定资产投资价格指数:是反映固定资产投资额及其中各组成部分的价格水平变化情况,据此可消除按现价计算的固定资产投资额及其各组成部分中的价格变动因素,反映实际的投资规模及增长速度。包括建筑安装工程价格指数、设备、工器具价格指数和其它费用价格指数。

XI'AN
統計年鑒
2002

企业调查

QIYEDIAOCHA

18－1　重点企业建立现代企业制度基本情况

（2001年）

企业名称	企业规模	主营行业	登记注册类型	注册资本（万元）	控股情况
陕西鼓风机(集团)有限公司	大型	制造业	国有独资公司	13 633	国有绝对控股
西安化工(集团)有限公司	大型	制造业	国有独资公司	31 980	国有绝对控股
西安市西无二信息集团有限公司	大型	制造业	国有独资公司	8 631	国有绝对控股
陕西旅游集团公司	大型	社会服务业	国有独资公司	30 000	国有绝对控股
西安华山机械工业有限公司	大型	制造业	国有独资公司	15 334	国有绝对控股
陕西精密合金股份有限公司	中型	制造业	股份有限公司	26 120	其他控股
陕西省糖酒副食总公司	中型	批发零售贸易业	国有企业	382	国有绝对控股
陕西建设机械(集团)有限责公司	大型	制造业	国有独资公司	11 800	国有绝对控股
长庆石油勘探局	特大型	采掘业	国有企业	262 264	国有绝对控股
陕西省纺织品进出口公司	大型	批发零售贸易业	国有企业	9 393	国有绝对控股
西安利君制药股份有限公司	大型	制造业	股份有限公司	21 090	国有相对控股
五环(集团)实业有限责任公司	大型	制造业	有限责任公司	11 275	国有绝对控股
陕西省农工贸(集团)总公司	大型	批发零售贸易业	国有企业	5 405	国有绝对控股
西仪集团有限责任公司	大型	制造业	国有独资公司	17 499	国有绝对控股
西安飞机工业(集团)有限责任公司	特大型	制造业	有限责任公司	201 683	国有绝对控股
西安标准工业股份有限公司	大型	制造业	股份有限公司	31 900	国有绝对控股
西安电力机械制造公司	特大型	制造业	国有企业	67 194	国有绝对控股
长岭黄河集团有限公司	大型	制造业	国有独资公司	46 400	国有绝对控股
庆安集团有限公司	大型	制造业	股份有限公司	81 517	国有绝对控股
西安秦川汽车有限责任公司	中型	制造业	有限责任公司	50 000	国有绝对控股
西安航空发动机(集团)有限公司	特大型	制造业	有限责任公司	121 298	国有绝对控股
陕西唐华纺织印染集团有限责任公司	大型	制造业	国有独资公司	26 416	国有绝对控股
陕西省路桥工程总公司	大型	建筑业	国有企业	6 743	国有绝对控股
西安航天发动机厂	大型	制造业	国有企业	5 803	国有绝对控股
陕西汽车集团有限责任公司	大型	制造业	有限责任公司	28 887	国有绝对控股
西安民生集团股份有限公司	大型	批发零售贸易业	股份有限公司	20 201	国有相对控股
西安解放集团股份有限公司	大型	批发零售贸易业	股份有限公司	13 038	国有相对控股
陕西省天然气有限责任公司	大型	管道运输业	国有独资公司	22 000	国有绝对控股
西安华联制皮工业有限公司	大型	制造业	港澳台合资企业	5 547	港澳台资本控股
陕西省电力公司	特大型	电力生产供应业	有限责任公司	100 000	国有绝对控股

18－1　续表1　　(2001年)

企业名称	企业规模	主营行业	登记注册类型	注册资本(万元)	控股情况
中机国际工程咨询设计总院	中　型	综合技术服务业	国有企业	8 346	国有绝对控股
陕西八大电力股份有限公司	小　型	电力生产供应业	股份有限公司	7 000	国有绝对控股
青岛啤酒西安有限责任公司	大　型	制造业	有限责任公司	22 220	国有绝对控股
西安石油勘探仪器总厂	大　型	制造业	国有企业	43 507	国有绝对控股
西安北方庆华电器(集团)有限责任公司	大　型	制造业	国有独资公司	12 862	国有绝对控股
西安惠安化学工业有限公司	大　型	制造业	有限责任公司	14 531	国有绝对控股
西安印钞厂	大　型	制造业	国有企业	34 806	国有绝对控股
西安车辆厂	大　型	制造业	国有企业	27 195	国有绝对控股
西安东盛集团有限公司	大　型	制造业	有限责任公司	15 000	其他控股
西安高科(集团)公司	大　型	制造业	国有企业	15 000	国有绝对控股
西安筑路机械有限公司	大　型	制造业	有限责任公司	15 988	国有绝对控股
西安南风日化有限责任公司	大　型	制造业	有限责任公司	10 000	其他控股
西安石油化工总厂	中　型	制造业	国有企业	9 171	国有绝对控股
长安信息产业(集团)股份有限公司	中　型	制造业	股份有限公司	8 733	其他控股
西安东方机电(集团)有限公司	大　型	制造业	国有独资公司	28 568	国有绝对控股
陕西金叶科教集团股份有限公司	大　型	制造业	股份有限公司	15 840	国有相对控股
西安海星科技实业(集团)有限公司	大　型	社会服务业	有限责任公司	10 000	其他控股
西安交通大学开元集团	大　型	制造业	股份有限公司	8 000	国有相对控股
金花企业集团	大　型	制造业	有限责任公司	150 000	其他控股
西安杨森制药有限公司	大　型	制造业	中外合资企业	20 932	外商资本控股
陕西华圣企业(集团)股份有限公司	大　型	批发零售贸易业	股份有限公司	10 000	国有相对控股
西安大唐电信有限公司	大　型	制造业	有限责任公司	39 239	国有绝对控股
陕西省物资产业集团总公司	大　型	批发零售贸易业	国有企业	15 021	国有绝对控股
陕西省高速公路建设集团公司	大　型	建筑业	国有独资公司	100 000	国有绝对控股
陕西有色金属集团有限公司	大　型	采掘业	国有独资公司	102 439	国有绝对控股

18－1　续表2　　(2001年)

企业名称	年末资产总计	主营业务收入	利润总额	年末从业人员(人)
陕西鼓风机(集团)有限公司	79 423	32 555	1 481	2 730
西安化工(集团)有限公司	169 495	50 357	210	4 904
西安市西无二信息集团有限公司	30 319	9 581	76	1 247
陕西旅游集团公司	190 870	77 632	2 851	6 907
西安华山机械工业有限公司	138 964	42 793	193	5 493
陕西精密合金股份有限公司	104 789	14 482	4 768	291
陕西省糖酒副食总公司	7 307	4 110	－281	85
陕西建设机械(集团)有限责公司	59 582	31 989	852	1 842
长庆石油勘探局	765 477	442 026	－2 821	37 668
陕西省纺织品进出口公司	49 537	16 794	－1 705	205
西安利君制药股份有限公司	63 291	79 507	10 912	2 586
五环(集团)实业有限责任公司	60 839	35 856	1 269	6 625
陕西省农工贸(集团)总公司	25 690	3 753	－199	305
西仪集团有限责任公司	51 874	4 071	－4 427	2 989
西安飞机工业(集团)有限责任公司	714 689	186 723	3 099	11 545
西安标准工业股份有限公司	87 862	40 100	8 031	1 644
西安电力机械制造公司	667 857	261 851	7 527	14 761
长岭黄河集团有限公司	396 376	114 966	－32 888	9 806
庆安集团有限公司	176 338	98 794	2 735	7 365
西安秦川汽车有限责任公司	108 753	23 097	－996	839
西安航空发动机(集团)有限公司	354 026	81 995	1 241	12 635
陕西唐华纺织印染集团有限责任公司	164 358	77 214	413	18 457
陕西省路桥工程总公司	51 674	42 455	72	2 657
西安航天发动机厂	82 862	21 364	841	2 865
陕西汽车集团有限责任公司	173 525	112 339	3 842	6 162
西安民生集团股份有限公司	96 505	80 497	4 742	3 325
西安解放集团股份有限公司	81 095	68 111	4 621	1 123
陕西省天然气有限责任公司	102 659	40 427	－1 298	363
西安华联制皮工业有限公司	19 121	10 943	228	145
陕西省电力公司	2 547 738	805 852	4 234	46 426

18－1 续表3 （2001年）

企业名称	年末资产总计	主营业务收入	利润总额	年末从业人员（人）
中机国际工程咨询设计总院	14 392	5 414	73	733
陕西八大电力股份有限公司	28 290	4 294	1 041	612
青岛啤酒西安有限责任公司	44 354	66 200	8 794	661
西安石油勘探仪器总厂	144 352	20 930	490	2 020
西安北方庆华电器(集团)有限责任公司	82 606	14 115	5	5 678
西安惠安化学工业有限公司	88 120	31 648	19	6 592
西安印钞厂	78 395	74 073	20 596	2 073
西安车辆厂	70 619	80 959	1 103	7 869
西安东盛集团有限公司	148 552	96 429	8 641	3 500
西安高科(集团)公司	617 570	200 312	13 463	4 167
西安筑路机械有限公司	56 641	23 080	1 327	1 136
西安南风日化有限责任公司	35 363	29 260	263	1 006
西安石油化工总厂	50 965	100 670	548	1 169
长安信息产业(集团)股份有限公司	51 065	23 745	1 774	219
西安东方机电(集团)有限公司	104 559	30 925	116	5 910
陕西金叶科教集团股份有限公司	59 898	11 083	2 808	394
西安海星科技实业(集团)有限公司	167 355	236 447	6 193	2 331
西安交通大学开元集团	55 600	48 000	5 959	937
金花企业集团	680 000	175 000	15 490	1 748
西安杨森制药有限公司	163 282	224 292	49 082	1 160
陕西华圣企业(集团)股份有限公司	90 963	32 311	1 578	953
西安大唐电信有限公司	215 338	111 420	4 897	1 830
陕西省物资产业集团总公司	74 901	25 255	－2 010	776
陕西省高速公路建设集团公司	1 002 767	42 692	22 267	2 050
陕西有色金属集团有限公司	678 197	304 600	8 197	27 070

18－2　重点企业建立现代企业制度主要经济指标

（2001年）　　单位：亿元、万人

指标名称	2001年	2000年	增减%
企业个数	55	55	－
年末资产总计	1 242.70	1 094.75	13.5
固定资产原价	633.31	531.67	19.1
累计折旧	178.33	163.91	8.8
累计对外投资	64.49	58.03	11.1
存货	134.90	118.19	14.1
流动资产年平均余额	503.98	426.03	18.3
年末负债合计	765.19	685.55	11.6
年末股东（所有者）权益合计	477.51	411.20	16.1
股本（实收资本）	278.71	228.94	21.7
主营业务收入	492.54	424.88	15.9
其中：主营业务成本	390.30	336.88	15.9
主营业务税金及附加	4.59	4.21	9.1
新产品销售收入	60.42	51.39	17.6
存货跌价损失和营业、管理、财务等费用合计	86.33	67.38	28.1
投资收益	2.57	2.12	21.2
利润总额	19.23	16.43	17.1
研究开发费用	9.94	8.68	14.5
年末从业人数	29.66	31.17	－4.8
其中：在岗职工	28.98	30.42	－4.7
从业人员劳动报酬	40.85	37.97	7.6
其中：在岗职工	40.25	37.39	7.7
从业人员人均月工资（元）	1 148	1 015	13.1
其中：在岗职工（元）	1 157	1 024	13.0

18－3　企业家信心指数

	一季度	二季度	三季度	四季度
企业家信心指数	**126.20**	**124.51**	**122.95**	**121.05**
按行业门类分				
工　业	123.32	125.07	120.33	126.27
建筑业	106.75	127.28	133.84	133.19
交通运输、仓储及邮电通信业	135.20	123.99	127.43	103.78
批发和零售贸易、餐饮业	97.88	99.96	101.27	89.37
房地产业	166.05	166.05	172.73	163.64
社会服务业	148.45	155.67	144.74	144.15
按企业登记注册类型分				
国有企业	116.75	115.45	113.20	112.81
集体企业	122.22	117.00	122.22	123.76
股份合作企业	84.21	100.00	105.26	100.00
有限责任公司	114.44	123.35	130.50	114.93
股份有限公司	146.88	156.03	156.89	145.84
外商及港、澳、台投资企业	140.76	140.66	132.80	119.77
按企业规模分				
大型企业	135.79	134.05	130.99	126.63
中型企业	120.21	121.88	121.47	118.32
小型企业	88.89	96.81	100.00	90.00

18－4 企业景气指数

	一季度	二季度	三季度	四季度
企业景气指数	**108.71**	**128.81**	**118.90**	**118.66**
按行业门类分				
工业	118.74	131.57	121.99	121.64
建筑业	76.78	131.82	126.71	141.99
交通运输、仓储及邮电通信业	131.98	127.20	114.63	103.83
批发和零售贸易、餐饮业	104.01	110.47	104.44	105.66
房地产业	116.05	138.78	127.27	122.73
社会服务业	91.61	143.17	117.18	108.79
按企业登记注册类型分				
国有企业	113.22	119.22	111.08	105.95
集体企业	115.48	115.48	104.36	113.80
股份合作企业	84.21	110.53	110.53	115.79
有限责任公司	113.19	138.32	121.31	134.10
股份有限公司	147.56	155.92	156.82	154.92
外商及港、澳、台投资企业	94.35	133.31	117.37	111.74

18－4　续表

	一季度	二季度	三季度	四季度
按企业规模分				
大型企业	141.48	153.81	139.80	137.75
中型企业	103.11	113.02	109.95	108.38
小型企业	79.80	104.26	95.60	94.44
特殊分组				
国家重点企业	147.25	149.43	150.07	127.88
国家试点企业集团成员	147.28	155.41	108.88	113.12
乡镇企业	175.00	137.50	137.50	170.78
上市公司	144.91	181.23	135.32	154.02
生产总量	93.27	130.85	125.03	120.78
盈利(亏损)变化	85.67	115.96	109.78	115.62
流动资金	63.23	61.99	64.38	64.71
货款拖欠	95.82	94.18	93.30	94.42
劳动力需求	86.06	100.13	98.05	92.51
固定资产投资	105.99	119.30	110.86	115.92

主要统计指标解释

现代企业制度:现代企业制度是指适应社会化大生产和社会主义市场经济要求的产权明晰、权责明确、政企分开、管理科学的企业制度。它的基本特征是:第一,产权关系明晰,企业中的国有资产所有权属于国家,企业拥有包括国家在内的出资者形成的全部法人财产权,成为享有民事权利,承担民事责任的法人实体;第二,企业以其全部法人财产依法自主经营,自负盈亏,照章纳税,对出资者承担资产保值增值的责任;第三,出资者按投入企业的资本额享有所有者的权益,即资产收益、重大决策和选择管理者等权利。企业破产时,出资者只以投入企业的资本额对企业债务负有限责任;第四,企业按照市场需求组织生产经营,以提高劳动生产率和经济效益为目的,政府不直接干预企业的生产经营活动,企业在市场竞争中优胜劣汰。长期亏损、资不抵债的应依法破产;第五,建立科学的企业领导体制和组织管理制度,调节所有者、经营者和职工之间的关系,形成激励和约束相结合经营机制。

登记注册类型:是指在工商行政管理机关登记注册的具有法人资格的各类企业。其中:(1)国有企业:是指企业全部资产归国家所有,并按《中华人民共和国企业法人登记管理条例》规定登记注册的非公司制的经济组织。不包括有限责任公司中的国有独资公司;(2)国有独资公司:是指国家授权的投资机构或者国家授权的部门单独投资设立的有限责任公司;(3)其他有限责任公司:是指根据《中华人民共和国公司登记管理条例》规定登记注册,由两个以上,五十个以下的股东共同出资,每个股东以其所认缴的出资额对公司承担有限责任,公司以其全部资产对其债务承担责任的经济组织。其他有限责任公司不包括独资公司;(4)股份有限公司:是指根据《中华人民共和国公司登记管理条例》规定登记注册,其全部注册资本由等额股份构成并通过发行股票筹集资本,股东以其认购的股份对公司承担有限责任,公司以其全部资产对其债务承担责任的经济组织。

注册资本合计:指企业在工商行政管理部门登记注册的资金合计,包括国家资本、集体资本、法人资本、个人资本以及外商资本等。

控股情况:是指按所有制性质和控股状况划分的企业情况,包括:(1)国有绝对控股:是指在企业的全部资本中,国家资本(股本)所占比例大于50%的企业;(2)国有相对控股:指在企业的全部资本中,国家资本(股本)所占的比例虽未大于50%,但相对大于企业中的其他经济成份所占比例的企业;或者虽不大于其他经济成份,但根据协议规定,由国家拥有实际控制权的企业协议控制;(3)集体绝对控股:指在企业的全部资本中,集体资本(股本)所占的比例大于50%的企业;(4)集体相对控股:指在企业全部资本中,集体资本(股本)所占的比例虽未大于50%,但相对大于企业中的其他经济成份所占比例的企业;或者虽不大于其他经济成份,但根据协议规定,由集体拥有实际控制权的企业协议控制。

主营业务收入:指企业从事某种主要生产、经营活动所取得的营业收入。该指标在各行业会计制度中的名称叫法不同,但一律按各行业会计制度或报表的口径进行填报。农业企业是指"主营业务收入";工业企业是指"产品销售收入";交通运输企业指"主营业务收入";建筑业指"工程结算收入";批发零售贸易企业指"商品销售收入",房地产业指"房地产经营收入";其他企业指"经营(营业)收入"。

企业景气调查:是适应我国社会主义市场经济发展的新形势,借鉴西方市场经济国家的经验而建立的一项统计调查制度。它是通过对企业家进行定期的问卷调查,根据企业家对企业生产经营状况及宏观经济状况的判断和预期(通常是对"乐观"、"一般"、"不乐观"的选择)而编制企业家信心指数和企业景气指数，由此反映企业的生产经营状况、经济运行状况、预测未来经济的发展变化趋势。

企业家信心指数：是根据企业家对企业外部市场经济环境与宏观政策的认识看法、判断与预期而编制的指数，用以综合反映企业家对经济环境的感受与信心。企业家信心指数也称“宏观经济景气指数”。

企业景气指数：是根据企业家对本企业综合生产经营情况的判断与预期而编制的指数，用以综合反映企业的生产经营状况。企业景气指数也称“企业综合生产经营景气指数”。

景气指数的表示范围在0—200之间，其含义为：100为景气指数的临界值，表明景气状况变化不大；100—200为景气区间，表明经济状况趋于上升或改善；越接近200状况越景气；0—100为不景气区间，表明经济状况趋于下降或恶化，越接近0，状况越不景气。

中国统计出版社最新资料书简目